STAND AND DELIVER!
¡LA BOLSA O LA VIDA!

ENGLISH – SPANISH

JULIO DIAZ BENEDICTO

Julio Diaz Benedicto

INTRODUCCIÓN

La presente obra está pensada para los lectores interesados en la literatura del mundo de la delincuencia, drogas, Hampa y otros temas relacionados con este entorno. Al recompilar este libro me he servido, principalmente, de la prensa sensacionalista, una fuente inagotable para este propósito. No hay nada más que abrir uno de estos periódicos y uno se topa con página tras página de crímenes, robos, toda clase de estafas habidas y por haber, etc. Todos los ejemplos son originales, sacados de periódico, libros o escritos por nativos. Para mis primos

A

ABBETOR. s. Cómplice de un delito.

ABDUCT SOMEONE, TO. Raptar a alguien.

ABDUCTION. s. Secuestro. Child abduction. Secuestro de menores.

ABDUCTOR. s. Secuestrador.

ABOVE BOARD. Adj. Honrado, legal, digno de confianza. Not above board. De poco fiar.

ABROAD. TO FLEE ABROAD. Fugarse al extranjero. The man fled the country and eluded arrest. El hombre se fue al extranjero para evitar ser detenido.

ABSCOND, TO. v. Fugarse, escapar, ganar la bola, afufar, darse la airosa, hacerse el abierto To abscond from an open prison regime. Fugarse de una cárcel en régimen abierto.

ABUSE. TO HURL ABUSE AT SOMEONE. Insultar a alguien.

ABUSER, AN. s. Abusador, violador, vicioso.

ABUSIVE. TO BE VERBALLY ABUSIVE. Insultar.

A. C. A. B. Iniciales que llevan tatuadas en las falanges de los dedos algunos delincuentes. Según ellos, significan; `Always carry a Bible with you.' lleva siempre una Biblia contigo.' La policía sospecha que su verdadero significado es, 'All Coppers Are Bastards.' 'Todos los policías son unos bordes.'

ACAPULCO GOLD. s. Variedad de marihuana de color verde, tirando a dorado. Se cultiva en los alrededores de Acapulco, Méjico. De ahí su nombre.

ACCELERATOR. s. Acelerador. To floor the accelerator. Tumbar la aguja. Ir a todo gas.

ACCENT. THE MAN HAD A FOREIGN ACCENT. El hombre tenía dejo extranjero.

ACCESSORY TO A CRIME. Cómplice de un delito.

ACCESSORY TO MURDER. s. Cómplice de asesinato.

ACCIDENT. TO HAVE AN ACCIDENT. En la jerga de la delincuencia; ser detenido por la policía, amanillado, trincado, entalegado, caer el marrón.

ACCOMMODATION. TO SEND SOMEONE TO SECURE ACCOMMODATION. Encarcelar a alguien, abrazar, empapelar, empaquetar, enchironar, enjaular. Richard was sent to secure accommodation for armed robbery. A Richard lo han entalegado por robo a mano armada.

ACCOMPLICE. s. Cómplice.

ACCOST, TO. Abordar, arrimarse, acercarse, importunar. The manager was accosted by a football fan. Un hincha importunó al entrenador. The man was accosted by two police officers, who insisted on taking me down to the police station. Dos policías abordaron al hombre, quienes insistieron en llevarlo a la comisaría.

ACCOUNT. TO BRING SOMEONE TO ACCOUNT. Pedirle cuentas a alguien.

ACCOUNT. TO HOLD SOMEONE TO ACCOUNT FOR HIS ACTIONS. Responsabilizar a alguien de sus actos.

ACCOUNTING. FALSE ACCOUNTING. Contabilidad fraudolenta.

ACCOUNTING PRACTICES. Amaño de los libros de contabilidad.

ACCOUNTS. TO DOCTOR THE ACCOUNTS. Falsear las cuentas, maquillar las cuentas, trucar las cuentas, amañar los libros de contabilidad.

ACCOUNTS. FROZEN ACCOUNTS. Cuentas bloqueadas.

ACCOUNTS. TO SETTLE ACCOUNTS WITH SOMEONE. Ajustar cuentas con alguien. Arreglo de cuentas. Acto de tomarse la justicia por su mano o vengarse. He insulted my wife, but I will settle accounts with him very soon. Insultó a mi mujer, pero voy a ajustar cuentas con él muy pronto.

ACCUSATION. s. Acusación. To make false accusations. Calumniar. To trade bitter accusations. Intercambiar acusaciones amargas.

ACCUSED. TO BE IMPROPERLY ACCUSED. Ser acusado indebidamente.

ACCUSER. s. Denunciante.

ACID ATTACK. s. Ataque con ácido. To squirt with acid. Rociar con ácido. A surge in acid attacks. Un repunte de ataques con ácido. A man was left with severe burns after being squirted with acid in the street. Un hombre sufrió graves quemaduras tras ser rociado con ácido en la calle. The scourge of acid attacks. El azote de los ataques con ácido. The country has seen a spike of acid - throwing incidents in recent years. En los últimos años, el país ha padecido un aumento brusco de ataques con ácido.

ACID DROPS. Comentario mordaz.

ACID FREAK, AN. s. Aficionado al LSD. This part of town is full of acid freaks. En esta parte de la ciudad son muy aficionados al LSD.

ACKERS. s. Dinero. Vocablo de origen árabe.

ACQUAINTANCE RAPE, AN. s. Violación perpetrada por alguien conocido de la víctima.

ACQUIT, TO. v. Absolver. To acquit a defendant. Absolver a un acusado. Absolver de todos los cargos.

ACQUITTAL, AN. s. Absolución. An acquittal sentence. Sentencia absolutoria. To quash an acquittal. Anular una absolución.

ACROSS. TO PUT ONE ACROSS ON SOMEONE. Engañar, timar, estafar. When the deal was signed, sealed and delivered, Denis was happy to have put one across on Tom. Una vez que el trato estaba firmado, sellado y entregado, Denis estaba contento de haber timado a Tom.

ACT. TO CATCH SOMEONE IN THE ACT. Pillar a alguien con las manos en la masa, pillar a alguien con el carrito de los helados, con cucuruchos y todo. Pillar a alguien infraganti. Ian was caught in the act of stealing the bike. Pillaron a Ian robando la bici.

ACT. A DASTARDLY ACT. Un hecho infame.

ACT. AN INDECENT ACT. Un hecho deshonesto.

ACT FOR, TO. Ser el abogado de alguien, hacer de defensor de alguien.

ACT. TO ACT IN BREACH OF. Infringir.

ACT. TO DO A DISAPPEARING ACT. Esfumarse, pirárselas, desaparecer. He did a disappearing act without paying the bill. Se esfumó sin pagar la cuenta. Hizo un simpa.

ACT. AN UNSPEAKABLE ACT. Un hecho abominable.

ACT. TO PUT UP AN ACT. Fingir, simular.

ACTION. AN IMPROPER ACTION. s. Una acción ilícita.

ACTION AT LAW. Acción procesal. To bring an action. Entablar una demanda. Interponer una demanda.

ACTION. TO BRING AN ACTION. Entablar una demanda. Interponer un recurso.

ACTION. WILFULL ACTION. s. Acto intencional.

ACTIONS. TO CONFRONT THE CONSEQUENCES OF ONE´S ACTIONS. Arrostrar uno las consecuencias de sus acciones.

ACTIVITIES. SUSPICIOUS ACTIVITIES. Actividades sospechosas.

ACTOR, AN. s. En el mundo de la delincuencia; 1. Mentiroso. 2. Timador.

ACTRESS, AN. s. Prostituta.

ACTUAL. s. Dinero contante y sonante, dinero en metálico, dinero en efectivo.

ADAM. NOT TO KNOW SOMEONE FROM ADAM. No conocer a una persona de nada. Irene started chatting to the man in the bank queue though she didn´t know him from Adam. Irene entabló conversación con un hombre en la fila del banco, a pesar de que no lo conocía de nada.

ADAM. THE OLD ADAM. El ancestro de Adán. El ancestro del hombre. La parte irredenta de la naturaleza del hombre, propensa a pecar y cometer errores. El lobo que lleva el hombre dentro.

ADDLED. Mareado por la bebida.

ADULT ENTERTAINMENT. Películas pornográficas, pornografía en internet, puticlubs, burdeles.

ADVANCES. TO MAKE ADVANCES TO. Hacer insinuaciones, hacer proposiciones sexuales.

ADVERSITY MAKES STRANGE BEDFELLOWS. Cárceles y caminos hacen amigos.

AFFAIR. A SORDID AFFAIR. Un asunto sórdido.

AFFAIR. TO HAVE AN AFFAIR. Tener un lío amoroso, tener un lío de faldas, entenderse con alguien, un lío de alcoba, una aventura amorosa. A hole - and - corner affair. Un lío amoroso secreto. Andrew and Sarah have been having an affair for years. Andrew y Sarah están liados desde hace mucho tiempo.

AFFIDAVIT. s. Declaración jurada.

AFFIRMATIVE SHOPPING. Saqueo de comercios durante manifestaciones violentas.

AFOOT. En marcha, en curso. Police told the man that there was a plot afoot to assassinate him. La policía, le dijo al hombre, que había una conspiración en marcha para asesinarle. To suspect that something is afoot. Sospechar que se está tramando algo.

AFRAID. TO BE AFRAID. Tener miedo.

AFFRAY. s. Pelea. To be jailed for affray. Acabar en la trena por pelear.

AFTER. BE AFTER. Buscar. The police are after him. La policía quiere echarle el guante.

AGENT. A DOUBLE AGENT. Agente doble.

AGENT PROVOCATEUR, AN. s. Agente provocador.

AGGRAVATED ASSAULT. TO BE CHARGED WITH AGGRAVATED ASSAULT WITH A DEADLY WEAPON. Imputar de causar daños físicos graves con un arma mortífera.

AGENT. s. Agente. To plant an agent in an organization. Infiltrar a un agente en una organización.

AGENT. s. Agente. Sleeper agent. Agente durmiente.

AGGIE EYES. Ojos de haber dormido poco.

AGGRIEVED. PERSON AGGRIEVED. Persona agravada.

AGGRAVATED CIRCUMSTANCES. Circunstancias agravantes.

AGGRESSION. s. Agresión. Naked aggression. Pura agresión.

AGGRO. Abreviatura de, 'aggravation,' agresión, violencia. Dificultades, problemas. To cause aggro. Crear problemas, armar camorra. Don´t come here anymore, the only thing you do is to cause aggro. No vuelvas por aquí más, lo único que haces es crearnos problemas.

AIDING AND ABATING. Participación delictiva. To be arrested for aiding and abating prostitution. Ser detenido por participación delictiva en la prostitución.

AIR DANCE. Muerte en la horca, bailar en el extremo de la soga, pernear en la soga, acocear el aire.

AIR ONE´S GRIEVANCES, TO. Airear uno sus protestas.

AIR RIFLE, AN. s. Escopeta de aire comprimido. Andrew accidentally wounded Jeremy with an air rifle. Andrew hirió, sin querer, a Jeremy con una escopeta de aire comprimido.

AIR. WITH AN AIR. Con aire chulesco.

AIRING. TO TAKE SOMEONE FOR AN AIRING. Darle a alguien el paseillo. Limpiarle el forro.

AIRS. TO PUT ON AIRS. Tener muchas ínfulas.

A.K.A. Also known as. Alias.

ALADDIN´S CAVE. s. En la jerga de la delincuencia, bujío; lugar donde se guarda la mercancía robada, (la astilla, el botín).

ALCOHOL ABUSE. Abuso de las bebidas alcohólicas.

ALCOHOL ADDICT, AN. s. Alcohólico.

ALCOHOL FREE THINKING. Estar sereno.

ALCOHOL. IT´S FORBBIDEN TO CONSUME ALCOHOL ON THE STREET. Se prohíbe el consumo de bebidas alcohólicas en la vía pública.

ALCOHOL MISUSE. Uso indebido del alcohol.

ALCOHOL RELATED CRIME. Delitos relacionados con las bebidas alcohólicas.

ALCOHOL TEST. ON THE SPOT ALCOHOL TEST. Control de alcoholismo sorpresa.

ALCOPOP. s. Bebida alcohólica muy popular entre los jóvenes. Suele ser una mezcla de vodka y limonada. At weekends, me and my mates, we meet outside the train station to drink alcopop till we are drunk. Los fines de semana, me reúno con mis compinches afuera de la estación del tren, y bebemos alcopop hasta que nos ponemos borrachos. To act like an alcopop fuelled teenager being - turned away at a night club. Comportarse como un adolescente borracho de alcopop a quien le niegan la entrada en un club nocturno.

ALED UP. Drunk.

ALIBI, AN. s. Coartada. A cast - iron alibi. Una coartada férrea. The notorious criminal had a cast - iron alibi, he had been in jail when the murder was committed. El tristemente célebre criminal, tenía una coartada férrea, estaba en la cárcel cuando se cometió el asesinato. A false alibi. Una coartada falsa. To concot an-alibi. Inventarse una coartada. To provide an-alibi. Ofrecer una coartada.

ALIGHT. Drunk.

ALIVE. Tener dinero.

ALKY, AN. s. Persona alcohólica que vive en la calle.

ALL CATS ARE GREY IN THE DARK. De noche todos los gatos son pardos.

ALL COME ON TOP. Cuando la policía espera a los delincuentes en el lugar de los hechos.

ALL DAYER. Un día entero de borrachera.

ALL HOT AND BOTHERED. TO BE ALL HOT AND BOTHERED. Estar nervioso y desconcertado.

ALL MOUTH AND TROUSERS. Bocazas, fanfarrón.

ALL TALK AND BLUSTER. Mucho ruido y pocas nueces.

ALL PISS AND WIND. Dícese de la persona que promete mucho y después no cumple nada. Bocazas.

ALL WIND AND WATER. Bocazas.

ALLEGATION. s. Denuncia, acusación. To make scurrilous allegations. Hacer acusaciones difamatorias. Unsubstantiated allegations. Alegaciones sin corroborar.

ALLEY CAT. s. Persona promiscua. Referencia a los gatos callejeros. To have the loyalty of an alley cat. Ser tan fiel como un gato callejero. To have the sexual morals of an alley cat. Ser tan casto como un gato callejero.

ALLEYWAY, AN. s. Callejón. The man was locked up for stabbing a woman in an alleyway. Encerraron al hombre por apuñalar a una mujer en un callejón.

ALTERCATION, AN. s. Trifulca, reyerta, altercado. An altercation with the police. Un altercado con la policía. To have an altercation with someone. Tener una pelotera con alguien. Protagonizar un altercado con alguien. A violent altercation. Un altercado violento. To get into a heated altercation. Armar una trifulca de mil demonios. To get involed in an altercation. Involucrarse en una pelea.

ALTERNATIVE INTERROGATION METHODS. Métodos de interrogatorio que rondan la tortura. Técnicas de interrogatorio forzadas.

AMAZED. TO BE UTTERLY AMAZED. Flipar en colores.

AMENDS. s. Reparación, compensación. To make amends for something. Compensar.

AMMO CLIP. s. Cargador.

AMNESIA. s. Amnesia. Collective amnesia. Amnesia colectiva. Mentir.

AMOK. TO RUN AMOK. Desmadrarse. The gang ran amok. La banda se desmadró.

AMPHETAMINE. s. Anfetamina. To peddle amphetamines. Trapichear con anfetaminas. Menudear con anfetas.

ANCHOR, AN. s. Miembro de un jurado que ha sido sobornado, para que persuada a los otros miembros del jurado para que fallen a favor del acusado.

ANCHORS. s. Frenos. To slam on the anchors. Pisar el freno.

ANGEL OF DEATH. s. El ángel de la muerte.

ANGELS. TO BE ON THE SIDE OF THE ANGELS. Estar del lado del bien, estar en el bando de los buenos, estar del lado de los ángeles.

ANGER. TO EXPLODE IN ANGER. Ponerse como un basilisco, ponerse como una fiera.

ANGER. TO SAY SOMETHING IN ANGER. Decir algo en un momento de ira.

ANGER. TO DO SOMETHING OUT OF ANGER. Hacer algo en un momento de ira.

ANGRY. Adj. Airado.

ANGRY. AN ANGRY WOUND. s. Una herida inflamada y roja.

ANGRY. TO BECOME ANGRY SO QUICKLY FOR NOTHING AT ALL. Ponerse furioso enseguida a cuenta de nada.

ANIMAL. s. Animal. To be cruel to animals. Ser cruel con los animales.

ANONYMITY. s. Anonimato. To ensure cast - iron anonymity. Garantizar el anonimato. The right to anonymity. El derecho al anonimato.

ANNALS OF CRIME. A CASE UNPARALLELED IN THE ANNALS OF CRIME. Un caso sin igual en la historia de la delincuencia.

ANNOY, TO. Molestar, meterse, irritar. This is not the sort of fellow you would want to annoy. No sería una buena idea meterse con un tipo como ese.

ANNOYING PERSON. Pesado, pelma, taladro.

ANSWER. A STRAIGHT ANSWER TO A STRAIGHT QUESTION. Una respuesta franca a una pregunta clara.

ANTI. s. En la jerga policial, personas que aborrecen a la policía.

ANTIFREEZE. s. Bebida fuerte. Brandy o güisqui.

ANTIFREEZE POISONING. Envenenamiento por anticongelante.

ANTI - THEFT PERFORMANCE. Protección contra robos.

ANT. TO LOOK FOR AN ANT'S BOLLOCK ON A BEACH. Buscar el virgo en un pajar.

APPEAL, AN. s. Recurso de casación.

APPEAL. RIGHT OF APPEAL. Derecho de recurso.

APPEAL. TO LODGE AN APPEAL. Apelar.

APPEALLANT. s. Recurrente.

APPEARANCES CAN BE DECEPTIVE. Las apariencias engañan.

APPEARANCES. TO KEEP UP APPEARANCES. Guardar las apariencias, aparentar lo que no se es. To keep up appearances he had most of the front garden covered with concrete, vaguely camouflaged with haphazard indentations in the vain hope that it would look like carefully laid crazy paving. Para aparentar, había cubierto de hormigón gran parte del jardín delantero, ligeramente camuflado con hendiduras hechas al azar, con la vana esperanza que pareciera un pavimento hecho cuidadosamente de una manera estrafalaria. Their perfect marriage is now in serious trouble; the partners have never really got on but are trying to keep up appearances for the sake of the children. Su perfecto matrimonio ahora tiene grandes problemas; verdaderamente, los cónyuges, nunca se entendieron, pero tratan de guardar las apariencias por el bien de los hijos.

APPLE. AN APPLE NEVER FALLS FAR FROM THE TREE. De tal palo, tal astilla.

APPLE. A BAD APPLE. Persona que crea problemas a otras.

APPLE CART. TO UPSET SOMEONE'S APPLE CART. Fastidiarle los planes a alguien.

APPLE OF DISCORD, THE. La manzana de la discordia.

APPLE. ROTTEN APPLE. La oveja negra de la familia.

APPLICANT. s. Parte demandante.

APPLICATION. s. Recurso. To dismiss an application. Desestimar un recurso.

APPREHEND. TO APPREHEND A MURDERER. Detener a un asesino.

APPROPRIATE SOMETHING, TO. Robar algo, bailar.

ARBITRARY ARREST. Arresto arbitrario.

AREA. s. Zona. A rough área. Una zona con mala reputación.

AREA. A NO - GO - AREA. Una zona peligrosa. I always avoid the no - go areas of London. Siempre evito las zonas peligrosas de Londres.

ARCH - ENEMY. s. Archienemigo.

ARGUMENT. A VERY HEATED ARGUMENT. Una discusión muy acalorada.

ARGUMENT ENDER. Un puñetazo en la boca.

ARGY - BARGY. TO HAVE AN ARGY - BARGY. Discutir acaloradamente, tener un altercado con alguien. They had an argy - bargy outside the pub and the police had to intervene. Tuvieron un altercado fuera del bar y tuvo que intervenir la policía.

ARM. ON THE ARM. En la jerga del hampa, estar sobornado.

ARM. THE LONG ARM OF THE LAW. La policía. The long arm of the law arrested the burglar hiding in the loft of the house. La policía le echó el guante al ladrón en la buhardilla de la casa.

ARM. TO DISCHARGE AN ARM AT SOMEONE. Dispararle a alguien.

ARM. TO TWIST SOMEBODY'S ARM. Forzar a alguien a hacer algo.

ARM. HE TWISTED HIS ARM LOCKED IT BEHIND HIS BACK AND LIFTED HIM OFF THE FLOOR. Le retorció el brazo, se lo inmovilizó detrás de la espalda con una llave, y lo levantó en el aire.

ARMED RESPONSE UNIT, AN. s. Grupo Especial de Operaciones. Los G E O S.

ARMED ROBBER. s. Atracador. To grapple with an armed robber. Forcejear con un atracador. A violent armed robber. Atracador armado violento.

ARMED TO THE TEETH. Armado hasta los dientes. The gang were armed to the teeth. La banda iba armada hasta los dientes. The robbers raided the bank armed to the teeth. Los ladrones atracaron el banco armados hasta los dientes.

ARMPIT, AN. s. Un lugar muy desagradable. Peckham is the armpit of London. Peckham es el lugar más desagradable de Londres.

ARMS. s. Armas. Small arms. Armas de fuego de pequeño calibre. The spread of small arms. La proliferación de armas de fuego de pequeño calibre. The holding of a small fire arm. La tenencia de un arma de fuego de pequeño calibre. To bear fire arms. Portar armas de fuego. Ir cargado. The right to bear arms. El derecho a portar armas.

ARMS DEALER. s. Mercader de armas.

ARM'S LENGTH. TO FIRE AT ARM'S LENGTH. Disparar a bocajarro.

ARMS FAIR. s. Feria de armas.

ARMS TRAFFICKING. s. Contrabando de armas.

AROUND. TO HAVE BEEN AROUND. Llevar muchas horas de vuelo.

ARRAIGN, TO. v. Ser citado ante un juez para leerle los cargos.

ARREST, TO. Detener, arrestar, prender. I arrest you for the murder of your neighbour. Queda detenido por el asesinato de su vecino.

ARRESTING OFFICER, THE. s. Policía que arresta a alguien.

ARSE. s. Culo. To boot someone up the arse. Pegarle a alguien una patada en el trasero. To put someone on his arse. Sentar a alguien de culo de un golpe. Tumbar a alguien patas arriba de un guantazo. To slap a woman's arse. Darle una palmada a una mujer en las posaderas.

ARSE. MY ARSE! ¡Y una mierda! ¡Y una leche! ¡Y un huevo! I give you 200 quid for your car. My arse! It is not enough money. Te doy £200 por el coche. ¡Y una mierda! No es suficiente dinero.

ARSEACHE. TO HAVE THE ARSEACHE. Estar de mala uva, estar de mal café, estar de mala leche, estar de mala hostia.

ARSENIC. s. Arsénico. Poisoning by arsenic. Envenenamiento por arsénico.

ARSE SCRATCHER. Vago, manta.

ARSE WIPER. Lameculos.

ARSON. s. Incendio intencionado. To commit arson. Provocar un incendio. An arson attack. Incendio provocado.

ARSONIST, AN. s. Incendiario.

ART. BE ART AND PART OF SOMETHING. Tener arte y parte en algo.

ARTICLE. A GENUINE ARTICLE. Artículo auténtico.

ARTFUL DODGER. Tramposo.

ARTFUL AS A WAGON LOAD OF MONKEYS. Ser más astuto que un zorro.

ARTFUL SHYTER, AN. s. Un sinvergüenza, trapacero, mentiroso, tramposo.

ARTIST. SPIN ARTIST. Charlatán, tergiversador.

ARTS. THE DARK ARTS. Las malas artes.

ASBO. Acrónimo de, 'Antisocial Behaviour Order.' Orden de alejamiento. Orden judicial que obtiene un ayuntamiento por la que se prohíbe a un adolescente o adulto, desplazarse por determinadas partes de una población, debido a su comportamiento antisocial. An ASBO es la persona a quien se le aplica dicha orden judicial. To serve someone with an ASBO. Notificar un ASBO contra alguien. To slap someone an ASBO. Notificar a alguien con un ASBO.

ASK FOR IT, TO. Buscársela uno, andar buscando camorra.

ASKANCE. TO LOOK ASKANCE AT SOMEONE. Mirar con recelo, mirar de soslayo, mirar de reojo a.

ASS. AN ASS IN A LION'S SKIN. Fantasmón, cobarde.

ASS. TO BEAT SOMEBODY'S ASS. Calentarle las costillas a alguien.

ASS. TO MAKE AN ASS OF SOMEBODY. Ridiculizar a alguien.

ASSAILANT, AN. s. Agresor.

ASSASSIN, AN. s. Persona que asesina a un jefe de estado, rey, alto cargo del gobierno u otro cargo relevante. Dicho vocablo es de origen arábigo, 'hashishanshin, ` fumador de hachís. Estos asesinos eran discípulos del jeque, Hassan Ben Sbah, siglo XI. Se hicieron célebres por el hábito que tenían de fumar hachís antes de ir a asesinar a los dirigentes cristianos durante las cruzadas.

ASSASSIN. A REMORSELESS ASSASSIN. Asesino despiadado.

ASSASSIN. PROFESSIONAL ASSASSIN. s. Sicario.

ASSASSIN'S SPECIAL, AN. s. Una pistola con silenciador.

ASSASSIN. A WOULD-BE ASSASSIN. Un asesino en potencia.

ASSASSINATION ATEMPT. TO BE THE VICTIMOF OF AN ASSASSINATION ATEMPT. Ser la víctima de un intento de asesinato frustrada.

ASSASSINATION IS THE EXTREME FORM OF CENSORSHIP. El asesinato es la forma de censura más extrema. Cita de George Bernard Shaw.

ASSASSINATION. TO CARRY OUT AN ASSASSINATION. Cometer un asesinato.

ASSAULT, TO. v. Agredir. To assault a policeman. Agredir a un policía. To be arrested for assaulting a police officer. Ser detenido por agredir a un policía. An assault on someone. Una agresión a una persona. To charge someone with assault. Inculpar a alguien con agresión. He served a four - month prison sentence for assault. Cumplió una condena de cuatro meses por agresión. A racist assault. Una agresión racista. To be convicted for assault. Ser condenado por agresión. To bring up common assault charges. Acusar de agresión. To assault a child. Agredir a un niño. An indecent assault. Una agresión deshonesta. Indubitable facts of an assault. Los datos innegables de una agresión. An unprovoked assault. Una agresión no provocada. To plead guilty to assault. Declararse culpable de agresión. To be charged for assault and bound for 12 months. Ser inculpado por agresión y encarcelado por 12 meses. To be given a prison sentence for assault. Ser condenado a la cárcel por agresión. The woman was assaulted, raped and strangled. Agredieron a la mujer, la violaron y la estrangularon.

ASSAULT. s. Agresión. The victim of a brutal assault. La víctima de una agresión brutal. Assault with a gun. Asalto a mano armada.

ASSAULT. COMMON ASSAULT. Agresión. A conviction for common assault. Una condena por agresión. To be charged with common assault. Ser acusado de agresión.

ASSIST IN THE COMMISSION OF OFFENCE, TO. Ayudar en la comisión de un delito.

9

ASTROTURF. s. Soplón que informa de sus compañeros de fechorías, a cambio de una pena más leve.

ASTRAY. TO LEAD SOMEONE ASTRAY. Llevar a alguien por mal camino.

AT IT. TO BE AT IT AGAIN. Volver a las mismas, volver a las andadas, hacer de las suyas otra vez. My father told me that the two men released from prison for drug peddling, and released last week are at it again. Me dijo mi padre, que los dos hombres que estaban en la cárcel, por vender droga, y que fueron liberados la semana pasada, han vuelto a las andadas otra vez. The suspect is at it again. El sospechoso a vuelto a las andadas otra vez.

AT LARGE. TO BE AT LARGE. Andar suelto, estar fugado, andar fugado, estar huido. The police say that five convicts have been at large for two weeks. Según la policía, cinco presos llevan fugados dos semanas.

ATMOSPHERE. THE ATMOPHERE TURNED SOUR. El ambiente se avinagró.

ATROCITY, AN. s. Atrocidad. To commit an atrocity. Perpetrar una atrocidad.

ATTACK. A CALLOUS AND COLD-BLOODED ATTACK. Una agresión cruel a sangre fría.

ATTACK. A DELIBERATE AND COWARDLY ATTACK. Un ataque intencionado y cobarde.

ATTACK. A FATAL ATTACK. s. Una agresión mortal.

ATTACK. A GRUESOME ATTACK. Una agresión atroz.

ATTACK IS THE BEST FORM OF DEFENCE. Quien da primero, da dos veces.

ATTACK. A RANDOMLY ATTACK. Un ataque al azar.

ATTEMPT. s. Tentativa, intento, conato.

ATTEMPT ON SOMEONE´S LIFE, AN. Tentativa de asesinato.

ATTEMPTED ASSASSINATION, AN. s. Intento de asesinato frustrado.

ATTEMPTED ROBBERY. s. Intento de robo frustrado. To plead guilty to attempted robbery. Declararse culpable de intento de robo frustrado.

ATTEMPTED VANDALISM. Vandalismo frustrado.

ATTORNEY. s. Apoderado. The power of attorney. Poder notarial.

ATTORNEY - GENERAL, THE. s. Fiscal General del Estado.

AUBERGINE NOSE. TO GIVE SOMEONE AN AUBERGINE NOSE. Hincharle a alguien las narices de un puñetazo.

AUDIT OF CRIME AND DISORDER, AN. s. Una Auditoría sobre la Delincuencia y Desorden Público.

AUTHORITY. s. Autoridad. Abuse of authority. Abuso de autoridad.

AUTHORITY. s. Autoridad. By authority of law. Por mandato de la ley.

AUTOPSY, AN. s. Autopsia. To perform an autopsy. Practicar una autopsia.

AVENGE ONSELF ON SOMEONE, TO. Vengarse de alguien.

AVENUE. TO EXPLORE EVERY AVENUE. Investigar todas las vías, examinar todas las posibilidades. The police are exploring every avenue. La policía está investigando todas las pistas.

AVERSION THERAPY. Torturar a alguien hasta obtener la información que se desea.

AWAKINING. TO HAVE A RUDE AWAKINING. Llevarse una sorpresa muy desagradable.

AWARD RENDERED BY DEFAULT. Sentencia dictada en rebeldía.

AWAY. TO GIVE ONESELF AWAY. Traicionarse así mismo, contradecirse.

AWAY. TO GIVE SOMEONE AWAY. Traicionar a alguien.

AWAY. TO MAKE AWAY WITH. Robar, afanar. The thieves broke into the jeweller's and make away with all the jewels. Los ladrones entraron en la joyería y robaron todas las joyas.

AWFUL CRIME, AN. s. Un crimen horrendo.

AXE HEAD. TO BE AS COLD AS AN AXE HEAD. Ser más frío que un témpano de hielo.

AXEMAN, THE. s. En la jerga de la cárcel, el barbero.

AXLE GREASE. Soborno, mordida.

B

BABES IN THE WOOD. Inocente, incauto, persona fácil de engañar, persona un tanto simple. Pringao. We have been around; we are not babes in the wood. Llevamos muchas horas de vuelo; no somos unos pringaos.

BABY. TO BE LEFT HOLDING THE BABY. Hacer frente a algún problema del que nadie quiere hacerse cargo. Cargar con el mochuelo, tener que bailar con la más fea, cargar con el muerto. Beverly had left work early and left Bill holding the baby. Beverly había salido del trabajo temprano y dejó a Bill solo para que se las apañara como pudiera.

BACK. BEHIND ONE´S BACK. A espaldas de uno.

BACKBITING. Criticar, rajar de alguien de lo lindo, hablar mal de alguien cuando no está presente, murmurar, criticar por la espalda. When you backbite someone, you destroy his reputation Cuando hablas mal de alguien, si no está presente, arruinas su reputación.

BACKBONE. TO HAVE BACKBONE. Tener coraje. The home team had more backbone than the visiting team. El equipo local jugó con más coraje que el equipo visitante. To demonstrate backbone. Demostrar coraje.

BACK DOWN, TO. Rajarse, dar marcha atrás.

BACK DOOR. Puerta trasera. The burglar entered the house through the back door. El ladrón entró en la casa por la puerta trasera.

BACK DOOR ROBS THE HOUSE, THE. Casa con dos puertas, mal es de guardar.

BACKFIRE, TO. v. Salir el tiro por la culta.

BACKHANDER, A. 1. Un revés en la cara. 2. Soborno, mordida. 1. My father struck me a sharp back - handed blow across the left ear. Mi padre me sacudió un tremendo revés en la oreja. The politician has been expelled from the party for taking backhanders. El político ha sido expulsado del partido por aceptar sobornos. To take backhanders. Aceptar sobornos.

BACK OF BEYOND, THE. En las quimbambas, en el quinto pino, donde Cristo dio las tres voces, donde Cristo perdió las sandalias.

BACK OUT, TO. Echars atrás, desdecirse.

BACK PEDAL, TO. Retractarse, echarse atrás.

BACKSLIDE, TO. v. Reincidir.

BACKSLIDER. s. Reincidente, agraviador.

BACK - STABBER. s. Traicionero, más falso que un duro de chocolate, más falso que un duro de madera, conspirador, desleal.

BACK STREET ABORTION. s. Aborto criminal, aborto ilegal.

BACK. TO BE GLAD TO SEE THE BACK OF SOMEONE. Estar contento de perder a alguien de vista.

BACK. TO BE ON SOMEBODY´S BACK. Dar la brasa, incordiar, no dejar a uno en paz, no dejar a uno ni a sol ni a sombre, estar siempre encima.

BACK. IF YOU SCRATCH MY BACK, I WILL SCRATCH YOURS. Favor con favor se paga.

BACK. TO GET ONE'S OWN BACK ON SOMEONE. Tomarse la revancha, desquitarse, vengarse. I will get my own back pretty soon for what Charlie did to me. Me desquitaré muy pronto de Charlie por lo que me hizo.

BACK. THIS WASN´T THE END OF IT, ´I ´LL GET MY OWN BACK, YOU´LL SEE! HE THREATENED. ¡Esto no iba a quedar así, ´me desquitaré, vas a ver! amenazó él.

BACK. TO GO BACK ON SOMETHING. Retractarse, desdecirse, echarse para atrás.

BACK UP. s. Refuerzos. To call for back up. Pedir refuerzos.

BACK. TO PUT SOMEONE´S BACK UP. Enojar a alguien, enfadar a alguien.

BACK. TO TURN ONE´S BACK. Escapar.

BACKYARD MECHANIC, A. s. Dícese de la persona que tiene algún negocio ilícito en la casa.

BACON. TO BRING HOME THE BACON. Traer el cocido a casa. Traer el sustento de la familia. Ser quien trae la pasta a casa.

BACON. TO SAVE ONE´S BACON. Salvar el pellejo.

BACON SLICER, A. s. Navajero, chirlero.

BADASS, A. s. Un tipo de mala catadura, un tío de mala leche, un cabrito.

BAD BOY, A. s. Un joven bravucón, a quien otros jóvenes admiran.

BAD CHARACTER, s. Un mal bicho, canalla, bribón

BAD LOT, A. s. Un mal bicho.

BAD LOT, A. s. Un mal bicho, un tipo de mala catadura, cabrito, mala persona, un hijo de puta, una persona de malas intenciones, bribón, canalla. Here comes Gary. ¡Watch him! He is always in trouble. He is a bad lot. Aquí viene Gary. ¡Ten cuidado con él porque siempre está metido en líos! Es un bribón.

BADMOUTH SOMEONE, TO. Insultar a alguien.

BAD NEWS. Dícese de una persona desagradable e incluso despreciable, a la que hay que evitar a toda costa.

BAD TEMPER. Genio vivo.

BAD THING NEVER DIES, A. Hierba mala, nunca muere.

BAD TURN. TO DO SOMEONE A BAD TURN. Hacerle a alguien una mala jugada, pasada, putada.

BADGER, A. s. Chantajista.

BADGER. s. Cómplice de una prostituta que roba al cliente mientras que está faenando.

BADLANDS. Zona peligrosa de una ciudad.

BAG AND BAGAGE. Con todos los bártulos.

BAG. IN THE BAG. En el talego, en el zurrón, en el saco.

BAG JOB, A. s. Robo.

BAG MAN, A. s. Intermediario.

BAG OF SHIT. Marrano, persona sucia.

BAG OF WIND. s. Bocazas. Fanfarrón.

BAG - SNATCHER, A. s. Tironero. Ladrón que roba dando un tirón a un bolso, y escapa corriendo. Some teenagers bag - snatchers weaved through the crowds. Unos adolescentes tironeros zigzagueaban entre la muchedumbre.

BAGGAGE. Mujer promiscua.

BAGGED. Adj. Ser detenido.

BAGGER, A. s. Experto en robar anillos.

BAIL BANDIT, A. s. Dícese de la persona, que mientras se encuentra en libertad bajo fianza comete un delito.

BAIL. TO BE ON BAIL FOR A SERIOUS OFFENCE. Estar en libertad bajo fianza por un delito grave.

BAIL. TO BE RELEASED ON BAIL. Poner en libertad bajo fianza.

BAIL. TO GRANT SOMEONE BAIL. Poner en libertad bajo fianza.

BAIL. TO JUMP BAIL OR SKIP BAIL. Quebrantar la libertad condicional, violar las condiciones bajo fianza.

BAIL. s. Fianza. To put the bail for someone. Depositar una fianza por alguien.

BAIL. TO REFUSE BAIL. Denegar la libertad bajo fianza.

BAIL. TO REMAND ON BAIL. Permanecer en libertad provisional bajo fianza.

BAIL SOMEONE OUT OF JAIL, TO. Pagar una fianza para que salga alguien de la cárcel.

BAILEY. THE OLD BAILEY. s. Tribunal Central de lo Criminal de Londres.

BAKE, A. s. Apalanque. En la jerga de los delincuentes que roban con escalo, escondite donde se ocultan.

BALACLAVA, A. s. Pasamontañas, calandria. A balaclava hid his face. Ocultaba la cara con un pasamontaña. A balaclava wearing thug. Un delincuente con la cara cubierta con un pasamontañas. Balaclava - clad robbers. Ladrones con la cara cubierta con un pasamontañas.

BALACLAVA - CLAD OFFICER ON PATROL. Policía con la cara cubierta con pasamontañas de patrulla.

BALANCING ACT, A. Ejercicio de malabarismo.

BALL AND CHAIN, A. s. Grilletes con una bola de hierro, que se les ponían a los reos en los pies, para que no pudieran escaparse.

BALL - BUSTER. Pesado, pelma, taladro, palizas.

BALL. CRYSTAL BALL. TO HAVE A CRYSTAL BALL/NOT TO HAVE A CRYSTAL BALL. Ser adivino/no ser adivino. When are you going to win the lottery? I don't know, I haven't got a crystal ball. I don't know, my crystal ball is broken. ¿Cuándo te va a tocar la lotería? No lo sé, no soy adivino.

BALL. IF THE BALL DOES NOT STICK TO THE WALL, IT WILL AT LEAST LEAVE A MARK. Calumnia que algo queda.

BALL. NO BALL GAMES. Prohibido jugar a la pelota. Aviso en una pared.

BALL. TO BE ON THE BALLL. Estar al tanto, estar en ello, estar alerta, ser competente.

BALLISTIC ATTACK. TO LAUNCH INTO A BALLISTIC ATTACK ON SOMEONE. Emprender un ataque foribundo contra alguien.

BALLOCKING. TO GIVE SOMEONE A GOOD BALLOCKING. Echarle a alguien una buena bronca.

BALLOON. WHEN THE BALLOON GOES UP. Cuando empiezan los problemas. Armarse un revuelo, armarse la de Dios es Cristo. When the M P said that the Army has fallen on the defenceless people like wolves, the balloon really went up. Cuando el diputado afirmó que el Ejército se lanzó contra la población como fieras, que no tenía ninguna clase de defensa, se armó la de Dios es Cristo.

BALLS. TO HAVE BALLS. Tener redaños.

BALLS. TO HAVE SOMEONE´S BALLS. Cortarle a alguien las pelotas.

BALLS. TO CUT SOMEBODY´S BALLS. Cortarle a alguien los huevos.

BALLS. TO SHOOT SOMEBODY´S BALLS OFF. Pegarle a alguien un tiro en los huevos.

BALLS. TO HAVE SOMEONE BY THE BALLS. Tener a alguien cogido por los huevos.

BAMBOOZLE SOMEONE, TO. v. Embaucar, engatusar, engañar, confundir.

BAMBOOZLE. s. Triler.

BAMBOOZLER, A. s. Trilero.

BANANAS. TO GO BANANAS. Ponerse como una fiera, ponerse como un basilisco.

BAND. WHEN THE BAND BEGINS TO PLAY. Cuando se arma el follón, cuando se arma la Marimorena.

BANDITRY. s. Bandidaje.

BANDY WORDS WITH SOMEONE, TO. Discutir, pleitear, porfiar. I am not prepared to bandy any more words with you about it. No estoy dispuesto a seguir discutiendo más del asunto contigo.

BANG. s. Pico. Inyección de droga. To bang up. Meterse un pico

BANG TO RIGHTS. TO CATCH SOMEONE BANG TO RIGHTS. Pillar a alguien con las manos en la masa, pillar a alguien infraganti. We have got you bang to rights. You are looking at 10 to 15 years. Te hemos pillado con las manos en la masa. Te van a caer, entre 10 y 15 años en el trullo. He was caught bang - to - rights committing violent crimes. Lo pillaron cemetiendo delitos violentos.

BANG SOMEONE, TO. Golpear. To bang someone on the head and knock him out. Golpear a alguien en la cabeza y dejarlo sin sentido.

BANG SOMEONE UP, TO. Encarcelar a alguien. Bang up time. En la jerga de la cárcel, cerrar las celdas. Bang 'em up! ¡Al trullo con ellos! How many people would the government be planning to bang up if we were in the midst of a crime wave? ¿A cuánta gente estaría planeando el gobierno encarcelar si estuviéramos viviendo una ola de delincuencia?

BANGED UP. Adj. Encarcelado. To get banged up. Ir al trullo, ir a la cárcel. To be banged up for eternity. Ir a la cárcel hasta que se caigan las estrellas del firmamento.

BANGED - UP MAN, A. s. Preso, angustiado, abrazado, encarcelado, chucho.

BANGER, A. s. Arpón. Jeringuilla hipodérmica.

BANGER, A. Coche Viejo destartalado.

BANGER, A. Puño.

BANGER, A. Salchicha.

BANGER. TO DROP A BANGER. Meter la pata.

BANGLE. s. Pulsera. A bangle robbery. Un robo de pulseras.

BANJO. s. Ariete policial.

BANJO, TO. v. En la jerga policial, entrar en un lugar forzando la puerta con un ariete.

BANK BANDIT PILLS. s. Drogas o medicamentos que deprimen el ánimo. Las suelen tomar los atracadores cuando van a atracar un banco.

BANK JOB, A. s. Atraco a un banco. Hacerse un banco.

BANK HOLD - UP, A. Atraco a un banco.

BANKNOTES. FORGED BANKNOTES. Billetes falsos. Cromos.

BANK RAID, A. Atraco a un banco.

BANK ROBBERS. s. Atracadores de bancos. The law is closing in on the bank robbers. La policía estrecha el cerco en torno a los atracadores de bancos. A notorious bank robber. Un triste célebre atracador de bancos.

BANK ROBBERY, A. s. Atraco a un banco. To get arrested for an alleged bank robbery. Ser detenido por el supuesto atraco de un banco.

BANKRUPT AND CONMAN, A. Insolvente y timador.

BAPTISE, TO. v. Bautizar, mezclar el vino con agua.

BAR. A SEEDY BAR. Bar sórdido, tugurio.

BAR. SLEAZY BAR. Tugurio, bar de mala nota.

BAR TALK. Declaración de barra de bar.

BARB. s. Pulla. To aim a barb at someone. Lanzarle una puya a alguien.

BARBARIC BEHAVIOUR. Comportamiento barbárico.

BAR BRAWL, A. s. Pelea en un bar.

BAR FIGHT. s. Pelea en un bar.

BAREFACED THEFT. Robo descarado.

BAREKNUCLE FIGHTER, A. s. Matasiete. Persona muy agresiva y violenta.

BARFLY, A. s. Borrachín. Una persona que se pasa la vida en los bares. Una persona más borracha que los mosquitos.

BARK. s. En la jerga taleguera, hachís.

BARK. HIS BARK IS WORSE THAN HIS BITE. No es tan fiero el león como lo pintan. Perro ladrador poco mordedor. Our line manager is not too bad really - his bark is worse than his bite. Nuestro jefe de sección no es verdaderamente malo; perro ladrador poco mordedor.

BARNEY, A. s. Bronca, pelea. To have a barney. Tener una pelea.

BARON, A. s. Buitre, cafi. En la jerga de las cárceles, se refiere a un preso que tiene poder e influencia sobre los otros presos. Es quien controla la droga, dinero, etc.

BARONING. En la jerga de la cárcel, traficar dentro de la cárcel.

BARRED. Dícese de la persona que tiene prohibida la entrada a un bar o bares por follonero. Anthony has been barred from all local pubs for troublemaker. Anthony tiene prohibida la entrada a todos los bares del barrio por follonero.

BARREL. TO HAVE SOMEONE OVER A BARREL. Estar alguien a la merced de uno.

BARRISTER, A. s. Abogado. The barrister was black, and with his wig on looked like a pint of Guinness. El abogado era negro, y con la peluca puesta parecía una jarra de cerveza Guinness.

BARRISTER. A CRIMINAL BARRISTER. Abogado criminalista.

BARRISTER. A TRAINEE BARRISTER. Pasante de abogado.

BASH, THE. s. La prostitución.

BASHED. TO GET BASHED. Recibir una somanta de palos.

BASHER, A. s. Matón, valentón, bravucón, matasiete.

BASKET CASE, A. s. Loco.

BASTING. TO GIVE SOMEONE A BASTING. Darle a alguien una somanta de palos.

BAT. LIKE A BAT OUT OF HELL. Salir de estampida. Salir zumbando. He shot out of the pub like a bat out of hell. Salió disparado del pub.

BAT, A. s. Bate. To be beaten with a baseball bat. Llevarse una paliza con un bate de béisbol.

BAT. TO HAVE BATS IN THE BELFRY. Estar mal de la azotea. Estar chalado. Estar chiflado.

BAT. TO PLAY A STRAIGHT BAT. Ser sincero, jugar limpio.

BATH. HE COULDN'T RUN A BATH. Ser un inútil. No servir para nada.

BATON, A. s. Porra. To draw batons. Sacar la porra. A telescopic baton. Porra extensible. A baton thwack across the legs. Un porrazo en las piernas. A stunt baton. Una porra eléctrica.

BATON ROUNDS. s. Pelotas de goma que utiliza la policía para controlar manifestaciones.

BATTER SOMEONE, TO. Pegar, golpear. The teenager murdered his girlfriend by battering her with a rock. El adolescente mató a su novia golpeándola con una roca. To batter someone into the dust. Moler a alguien a golpes. The man let himself in the back door, battered the woman over the head with a lead pipe before stuffing her mutilated body into a mail bag. El hombre entró por la puerta trasera, golpeó a la mujer en la cabeza con una tubería de plomo y, a continuación, metió el cadáver mutilado en una saca de correos.

BATTER SOMEONE SENSELESS, TO. Dejar a alguien sin sentido de una paliza. During the match, football fans were walking through the main street and battering everyone senseless. Durante el encuentro de fútbol, algunos hinchas se paseaban por la calle mayor dando palos a la gente hasta dejarlos sin sentido.

BATTERING - RAM. s. Ariete policial. The police broke into the house with a battering - ram. La policía entró en la casa utilizando un ariete.

BATTLE AXE, A. Arpía.

BATTLE ROYAL, A. s. Batalla campal. There was a battle royal going on between the two gangs. Había una batalla campal entre las dos bandas.

BAWD, A. s. En la Edad Media, alcahueta, Celestina.

BAWDY HOUSE, A. s. Lupanar, casa de lenocinio, prostíbulo,

BAWDY LANGUAGE. s. Groserías.

BAY. TO BY AT SOMEONE LIKE A DEMENTED WOLF. Ladrar como un perro rabioso a alguien.

BAY. TO KEEP SOMEONE AT BAY. Mantener a alguien a raya.

BAYING GANG, A. s. Una banda que anda buscando camorra.

BE IN FOR SOMETHING, TO. No saber lo que le espera a uno, esperarle a uno una sorpresa desagradable.

BE OUT FOR SOMEONE. Ir en busca de alguien.

BE UP FOR. TO BE UP FOR. Estar acusado de. The man is up for drug trafficking. El hombre está acusado de contrabando de drogas.

BE UP TO SOMETHING, TO. Estar tramando algo.

BEACH. NOT TO BE QUITE ON THE BEACH YET. No tenerlas todas consigo todavía, no estar completamente a salvo. No cantes gloria antes de la victoria.

BEACON OF HOPE, A. Un modelo de esperanza.

BEAGLE, A. s. Fumador empedernido.

BEAK, A. s. 1. Napia. 2. Barander, juez. 3. Profesor. To be up before the beak. Vérselas con el barander. Comparecer ante el juez. To appear before the beak on charges of passing forged bank notes. Poner a disposición del juez acusado de distribuir dinero falso.

BEAM ENDS. TO BE ON ONE'S BEAM ENDS. Estar en un brete. Estar sin blanca, estar más tieso que un tambor, estar más tieso que la mojama, estar más tieso que una birla, andar peor de dinero que de rodillas. I am on my beam ends. Estoy sin blanca.

BEAN. TO BE WITHOUT A BEAN. Estar sin blanca. Estar más tieso que la mojama, andar peor de dinero que de rodillas, estar más tieso que un tambor, estar más tieso que una birla.

BEANS. TO GIVE BEANS. Repartir palos.

BEANS. TO KNOW HOW MANY BEANS MAKE FIVE. Saber más que Lepe, llevar muchas horas de vuelo, tener mucha experiencia, saber más que el diablo, saber más que el mago Merlín y todos los doctores de la Iglesia, saber más que el tocino rancio, saber más que el maestro Ciruelo. This guy knows how many beans make five. Este tío sabe más que Lepe.

BEANS. TO SPILL THE BEANS. Tirar de la manta, descubrir el pastel, levantar la liebre. To spill the beans on oneself. Descubrirse así mismo, contradecirse.

BEAR. TO BE LIKE A BEAR WITH A SORE HEAD. Estar de mal café, estar de mala uva, tener un humor de perros, estar de mal genio, estar de mala folla, estar de mala leche. On Mondays you couldn´t say anything to Robert, he was always like a bear with a sore head. Los lunes no se le podía decir nada a Robert, ya que estaba siempre de un humor de perros.

BEAR HUG, THE. s. El abrazo del oso. Un abrazo traicionero. Un abrazo mortal.

BEAR PIT OR BEAR GARDEN. Lugar donde hay siempre follones. That pub is a bear garden, it is always full of piss artists. Ese bar siempre está lleno de borrachines.

BEARNGS. TO LOSE ONE'S BEARINGS. Estar desconcertado. No saber lo que hace uno. No dar pie con bola. Desorientarse. He lost his bearings and sank into despair. Se desconcertó y se hundió en el abismo.

BEAST. Corruptor de menores.

BEAT. BOBBIES ON THE BEAT. Servicio de patrulla a pie. The local beat coppers. La patrulla local que hace las rondas a pie. To beat the streets. Ir de patrulla andando.

BEAT SOMEONE BLACK AND BLUE, TO. Poner a alguien morado a palos, darle más palos a alguien que oremos tiene un misal.

BEAT, TO. v. Golpear. He beat the man over the head with an iron bar, stabbed him in the chest, and then buried him in a shallow grave. Golpeó al hombre en la cabeza con una barra de hierro, lo acuchilló en el pecho, y, a continuación, lo enterró en una fosa poco profunda. The man was beaten and then thrown into a reservoir by a gang. Una banda, golpeó al hombre, y despúes lo arrojaron a una presa.

BEAT, TO. v. Poner pies en polvorosa, pirárselas, desaparecer, abrirse.

BEAT OFF AN ATTACK, TO. Rechazar un ataque.

BEAT. TO BEAT SOMEONE UP. Medirle las costillas a alguien. Crujir a palos, moler a palos.

BEAT SOMEONE BRUTALLY, TO. Golpear a alguien brutalmente.

BEAT SOMEONE TO DEATH. Matar a alguien a palos. Beaten to death. Morir como consecuencia de una paliza. The man was beaten up to death and flung into the river. Mataron al hombre a palos y lo tiraron al río.

BEATING. HE TOOK A FEARFUL BEATING. Una paliza de película, una soberana paliza. Se llevó una paliza tremenda. To give someone a merciless beating. Pegarle a alguien una paliza sin piedad. To plead guilty to assault by beating. Declararse culpable de propinarle una paliza a alguien.

BEVVY SHOP, A. s. Bar.

BEVVY - UP, A. s. Bar.

BED. TO DIE IN BED AT A RIPE OLD AGE. Morir en la cama muy viejo.

BEE - LINE. THE FAN MADE A BEE - LINE FOR THE REFEREE AND WITH ONE BLOW, KNOCED HIM FLAT. El hincha fue directo a por el árbitro y de puñetazo lo tumbó patas arriba.

BEE. TO HAVE A BEE IN ONE´S BONNET. Estar obsesionado con una idea. Like all those who believe in conspiracy theories, Marcus has got a bee in his bonnet. Conspiracy theories is his hobby, he sees them everywhere. Como todos aquellos que creen en las teorías de la conspiración, Marcus está obsesionado con ellas. Las teorías de la conspiración es su pasatiempo, las ve por todas las partes.

BEEF ABOUT, TO. Quejarse. What´s your beef? ¿De qué te quejas?

BEEFY GUY. 1. Un tío cachas, 2. Matón.

BEER BANDIT. Persona que entra a un bar, con la esperanza de que alguien le pague un par de cervezas. Gorrón. Un tío más apretado que los tornillos de un submarino. Tacaño.

BEER BELLIED SKINTHEAD, A. Un cabeza rapada con panza cervecera.

BEER LOUT, A. s. Borrachín camorrista.

BEER - TOKENS. s. Pasta, parné, guita, dinero, pastuqui.

BEER TRAP. s. Boca.

BEERED UP. Ebrio.

BEETROOT. TO GO AS RED AS A BEETROOT. Ponerse más rojo que un tomate maduro.

BEGGING. AGGRESSIVE BEGGING. Mendigar con intimidación.

BEGGING PONCE, A. s. Dícese de la persona que controla a un grupo de mendigos, se queda con un tanto de lo que colecta, pero él no mendiga.

BEHAVIOUR. s. Comportamiento. Aggressive behaviour. Comportamiento agresivo. Threatening behaviour. Comportamiento insultante. To be charged with threatening behaviour. Ser inculpado de comportamiento insultante. Unlawful behaviour. Comportamiento ilegal. Undesirable behaviour. Comportamiento no deseado. To be charged with disorderly behaviour and assaulting a police officer. Ser acusado de desorden público y agredir a un policía. Unwanted behaviour. Comportamiento no deseado. Outrageous behaviour. Comportamiento vergonzoso. Alleged egregious behaviour. Supuesto comportamiento atroz.

BEHIND BARS. s. Entre rejas. To spend one´s life behind bars. Pasar uno la vida entre rejas. A spell behind bars. Pasar una temporada en chirona, una temporada en la sombra, entre rejas. To give someone 6 years behind bars. Sentenciar a alguien a seis años de cárcel. To put someone behind bars. Enchiquerar a alguien. To die behind bars. Morir en la cárcel.

BELITTLE SOMEONE, TO. Menospreciar a una persona.

BELLED UP. Establecimiento provisto de alarma.

BELLMAN, A. s. En la jerga de la delincuencia, experto en desconectar alarmas.

BELLOW, TO. Gritar con ganas.

BELLS. TO KNOCK SEVEN BELLS OUT OF SOMEONE. Darle una tremenda somanta de palos a alguien, calentarle las costillas a alguien, darle una soberana paliza a alguien. Last night they knocked seven bells out of Peter outside the pub. Anoche le dieron una soberana paliza a Peter fuera del bar.

BELLY UP. TO TURN BELLY UP. Morir, palmarla, espicharla, pasar a mejor vida, morder el polvo. My feeling is that he could turn belly - up at any moment. Pienso que podría espicharla en cualquier momento. The neighbours found George belly up. Los vecinos encontraron a George, muerto.

BELLY UP. TO GO BELLY UP. Ir a la ruina. Fracasar. You can´t have it both ways, taking credit for success and blaming world events when it goes belly up. No se puede repicar e ir en la procesión, llevarse el crédito por ello, cuando se tiene éxito, y culpar a los acontecimientos mundiales, cuando las cosas salen mal.

BELT, A. s. Una bebida fuerte.

BELT, A. s. Un golpe fuerte.

BELT. AT FULL BELT. Ir como un rayo, darse mucha prisa, a todo meter, a toda pastilla. I have just seen Bob and Barry in the car, they were going at full belt. Acabo de ver a Bob y a Barry en el coche, iban a todo gas.

BELT. BELOW THE BELT REMARK, A. Comentario ofensivo.

BELT, TO. v. Golpear, pegar. To belt someone over the head with a bottle. Pegarle a alguien un botellazo en la cabeza.

BELT. TO HIT BELOW THE BELT. Dar un golpe bajo, propinar un golpe bajo. That was a hit below the belt! ¡Eso ha sido un golpe bajo!

BELT UP! ¡Cierra el pico!

BENCH, THE. s. Los jueces.

BENCH, THE. s. La oficina del juez.

BENCH. TO BE ON THE BENCH. Ser juez.

BENCH. TO BE RAISED TO THE BENCH. Ser nombrado juez en un tribunal de Condado o Audiencia Nacional.

BEND. CLEAN ROUND THE BEND. Loco de atar.

BENDER. s. Juerga. To go on a bender. Ir de borrachera, ir de juerga, ir de parranda. Last night we went on a bender, and when we came back home, we were real pissed. Anoche nos fuimos de juerga, y cuando regresamos a casa llevábamos una cogorza de mil puñetas.

BENT AS A BUTCHER´S HOOK. Una persona muy corrupta.

BENT BANKER, A. s. Banquero corrupto.

BENT COPPER, A. s. Policía corrupto.

BENT AS A CORKSCREW. Una persona muy corrupta.

BENT AS A DOG´S HIND LEG. Un corrupto.

BENT GEAR. s. Artículos robados que se venden a precios tirados.

BENT INDIVIDUAL, A. s. Un tipo de poco fiar.

BENT AS A NINE BOB NOTE. Una persona falsa.

BENT SCREW, A. s. Funcionario de prisiones corrupto.

BEREAVED, THE. Adj. Los familiares del fenido.

BERNIE. £1 Millón.

BERRY, A. s. Víctima fácil de un timador.

BERSERK. TO GO BERSERK. Perder los estribos, desmadrarse, enloquecerse, descontrolarse. The football fans, once they came out of the stadium went berserk and smashed up all the windows in the street. Después de salir los hinchas del estadio, se desmadraron y rompieron todas las ventanas de la calle.

BERTIE. TO DO A BERTIE. Delatar a los compañeros.

BERTH. TO GIVE SOMEONE A WIDE BERTH. Esquivar a alguien

BEST THINGS COME IN SMALL PACKAGES, THE. La esencia fina se vende en frasco pequeño. Y el veneno también.

BETRAYAL. A VILE BETRAYAL. Una traición vil.

BETTING. TO BE CHARGED WITH BETTING OFFENCES. Ser acusado de delitos relacionados con las apuestas de fútbol.

BETTING SCAM, A. s. Estafa en las apuestas.

BETWEEN A ROCK AND A HARD PLACE. Encontrarse uno entre la espada y la pared

BETWEEN YOU AND ME AND THE GATEPOST. En secreto. It is a secret between you me and the gatepost. Es un secreto entre nosotros.

BETWEEN THE DEVIL AND THE DEEP BLUE SEA. Encontrarse entre la espada y la pared.

BEVVIED. Borracho.

BEVVY, A. s. Bebida.

BEVVY SHOP, A. s. Bar.

BEVVY - UP. Juerga.

BEYOND ANY REASONABLE DOUBT. Más allá de toda duda razonable. To prove beyond any reasonable doubt. Probado más allá de toda duda razonable. Guilty beyond any reasonable doubt. Culpable más allá de toda duda razonable.

BIB. TO KEEP ONE´S BIB ON. No perder la calma. Achaparrar.

BIBLE BUSHER. s. Predicador.

BICE, A. s. Una sentencia de dos años.

BIFF. TO BIFF SOMEONE ON THE HOOTER. Meterle a alguien un puñetazo en la napia.

BIG BEEFY MAN. Hombre corpulento.

BIG CHILL. La muerte.

BIG GATES. s. Trullo, talego, cárcel, trena, caponera. El hotel reja.

BIG - H. s. En la jerga del mundo de la droga, heroína.

BIG HIT. Asesinato.

BIG JOB, A. s. Asesinato por encargo.

BIG MOUTH, A. s. Bocazas.

BIG. TO TALK BIG. Fanfarronear, jactarse, alabarse, presumir.

BILE. TO BE FULL OF BILE. Estar lleno de rencor, estar resentido. His talk is full of bile. Su conversación está llena de rencor.

BILE. TO SPIT BILE. Ponerse furioso, ponerse como una fiera, soltar sapos y culebras.

BILE. TO SPOUT OUT UTTER BILE. Echar sapos y culebras.

BILL. s. Handbill. Poster. Cartel. Post no bills. Prohibido fijar carteles. Bill posters will be prosecuted. Prohibido fijar carteles. Responsable el anunciante.

BILLY NO MATES. Persona que no tiene amigos.

BILL OF GOODS. TO SELL SOMEONE A BILL OF GOODS. Engañar a alguien.

BILL, THE. s. La policía.

BILL SHOP, THE. s. Comisaría de policía. Casa grande.

BILLINGSGATE, A. s. Grosero, malhablado, rabanero.

BILL SIKES. The evil Bill Sikes. El malvado Bill Sikes.

BIN. s. Celda en la comisaría.

BIND. s. Celda en una comisaría.

BINGE DRINKER, A. Bebedor compulsivo. Violent binge drinkers. Borrachines violentos.

BIOLOGICAL GRIEVOUS BODILY HARM. TO CAUSE SOMEONE BIOLOGICAL GRIEVOUS BODILY HARM. Contagiar a alguien deliberadamente de sida.

BIRD DOG, A. s. Intermediario.

BIRD. TO DO A BIRD. Pasar una temporada en la trena.

BIRD DOG, A. s. Perista, rosero, jaleador, poleo. En la jerga policial, persona que recibe objetos robados.

BIRD IN THE AIR, A. s. Helicóptero policial.

BIRD. A BIRD IN THE HAND IS WORTH TWO IN THE BUSH. Más vale pájaro en mano que ciento volando.

BIRD. A BIRD OF ILL OMEN. Un pájaro de mal agüero.

BIRD. A BIRD OF PREY. Ave de rapiña.

BIRD. TO FEEL AS FREE AS A BIRD. Libre como un pájaro. When I divorced Andrew, I felt as free as a bird. Cuando me divorcié de Andrew me sentí tan libre como un pájaro.

BIRD IS KNOWN BY HIS NOTE, THE MAN BY HIS WORDS, THE. Por el canto se conoce al pájaro y al hombre por el verbo.

BIRDS IN THEIR LITTLE NESTS AGREE. Dos que duermen en un colchón se vuelven de la misma opinión.

BIRDS OF A FEATHER FLOCK TOGETHER. Dios los cría y ellos se juntan, ser tal para cual, ser lobos de una misma camada, de tal palo tal astilla. They were back in business and although they had come to blows, James and Sam were birds of a feather. Habían vuelto a los negocios y, a pesar de haberse peleado, James y Sam eran tal para cual.

BIRDS. TO KILL TWO BIRDS WITH ONE STONE. Matar dos pájaros de un tiro.

BIRTH. TO SELL THE BIRTH FOR A MESH OF POTTAGE. Vender la primogenitura por un plato de lentejas.

BISECT A BODY, TO. Cortar un cuerpo en dos partes.

BIT OF WORK. En la jerga del hampa, atraco a mano armada.

BIT ON THE SIDE, A. Querido, querida. Tener un idilio amoroso extramatrimonial, lío extramatrimonial. I am not the kind of woman to be some bloke's 'bit on the side.' No soy la clase de mujer que se preste a un tío para sus aventuras 'extramatrimoniales.' 'Hi, Pete,' I said extending a hand to both him and his bit on the side. 'Hola, Pete, al mismo tiempo que extendía una mano, a él, y a su querida.

BITCH OF A LIFE. Puta vida.

BITE. TO PUT THE BITE ON SOMEONE. Chantajear a alguien, pegar un sablazo.

BITER, A. Chupóptero, parásito.

BITS. TO BE IN BITS. Estar destrozado.

BITTER PILL TO SWALLOW. TO BE A BITTER PILL TO SWALLOW. Un mal trago, un trago amargo. Failing his driving test was a bitter pill to swallow. Para él fue un trago amargo no pasar el examen de conducción.

BIZZIES, THE. s. La policía, los maderos. The criminal was handcuffed to a bizzie. El delincuente iba esposado a un policía. The place was swarming with bizzies. El lugar estaba plagado de maderos.

BLAB, TO. 1. Informar. 2. Descubrir un secreto, tirar de la manta, levantar la liebre.

BLABBERMOUTH. s. Bocazas, charlatán, indiscreto, parlanchín.

BLACK AND BLUE. Amoratado, magullado a palos, molido a palos, lleno de cardenales. He was beaten up black and blue by a gang of hooligans. Una pandilla de gamberros lo molió a palos.

BLACK AS HELL. TO BE AS BLACK AS HELL. Ser más malo que un demonio.

BLACK AS THUNDER. TO LOOK AS BLACK AS THUNDER. Estar muy enojado, estar muy enfadado, echar chispas. Edmund came out of the director's looking as black as thunder. Edmund salió de la oficina del director muy enfadado.

BLACK BOOK, A. s. Agenda de una prostituta, donde tiene los nombres de determinados clientes.

BLACK - HEARTED VILLAIN, A. s. Desalmado.

BLACK LIVES MATTER. Las vidas de los negros son importantes.

BLACKMAIL. s. Chantaje. Guilty of blackmail. Culpable de chantaje. To give in to blackmail. Ceder al chantaje.

BLACKMAIL, TO. v. Chantajear. To blackmail someone. Chantajear a alguien. To plead guilty to blackmail. Declararse culpable de chantaje.

BLACKMAIL. Chantaje. To charge someone with blackmail. Acusar a alguien de chantaje.

BLACKMAL THREAT. Amenaza de chantaje.

BLACKMAILER. s. Chantajista. A nasty blackmailer. Un chantajista cruel.

BLACKLISTED. Adj. Proscrito.

BLACK MARIA, A. s. Bidón, furgón celular, blancanieves, canguro, camello.

BLACK. NOT AS BLACK AS ONE IS PAINTED. No ser tan malo como lo pintan a uno. The criminal is not as black as he is painted. El delincuente no es tan malo como lo pintan.

BLACK RAT, A. s. Policía de tráfico.

BLACK STUFF. s. Opio.

BLACK TAR. s. Variedad de heroína muy pura.

BLACK WIDOW, A. s. Mujer que ha enterrado a muchos maridos.

BLADE, A. s. Cuchillo, navaja, pincho, arma blanca, corte, achuri, chuzo. Blade carrier. Navajero. Blade offending. Agresión con arma blanca. To be in possession of a blade or an offensive weapon. Estar en posesión de un cuchillo o un arma ofensiva. Blade offence. Delito perpetrado con arma blanca.

BLADDERED. Borracho perdido.

BLAG, A. s. Robo a mano armada. A cash - in - transit blag. Un atraco a un furgón que transporta dinero.

BLAGGED DOSH. s. En la jerga del hampa, el botín de un atraco.

BLAGGER, A. s. Atracador. A profesional blagger. Atracador profesional.

BLAGGING, A. Robo con fuerza.

BLAME. TO BLAME THE USUAL SUSPECTS. Culpar a los sospechosos habituales.

BLAME. TO SHIFT THE BLAME. Culpar a otra persona.

BLAME. TO SHOULDER THE BLAME. Apencar con, apechugar, cargar con la culpa.

BLANKET TREATMENT. Paliza que le propinan los funcionarios de prisiones a un preso

BLANKET. A WET BLANKET. Aguafiestas, malasombra, metepatas. If Alec turns up to the party, don't let him in, he is a wet blanket. Si Alec aparece por la fiesta, no le dejes entrar, es un aguafiestas.

BLASTED. Borracho perdido.

BLEAT, TO. v. 1. Chivarse a la policía. 2. Quejarse. What are you bleating about? ¿De qué te quejas?

BLEED. TO BLEED TO DEATH. Morir sangrado.

BLEEDER, A. s. Una persona despreciable, cabrito, canalla.

BLIGHT SOMEBODY'S LIFE, TO. Arruinarle la vida a alguien.

BLIGHTER, A. Un cabrito, sinvergüenza.

BLIND. Encubrimiento.

BLIND. IF THE BLIND LEAD THE BLIND, BOTH SHALL FALL INTO THE DITCH. Cuando los ciegos guían, ¡Ay de los que van detrás!

BLIND. TO SWEAR BLIND. Jurar uno con vehemencia, jurar uno por lo que más quiere en este mundo. Jurar por estas. I swear blind I am not going to the cinema again. Te lo juro por lo que más quiero en este mundo que no voy al cine otra vez.

BLINKER, A. Un puñetazo en un ojo.

BLISTER, A. s. Orden de comparecencia en un juzgado.

BLITZ, TO. v. Allanar un edificio para robar.

BLITZ OUT, TO. Fugarse de la cárcel, ganar la bola.

BLOCK. TO KNOCK SOMEBODY'S BLOCK OFF. Romperle a alguien la crisma.

BLOCK. TO HAVE BEEN ROUND THE BLOCK. Llevar muchas horas de vuelo. Saber más que Lepe.

BLOCKHEAD. s. Tarugo, zoquete, imbécil.

BLOKE, A. s. Hombre.

BLOOD. s. Sangre. A trail of blood. Un reguero de sangre.

BLOOD. BAD BLOOD. Resentimiento, malas relaciones. The punch up has been the cause of bad blood between the two gangs of boys. La pelea ha sido la causa de las malas relaciones entre las dos bandas de jóvenes. That occasion had created very bad blood between us and Nigel. Aquella ocasión había creado mucho resentimiento entre nosotros y Nigel.

BLOOD BATH. s. Baño de sangre. The killer planned the blood bath in meticulous detail. El asesino planeó el baño de sangre minuciosamente.

BLOOD CRIMES. Delitos de sangre.

BLOOD. TO BE BAYING FOR BLOOD. Querer vengarse.

BLOOD. TO BE OUT FOR SOMEBODY'S BLOOD. Querer vengarse.

BLOOD BOIL. TO MAKE ONE'S BLOOD BOIL. Encendérsele a uno la sangre. When I see all the empty cans and newspapers on the bus, it makes my blood boil. Cuando veo las latas vacías y los periódicos en el autobús, se me enciende la sangre.

BLOOD. TO BREED BAD BLOOD. Hacer mala sangre. All June's sons had turned out rotten. She must just breed bad blood. Todos los hijos de June le han salido unos granujas. La pobre tiene que hacer mala sangre.

BLOOD. TO CURDLE THE BLOOD. Helar la sangre.

BLOOD. TO DRAW BLOOD. Vituperar, injuriar, calumniar. He always draws blood with his film's reviews. Siempre calumnia con sus críticas de cine.

BLOOD. TO GET ONE'S BLOOD UP. Ponerse como una fiera, encendérsele a uno la sangre, enfurecerse, encolerizarse, montar en cólera. Edmund's blood was up - he ran at Bob waving his fists. Edmund montó en cólera y se dirigió a Bob agitando los puños. Duncan's blood was up, he chased Peter with a stick. Duncan estaba encolerizado, y salió corriendo tras Peter con un palo.

BLOOD. TO MAKE SOMEBODY'S BLOOD BOIL. Encenderle la sangre a alguien. When I see all the empty cans and newspapers on the bus, it makes my blood boil. Cuando veo las latas vacías y los periódicos en el autobús, se me enciende la sangre.

BLOOD. TO MAKE SOMEBODY'S BLOOD RUN COLD. Helarle la sangre a alguien. When Jennifer heard the footsteps upstairs, it made her blood run cold. Cuando Jennifer sintió los pasos en el piso de arriba, se le heló la sangre.

BLOOD DIAMONDS. s. Dinero de la venta de diamantes que se utiliza para financiar guerras.

BLOOD. A MAN OF BLOOD. Persona sanguinaria, persona violenta.

BLOOD. IN COLD BLOOD. A sangre fría. A policeman was shot dead in cold blood while on the beat. Mataron a un policía a sangre fría cuando hacía la ronda.

BLOOD IS THICKER THAN WATER. La sangre tira. They say that blood is thicker than water, so how come so many old people live in their own. Dicen que la sangre tira, entonces, como es que tantos ancianos viven solos.

BLOOD LETTING. Derramamiento de sangre. Ritual blood letting. Derramamiento de sangre ritual.

BLOOD MONEY. Dinero manchado de sangre. Dinero que se paga a un sicario para que asesine a alguien. Compensación que recibe una familia cuando han matado a uno de sus miembros. To line one's pockets with blood money. Forrarse los bolsillos con dinero manchado de sangre.

BLOOD. TO HAVE BLOOD ON ONE'S HANDS. Tener las manos manchadas de sangre. Ser responsable de la muerte de alguien.

BLOOD. TO SHED BLOOD. Derramar sangre, matar, regar el asfalto. Herir a alguien.

BLOOD. TO SNIFF BLOOD ON THE AIR. Sospechar juego sucio.

BLOOD SPATTERED ALL OVER THE PLACE. Todo el lugar estaba salpicado de sangre.

BLOOD. TO SPIT BLOOD. Echar sangre por los ojos. After her speech, people who she had criticized were spitting blood. Tras su discurso, aquellos a quien había criticado echaban sangre por los ojos.

BLOOD - SUCKER, A. Extorsionista. Chantajista.

BLOOD - SUCKING PARASITE, A. Sanguijuela, chupóptero.

BLOOD - SUCKING WHORE, A. s. Lagarta.

BLOODSHED. Derramamiento de sangre.

BLOOD WAS SPILLING FROM THE WOUND. Salía sangre por la herida.

BLOODY MINDED PERSON, A. Una persona obstinada, cabezón.

BLOT IN ONE'S ESCUTCHEON, A. Una tacha en la reputación de alguien.

BLOTTO. Borracho perdido.

BLOW. s. Golpe, guantazo. A glancing blow. Un golpe de refilón. A sharp blow to the stomach winded the man, and a knee to the jaw as he went down made sure he wasn't getting up again. Un golpe violento al estómago dejó al hombre sin respiración, y un rodillazo en la mandíbula, cuando caía al suelo, aseguraba de que no se iba a levantar otra vez. The victim was killed by a blow to the head. La víctima murió como consecuencia de un golpe en la cabeza. A savage blow. Un golpe violento. To land a blow on someone. Sacudirle un guantazo a alguien. A shattering blow. Un golpe mortal. A blow to the back of the head. Un golpe en la nuca.

BLOW APART, TO. Hacer estallar en pedazos.

BLOW AWAY, TO. Limpiarle el forro a alguien.

BLOW BUBBLES, TO. Informar.

BLOW BELOW THE BELT, A. Un golpe bajo.

BLOW IN SOMEONE'S EAR TO. Susurrar algo a alguien en el oído, musitar, cuchichear.

BLOW. TO CARRY THE FATAL BLOW. Asestar el golpe mortal.

BLOW ONE'S STACK, TO. Perder los estribos, ponerse como una fiera. When Basil received the letter and read it, he blew his stack sky high. Cuando Basil recibió la carta, y la leyó, se puso como una fiera.

BLOW SOMEONE AWAY, TO. Matar a alguien a tiros.

BLOW 38 MAGNUM. Un revólver detonador de doble acción.

BLOW OFF STEAM, TO. Desahogarse.

BLOWER, A. s. Teléfono.

BLOWS. TO COME TO BLOWS. Liarse a guantazos, llegar a las manos, llegar a agarrarse, liarse a hostias.

BLUBBER HEAD, A. Lelo.

BLUE. TO DISAPPEAR INTO THE BLUE. Esfumarse, desaparecer como por encanto, desaparecer como por ensalmo.

BLUE. TO FEEL BLUE. Estar depre.

BLUDGEON, A. s. Porra. To bludgeon someone to death. Matar a alguien a porrazos.

BLUDGEON MAN. s. Matón.

BLUDGEON SOMEONE SENSELESS, TO. Dejar a alguien sin sentido a porrazos. The murderer bludgeoned and stabbed his wife to death and buried her in a makeshift grave he had dug in the woods. El asesino, aporreó y mató a su mujer a cuchilladas, y la enterró en una tumba improvisada que había excavado en el bosque.

BLUEBEARD. THE ENGLISH BLUEBEARD. Henry VIII. El Barbazul inglés.

BLUEBOTTLE, A. s. Policía, madero.

BLUE MURDER. TO DRIVE LIKE BLUE MURDER. Conducir como un loco.

BLUE MURDER. TO SCREAM BLUE MURDER. Ponerse como un basilisco, ponerse como una fiera.

BLUE SKY. s. Heroína.

BLUEY, A. s. Película pornográfica.

BLUNDERBUSS. s. Trabuco.

BLUNT OBJECT, A. s. Objeto contundente.

BLUSH, TO. v. Sonrojarse.

BOASTFUL TALKER, A. Un fanfarrón, un bocazas.

BOAT. TO MISS THE BOAT. Perder una oportunidad.

BOBBIT SOMEONE, TO. La acción de una mujer de cortarle el pene a un hombre por venganza.

BOBBY, A. s. Policía. A bobby on the beat. Policía que hace la ronda.

BODGE JOB. Chapuza. To do a quick bodge job. Tente mientras cobro.

BODIES. TO KNOW WHERE ALL BODIES ARE BURIED. Conocer los secretos de una organización. Dícese del empleado que conoce todos los secretos de una empresa. Conocer las tripas de una empresa.

BODY. A DEAD BODY. s. Cadáver.

BODY SEARCH, A. s. Cacheo.

BODY SNATCHERS. s. Ladrones de cadáveres.

BODY SNATCHING. En los albores de la anatomía, siglo XVIII, el principal obstáculo con el que se topaban los futuros anatomistas era la escasez de cadáveres para el estudio del cuerpo humano. Este problema se resolvió mediante el robo de cadáveres recién enterrados, y, el hecho de que las autoridades hacían la vista gorda, ya que la profanación de tumbas, y el robo de cadáveres, no constituía un acto delictivo, a excepción de que el cadáver portase, un anillo u otros objetos de valor. Según la ley, un cadáver no era la propiedad de nadie. El robo de cadáveres se practicaba en todo el Reino Unido.

BODY. TO SELL ONE´S BODY. Prostituirse. Hacer la calle.

BOG, A. s. Retrete.

BOLONEY. TO TALK BOLONEY. Decir sandeces, decir chorradas.

BOLLOCKACHE, A. s. Cabronada.

BOLLOCKING, A. Una buena bronca.

BOLLOCKS! ¡Gilipolleces!

BOLLOCKS. A KICK IN THE BOLLOCKS. Una patada en los cataplines.

BOLLOCKS. TO HAVE SOME BOLLOCKS. Tenerlos bien puestos.

BOLLOCKS - UP, A. Una cagada.

BOLT. s. Cerrojo. To keep the bolt on. Dejar el cerrojo echado.

BOLT HOLE. A SAFE BOLT HOLE. Un escondite seguro.

BOLT. LIKE A BOLT FROM THE BLUE. Inesperadamente, como por encato.

BOLT. TOMAKE A BOLT FOR THE DOOR. Salir dispardo de un lugar.

BOLT. TO MAKE A BOLT FOR IT. Fugarse de la cárcel. The prisoner made a bolt for it. The police are looking for him. El preso se fugó de la cárcel. La policía lo está buscando.

BOMB, A. s. Gran cantidad de dinero.

BOMB HOAX, A. s. Amenaza de bomba falsa.

BOMBED. Borracho como una cuba.

BONE BOX. s. Ataúd.

BONE - IDLE LAYABOUT, A. Vago, zángano.

BONE. TO BE THE BONE OF CONTENTION. Ser la manzana de la discordia, la causa de las peleas. The bike has always been a bone of contention between the two brothers. La bici siempre ha sido la causa de todas las peleas entre los dos hermanos.

BONE. TO HAVE A BONE TO PICK WITH SOMEONE. Tener una cuenta pendiente con alguien.

BONEHEAD CLOWN, A. s. Imbécil.

BONE - SETTER. s. Ensalmador.

BONES. TO MAKE NO BONES ABOUT SOMTHING. No tener reparos en.

BONEYARD, A. s. Cementerio.

BONKERS. TO DRIVE SOMEONE BONKERS. Volver a alguien loco, sacar a alguien de sus casillas, sacar a alguien de quicio.

BONKERS. TO GO COMPLETELY BONKERS. Ponerse loco perdido. Someone stole his car and went completely bonkers. Le robaron el coche y se puso loco perdido. To be absolutely beyond bonkers. Estar más loco que una cabra, estar más sonado que las maracas de Machín.

BONKERS. TO DRIVE SOMEONE BONKERS. Volver a alguien loco, sacar a alguien de sus casillas, sacar a alguien de quicio.

BOOBY HATCH, A. s. Comisaría de policía.

BOODLE. s. Afane, astilla, botín de un robo.

BOOK. TO BRING AN OFFENDER TO BOOK. Condenar a un delincuente.

BOOKKEEPING. INTERNAL CREATIVE BOOKKEEPING. Amaño de libros de contabilidad.

BOOK. TO DO THE BOOK. Cumplir cadena perpetua.

BOOK. TO GO BY THE BOOK. Hacer las cosas en toda regla.

BOOK SOMEONE, TO. Encausar a alguien la policía.

BOOK. TO THROW THE BOOK AT SOMEONE. Imponer un castigo severo a alguien. He was found guilty, and they threw the book at him. Lo declararon culpable, y le castigaron con todo rigor.

BOOKS. TO COOK THE BOOKS/TO FIDDLE THE BOOKS. Amañar las cuentas. Falsear las cuentas.

BOOT BURGLAR, A. s. Ladrón que roba los maleteros de los coches.

BOOTLEG TRADER. s. Comerciante que vende tabaco y alcohol de contrabando a bajo precio

BOOTLEG CD, COMPUTER GAME. CD, Video juego piratas.

BOOT. TO BOOT SOMEONE UP THE ARSE. Pegarle a alguien una patada en el trasero.

BOOT. TO SINK THE BOOT INTO SOMEONE'S BACKSIDE. Darle a alguien una patada en las posaderas.

BOOTLICKER. s. Pelotillero, lameculos.

BOOTS. TO QUAKE IN ONE'S BOOTS. Temblar de miedo.

BOOZEHEAD, A. s. Bebedor empedernido. Borrachín.

BORDER CONTROL POINT. Puesto de control fronterizo.

BORDERLINE PSYCHOPATHS. s. Según la policía, aquellos que el hogar, la escuela y la sociedad no han tenido ninguna influencia sobre ellos. Van por libre, y no tienen ninguna consideración por el resto de la sociedad.

BORE, TO. v. Aburrir, dar la chapa.

BORN YESTERDAY. I WASN'T BORN YESTERDAY. No he nacido para primo. I am not going to fall for that trick. I wasn't born yesterday. No voy a picar el azuelo. No he nacido para primo.

BOOTLEG CIGARETTES. Cigarrillos de contrabando.

BOOTLEG TRADER. Traficante de bebidas alcohólicas y tabaco.

BOOTS. TO DIE WITH ONE'S BOOTS ON. Morir antes de jubilarse uno. Oswald died with his boots on at the age of 54. Oswald murió antes de jubilarse, a los 54 años.

BOOTY. s. Botín.

BOOZE - UP. Borrachera, curda, juerga. End of year booze - up. Curda de fin de año.

BOOZER, A. s. 1. Bareto, bar. 2. Borrachín.

BOSH. TO TALK BOSH. Hablar sandeces.

BOTHER. A SPOT OF BOTHER. Una situación difícil, brete, apuro.

BOTHERMENTS. s. Problemas.

BOTTLENECK, THE. s. Tres carteristas acosando a una persona; uno delante y dos detrás.

BOOTLEGGING. Falsificación de música o películas.

BOTTLE IT, TO. Echarse para atrás, acobardarse.

BOTTLE. TO LOSE ONE´S BOTTLE. 1. Perder el nervio. 2. Acoquinarse. Rajarse.

BOTTLE OUT, TO. Acobardarse, acoquinarse, achicarse, amedrentarse.

BOTTLE SOMEONE, TO. Pegarle un botellazo a alguien

BOTTLER. s. Cobarde.

BOUNCE UP, A. s. Pelea.

BOUNCER. s. Portero de discoteca, bar etc. gorila, abuchara, guardaespaldas, matón. A nasty bouncer. Un portero de malaleche. A night club bouncer. Portero de un club nocturno. A bullet - headed bouncer. Portero terco.

BOUND, BEATEN AND ROBBED. Amarrado, apaleado y robado.

BOUNTY. s. Recompensa. A bounty on somebody´s head. Ofrecer una recompensa por la captura de alguien.

BOUNTY HUNTER. s. Cazarrecompensas.

BOVVER, A. s. Una pelea entre cabezas rapadas.

BOVVER BOOTS. s. Botas que usan los cabezas rapadas. After years in the wilderness the bovver boot is back. Tras años en el olvido, las botas que usan los cabezas rapadas se han puesto de moda otra vez.

BOVVER BOY. s. Joven que forma parte de una banda de cabezas rapadas.

BOVVER HOUSE. s. Bar tristemente célebre por sus peleas.

BOX. s. Caja fuerte.

BOX. THE STRONG BOX. s. En la jerga carcelaria, la celda de castigo, botebolero, bodega, chozo.

BOXCAR, A. s. Celda en la cárcel.

BOX SOMEONE EARS, TO. Darle un cachete a alguien.

BOY RACER, A. s. Joven que hace cambios al coche para correr más.

BOYS. THE BOYS IN BLUE. s. La policía. Debido al uniforme de color azul que viste.

BOYZ. s. Una libra esterlina.

BRACE YOURSELF FOR A SHOCK. Prepárate que te vas a llevar un susto.

BRACELETS. s. En la jerga de la delincuencia, esposas. The coppers put the bracelets on the pickpocket. La policía esposó al carterista.

BRAIN HEMORRHAGE. s. Hemorragia cerebral. He died of a brain haemorrhage after a fight. Murió de una hemorragia cerebral provocada por una pelea.

BRAIN. TO HAVE SOMETHING ON THE BRAIN. Estar obsesionado con algo. No poder dejar de pensar en alguna cosa.

BRAINS DEPARTMENT, THE. Término que utiliza la policía para mofarse, de la Criminal Investigation Department, C. D. I. Brigada de Investigación Criminal.

BRANS. TO BLOW ONE'S OWN BRAINS OUT. Volarse uno la tapa de los sesos.

BRAINS. TO DO ONE´S BRAIN. Volverse loco.

BRAINS. TO RACK ONE´S BRAINS. Devanarse los sesos.

BRANDED. Adj. Tildado, tachado.

BRASS. s. Dinero, pasta, guita.

BRASS, A. s. Prostituta. The brasses there are proper hard - core. Allí, las prostitutas hacen toda clase de guarrerías.

BRASS, THE. s. Los jefazos.

BRAWL. s. Pelea. A drunken brawl. Pelea inducida por el alcohol. A pub brawl. Pelea en un bar.

BRAWLER, A. s. Camorrista, chulái, matón, follonero. A two - fisted brawler. Matasiete, follonero, bravucón, tipo duro, pendenciero.

BREACH OF LAW, A. Violación del derecho.

BREACH OF THE PEACE, A. Alteración del orden público. Perturbación del orden público. He was arrested for a breach of the peace. Lo detuvieron por pertubar el orden público. He was locked up for causing a breach of the peace. Lo metieron en el trullo por alterar el órden público.

BREAD. s. Pasta, parné, guita.

BREADHEAD, A. s. Dícese de la persona cuyo único interés en la vida es amasar dinero.

BREAKDOWN OF ORDER. Perturbación del orden público.

BREAK - IN, A. s. Allanamiento de morada. The police turned up promptly each time I reported a break - in. La policía se personaba sin demora, cada vez que denunciaba un allanamiento de morada. Gareth was responsible for two break - ins at my house during which most things of any value were removed. Gareth fue el autor de dos allanamientos de morada en mi casa, durante los cuales, se llevó la mayoría de las cosas que tenían algún valor. To break in a house in the dead of night. Allanar una casa en la quietud de la noche.

BREAKNECK SPEED. Velocidad endiablada.

BREAST. TO MAKE A CLEAN BREAST OF SOMETHING. Cantar de plano, confesarlo todo. When the police interviewed the thief, he made a clean breast of his robberies. Cuando la policía interrogó al ladrón, confesó todos los robos que había cometido.

BREATH. TO FEEL THE HOT BREATH OF THE LAW. Llevar la policía pegada a los talones.

BREATH. TO SWEAR UNDER ONE'S BREATH. Jurar por lo bajines.

BREATH. WITH BATED BREATH. Sobresaltado, nervioso, asustado, acongojado.

BREATHALISER TEST. Prueba de alcoholemia.

BREATHALYSE, TO. v. Someter a la prueba de la alcoholemia. Police breathalysed the man and found 0´98 g of alcohol in his system. La policía le hizo la prueba de la alcoholemia al hombre y le encontró 0´98 g de alcohol en la sangre.

BREATHE ONE´S LAST, TO. Espicharla, pasar a mejor vida.

BREED BAD BLOOD, TO. Hacer mala sangre.

BREK. s. En la jerga carcelaria, la última comida que toma un preso antes de ser puesto en libertad.

BREW. s. Chicha. Alcohol que se destila ilícitamente en la cárcel.

BRIBE, A. s. Soborno, mordida. To take bribes. Aceptar sobornos.

BRIBE. ATTEMPTED BRIBE. Intento de soborno.

BRIBE, TO. v. Sobornar. To try to bribe someone. Intentar sobornar a alguien.

BRIBERY. s. Soborno. Damning bribery allegations. Alegaciones de soborno condenatorio. Bribery of witnesses. Soborno de testigos.

BRIBERY. AN ATTEMPTED BRIBERY. Soborno frustrado.

BRIBERY. ANTI - BRIBERY LAWS. Leyes contra el soborno.

BRIBERY. A MASSIVE BRIBERY NETWORK. Una red de sobornos a escala industrial.

BRICK, A. s. Ladrillo. To hurl a brick through a window. Lanzar un ladrillo a una ventana.

BRICK. s. Ladrillo. A brick - wieldng thug. Un matón con un ladrillo en la mano.

BRICK. TO DROP SOMETHING LIKE A HOT BRICK. Desentenderse de algo, lavarse las manos.

BRICK. TO SMASH SOMEONE´S HEAD IN WITH A

BRICK. Machacarle a alguien los sesos con un ladrillo.

BRICKS. TO COME DOWN ON SOMEONE LIKE A TON OF BRICKS. Descargar el nublado en alguien, echar una buena bronca. After being told off at school, John´s father came down on him like a ton of bricks. Después de que le echaran a John un rapapolvo en el colegio, su padre descargó el nublado en él.

BRIEF, A. s. Alivio, abogado, boga, amparo, abogondi, picapleitos. The police searched the thief and asked him if he would like a brief. La policía registró al ladrón y le preguntaron que si quería un alivio.

BRIG. s. Trena.

BRING SOMEONE IN FOR QUESTIONING, TO. Llevar a alguien a comisaría para hacerle alguna preguntilla.

BRITISH TRANSPORT POLICE. s. Policía Británica de Transporte. Metro, Trenes, etc.

BROADSMAN, A. s. Trilero. En el juego de las cartas.

BROTHEL. s. Lupanar, prostíbulo, casa de mala nota. The police raided the brothel. La policía hizo una redada en el lupanar.

BROWN. s. Heroína.

BROWN ENVELOPE, A. s. Confesión total que hace un delincuente a la policía, a cambio de una sentencia menos severa.

BROWN FOX, A. s. La chata, escopeta de caños recortados.

BRUISED. Adj. Magullado.

BRUISER. s. Persona muy violenta.

BRUSH. TO HAVE A BRUSH WITH DEATH. Tener un roce con la muerte. When Mike had the car accident, he had a brush with death. Cuando Mike tuvo el accidente de coche, tuvo un roce con la muerte.

BRUSH WITH ILLEGALITY, A. Un roce con la ilegalidad.

BRUSH WITH MORTALITY. TO HAVE A BRUSH WITH MORTALITY. Tener un roce con la muerte.

BRUSH WITH THE LAW. TO HAVE A BRUSH WITH THE LAW. Tener un roce con la justicia.

BRUTAL ASSAULT, A. Agresión brutal.

BRUTAL BEATING, A. Una paliza brutal.

BUBBLE UP, TO. v. Informar, delatar, berrear.

BUBBLE, TO. v. Timar, estafar.

BUCKET, A. s. Coche viejo. A rust - bucket. Coche viejo destartalado.

BUCKSHOT. s. Perdigón, posta.

BUCKET. TO KICK THE BUCKET. Estirar la pata, espicharla, pasar a mejor vida, diñarla. Edmund kicked the bucket yesterday. Edmund la espichó ayer.

BUDGIE, A. s. Chivato de la policía. Confite.

BUG, A. s. Micrófono oculto.

BUG A TELEPHONE, TO. Intervenir un teléfono secretamente.

BUG, TO. v. Dar la brasa.

BUGGING DEVICE, A. s. Artificio que se utiliza para intervenir teléfonos secretamente.

BUGGER SOMEONE ABOUT, TO. Hacerle a alguien la santísima.

BUGGERY. s. Sodomía.

BUGGING OPERATION. Intervención de teléfonos.

BUGLE, A. Napia.

BULL ARTIST, A. s. Liante, cizañero. Fanfarrón, bravucón.

BULL. LIKE A RED RAG TO A BULL. Algo que le enciende la sangre a uno.

BULLDOG. A FACE LIKE A BULLDOG LICKING PISS OFF A NETTLE. Poner una cara como un bulldog lamiendo pis en una ortiga.

BULLDOG. FACE LIKE A BULLDOG CHEWING A BEE, A. Ser más feo que el culo de una mona. Poner una cara como Frankistán comiéndose un enjambre de avispas.

BULLDOG. A FACE LIKE A BULLDOG LICKING PISS OFF A NETTLE. Poner una cara como un bulldog lamiendo pis en una ortiga. Una cara como un demonio

BULLET. s. Bala, bellota. To unleash a shower of bullets. Descargar una ráfaga de tiros.

BULLET. A BLANK BULLET. s. Bala de fogueo. It turned out that the gunman fired blanks. Resultó que el pistolero disparaba balas de fogueo.

BULLET CASE, A. s. Casquillo de bala. Casquillo metálico vacío.

BULLET. A DUMDUM BULLET. s. Bala de punta hueca. Bala cuya punta se ha alterado para causar el mayor daño posible al hacer impacto.

BULLETPROOF. Adj. A prueba de balas. Bulletproof vest. Chaleco antibalas.

BULLET. STEEL JACKETED BULLET. Bala con capacete de acero.

BULLET. THE BULLET RICOCHETED ON THE WALL AND HIT THE BACK OF HIS HEAD. La bala rebotó en la pared y se le alojó en la nuca.

BULLET. THE BULLET TORE THROUGH THE WOMAN´S NECK AND THROUGH THE JAW, KNOCKING HER DENTURES OUT. La bala atravesó el cuello y mandíbula de la mujer, y le sacó la dentadura postiza de la boca.

BULLET. THE BULLET WENT THROUGH HIS NECK. La bala le atravesó el cuello.

BULLET. EVERY BULLET HAS ITS BILLET. Cada bala tiene su nombre.

BULLET. EXPLOSIVE BULLET. Bala explosiva.

BULLET. A SILVER BULLET. Bala de plata, tiro de gracia. To receive a silver bullet. Recibir un disparo con bala de plata.

BULLET. A STRAY BULLET. Bala perdida. The man was killed by a stray bullet. Al hombre lo mató una bala perdida.

BULLET. THE HEAD OF A BULLET. Bala o punta.

BULLET. THE WHISTLING OF A BULLET. El silbido de una bala.

BULLET. TO COP A BULLET IN THE BACK. Llevarse un tiro en la espalda.

BULLET. TO COPE WITH A BULLET IN THE BACK. Sobrevivir a un tiro en la espalda.

BULLET. TO LOAD A BULLET IN A GUN. Cargar una pistola.

BULLET. TO PUT A BULLET THROUGH ONE. Pegarle un tiro a uno, pegarle un bellotazo a uno.

BULLET. TO TAKE A BULLET IN THE BACK OF THE NECK. Recibir un tiro en la nuca.

BULLET. TO TAKE A BULLET MEANT FOR SOMEONE ELSE. Recibir un tiro que iba dirigido a otra persona.

BULLET WOUND, A. s. Herida de bala.

BULLETS. TO DIE IN A HELL OF BULLETS. Morir acribillado a balazos.

BULLET´S TRAJECTORY, A. Trayectoria de una bala.

BULLET. WHISTLING OF A BULLET. Silbido de una bala.

BULSHIT! ¡Y una mierda!

BULLSHIT. s. Sandeces.

BULLSHIT. s. Mentira descarada. Second hand bullshit. Repetir las mentiras que dicen otros.

BULLSHIT ARTIST, A. s. Mentiroso, bocazas, fanfarrón, farolero.

BULLSHITER, A. s. Mentiroso, farolero, bocazas.

BULLY, A. s. Chulo, matón. A bully to boot. Un matón de tomo y lomo. The local bully. El matón del barrio. To stand up to the bullies. Plantarles cara a los matones. Big bully. Matasiete, bravucón. An erratic bully. Matón errático.

BULLY, TO. v. Intimidar, tiranizar, acosar, hacerle la vida imposible a alguien. To bully someone into doing something. Intimidar a alguien para que haga algo. I was not bullied by other people. I did the bullying. No me tiranizaba nadie. Yo era el matón. To bully someone Online. Intimidar a alguien Online. To bully someone out of his job. Acosar a alguien para que se vaya del trabajo.

BULLY - BOY TACTICS. Tácticas intimidatorias y agresivas.

BULLY. A VIOLENT BULLY. Matón violento.

BULLYING. s. Matonismo. A bullying swagger. Pavoneo con aire de matón. Arrogant bullying. Arrogancia intimidadora.

BULLYING AT SCHOOL. Acoso escolar.

BULLYING AT WORK. Acoso laboral.

BULLYING. CORPORATE BULLYING. Acoso laboral empresarial.

BULLYING. THE BULLYING METHODS OF THE POLICE. Los métodos intimidatorios de la policía.

BULLYING AND HARASSMENT AT WORK. Hostigamiento y acoso en el trabajo.

BULLYING LOUT, A. s. Gamberro intimidador.

BUM AROUND, TO. Gandulear, no pegar pique, no dar un palo al agua, trabajar menos que el sastre de Tarzán.

BUMP SOMEONE OFF, TO. Limpiarle a alguien el forro, dar mulé, dar matarile, dar betún, regar el asfalto. Matar a alguien.

BUMP OFF, THE. s. Asesinato.

BUNCH OF FIVES, A. s. Puño. To give someone a bunch of fives. Darle un puñetazo a alguien.

BUNDLE, A. s. Un fajo de billetes.

BUNDLE INTO. THE MAN WAS BUNDLED INTO A POLICE CAR AND DRIVEN TO THE POLICE STATION. Empujaron al hombre dentro de un coche policial y lo llevaron a la comisaría.

BUNG, A. s. Soborno, mordida. Bungs have been paid to oil the wheels. Se han pagado sobornos para untar las ruedas. The proverbial bung. El consabido soborno. Bung taking. Aceptar sobornos.

BUNG SOMEONE, TO. Sobornar a alguien. Término utilizado, tanto por la policía, como los delincuentes.

BUNK. TO DO A BUNK. Desaparecer, escaparse, afufar, botar.

BUNK IN, TO. Entrar en un lugar sin ser invitado.

BUNNY, A. s. La víctima de una estafa.

BURGLAR, A. s. Caco, escalador, ladrón. An opportunistic burglar. Ladrón oportunista. A prolific burglar. Ladrón prolífico. To disturb a burglar. Sorprender a un caco. The man leapt out of bed to tackle burglars, armed with a tennis racket. El hombre saltó de la cama, y se armó con una raqueta de tenis para enfrentarse a los ladrones. The police searched the house and found a burglar hidden in a cupboard. La policía registró la casa y encontró al ladrón escondido en un ropero.

BURGLAR ALARM. s. Alarma antirrobo.

BURGLARY. s. Allanamiento de morada. He pleaded guilty to aggravated burglary and assault with intent to rob. Se declaró culpable de allanamiento de morada con violencia y agresión con intención de robar. To be charged with aggravated burglary. Ser inculpado de allanamiento de morada con violencia. To be done for burglary. Ser arrestado por allanamiento de morada. Hanoi burglary. Allanamiento de morada y además robar el coche. To crack down on burglary. Tomar medidas enérgicas para acabar con los allanamientos de morada.

BURGLE A HOUSE, TO. Robo con escalo. Allanamiento de morada.

BURGLE A JEWLERRY SHOP, TO. Robar una joyería.

BURIED. TO BE BURIED. 1 Estar arruinado. 2 Cumplir muchos años de condena.

BURK, WILLIAM. 1792 - 1829. Se hizo tristemente célebre por los asesinatos que cometió, para vender los cadáveres a los anatomistas para la ciencia. Entre William Burk y sus cómplices, William Hare y su mujer, asesinaron entre 15 y 30 personas. Su método consistía en asfixiar a las víctimas, para no dejar pruebas. Al final, W. Hare lo delató, y Burk murió en la horca en 1829. Su cadáver fue donado para la ciencia.

BURK SOMEONE, TO. Matar a alguien sin dejar ninguna clase pruebas.

BURN. s. Tabaco. Cigarrillo.

BURN, TO. v. Matar a tiros.

BURN UP, TO. v. Cabrear a alguien.

BURST. A BURST OF MACHINE - GUN FIRE. Una ráfaga de metralleta. Un abanico de marmella.

BUS. TO MISS THE BUS. Perder una oportunidad.

BUS. TO THROW SOMEONE UNDER THE BUS. Dejar a alguien en la estacada, abandonar a alguien a su suerte, dejar que alguien se las componga como pueda.

BUSH. s. Hierba, marihuana.

BUSINESS. A SHADY BUSINESS. Un negocio turbio.

BUSINESS. AN ILLICIT BUSINESS. Negocio ilícito.

BUSINESS E - MAIL COMPROMISE. Estafa de CEO. Estafa que consiste en piratear las cuentas del correo electrónico de directivos de empresas.

BUSINESS END OF A GUN, THE. El cañón de una pistola. The business end of a knife. La hoja de un cuchillo.

BUSINESS GIRL, A. s. Prostituta, mujer del partido, mujer mundana, mujer pública, pedorra. Trabajadora del gremio del chichi.

BUSINESS. MIND YOUR OWN BUSINESS! ¡Ocúpate de tus asuntos!

BUSINESS. MURKY BUSINESS. Negocio turbio.

BUSINESS. TO MEAN BUSINESS. Hablar en serio.

BUSKER, A. s. Persona que toca algún instrumento musical en el metro, y pasa la gorra, por lo general, la guitarra, para ganarse la vida. Spare the buskers your ears (and some change if you can). Presta atención a los que tocan música en el Metro (y si puedes, algo de dinero). A busker was on the Tube, playing Dynalesque riffs on a guitar and making up lyrics about people walking past. Había un guitarrista en el Metro que entonaba estribillos de Dylan con la guitarra, y al mismo tiempo, componía canciones sobre la gente que pasaba.

BUSINESS. UNFINISHED BUSINESS. Tener cuentas que arreglar con alguien. Tener cuentas pendientes con alguien.

BUSKING. NO BUSKING. Prohibido tocar música y pasar la gorra. Aviso en el metro, destinado a aquellos que tocan música y pasan la gorra mismo tiempo.

BUS - STOP - QUEUE RAGE. Violencia en la fila del autobús, trifulca en la parada del autobús. There was a bus - stop - queue rage this morning during the rush hour. Hubo una trifulca esta mañana en la parada del autobús en la hora punta.

BUS – STOP. THE GANG KILLED A WOMAN AT THE BUS - STOP. La banda mató a la mujer en la parada del autobús.

BUST, TO. v. Robar en una casa.

BUST - UP, A. s. Trifulca, riña. A family - bust up. Una trifulca familiar.

BUSTED. TO BE BUSTED FOR DRUG POSSESSION. Ser imputado por estar en posesión de drogas.

BUSTED. TO BE BUSTED FOR THE SAME OFENCE. Ser imputado por el mismo delito.

BUSTLE PINCHING. Frotarse contra una mujer en autobuses, Metros, etc. Aprovecharse.

BUTTERFLY, A. s. En la jerga taleguera, dícese de un joven, y guapo, que acaba de ingresar en la cárcel.

BUTTERFLY KNIFE, A. s. Navaja mariposa. He pulled on a balaclava and a hood and armed himself with a butterfly knife before forcing his way into a home. Se caló un pasamontaña, se cubrió con una capucha, y, finalmente, se armó con una navaja mariposa antes de forzar la entrada en una casa.

BUTTER UP, TO. Adular, dar coba.

BUTTER WOULDN´T MELT IN HIS MOUTH. Una mosquita muerta, parecer que alguien no haya roto un plato en su vida. With blonde hair and blue eyes, he looked like butter wouldn´t melt in his mouth but he was a little terror. Rubio y de ojos azules, parecía una mosquita muerta, pero era un diablillo.

BUTTERFLIES. TO HAVE BUTTERFLIES IN ONE´S STOMACH. Tener un nudo en el estómago, estar nervioso, estar inquieto. Yesterday, before the exam, butterflies were fluttering around in my stomach. Ayer antes del examen estaba muy nervioso.

BUTTOCK AND FILE, A. s. En el siglo XVIII, dícese de la prostituta que le limpiaba al cliente la cartera durante la faena.

BUTTON MOB, THE. s. Así llaman los agentes del, C. I. D, The Criminal Investigation Department. A los policías uniformados. Término jocoso.

BUTTON YOUR LIP! ¡Cierra el pico!

BUY SOMEONE OFF, TO. Comprar, untar, sobornar. The lawyer was accused of buying off the witnesses. Acusaron al abogado de comprar a los testigos.

BUYER, A. s. Perista, jalador, poleo, rosero.

BUYER - OUTER, A. s. Timador, estafador.

BYGONES BE BYGONES. LET BYGONES BE BYGONES. Lo pasado, al olvido sea dado. Pelillos a la mar. Biddy and Bill agreed to let bygones be bygones and not to argue again. Biddy y Bill acordaron echar pelillos a la mar y no discutir otra vez.

BY - LAW. s. Ordenanza municipal. By - laws against drinking in the streets. Ordenanzas municipales que prohíben beber en la vía pública.

BUZZ. s. Rumor.

BUZZER, A. s. Carterista, bravo.

BUZZ. TO DO SOMETHING FOR THE BUZZ. Hacer algo por la viva curiosidad que inspira. The gang claimed that they were carrying out their crimes for the buzz. La banda afirmó que cometía los actos delictivos por la viva curiosidad que inspiraban.

BUZZ WORD, THE. Palabra en boga, palabra de moda.

C

CABINET. STEEL GUN CABINET. s. Caja fuerte para guardar armas.

CABBAGE. s. Dinero, pasta, guita.

CABOOSE. s. Cárcel, talego, trullo.

CAKE. YOU CAN´T HAVE YOUR CAKE AND EAT IT. No se puede nadar y guardar la ropa, no se puede hacer una cosa y su contraria, no se puede repicar y andar en la procesión, soplar y sorber no puede ser, es difícil cambiar las cañerías y dar agua, quererlo todo, tener lo mejor de ambos mundos. You can´t work three days per week and get the same money - you can´t have your cake and eat it. No querrás trabajar tres días a la semana y ganar el mismo dinero; no se puede repicar y andar en la procesión.

CAD. s. Canalla, persona despreciable y malvada.

CADAVER, A. s. Cadáver.

CAG, A. s. Discusión.

CAGE, THE. s. Trena, trullo, cárcel, beri, talego.

CAGE. TO RATTLE SOMEONE´S CAGE. Cabrear, meterse con alguien, buscar las cosquillas, provocar, meter cizaña, chinchar, meter cuña, meter cisco. I am good at rattling cages and being a pain in the backside. Se me da muy bien ser cizañero, y también ser un coñazo. Who rattled your cage? ¿Quién se ha metido contigo?

CAGED. TO BE CAGED FOR MANY YEARS. Pasar muchos años en la trena, pasar muchos años entre barrotes.

CAHOOTS. TO BE IN CAHOOTS WITH SOMEONE. Estar conchabado con alguien, conspirar secretamente con alguien, tramar algo, tramar alguna fechoría, urdir un plan. Frank and Edward were always in cahoots with each other getting up to mischief. Frank y Edward siempre estaban tramando alguna fechoría.

CALENDER, A. s. En la jerga taleguera, un año en la trena. Breje, breva, castaña.

CALL TO ARMS, A. Toque a rebato.

CALL, A. s. Llamada telefónica. A malicious call. Una llamada maliciosa. An anonymous call. Una llamada anónima.

CALLOUS INDIVIDUAL WITH NO FEELINGS, A. Desalmado.

CALM. KEEP YOUR CALM ON! ¡No te acalores!

CAMERA. s. Máquina fotográfica. The man was attacked by a gang who slashed out at him, smashing his camera into his face and causing a deep cut. El hombre fue agredido por una banda, le pegaron, rompiéndole la máquina fotográfica en la cara, haciéndole una cortada.

CAMERA. A HIDDEN CAMERA. Máquina fotográfica oculta.

CAMARA. CRIMINALS CAUGHT ON CAMERA. Delincuentes grabados por las cámaras de seguridad.

CAMPAIGN AGAINST DRINK AND DRIVING. Campaña para no conducir ebrio.

CAN, A. s. Caja fuerte.

CAN. TO KICK THE CAN DOWN THE ROAD. Seguir dando largas a un asunto, aplazar, evitar de tratar un asunto.

CANARY, A. s. Soplón, chivato, delator, cantante, confite, canario, chota.

CANARY. TO SING LIKE A CANARY. Cantar de plano. When the criminal was arrested by the police, he sung like a canary. Cuando la policía detuvo al delincuente, cantó de plano.

CANE, TO. v. Dar una paliza.

CANNABIS. s. Cannabis. To strengthen the laws on cannabis. Endurecer las leyes del cannabis.

CANNABIS. A CROP OF CANNABIS. Cosecha de cannabis.

CANNABIS FARM, A. s. Explotación de cannabis. To run a cannabis farm. Llevar una explotación de cannabis.

CANNABIS FARMERS. s. Personas que cultivan cannabis en las casas, edificios abandonados, etc.

CANDY. s. En el mundo de la droga, heroína.

CANDYMAN. Traficante de drogas.

CANE, TO. v. En la jerga de los cacos, robar.

CAN - HOUSE, A. s. Burdel, lupanar, casa de mala nota.

CAP. IF THE CAP FITS, WEAR IT. El que se pica, ajos come.

CAPER, A. s. Acto delictivo. Robo, atraco. To pull off a caper. Cometer un atraco.

CAPITAL PUNISHMENT. Pena capital. Capital punishment only remains in the United Kingdom for high treason or acts of piracy. La pena capital solo existe en el Reino Unido para actos de alta traición o de piratería.

CAPTIVE. TO BE HELD CAPTIVE. Mantener cautivo.

CAR. s. Coche, buga. A beaten - up old car. Un coche viejo y destartalado.

CAR CRASH. IT WAS A WEIGHT OFF MY MIND TO KNOW THAT MY SON WALKED OUT THE CAR CRASH. Fue un alivio de saber que mi hijo había salido ileso del accidente.

CAR. TO BREAK - IN A CAR. Desvalijar un coche.

CAR. A GET AWAY CAR. Coche de la huida.

CAR. A SQUAD CAR. s. Coche patrulla.

CAR. A SUSPICIOUS CAR. s. Un coche sospechoso.

CAR. A CAR RAN INTO A TREE AND CAUGHT FIRE. Un automóvil se estrelló contra un árbol y se prendió fuego.

CAR. s. Coche, automóvil, buga. The rests of a charred car. Los restos calcinados de un coche.

CARBINE. s. Carabina.

CARBON - COPY MURDERS. En la jerga periodística, denota, los asesinatos que alguien ha cometido, imitando exactamente el método de otros asesinos.

CARD SHARP, A. s. Jugador de cartas fullero, ventajista, burlador, tramposo, bolillero. Tahúr.

CARD. TO MARK SOMEONE´S CARD. Advertir a alguien, llamar la atención.

CARDS. TO KEEP ONE'S CARDS, CLOSE TO ONE'S CHEST. Guardarse un secreto, no soltar prenda.

CARDS. TO PUT THE CARDS ON THE TABLE. Poner las cartas boca arriba, mostrar los planes que tiene uno.

CARDS. STACK THE CARDS AGAINST SOMEONE. Tener mala suerte.

CARDS. TO PLAY WITH MARKED CARDS. Jugar con las cartas marcadas. Hacer trampas.

CARDS. TO THROW IN ONE´S CARDS. Espicharla, estirar la pata.

CAREER BOY, A. s. Dícese del joven que se prostituye. Un puto

CAR - CRASH TV. s. Programas violentos en televisión. A fatal - car crash. Accidente mortal.

CARJACKING. s. Acto delictivo que consiste en hacer salir al propietario de un automóvil, pistola en mano, ponerse él al volante, y salir pitando.

CARNAGE. s. Matanza, carnicería. To cause carnage. Provocar una matanza. A scene of carnage. Lugar donde a ocurrido una matanza.

CAR PARK. s. Aparcamiento. That man in the car park looks suspicious. El hombre que hay en el aparcamiento tiene pinta de sospechoso

CAR SURFING. Práctica que consiste, en pasar por una calle, o aparcamiento de coches, e ir comprobando y mirando por las ventanillas, para ver si alguien ha dejado el coche sin cerrar, y así para robar.

CAR THIEF. s. Ladrón de coches.

CAROUSEL FRAUDE. s. Fraude que consiste en comprar teléfonos móviles, en otros países de la Unión Europea libres del I V A Se traen al Reino Unido, se venden con el I V A. Y se las pira uno sin pagar al gobierno ni un penique.

CARPET, A. s. En la jerga de la delincuencia, una sentencia de tres meses.

CART. TO BE IN THE CART. Encontrarse uno en una situación embarazosa.

CARROT, A. s. Porro de cannabis enorme.

CARROT CRUNCHER, A. Paleto.

CARRY THE CAN, TO. v. Pagar los vidrios rotos, pagar el pato.

CARVE SOMEONE UP, TO. v. Rajar a alguien con una navaja de afeitar o cuchillo.

CARVE UP, A. Astilla, parte de un botín.

CARVE UP, TO. v. En la jerga de la delincuencia, astillar, repartir el botín de un robo.

CARVER. s. Arma blanca, pincho, cuchillo.

CASE. s. Caso, sumario, expediente. To dismiss a case. To throw a case out. Desestimar un caso. A high profile case. Un caso prominente. A criminal case. Una causa criminal. A clear case of assault. Un caso convincente de agresión. A long and complex case. Un caso largo y complicado. A hardship case. Un caso difícil. To solve a criminal case. Esclarecer un caso. The case is closed. El caso está cerrado. To close the book on a case. Archivar un caso. An infamous case. Un caso infame. A cast - iron case. Caso sólido.

CASE CRACKED. Caso resuelto.

CASE. THE EJECTED CASE. La vaina de la bala.

CASE LAW. s. Jurisprudencia.

CASE. A LEADING CASE. Un proceso de relevancia.

CASE. AN OPEN AND SHUT CASE. Caso fácil de predecir el resultado.

CASH. HARD CASH. s. Dinero tocante y sonante, dinero en efectivo, dinero en metálico.

CASH IN ON SOMETHING, TO. Aprovecharse de una situación.

CASH. STRAPPED FOR CASH. Andar escaso de dinero.

CASH. THE MAN HAS THE CASH. HE´S SWIMMING WITH IT. El hombre está podrido de dinero.

CASH. TO PART SOMEONE FROM HIS CASH. Robarle a alguien el dinero. Encontrar el dinero antes de que lo pierda su dueño.

CASKET. TO BLOW A CASKET. Ponerse como una fiera.

CAST ASPERSIONS ON SOMEONE, TO. Vituperar, insultar, calumniar, arrastrar por los suelos, arrastrar por el fango, difamar. The rumours were not true about Dawn, someone had cast aspersions about her. Los rumoreas que corrían acerca de Dawn no eran verdad, alguien la había estado vituperando.

CAST BLAME ON OTHERS, TO. Culpar a otros.

CASTING COUCH. Según las malas lenguas, las actrices que quieren un role en una película, tienen que descansar un rato en el diván con en el señor director.

CATAPULT, A. s. Tirachinas.

CAT AND MOUSE. TO PLAY CAT AND MOUSE WITH SOMEONE. Jugar al gato y al ratón con alguien.

CAT BURGLAR, A. s. Alcantarillero. Ladrón que roba mediante escalo.

CAT. CURIOSITY KILLED THE CAT. Muchas veces, el que escarba, lo que no quiere halla. Escarbó el gallo y descubrió el cuchillo para su daño. Los camposantos están llenos de curiosos. "What have you been doing all the morning?" "I am not telling you. Remember curiosity killed the cat!" "¿Qué has estado haciendo toda la mañana?" "No te lo voy a decir. ¡Recuerda que: muchas veces, el que escarba, ¡lo que no quiere halla!"

CAT. TO BE LIKE A CAT ON HOT BRICKS. Estar en ascuas, estar inquieto, estar muy nervioso, no poder estar quieto. Robert was like a cat on hot bricks before the trial. Robert estaba inquieto antes del juicio.

CAT. TO BELL THE CAT. Ponerle el cascabel al gato.

CAT - FIGHT, A. s. Una pelea entre dos mujeres.

CAT. TO LEAD A CAT AND DOG LIFE. Vivir como el perro y el gato, estar peleándose siempre.

CAT. TO LET THE CAT OUT OF THE BAG. Tirar de la manta, descubrir el pastel, revelar un secreto, levantar la liebre.

CAT. TO PUT THE CAT AMONG THE PIGEONS. Armar un pitote, armar la de San Quintín, armar un zipizape, armar un cristo, armar un revuelo, armar un rifirrafe, armar una pelotera. If the Tube doesn´t run tomorrow it will really put the cat among the pigeons. Como no funcione el Metro mañana, se va a armar la de San Quintín.

CAT. TO SEE WHICH WAY THE CAT WILL JUMP. Ver por dónde van los tiros. Ver de qué lado sopla el viento.

CAT IN GLOVES CATCHES NO MICE. Gato con guantes no caza ratones.

CATCH A COLD, TO. Perder una gran cantidad de dinero en el juego.

CATCH SOMEONE OUT, TO. Desenmascarar a alguien, coger en una trampa. Pillar con las manos en la masa.

CATCH SOMEONE RED - HANDED, TO. Pillar a alguien con las manos en la masa, pillar a alguien infraganti. The police caught the burglar red - handed when he was breaking into the house in order to steal. La policía detuvo al ladrón en el momento que estaba entrando en la casa para robar.

CATCH UP WITH SOMEONE, TO. Detener, atrapar. The police caught up with the thief. La policía atrapó al ladrón.

CATS HIDE THEIR CLAWS. Debajo de la mata florida está la culebra escondida.

CATWALK, A. s. En la jerga de las prisiones, pasarela.

CATTLE RUSTLING. Robo de ganado.

CATTY COMMENT, A. Un comentario malicioso.

CATTY PERSON, A. Una mala persona.

CAULIFLOWER EAR, A. s. Oreja de boxeador. Oreja deformada de tantos guantazos.

CAUSTIC TONGUE, A. s. Lengua mordaz, lengua viperina, una lengua como una dalla.

CAUTION. TO BE CAUTIONED FOR AN OFFENCE. Ser amonestado por una ofensa. He was given a police caution for drug offences. Recibió una amonestación policial por posesión de drogas. To be let off with a caution. Escapar sin cargos con una amonestación. The judge let him off with a caution. El juez lo dejó en libertad con una amonestación. To allow off with a caution. Dejar en libertad sin cargos con una amonestación. To get a caution. Ser amonestado. To hand out a caution. Amonestar a alguien. To issue a caution. Emitir una

amonestación. To be caution for being in possession of a joint. Ser amonestado por estar en posesión de un porro. A caution goes on your criminal records for 100 years. Una amonestación permanence en los antecedentes penales de una persona durante cien años.

CELL. s. Celda. A shopping centre holding cell. Celda de un centro comercial, donde los guardas jurados retienen a alguien hasta que llega la policía.

CESSPIT. s. Sumidero. Prisons are cesspits of violence. Las prisiones son sumideros de violencia.

CLOSED - CIRCUIT TV. C C T V. Televisión en circuito cerrado. Warning! These premises have 24 hours C C T V security surveillance. ¡Aviso! Estos locales están vigilados por televisión en circuito cerrado las 24 horas del día. C C T V lends weight to a line of investigation. Las cámaras de televisión en circuito cerrado le dan peso a una línea de investigación. CCTV footage. Imágenes de televisón en circuito cerrado.

C D´S. TO BOOTLEG C D´S. Vender cedes en el top manta.

CENTURY, A. s. En la jerga del hampa, cien libras esterlinas.

CHALK IT UP, TO. Colgarle a alguien el sambenito. Colgarle el muerto a alguien. Colgarle un marrón a alguien.

CHAMBERS. TO SIT IN CHAMBERS. Reunirse en Salas.

CHAINSAW. s. Motosierra. The chainsaw massacre. La masacre de la motosierra.

CHAINS. TO BE IN CHAINS. Estar encadenado.

CHALLLENGE. A BLACK OUT CHALLENGE. Suicidarse con un cinturón.

CHANCER, A. s. Oportunista.

CHAPTER AND VERSE. To give chapter and verse. Dar cuenta de algo con pelos y señales.

CHAPTER OF ACCIDENTS, A. Una serie de desgracias.

CHARACTER. s. Personaje. To be a real character. Ser todo un caso. A colourful character. Un personaje pintoresco. To have a colourful past.

Tener un pasado pintoresco. ¿He is a real character, isn't he? Menuda pieza que está hecho ¿verdad? A complex character. Personaje revesado.

CHARACTER - ASSASSINATION. s. Difamación.

CHARACTER - ASSASSINATION MACHINE. s. Los medios de comunicación de masas.

CHARACTER. AN UNDESIRABLE CHARACTER. Un tipo indeseable. Delincuente

CHARACTER. AN UNSAVOURY CHARACTER. Un tipejo.

CHARACTER. TO ACT OUT OF CHARACTER. Proceder de manera diferente de la acostumbrada.

CHARACTER WITNESS. s. Persona que testifica acerca de la probidad de un acusado en un juicio.

CHARGE. TO CHARGE IN ABSENTIA. Inculpar in absentia.

CHARGE. s. Acusación, imputación. To press charges. Presentar cargos. To charge someone with attempted murder of your wife. Imputar a alguien de intento de asesinato de su mujer.

CHARGED AND CONVICTED. Acusado y condenado.

CHARGED. TO BE CHARGED WITH CONSPIRACY TO COMMIT ROBBERY AND CONSPIRACY TO COMMIT GRIEVOUS BODILY HARM. Ser inculpado por conspirar para robar y cometer lesiones corporales graves.

CHARGES. s. List of charges. Cargos que se le imputan a alguien. To be arrested on drug charges. Ser imputado por posesión de drogas. The charges relating 14 alleged victims took more than 10 minutes to read out. Llevó más de 10 minutos para leer los cargos relacionados con las supuestas 14 víctimas

CHARGES. THE ROBBER DENIED THE CHARGES. El ladrón negó los cargos.

CHARGES. TO BE RELEASED WITHOUT CHARGES. Poner en libertad sin cargos.

CHARGES. TO HOLD WITHOUT CHARGES. Detener sin cargos.

CHASE OFF, TO. Ahuyentar. An elderly woman chased off a pair of knives - wielding thieves with a walking stick. Una anciana ahuyentó, con un bastón, a dos ladrones que blandían cuchillos.

CHASE THE DRAGON, TO. Inhalar heroína.

CHAT SOMEONE UP, TO. Ligarse a alguien.

CHEAT, A. s. Tramposo.

CHEAT ON SOMEONE, TO. Cometer adulterio. To cheat on one's wife. Serle infiel a la mujer.

CHECK, TO. v. Verificar, comprobar, cotejar.

CHEEK. NONE OF YOUR CHEEK! ¡No seas contestón!

CHEEK. TO HAVE A LOT OF CHEEK. Ser un caradura, tener más cara que espalda.

CHEEK. TO HAVE THE CHEEK OF THE DEVIL. Tener mucha jeta. That bloke has got the cheek of the devil. Ese tío tiene una jeta que se la pisa.

CHEEK. TO HAVE A SODDING CHEEK. Ser un jeta.

CHEEKY ARSED, A. Desvergonzado, caradura.

CHEEKY BUGGER, A. s. Carota.

CHEESE EFFECT. Sonrisa falsa.

CHEST. TO GET SOMETHING OFF ONE'S CHEST. Desahogarse uno.

CHEST. TO PUFF OUT ONE'S CHEST. Sacar pecho.

CHESTNUTS. TO PULL THE CHESTNUTS OUT OF THE FIRE FOR SOMEONE. Sacarle las castañas del fuego a alguien.

CHICKEN - HEARTED. Gallina, cobarde.

CHICKEN OUT, TO. Acobardarse, acoquinarse.

CHICKEN RUN, A. s. Temeridad que consiste en conducir dos coches, a gran velocidad, va el uno hacia el otro, como si fueran a chocar frontalmente. El primero que frene, o se desvíe para no chocar con el otro, se le otorga el título de cobarde.

CHICKENS. TO COUNT THE CHICKENS BEFORE THEY ARE HATCHED. Vender la piel del oso antes de cazarlo.

CHIEF INSPECTOR. s. Inspector jefe.

CHIEFS. THERE ARE TOO MANY CHIEFS AND NOT ENOUGH INDIANS. Tanto cacique para tan poco indio. El chiste de la barca con diez comandantes y un remero.

CHILD ABUSE IMAGES ON THE INTERNET. Imágenes de abusos sexuales a menores en internet.

CHILD CRUELTY. Crueldad a los niños.

CHILD EXPLOTATION. Explotación infantil.

CHILD. A CHILD SEX GROOMING GANG. Banda de pederastas Online.

CHILD KILLER, A. Asesino de niños.

CHILD MALTREATMENT. Maltrato de niños.

CHILD MOLESTATION. Corrupción de menores.

CHILD MOLESTER, A. s. Corruptor de menores.

CHILD PORNOGRAPHY. s. Pornografía infantil. A child pornography ring. Una red de pornografía infantil.

CHILD SEX OFFENDERS. A NETWORK OF CHILD SEX OFFENDERS. Red de corruptor de menores.

CHILD SEXUAL EXPLOTATION. Explotación sexual infantil. Child sexual exploitation is taken place on an industrial scale. La explotación sexual infantil tiene lugar a gran escala.

CHILDHOOD. s. Niñez. To have a tough childhood. Tener una niñez difícil.

CHILDREN. TO ABUSE CHILDREN OVER THE INTERNET. Abusar de los niños en Internet.

CHILL, TO. v. Matar, apiolar.

CHILLING. Adj. Escalofriante.

CHIN. s. Barbilla. I planted one on his chin and went down like a sack of spuds. Le sacudí un guantazo en la barbilla, y cayó al suelo como un saco de patatas. To chin someone. Sacudirle un puñetazo a alguien en la barbilla.

CHIN. TO TAKE IT ON THE CHIN. Hacer frente a una situación con coraje, aguantarse, encajar algo bien. As far as I was concerned, I was morally and legally culpable of the crime and I took the injury flush on the chin. En cuanto a mí me concernía, era moral y jurídicamente culpable del delito, y le hice frente con coraje. He did not try to duck his neighbour's stream of invective and took it in the chin. No

intentó esquivar la retahíla de ocurrencias que le espetó su vecino y las encajó bien.

CHINK IN SOMEONE'S ARMOUR, A. El punto débil de una persona o cosa, tener pies de barro, el talón de Aquiles de una persona, el punto flaco, el punto vulnerable.

CHINKS. s. Calderilla, dinero suelto.

CHIP IN, TO. Pagar lo que le corresponde a uno.

CHIP OFFF THE OLD BLOCK, A. De tal palo tal astilla.

CHIP. TO HAVE A CHIP ON ONE'S SHOULDER. Estar resentido.

CHIPS. TO CASH IN ONE'S CHIPS. Espicharla, diñarla. Vaughan cashed in his chips yesterday. Vaughan la espichó ayer.

CHIPPY. Adj. Resentido, amargado.

CHIPS. s. Pasta, guita, parné.

CHIPS. TO CASH IN ONE'S CHIPS. Diñarle, espicharla, pasar a mejor vida.

CHIPS. WHEN THE CHIPS ARE DOWN. A la hora de la verdad. You find out who your friends are when the chips are down. A la hora de la verdad, se descubre quien son los verdaderos amigos.

CHISEL, TO. v. Estafar, timar.

CHISELLING CHEAT, A. s. Tramposo.

CHISELLING LITTLE CROOK, A. s. Tramposo.

CHIV. s. Navaja, achuri, pincho.

CHIV - MAN, A. s. Navajero.

CHIVVY SOMEONE, TO. Rajar a alguien.

CHOKY, A. s. Cárcel, beri, trena, angustia. To end up in choky. Dar con los huesos en la cárcel.

CHOP DOWN, TO. Matar, apiolar.

CHOP OFF, TO. Cortar. To chop somebody's head off. Cortarle la cabeza a alguien. Decapitar

CHOP OUT A LINE WITH A CREDIT CARD, TO. Hacerse una raya.

CHOP SOMEONE'S BODY, TO. Ejecutar a alguien. The convict will be chopped at dawn. El reo será ejecutado al amanecer.

CHOPPER, A. s. 1. La tartamuda, metralleta, pedorra. 2. Helicóptero.

CHOPPING UP. Cortar una droga.

CHOPS. s. Boca, mejillas. To slap somebody across the chops. Abofetear a alguien. Cruzarle la cara a alguien.

CHOPSOCKY FILM, A. s. Película de artes marciales, donde corre la sangre a raudales.

CHOW - UP, A. s. Una discusión acalorada.

CHUCK OUT ONE'S CHEST, TO. Sacar pecho.

CHUCK SOMEONE OUT, TO. Echar a alguien de un lugar.

CHUCKER - OUT, A. s. Abuchara, portero, gorila.

CHUMMY, A. s. En la jerga policial, acusado.

CIDER. s. Sidra. To get drunk on cider. Emborracharse de sidra.

CIRCULATION. TO KEEP BAD PEOPLE OUT OF CIRCULATION. Tener a los malvados en chirona.

CIRCUMORBITAL HAEMATOMA, A. s. A black eye. Un ojo morado, un ojo a la virulé.

CIRCUMVENTION. s. Elusión. Alleged circumvention. Presunta elusión.

CITIZEN, A. s. Ciudadano. A peace loving citizen. Ciudadano amante de la paz.

CITIZEN'S ARREST, A. s. Potestad que tiene cualquier súbdito británico para arrestar a otra persona que comete un acto delictivo. Solamente en determinados casos. Un arresto ciudadano.

CITIZENSHIP. GOOD CITIZENSHIP. Espíritu ciudadano.

CITY SLICKER. s. Bravucón, golfo, bribón, granuja, chuleta, farolero, pícaro.

CIVIL ACTION. s. Demanda judicial.

CIVIL PENALTY. s. Sanción administrativa.

CIVILIAN, A. s. En la jerga de la delincuencia, todo aquel ciudadano que no es policía ni delincuente.

CIVVIES. IN CIVVIES. Vestido de paisano.

CLAIM RESPONSIBILITY FOR, TO. Declararse culpable de un acto delictivo.

CLAM. s. Boca, mui.

CLAM UP, TO. Mantener la boca cerrada, negarse a hablar.

CLAM. TO SHUT UP LIKE A CLAM. Ser una tumba, no decir ni pío, no soltar prenda. During de police interview, the criminal shut up like a clam. Durante el interrogatorio, el delincuente fue una tumba.

CLAP SOMEONE IN JAIL, TO. Poner a alguien entre barrotes, encarcelar, abrazar, enviar arriba.

CLAPPERS. TO GO LIKE THE CLAPPERS. Conducir como un demonio, ir como un rayo. A police car, going like the clappers, shot past ahead of us. Un coche de policía nos pasó como un rayo.

CLARET. s. Sangre. I whacked the man in the face with a wooden mallet and he was covered in claret. Le sacudí un garrotazo en la cara con un mazo, y se llenó todo de sangre. To broach somebody's claret. Hacer sangrar a alguien por la nariz de un puñetazo. To tap the claret. Hacer sangrar a alguien por la nariz de un guantazo

CLASH, A. s. Una pelea. A fierce street clash. Una pelea callejera encarnizada.

CLASSIFIED MATERIAL. s. Asuntos secretos, secretos oficiales.

CLATTER SOMEONE IN THE FACE, TO. Pegarle un hostión a alguien.

CLAW HAMMER. s. Martillo de orejas. The victim was bludgeoned with a claw hammer, but miraculously survived. Golpearon a la víctima con un martillo de orejas, pero milagrosamente sobrevivió.

CLAY SHOOTING. s. Tiro al plato.

CLEAN. No portar armas. Desarmado.

CLEAN SKINS. Personas que no tiene antecedentes penales. Un blanco, un legal.

CLEAN SOMEONE OUT, TO. Limpiarle a uno todo el dinero que lleva. I used to gamble many years ago. In a casino in Cannes, once I was cleaned out and I had to borrow money for the journey home. Hace muchos años solía jugar en los casinos. Una vez, en un casino de Cannes, me dejaron limpio. Y tuve que pedir dinero prestado para volver a casa.

CLEAN. TO COME CLEAN. Confesar, decir la verdad, cantar de plano. At first the man denied killing the dog, but finally he came clean. Al principio, el hombre negó haber matado al perro, pero finalmente cantó de plano.

CLEAN SOMEONE OUT, TO. Limpiarle a uno todo el dinero que lleva. I used to gamble many years ago. In a casino in Cannes, once I was cleaned out and I had to borrow money for the journey home. Hace muchos años solía jugar en los casinos. Una vez, en un casino de Cannes, me dejaron limpio. Y tuve que pedir dinero prestado para volver a casa.

CLEAR. TO GET THE ALL CLEAR. No haber moros en la costa, haber pasado el peligro.

CLEAR OFF, TO. Poner pies en polvorosa, pirárselas, desaparecer, abrirse.

CLEARED. TO BE CLEARED ON APPEAL. Absuelto tras el recurso presentado. To be cleared in a court of law. Ser absuelto en un tribunal.

CLEAVER, A. s. Cuchilla. A meat cleaver. Cuchilla de carnicero.

CLEFT STICK. TO BE IN A CLEFT STICK. Estar entre la espada y la pared, estar indeciso. I don´t know what to do with my broken bike, whether to repair it or to buy a new one. I am in a cleft stick. No sé qué hacer con la bici rota, si repararla o comprar una nueva. Estoy indeciso.

CLEVER DICK. TO BE A CLEVER DICK. Ser un listillo.

CLEVER. TO BE TOO CLEVER BY HALF. Pasarse de listo. This time Ray has been too clever by half. Esta vez Ray se ha pasado de listo.

CLICK, A. s. Robo.

CLINCK, THE. s. Famosa prisión que se encontraba en Southwark, Londres. Dicha prisión albergaba tanto a hombres como a mujeres, todos revueltos. Fue destruída durante, The Gordon Riots, los Disturbios de Gordon.

CLIP JOINT, A. s. Club de alterne.

CLIP, TO. v. 1. Timar. 2. Matar, apiolar, regar el asfalto, dar mulé, matar a tiros.

CLIPPING. TO LIVE BY CLIPPING. Pretender ser una prostituta, pero tan pronto como cobra se echa a correr sin cumplir.

CLOAK - AND - DAGGER MAN, A. s. Maquinador, urdidor.

CLOAK - AND - DAGGER MISTERY, A. s. Misterio de capa y espada.

CLOAK AND DAGGER OPERATION. Operación de espionaje.

CLOAK. UNDER THE CLOAK OF DARKNESS. Amparado en la oscuridad de la noche, oculto en las sombras de la noche, escondiéndose en las tinieblas de la noche.

CLOBBER. s. Ropa, prendas de vestir. Everyone who had a bag with new clobber in got nicked and had all the gear taken off them. Todos los que llevaban una bolsa con prendas nuevas fue detenido, y la ropa confiscada.

CLOBBER. s. En la jerga de la delincuencia, se refiere, a la indumentaria de color oscura que visten los ladrones para robar por la noche.

CLOBBER, TO. v. Zurrar, pegar.

CLOBBER. TO GET REALLY CLOBBER AT THE TRIAL. Recibir una sentencia severa.

CLOCK, A. s. Cara. To bust someone´s clock. Partirle la cara a alguien.

CLOCK SOMEONE ONE, TO. Sacudirle un guantazo a alguien.

CLOCK. TO HAVE TOO MANY MILES ON THE CLOCK. Llevar mucho mundo recorrido, llevar muchas horas de vuelo. Ser viejo.

CLOCK. TO STOP SOMEONE´S CLOCK. Matar a alguien.

CLOCK WORK ORANGE, A. s. Dícese de la persona que, mediante un lavado de cerebro, y terapia sicológica, se le ha convertido en un robot. Dicho término, lo utilizó, Anthony Burgess, para el título de una de sus novelas. La expresión proviene del Cockney, To be as queer as a clockwork orange, ser más maricón que un palomo cojo.

CLODHOPPER, A. s. Patán.

CLOGS. TO POP ONE´S CLOGS. Diñarla, espicharla. My grandfather popped his clogs yesterday. He was 90. Mi abuelo la diñó ayer. Tenía 90 años.

CLONE, TO. v. En la jerga de la delincuencia, práctica que consiste en amañar un teléfono móvil robado, de tal manera, que parezca pertenecer a un abonado, y, así, dicho abonado tenga que pagar la tarifa.

CLONNING. Cambiar la documentación de un coche ilícitamente.

CLOSE CALL, A. s. Escapar por los pelos, escapar por poco.

CLOSE RANGE. De cerca. He was shot six times at close range. Le dispararon seis veces desde cerca.

CLOSE SHAVE, A. s. Escapar por los pelos.

CLOSE SHAVE. TO HAVE A CLOSE SHAVE. Escapar por los pelos. As I was walking down the street, I heard the sound of a piano coming through a third - floor window. It missed me by two meters. I had a close shave. Cuando paseaba por la calle, oí el ruido que hacía un piano al caer por la ventana de un tercer piso. Cayó a dos metros de mí. Me salvé por los pelos.

CLOSET RACIST, A. s. Racista encubierto.

CLOTHESLINER, A. s. Cagarrutero, raterillo, ladronzuelo, ladrón de poca monta. Ratero que roba ropa tendida.

CLOUD. TO BE UNDER A CLOUD. Estar bajo sospecha, estar desacreditado. The neighbours think that Bob is under a cloud. Los vecinos piensan que Bob está bajo sospecha. A cloud of corruption is hovering over the Prime minister and his family. Se sospecha de corrupción al Primer ministro y su familia.

CLOUT, TO. v. Afanar, robar.

CLOUT. s. Guantazo, tortazo. To land someone a terrific clout across the face. Cruzarle la cara a alguien con un tremendo guantazo.

CLOVER. TO BE IN CLOVER. Disfrutar de una buena posición social.

CLOVER. TO LIVE IN CLOVER. Vivir como un marajá, vivir como a cuerpo de rey, vivir mejor que un cura, vivir como un pachá, vivir como un obispo, vivir como Dios, vivir como un general.

CLOWN, A. s. Tonto.

CLOY, TO. Robar carteras.

CLOYER, A. s. Carterista.

CLUB, A. s. Garrote. To club someone to death. Matar a alguien a garrotazos.

CLUCKING. Dejar las drogas.

CLUE, A. s. Pista. To leave a clue at the scene of crime. Dejar una pista en el lugar donde se ha cometido el crimen. An important clue. Una pista importante. To search for clues. Buscar pistas. A vital clue. Una pista de suma importancia. The police have no clues as to the killer whereabouts. La policía no tiene ninguna pista en cuanto al paradero del asesino.

CLUED UP. TO BE CLUED UP. Estar bien informado. The Old Bill were clued up to the man´s plans and arrested him. La policía estaba bien enterada de los planes del hombre y lo detuvieron.

CLUMP. TO CLUMP SOMEONE WITH A GUN. Atizarle un culatazo a alguien. The robber clumped him and made away with his wallet. El ladrón le atizó un culatazo, y le robó la cartera.

CLUNKER, A. s. Coche viejo delapidado.

CLUTCHES. s. Garras. To have someone in one´s clutches. Tener a alguien en las garras de uno.

COACH. s. Autocar, coche de línea. Men brandishing weapons smashed up coaches filled with people. Hombres armados desarmaron autocares con gente dentro.

COALS. TO HAUL SOMEBODY OVER THE COALS. Echarle a alguien una buena bronca. The manager hauled Sandra over the coals for being late to work. El jefe le echó una buena bronca a Sandra por llegar tarde al trabajo.

COARSE. DON´T BE COARSE! ¡No seas ordinario!

COARSE LANGUAGE. Groserías.

COAST IS CLEAR, THE. No hay moros en la costa, haber pasado el peligro. Jim was avoiding Tony, so he waited until the coast was clear to go out. Jim trataba de evitar de encontrarse con Tony, así que, esperó hasta que no hubiera moros en la costa para salir.

COAT. TO CUT ONE'S COAT ACCORDING TO ONE'S CLOTH. Es malo estirar el pie fuera de la sábana. Vivir dentro de los medios económicos de uno. Adaptarse uno a las circunstancias. We have to start cutting our coat according to our cloth and end the delusion that we can have it all. Tenemos que empezar a vivir dentro de nuestros medios económicos, y acabar con la falsa ilusión de que podemos tenerlo todo.

COAT, A. s. En la jerga policial, sospechoso. Have you got a coat? ¿Sospechas de alguien?

COAT. TO TRAIL ONE'S COAT. Provocar una pelea buscar las cosquillas.

COAT. TO TURN ONE'S COAT. Traicionar uno sus principios. Cambiar de camisa, cambiar de chaqueta, cambiar de bando.

COBBLER, A. s. En la jerga del hampa, falsificador de dinero, chungolero.

COCAINE. A HAUL OF COCAINE. Alijo de cocaína.

COCAINE SNORTER, A. s. Cocaínomano, farloso, coquero, farlopero. Sam was photographed snorting cocaine in a pub. Fotografiaron a Sam inhalando cocaína en un bar. He was caught snorting cocaine. Lo pillaron metiéndose farlopa.

COCAINIST, A. s. Cocainómano. Farlopero.

COCK AND BULL STORY, A. Un cuento chino, un cuento de viejas. To concoct a cock and bull story. Inventarse un cuento chino.

COCK A GUN, TO. v. Montar, amartillar una pistola. The man cocked his gun and blasted him. El hombre amartilló la pistola y le disparó.

COCK A SNOOK AT, TO. Hacer burla. Poniendo el dedo pulgar en la nariz y extendiendo la mano. Jane didn't like the new girl so she cocked a snook at her. A Jane no le gustaba la nueva chica y le hizo la burla.

COCK - HAPPY. TO BE COCK - HAPPY. Estar demasiado seguro.

COCK OF THE WALK, THE. s. El gallito del lugar.

COCK A WEATHER EYE, TO. Estar ojo avizor, estar al loro.

COCK SPARROW, A. s. Chulo, amenazador y grosero, bravucón y pendenciero, buscapleitos.

COCK - UP, A. s. Chapuza, cagada.

COCK UP, A. Una metedura de pata, un error, un fallo, una chapuza, una cagada, un gazapo. Edmund has been blaming all and sundry for the cock up someone made. Edmund está culpando a todo quisque por la metedura de pata que otro hizo.

COCKY BASTARD, A. s. Un chulo de mala catadura.

COCKY GIT, A. s. Chulillo.

COCKY LOOK, A. Pinta de chulillo.

COCKY. TO BE COCKY. Contestar con chulería.

COCKY. TO GET COCKY. Ponerse chulillo, ponerse flamenco, ponerse gallito.

COCONUT, s. Coco, chola.

CO - DEFENDANT. s. Coacusado, coimputado. Co - defendant was cleared of all charges. El coacusado fue absuelto de todos los cargos.

CODIE, A. s. Corruptor de menores.

CODSWALLOP. A LOAD OF CODSWALLOP. Sandeces, gilipolleces. What you told me yesterday is a load of codswallop. Lo que me dijiste ayer es una gilipollez.

COFFIN DODGER, A. s. Una persona más vieja que Matusalén.

COFFIN NAIL, A. s. Pitillo.

COIL. TO SHUFFLE OFF THE MORTAL COIL. Espicharla.

COIN CHUCKLE. Costumbre que tiene algunos hinchas de fútbol de lanzar monedas al árbitro y a los jugadores. The referee was pelted with coins, one of the coins hit him in the eye. Los hinchas le lanzaron monedas al árbitro. Una de ellas le dio en un ojo.

COIN. A FAKE POUND COIN. Moneda de una libra falsificada.

COIN. TO PAY SOMEONE BACK IN HIS SAME COIN. Pagarle a alguien con la misma moneda.

COKE. s. Coca, cocaína. I remember Saul having parties at his parents´ house where people would do coke. Me acuerdo de que Saul daba fiestas en casa de sus padres, y la gente se metía coca. While you would do a single line of coke, he could shove grams of it up his nose. En el tiempo que a tí te costaba meterte una línea de coca, él se podía meter grandes cantidades por la nariz.

COKE FIEND, A. s. Cocainómano. Farlopero.

COKE HEAD, A. s. Cocainómano, farlopero.

COKE. TO SNORT COCAINE. Meterse farlopa.

COKE - SNORTER, A. s. Farlopero.

COLD BLOODED. TO BE COLD BLODED. Tener la sangre fría.

COLD BLOODY KILLING. s. Asesinato a sangre fría. A cold bloody execution. Una ejecución a sangre fría.

COLD BLOODY MURDER. Asesinato a sangre fría.

COLD CASE, A. s. En la jerga policial, dícese del caso que permanece todavía sin resolver.

COLD FISH, A. s. Una persona muy fría, una persona de pocos sentimientos. Una persona más fría que un témpano de hielo.

COLD MEAT BOX, A. s. Ataúd, traje de madera, caja, féretro.

COLD SWEAT. TO BE IN A COLD SWEAT. Tener miedo.

COLD. TO KNOCK SOMEONE OUT COLD. Dejar a alguien sin conocimiento de un guantazo. David knocked three people out cold in the space of a few seconds. David dejó a tres personas K. O. en un periquete.

COLLAR. TO GET HOT UNDER THE COLLAR Enfurecerse, sulfurarse, cabrearse, enfadarse.

COLLARED. TO BE COLLARED. Ser detenido.

COLLEGE, THE. s. Trena, talego, trullo, beri, cárcel.

COLLISION. s. Choque. A head on collision. Choque frontal.

COLLUSION. CRIMINAL COLLUSION. Confabulación delictiva.

COLLUDE, TO. v. Conspirar, confabular.

COLOMBIAN NECKTIE. En el mundo del tráfico de drogas, a Colombian necktie, corbata, consiste en rajarle a alguien la garganta, y sacarle la lengua por la herida. Dicho castigo se lleva a cabo por delatar a alguien que ha matado a una persona. Hacer la corbata.

COLOURFUL LANGUAGE. Lenguaje soez. Lenguaje subido de tono. Palabras subidas de tono.

COLOURFUL NICKNAME, A. Un apodo rimbombante.

COLOURS. TO SALE UNDER FALSE COLOURS. Ser un hipócrita, engañar.

COLOURS. TO SHOW ONESELF IN ONE´S TRUE COLOURS. Quitarse la máscara, dejar al descubierto los verdaderos sentimientos, dejar al descubierto las verdaderas intenciones de una persona, mostrarse uno como verdaderamente es. When Dermot lost his temper, he showed himself in his true colours. Cuando Dermot perdía los estribos, se mostraba como verdaderamente era. He showed me the city in its true colours. Her fine avenues, wonderful buildings, and her inner city. Me enseñó la ciudad tal como era. Sus magníficas avenidas, sus grandiosos edificios y, también, su parte más pobre y conflictiva.

COME ACROSS, TO. Decir toda la verdad.

COME TO BLOWS, TO. Llegar a las manos, salir a palos.

COME ONE´S GUTS, TO. Confesar.

COMMENT. NO COMMENT. No tengo nada que decir.

COMEUPPANCE. TO RECEIVE ONE´S COMEUPPANCE. Recibir uno el castigo que se merece. The man is a murderer, who deserves his comeupance. El hombre es un asesino, que debe recibir el castigo que se merece.

COMINGS AND GOINGS. MYSTERIOUS COMINGS AND GOINGS. Idas y venidas misteriosas.

COMMENT. A BITCHY COMMENT. Comentario malicioso.

COMMISSION, A. s. Soborno.

COMMISSION. THE COMMISSION OF A MURDER. La perpetración de un asesinato.

COMMON LAW. s. Derecho consuetudinario.

COMMUNITY LIAISON OFFICER, A. s. Policía de enlace con la comunidad.

COMMUNITY PAYBACK. Hacer trabajos comunitarios para cumplir una sentencia.

COMMUNITY SENTENCE, A. s. Una sentencia que debe cumplirse haciendo trabajos comunitarios.

COMPENSATION. TO CLAIM COMPENSATION. Reclamar una indemnización.

COMPLAINT. s. Queja. To file a legal complaint. Presentar una queja judicial.

COMPLAINANT. s. Demandante.

COMPLEXION. s. Tez. A pasty complexion. Una tez pálida.

COMPLY, TO. v. Observar, cumplir, respetar. To comply with the law. Respetar la ley.

CONTEMPT. s. Desdén. To eye someone with contempt. Mirar a alguien con desdén.

COMPUTER HACKER, A. s. Pirata informático.

COMPUTER HACKING EXPERT, A. s. Pirata informático.

CON ARTIST, A. s. Timador, burrero, estafador. A con artist trying to fool someone. Un timador tratando de engañar a alguien.

CONCLUSION. A FORGONE CONCLUSION. Una decisión que ha sido tomada de antemano.

CONCOT, TO. v. Urdir, tramar, inventar.

CONDUCT. OUTRAGEOUS CONDUCT. Conducta vergonzosa.

CONFESS. TO CONFESS QUICKER THAN A POLITICIAN BREAKS HIS PROMISES. Confesar más pronto que un politico incumple sus promesas.

CONFESSION. s. Admisión. To make a confession under duress. Admitir bajo coacción. Arrancar a alguien una confesión bajo coacción. A confession riddled with inconsistencies. Una confesión plagada de contradicciones. A grisly confession. Una confesión espeluznante.

CONFRONT. TO CONFRONT A MURDERER. Hacer frente a un asesino.

CONJUGAL VISIT A PRISON, A. Un vis a vis en la cárcel.

CONK. s. Napia. A punch up the conk. Un puñetazo en las narices.

CONK, TO. v. Sacudirle un puñetazo a alguien.

CONK OUT, TO. Espicharla, entregarla, palmarla, estirar la pata.

CONKERS. s. Cataplines.

CONDITIONAL DISCHARGE. s. Libertad condicional. To give someone conditional discharge. Poner en libertad condicional.

CONDUCT. VIOLENT CONDUCT. Comportamiento violento.

CON MAN. s. Estafador, timador, birlador. The con man tried to rip Gareth off. El estafador trató de timar a Gareth.

CON MAN AND SPONGER. Además de timador gorrón.

CONFIDENCE TRICK. CON TRICK. Timo. To be the victim of a confidence trick. Ser la víctima de un timo.

CONFIDENCE TRICKSTER. s. Estafador, timador.

CONNECTION. Trapichero. Persona que suministra droga a alguien.

CON SOMEONE, TO. Estafar a alguien, timar a alguien, endiñar la castaña. Thousands conned by fake lottery tickets. The minister said the government was working to stamp out the scam. Miles de personas estafadas con números falsos de lotería. El ministro dijo que el gobierno estaba tomando cartas en el asunto para acabar con las estafas. To be conned left right and centre. Estafar a alguien bien estafado.

CONSCIENCE. To have a guilty conscience. Mala conciencia. Remorderle a uno la conciencia. For conscience´ sake. En descargo de conciencia.

CONSCIENCE. A CLEAR CONSCIENCE FEARS NOT FALSE ACCUSATIONS. Ten segura la conciencia, y llame el juez a la puerta.

CONSCIENCE. A CLEAR CONSCIENCE IS LIKE A COAT OF MAIL, A. Sueño sosegado no teme nublado.

CONSCIENCE. A GOOD CONSCIECE IS A SOFT PILLOW. La mejor almohada es la conciencia sana.

CONSCIENCE. A GOOD CONSCIENCE MAKES AN EASY COUCH. La mejor almohada es la conciencia sana.

CONSCIENCE IS A CUT - THROAT. La propia conciencia acusa.

CONSCIENCE. TO HAVE ONE´S CONSCIENCE CLEAN. Tener la conciencia tranquila.

CONSCIENCE. To have one´s conscience pricked. Tener remordimientos de conciencia.

CONSCIENCENESS. TO LOSE CONSCIENCENESS. Perder el conocimiento.

CONSPIRACY OF SILENCE. s. Un pacto de silencio.

CONSPIRACY THEORIES. TO PEDDLE BASELESS CONSPIRACY THEORIES. Propagar teorías conspiratorias sin ningún fundamento.

CONSPIRACY THEORIST, A. s. Conspiranoico.

CONSPIRACY TO MURDER, A. Conspiración para asesinar.

CONSPIRACY TO THIEF. Conspiración para robar. To go to prison for conspiracy to rob. Ir a la cárcel por conspiración para robar.

CONSTABLE, A. s. Policía sin ninguna clase de rango. A special constable. Policía a tiempo parcial.

CONSTABULARY. s. El Cuerpo Nacional de Policía.

CONSTABULARY ITCH, THE. En la jerga policial, dícese del conductor que cuando ve a la policía se pone nervioso, aunque no infrinja ninguna ley.

CONSULTANCY FEE. s. Soborno, mordida.

CONTEMPT FOR THE RULE OF LAW. Desprecio al imperio de la ley.

CONTEMPT OF COURT. Rebeldía. Desacato a la autoridad. To jail someone for contempt of court. Encarcelar a alguien por desacato a la autoridad. To be in contempt of court. Estar en rebeldía.

CONTRABAND COMING INTO PRISON. Contrabando que entra en la cárcel.

CONTRACT. s. Contrato. To falsify a contract. Falsificar un contrato.

CONTRACT KILLER, A. s. Sicario. Asesino por encargo. Matón a sueldo.

CONTRACT KILLING. s. Asesinato por encargo. To carry out a contract killing. Llevar a cabo un asesinato por contrato. Matar por encargo.

CONTRACT OUT. TO HAVE A CONTRACT OUT ON SOMEONE. Tener a alguien señalado para ser asesinado.

CONTRADICT ONESELF, TO. Contradecirse.

CONTRIBUTION.s. Soborno, mordida.

CON TRICK, A. A CONFIDENCE TRICK. Estafa, timo.

CONTROL FREAK, A. s. Manipulador, dominante.

CONTROL ONE´S TROUSERS, TO. Ser honesto de la cintura para abajo.

CONTUSION. s. Contusión. A contusion on the skull. Una contusión en el cráneo.

CONVICT, A. s. Presidiario, convicto, penado.

CONVICT. A FORMER CONVICT. Exconvicto.

CONVICT, TO. v. Condenar. To convict for speeding. Condenar por exceso de velocidad.

CONVICTED BURGLAR, A. Ladrón convicto.

CONVICTED. HE WAS CONVICTED FOR FRAUD, TAX EVASION AND RACKETEERING. Fue condenado por fraude, evasión de impuestos y extorsión.

CONVICTED. FALSELY CONVICTED OF A CRIME. Condenado falsamente de un crimen.

CONVICTED FELON, A. s. Criminal convicto.

CONVICTED KILLER, A. Asesino convicto.

CONVICTED OF MURDER. s. Asesino convicto.

CONVICTED MURDERESS. Asesina convicta.

CONVICTED RAPIST, A. s. Violador convicto.

CONVICTED. TO BE CONVICTED AND FINED. Ser condenado y multado.

CONVICTION, A. s. Condena. To have a conviction for possession of drugas. Tener una condena por posesión de drogas. An unfair conviction. Una condena injusta. To quash a conviction. Anular una condena. To have convictions for public order offences and assaults. Tener condenas por ofensas de orden público y agresiones. To have a conviction for assault. Tener una condena por agresión.

CONVICTION. A PRIOR CONVICTION. Antecedentes penales. A criminal conviction in one´s past. Antecedentes penales.

CONVICTION. TO OVERTURN A CONVICTION. Revocar una condena.

COOK THE BOOKS, TO. Amañar las cuentas, falsear las cuentas. Falsificar las cuentas, maquillar las cuentas. The company is suspected of cooking the books. Se sospecha de que la compañía falsifica las cuentas.

COOK SOMEONE´S GOOSE, TO. Hacerle una mala pasada a alguien, hacerle la santísima a alguien.

COOK UP, TO. Tramar, urdir, inventar.

COOKED. Borracho.

COOKIE. TO BE A TOUGH COOKIE. Ser un tío duro de pelar.

COOKING. WHAT'S COOKING? ¿Qué pasa? What are you cooking? ¿Qué estás tramando?

COOL. TO LOSE ONE´S COOL. Perder los estribos, perder la calma, perder la compostura.

COOL. TO PLAY IT COOL. Proceder con calma.

COOLER. Bote, celda baja. Celda de aislamiento.

COORDINATION AND INTELLIGENCE SHARING. Coordinación y participación de información.

COOTIE, A. s. Piojo.

COP, A. s. Policía. A hard - nosed cop. Policía astuto, realista, inflexible, terco. A fair cop. Policía justo.

COP, TO. v. 1. Aceptar sobornos. 2. Detener.

COP AN ATTITUDE, TO. Ponerse de malas maneras.

COP SHOP, A. s. Comisaría de policía.

COPPER, A. s. Policía. A copper on foot. Policía que hace la ronda a pie.

COPPER, A. s. Policía. A seasoned copper. Policía avezado.

COPPER - BOTTOMED BEATING, A. Una buena azotina.

COPPER IN DISGUISE, A. s. Policía secreta.

COPPER´S NARK, A. s. Chivato de la policía, acerrador, confidente.

COPS. THE STREETS ARE BUSY WITH COPS. Las calles están llenas de policías.

COPSPEAK. s. La jerga que utiliza la policía.

COPY. s. Copia. True copy. Copia auténtica.

COPYCAT. Imitador.

CORKSCREW. TO HAVE A MIND LIKE A CORKSCREW. Ser más retorcido que un sacacorchos. Ser más retorcido que el gancho de la cocina.

CORKSCREW. TO BE AS STRAIGHT AS A CORKSCREW. Ser deshonesto.

CORDON OFF, TO. v. Acordonar. Police cordoned off a stretch of the road as forensic scientists began a meticulous search of the property. La policía, acordonó un tramo de la calle, mientras que la policía científica registraba la propiedad a fondo.

CORDON. A POLICE CORDON. Cordón policial.

CORDONED OFF AREA, A. Una zona acordonada. Police cordoned off the scene of a shooting for forensic examinations. La policía acordonó el lugar del tiroteo para análisis forense.

CORN. s. Parné, guita, dinero.

CORNER, A. s. En la jerga del mundo de la delincuencia, parte del botín o astilla que se reparten los delincuentes.

CORNER. TO GET ONESELF INTO A TIGHT CORNER. Meterse uno en un callejón sin salida.

CORNS. TO TREAD ON A PERSON'S CORNS. Ofender a alguien. vejar a alguien. You have trodden on many corns today. Hoy has ofendido a muchas personas.

CORONER, A. s. Juez pesquisidor, juez de instrucción, magistrado. A coroner's inquest. La investigación de un magistrado. A coroner's report. Informe del juez de instrucción. The coroner's verdict. El veredicto del juez de instrucción.

CORPORATE CRIME. s. Delito societario. Entramado societario.

CORPORATE MANSLAUGHTER. Homicidio negligente empresarial.

CORPORATE MUSCLE. s. Poder empresarial.

CORPSE, A. s. Cadáver, fiambre. Police found a corpse in the garden. La policía encontró un cadáver en el jardín.

CORPSE, TO. v. Matar, apiolar, dar mulé, regar el asfalto.

CORRECTIONAL FACILITY, A. s. La trena, el trullo, la cárcel, el beri.

CORRUPT AND RACKETY. Corrupto y fraudulento.

CORRUPT. FANTASTICALLY CORRUPT. Increiblemente corrompido.

CORRUPTION. s. Corrupción. Rampaging corruption. Corrupción rampante.

CORRUPTION IS RIFE. La corrupción abunda.

CORRUPTION. TO FACE CORRUPTION CHARGES. Hacer frente a cargos de corrupción.

COSH, A. s. Cachiporra. To put the cosh on. Interrogar.

COSTS. s. Costas. To bear the costs. Cargar con las costas.

COTTAGE. s. Chalé. Someone broke into the cottage and smashed everything. Alguien entró en el chalé y lo desarmó todo.

COUCH CASE. s. Loco, chalado.

COUGH, TO. v. Cantar, confesar, cantar de plano.

COUNSEL. s. Abogado. Brief, alivio, boga, amparo, abogondi, picapleitos.

COUNSEL FOR THE CROWN. Fiscal.

COUNSEL. TO KEEP ONE'S OWN COUNSEL. Guardar el secreto de un asunto. Eustace kept his own counsel. Eustace se guardó el secreto.

COUNSEL. TO TAKE COUNSEL. Asesorarse.

COUNT THE WORMS, TO. Estar criando malvas.

COUNTS. TO BE CONVICTED ON 3 COUNTS. Ser condenado por tres cargos. To be charged on two counts of murder. Ser imputado por dos cargos de asesinato. To plead guilty to two counts of harassment. Admitir dos cargos de acoso.

COUNTER. UNDER THE COUNTER. Bajo mano, bajo cuerda, ilegalmente, ocultamente. In this shop they sell tobacco under the counter. En esta tienda venden tabaco ilegalmente.

COUNTERFEIT BANK NOTES. s. Billetes de banco falsos.

COUNTERFEIT GOODS. s. Mercancias falsificadas.

COUNTERFEIT MONEY. Adj. Dinero falsificado.

COUNTERFEIT MONEY, TO. Falsificar dinero.

COUNTERFEIT MONEY DETECTOR MACHINE. s. Detector de billetes falsos.

COUNTERFEIT MONEY DETECTOR PEN. s. Rotulador detector de billetes falsos.

COUNTERFEIT TRAVELLER'S CHEQUES. s. Cheques de viaje falsificados.

COUNTERFEITER. s. Falsificador de dinero, chungolero.

COUNTER - TERRORISM. Antiterrorismo.

COUNTY COURT. s. Tribunal de condado.

COURAGE. TO SCREW UP ONE'S COURAGE. Hacer de tripas corazón.

COURSE OF JUSTICE. TO BE JAILED FOR CONSPIRACY TO PERVERT THE COURSE OF JUSTICE. Ser encarcelado por conspiración para manipular la justicia.

COURT. s. Tribunal, juzgado. It´s the sentence of this court that you be taken from hence to a place of execution and that there you´ll be hung by the neck until you are dead and may the Lord have pity upon your soul. Este tribunal condena al reo a morir en la horca. Que Dios tenga piedad de su alma.

COURT APPEARANCE. TO MAKE A COURT APPEARANCE. Comparecer en un juzgado.

COURT OF APPEAL. s. Tribunal de apelación.

COURT ARGUED, THE. El tribunal alegó.

COURT. BEFORE A COURT. Ante un tribunal.

COURT. TO BRING SOMEONE TO COURT. Poner a disposición judicial.

COURT CASE, A. s. Juicio.

COURT. COMTEMPT OF COURT. Desacato a un tribunal.

COURT. AN INTERNATIONAL COURT. s. Tribunal Internacional.

COURT. TO DELIVER IN OPEN COURT. Pronunciar en audiencia pública.

COURT OF FIRST INSTANCE, A. s. Tribunal de Primera Instancia.

COURT OF LAW. Tribunal ordinario.

COURT ORDER. s. Mandamiento judicial.

COURT. TO LAND SOMEONE IN COURT. Comparecer ante la justicia.

COURT. TO STAND BEFORE A COURT. Comparecer en un juzgado.

COURT. TO TAKE SOMEONE TO COURT. Llevar a alguien a los tribunales.

COURT. A JUVENILE COURT. s. Tribunal de menores.

COURT REGISTRAR. s. Secretario judicial.

COURT. THE ACCUSED WAS GIVEN OPPORTUNITY TO ADDRESS THE WHOLE. Al acusado le dieron la oportunidad de dirigirse a la sala.

COURT. THE COURT SENTENCED THE MAN TO BE HANGED. El tribunal sentenció al reo a la horca

COURTS. TO HAVE RECOURSE TO THE COURTS. Necesitar apelar a los tribunales.

COVER. TO HAVE ONE´S COVER BLOWN. Ser descubierto.

COVER UP, TO. Encubrir.

COVER UP, A. s. Encubrimiento.

COWBOY BUILDER, A. s. Constructor chapucero.

COWARDLINESS. PURE COWARDLINESS. Pura cobardía.

COWARDLY ACT, A. Un acto de cobardía.

COZZER, A. s. Policía, madero. An arm - wrestle between two cozzers and a drunkard. Una agarrada entre dos maderos y un borracho.

C. P. S. The Crown Prosecution Services. La Fiscalía General del Estado.

CRABB. YOU CANNOT MAKE A CRAB WALK STRAIGHT. El lobo mudo de pelo, mas no de celo.

CRACK. s. A crack addict. Adicto al crack.

CRACKDOWN ON CRIMINALS. Tomar medidas enérgicas para acabar con los delincuentes. To crackdown on rioters. Tomar medidas enérgicas contra los que causan disturbios. To crack down on robbers. Tomar medidas enérgicas para acabar con los cacos. To crackdown on criminals and gangs carrying knives. Tomar medidas enérgicas contra delincuentes y bandas que portan cuchillos.

CRACKERS. TO GO CRACKERS. Volverse loco.

CRACKLE. s. Billetes de banco.

CRACK MARKSMAN, A. s. Tirador de élite.

CRACKPOT, A. s. Loco, chiflado.

CRACKPOT IDEA, A. s. Una idea descabellada.

CRACKSMAN, A. s. En la jerga del mundo del hampa, delincuente experto en abrir cajas fuertes.

CRAFT KNIFE, A. s. Cúter. To slice someone across the cheek with a craft knife. Rajarle a alguien la cara con un cúter.

CRANK, A. s. Loco.

CRAP. TO BEAT THE CRAP OUT OF SOMEONE. Patearle las tripas a alguien.

CRAP. TO GO THROUGH A LOT OF CRAP. Tener que aguantar muchas cabronadas.

CRAP. TO KICK THE LIVING CRAP OUT OF SOMEONE. Patearle las tripas a alguien.

CRASH, TO. v. Chocar, estrellarse. To crash head - on with a lorry. Chocar frontalmente con un camión.

CRAZY LIFE!¡Vida loca! To lead a crazy life. Llevar una vida loca.

CREATIVE ACCOUNTING. s. Amañar los libros de contabilidad, falsear las cuentas, amañar las cuentas, maquillaje de cifras.

CREAM, TO. Robarle al patrono.

CREDIT CARD FORGERIES. s. Tarjetas de crédito falsificadas.

CREEP, A. s. Un tipo despreciable, tiparraco. What a creep! ¡Vaya tiparraco! ¡Menudo elemento!

CREEP BEHIND SOMEONE AND STAB HIM, TO. Acercarse sigilosamente por detrás de alguien y acuchillarlo. He crept up behind and hit him with a bottle on the head. Se aproximó sigilosamente por detrás y le arreó un botellazo en la cabeza.

CREEPER, A. s. 1. Ladrón que roba en hoteles. 2. Alcantarillero. Ladrón que roba mediante escalo.

CREEPING JESUS, A. s. 1. Quejica. 2. Cobarde.

CREEP OUT OF A PLACE, TO. Salir sigilosamente de un lugar.

CREEPS. TO GIVE SOMEONE THE CREEPS. Meterle miedo a uno, repeler, ponerle los pelos de punta a uno, repugnar, dar asco. Snakes give me the creeps. Las culebras me repelen. This place gives me the creeps. Este lugar me da repelús.

CREEPY. 1. Tío repugnante. 2. Edificio abandonado.

CREW, A. s. Banda de hinchas de fútbol, muy violenta, que se enfrenta a otras bandas de hinchas.

CRIB, A. s. Caja fuerte.

CRICKET. NOT CRICKET. No jugar limpio, no ser de recibo, infringir las reglas del juego, no ser justo. The fact that the auction house is hiding behind its own rules and regulations, saying they do not allow them to divulge such information, is really not cricket. El hecho de que la casa subastadora, amparándose en sus propias normas y reglamentos, como excusa para no divulgar tal información, no es jugar limpio.

CRIME, A. s. Delito. A callous and cold bloodied crime. Un crimen cruel perpetrado a sangre fría. An appalling crime. Un delito atroz. To commit an appalling crime. Cometer un delito atroz.

CRIME AGAINST HUMANITY. Crimen de lesa humanidad.

CRIME AGAINST NATURE. Concúbito contra el orden natural. Conocer el sexo a traición.

CRIME. A CRIME ALLEGED. Un supuesto delito.

CRIME.ALARMING CRIME RATES. Índices de delincuencia alarmantes.

CRIME. THE COMMISSION OF A CRIME. La ejecución de un delito, la perpetración de un delito.

CRIME. TO COMMIT A CRIME. Cometer un delito. Incurrir en un delito.

CRIME AND DISORDER. s. Delincuencia y desórdenes públicos.

CRIME DOESN´T PAY. El crimen no compensa. As Peter was walking to the cell, he realised that crime doesn´t pay. Peter, al dirigirse hacia la celda, se dio cuenta de que el crimen no compensaba. Lobster. Good grief! You could eat like a lord in jail. Who said that crime didn´t pay? Langosta. ¡Por Dios! Se podía comer como un rey en la cárcel. ¿Quién dijo que el crimen no compensaba?

CRIME. A DREADFUL CRIME. Un crimen atroz.

CRIME FICTION. s. Novela policiaca.

CRIME FIGHTING EFFORT. La lucha contra la delincuencia.

CRIME. GUN AND KNIFE CRIME. Delitos cometidos con armas de fuego y armas blancas.

CRIME. A LIFE OF CRIME. s. Una vida delictiva. To

turn to a life of crime. Hacer del delito un medio de vida.

CRIME. A HEARTLESS CRIME. Un crimen despiadado.

CRIME. A HEINOUS CRIME. s. Un crimen atroz.

CRIME. A HOMOPHOBIC CRIME, A. s. Un delito de homofobia.

CRIME. A HORRIBLE CRIME. Un crimen horroroso.

CRIME. HIGH CRIME RATE. Alto índice de criminalidad.

CRIME. IN BLAZING CRIME. En fragante delito.

CRIME IS GOING THROUGH THE ROOF. La delincuencia se dispara.

CRIME IS ON THE INCREASE. La delincuencia aumenta.

CRIME. NIGHT CRIME. Delincuencia nocturna.

CRIME. A NOTORIOUS CRIME. Un delito tristemente célebre.

CRIME NOVEL. Novela policiaca.

CRIME OF HONOUR. Crimen de honor.

CRIME OF PASSION. Crimen pasional.

CRIME. ORGANIZED CRIME. s. La delincuencia organizada, la criminalidad organizada. To crack down on organized crime. La represión de la delincuencia organizada. Organized crime linked to drug trafficking. La delincuencia organizada vinculada al tráfico de drogas. To tackle organized crime. Luchar contra la delincuencia organizada.

CRIME. THE PERPETRATOR OF A CRIME. El autor de un crimen.

CRIME. POVERTY CRIME. Delito famélico. Delito por necesidad.

CRIME. PREMEDITATED CRIME. Crimen premeditado.

CRIME PREVENTION. Prevención del delito.

CRIME AND PUNISHMENT. Crimen y castigo.

CRIME. PUNISHMENT TO FIT THE CRIME. Pena adecuada al delito. El castigo está a la altura del delito. El castigo a de estar a la altura del delito.

CRIME. A RACIAL CRIME, A. s. Delito racial.

CRIME - RIDDEN CITY, A. Ciudad azotada por la delincuencia.

CRIME. THE RECONSTRUCTION OF A CRIME. La recreación de los hechos.

CRIME. TO REDUCE CRIME. Reducir la tasa de delincuencia.

CRIME. TO RUN A CRIME RING. Encabezar una red criminal.

CRIME AND SAFETY. s. La delincuencia y la seguridad.

CRIME AND SOCIAL BREAKDOWN. Delincuencia y desorden público.

CRIME. TO BE SOFT ON CRIME. Ser blando con la delincuencia.

CRIME. TO COMMIT A DESPICABLE CRIME. Cometer un vil crimen.

CRIME. TO REPORT A CRIME. Denunciar un delito.

CRIME SCENE CONTAMINATION. Contaminación de la escena del delito.

CRIME. THE SCENE OF THE CRIME. El lugar de los hechos, lugar donde se ejecutan los hechos. To return to the scene of the crime. Volver al lugar donde se ha cometido el delito. To take fingerprints at the scene of the crime. Tomar huellas dactilares en el lugar de los hechos. The crime scene is out of bounds for the public. El público tiene prohibida la entrada en el lugar de los hechos. Criminals return to the scene of the crime. Los delincuentes vuelven al lugar de los hechos.

CRIME STATISTICS. Estadística de la delincuencia.

CRIME. STREET CRIME. Delitos cometidos en la vía pública. Delitos callejeros. To be involved in crimes of the streets. Estar involucrado en delitos callejeros.

CRIME. TO FIGHT CRIME ONLINE. Combatir delitos Online.

CRIME. TOUGH ON CRIME. Intransigente con la delincuencia.

CRIME. TRANSNATIONAL ORGANIZED CRIME. La criminalidad organizada universal.

CRIME. AN UNPUNISHED CRIME. Un delito impune.

CRIME. UNREPORTED CRIME. Actos delictivos no denunciados.

CRIME WAVE, A. Una ola de delitos.

CRIME. WHERE THERE IS CRIME THERE IS ALIBI. Donde existe el crimen hay coartadas.

CRIME WRITER, A. s. Escritor de novela policíaca.

CRIME. YOUTH CRIME. s. Delincuencia juvenil.

CRIMES AGAINST HUMANITY. Crímenes de lesa humanidad.

CRIMES. CHILD SEX CRIMES. s. Agresiones deshonestas a niños.

CRIMES DRUG INDUCED. Delitos inducidos por la droga.

CRIMES. A GROUND - BREAKING METHOD TO SOLVE CRIMES. Una manera innovadora de resolver crímenes.

CRIMES. GRUESOME CRIMES. s. Crímenes atroces.

CRIMINAL, A. s. Delincuente, chora.

CRIMINAL ACTIVITY. s. Actividades delictivas. To be engaged in criminal activity. Dedicarse a actividades delictivas. An increase in criminal activity. Aumento de la delincuencia.

CRIMINAL ACT. s. Acto delictivo. This is a criminal act perpetrated by someone with malicious intent. Esto es un acto delictivo, perpetrado por alguien con mala intención. To plead guilty to a criminal act. Declararse culpable de un acto delictivo. To commit a criminal act. Cometer un acto delictivo.

CRIMINAL. A BIG TIME CRIMINAL. Gran delincuente.

CRIMINAL. TO ASSIST A CRIMINAL. Colaborar con un delincuente.

CRIMINAL BACKGROUND, A. s. Historial delictivo, antecedentes penales.

CRIMINAL BEHAVIOUR. Conducta delictiva. A life of criminal behaviour. Una vida de delincuente.

CRIMINAL. A CAREER CRIMINAL. s. Persona que vive de la delincuencia. To make a career out of violence. Hacer carrera de la violencia. To take a dim view of career criminals. Ver con malos ojos a los delincuentes de carrea.

CRIMINAL CASE. s. Caso penal.

CRIMINAL CHARGES. TO FACE CRIMINAL CHARGES. Arrostrar cargos delictivos.

CRIMINAL CONSPIRACY, A. Confabulación criminal.

CRIMINAL COURT. Tribunal penal.

CRIMINAL DAMAGE. Daños en la propiedad. Guilty of criminal damage. Culpable de daños a la propiedad. To arrest someone on suspicion of causing criminal damage. Ser detenido como sospechoso de causar daños a la propiedad.

CRIMINAL. A DANGEROUS CRIMINAL. s. Un delincuente peligroso.

CRIMINAL. A DEAD CRIMINAL. s. En la jerga de la delincuencia, dícese del delincuente que ha dejado de ejercer la profesión o se ha reformado.

CRIMINAL. A DOWNRIGHT CRIMINAL. Un delincuente redomado.

CRIMINAL. A FELLOW CRIMINAL. Compañero de delincuencia.

CRIMINAL. A FIRST-RATE CRIMINAL. Delincuente de tomo y lomo. Delincuente consumado.

CRIMINAL GANG, A. s. Banda de delincuentes. A dangerous criminal gang. Banda criminal peligrosa.

CRIMINAL. A HARDENED CRIMINAL. s. Delincuente común.

CRIMINAL INTENT. Intención dolosa.

CRIMINAL. AN INTRICATE CRIMINAL CONSPIRACY. Conspiración delictiva compleja.

CRIMINAL INVESTIGATION, A. Investigación criminal. To start a criminal investigation. Emprender una investigación criminal. Pelar la cebolla.

CRIMINAL NETWORK, A. s. Red de delincuentes.

CRIMINAL OFFENCE, A. s. Un delito penal. To rack up a criminal offence. Apuntarse un delito. To be guilty of a criminal offence. Ser culpable de un delito penal.

CRIMINAL ORGANISATION. s. Organización criminal.

CRIMINAL PAST, A. Un pasado delictivo.

CRIMINAL. A POTENCIAL CRIMINAL. Criminal en potencia.

CRIMINAL RECORDS. s. Antecedentes penales.

CRIMINAL. A REFORMED CRIMINAL. Delincuente enmendado.

CRIMINAL. A SELF - CONFESSED CRIMINAL. Delincuente confeso.

CRIMINAL. TO RUN A CRIMINAL ENTERPRISE. Dirigir una trama criminal.

CRIMINAL. TO TRACK DOWN A CRIMINAL. Seguir la pista de un delincuente.

CRIMINAL. A VIOLENT CRIMINAL. Delincuente violento.

CRIMINALITY PURE AND SIMPLE. Criminalidad pura y simple.

CRINKLE. s. Billetes de banco.

CRITICISM. TO HIT OUT AT CRITICISM. Arremeter contra la crítica.

CROAK, TO. v. 1. Espicharla, morder el polvo. 2. Asesinar.

CROAKER, A. s. 1. Sicario. 2. El médico de la cárcel.

CRONK, A. s. Coche destartalado.

CROOK, A. s. Sinvergüenza, torcido, canalla, estafador. An up - and - coming crook. Un sinvergüenza con muchas posibilidades de triunfar. You are so crooked that the day you swallow a nail you will shit out a corkscrew. Eres tan torcido que el día que te tragues un clavo vas a cagar un sacacorchos. A lying crook. Un sinvergüenza mentiroso. A notorious crook. Un sinvergüenza tristemente célebre.

CROOKED PERSON, A. s. Delincuente.

CROSSBAR - BAR HOTEL, A. s. Trullo, trena, beri. Hotel reja.

CROSSBOW, A. s. Ballesta. The crossbow killer. El asesino de la ballesta.

CROSS - EXAMINED. TO BE CROSSED - EXAMINED BY THE PROSECUTER. Ser contrainterrogado por el fiscal. To cross - examine a witness. Contrainterrogar a un testigo.

CROSS - FIRE. Fuego cruzado.

CROSS OVER, TO. Morir, diñarla, espicharla, estirar la pata.

CROSSPATCH, A. s. Persona de mal genio.

CROSS SOMEONE, TO.

CROSS THE GREAT DIVIDE, TO. Morir. Pasar a mejor vida.

CROTCH. s. Entrepierna. To kick someone in the crotch. Darle una patada a alguien en la entrepierna.

CROW. S. Persona que avisa a los trileros cuando se aproxima la poli.

CROWBAR, A. s. Palanqueta, pata de cabra, batuta. Palanca que se utiliza para forzar puertas y ventanas.

CROWD. s. Muchedumbre. To drive a car into a crowd. Atropellar a una muchedumbre.

CROWN, TO. v. Darle a alguien un golpe en la cabeza.

CROWN COURT. s. Audiencia Provincial. A Crown Court gave a company director a three - year community order yesterday for flashing at two teenage girls while dressed in women's clothes. Ayer, una Audiencia Provincial, condenó al director de una empresa, vestido con ropa de mujer, a tres años de trabajos comunitarios, por exhibirse ante dos chicas adolescentes.

CROWN PROSECUTION SERVICE, THE. s. La Fiscalía General del Estado.

CROWD CONTROL. Control de multitudes.

CROWD DISORDER. Disturbios, desorden público.

CRUISE, TO. v. Deambular por las calles u otros lugares buscando pareja con fines sexuales.

CRUMPET MAN, A. s. Mujeriego depravado, putero, bragadicto, sátiro. Casanova.

CRUSHER, A. s. Policía.

CRUSH - OUT, A. s. La destrucción de un cadáver en una máquina de desguace.

CRUST. s. Sustento, sueldo. To get a crust. Ganar un sueldo.

CRUTCHING. Práctica que consiste en pasar drogas a la cárcel en la vagina.

CRUSTY, A. s. Un marrano.

CRY BEEF, TO. v. Stop thief! ¡Al ladrón!

CRY COCKLES, TO. Morir ahorcado, pernear en la soga.

CRY FOUL, TO. Mentir. Gritar. ¡Que viene el lobo! Ser alarmista. June called the police 3 times saying that her house had been burgled, she finally cried foul because they didn't come out the 4th time. June llamó a la policía tres veces, alegando que habían entrado en su casa a robar. Finalmente, mintió, y la policía no fue a la casa.

CRY QUARTER, TO. Pedir clemencia.

CRY QUITS, TO. Hacer las paces.

C S GAS. s. Gas lacrimógeno.

C S SPRAY - CAN. Aerosol de pimienta para defensa personal.

CUCKOLDED HUSBAND, A. Marido cornudo.

CUCKOO. A CUKOO IN THE NEST. Un intruso.

CULL, A. s. Bueno, pringao, persona fácil de robar o engañar.

CULPRIT. s. Culpable.

CULTURE OF VIOLENCE AGAINST WOMEN. La cultura de la violencia de género.

CUNTING PISS. TO TAKE THE CUNTING PISS. Joder la marrana.

CUPCAKE, A. s. En la jerga de la trena, homosexual.

CURATE´S EGG. LIKE THE CURATE´S EGG - GOOD IN PARTS. Algo que es, mitad bueno y mitad malo. Algo poco satisfactorio.

CURFEW. s. Toque de queda. To be subjected to a curfew. Estar sometido a toque de queda.

CURRENCY. Divisa. Counterfeit currency. Divisa falsa.

CURSE, TO. Maldecir.

CURSE. TO CURSE ONESELF. Maldecirse.

CURTAIN LECTURE, A. s. Fastidiar, dar la brasa, dar la lata, echarle a alguien un sermón, regañar la mujer al marido cuando están en la cama.

CURTAIN - TWITCHER, A. s. Fisgón. Persona que espía a los vecinos por entre las cortinas.

CUSTODIAL SENTENCE, A. s. Sentencia con privación de libertad. Pena de cárcel. A lengthy custodial sentence. Una larga sentencia en la cárcel. To give someone 6 months custodial sentence. Sentenciar a alguien a seis meses de cárcel. A teenager who coughed in the direction of police officers, was given a three - month custodial sentence. Un adolescente que tosió en la dirección de un grupo de policías fue condenado a tres meses de cárcel.

CUSTODIAL ESTATE, THE. s. Las cárceles.

CUSTODY. s. Cárcel. To be in custody. Estar en la cárcel. To be held in police custody in the station. Estar detenido en las dependencias policiales. To spend the night in police custody. Pasar la noche en las dependencias policiales. To escape from lawful custody. Fugarse de la cárcel.

CUSTODY. REMAND IN CUSTODY. Prisión preventiva.

CUSTODY SUITE, A. s. Celda.

CUSTOMS OFFICER, A. s. Aduanero.

CUSTOM RULES THE LAW. La costumbre hace la ley.

CUSTOM HAS THE FORCE OF LAW. La costumbre es ley.

CUT. Más cocido que un mirlo. Borracho perdido.

CUT, A. s. Astilla, parte de un botín.

CUT. TO PAY ONE'S CUT. Pagar lo que le corresponde a uno.

CUT A DRUG, TO. Adulterar una droga.

CUTLASS. s. Alfanje.

CUTPURSE, A. s. Carterista. Anticuado. Siglos XVII - XIX.

CUT AND RUN, THE. Robo que consiste en cortar los tirantes del bolso de la víctima, y salir corriendo con el bolso.

CUT AND RUN, TO. Poner pies en polvorosa, poner tierra de por medio, tomar las de Villadiego, pirarse de un lugar, abandonar un sitio a grandes zancadas, huir como alma que lleva el demonio, escapar a uña de caballo. While we wait for Andrew's orders to cut and run, we are in for a bitter final chapter to this tale. Mientras que esperamos las órdenes de Andrew para poner tierra de por medio, todavía nos espera un amargo capítulo final de esta historia.

CUT IT OUT! ¡Y vale!¡Para ya!

CUT SOMEONE DOWN, TO. Matar a alguien a tiros.

CUT SOMEONE UP, TO. Rajar a alguien.

CUT - THROAT, A. s. Asesino, sicario. He paid a cut - throat to kill his wife. Pagó a un sicario para que asesinara a su mujer.

CUT AND THRUST WEAPON, A. s. Arma blanca, pincho, navaja, cuchillo.

CUT. TO CUT TO THE CHASE. Ir al grano, no andarse con rodeos.

CUT. TO TAKE A CUT. Sacar tajada, chupar de la teta, comer del pesebre. Estar sobornado. Voters assume that everybody takes a cut. All they hope for is that politicians do something for their town at the same time. Los electores dan por sentado que todo el mundo chupa de la teta. Todo lo que esperan de los políticos es que hagan algo también por su ciudad.

CUT TO THE QUICK, TO. Doler en lo más profundo, partirle a uno el alma. The murder of our neighbour cut us all to the quick. El asesinato de nuestro vecino nos dolió en lo más profundo.

CUTTING - EDGE SURVEILLANCE TECHNOLOGY. s. Tecnología de vigilancia de punta.

CUT UP, TO. v. Acuchillar.

CUT UP ROUGH, TO. Ponerse uno como una fiera. Perder los estribos.

CYBERATTACK, A. s. Ataque cibernético.

CYBERBULLYING. s. Ciberacoso Acoso cibernético. The girl told the police to being the victim of cyberbullying. La chica le contó a la policía que estaba siendo la víctima de ciberacoso.

CYBERCRIME. s. Ciberdelincuencia. Ciberdelito. Cybercrime unit. Unidad para combatir la ciberdelincuencia.

CYBERCRIMINAL, A. s. Delincuente cibernético.

CYBERHOOLIGAN, A. s. Gamberro cibernético.

CYBERSECURITY. s. Seguridad cibernética. Cyber - security company. Empresa de seguridad cibernética.

CYBERESPIONAGE. s. Espionaje cibernético.

CYBERSTALKING. Acecho cibernético.

CYBERTERRORISM. s. Terrorismo cibernético.

CYBERTERRORIST. s. Ciber terrorista.

CYBERTHREAT, A. s. Amenaza cibernética.

CYBERWAR. s. Guerra cibernética.

CYCLE. ON YOUR CYCLE! ¡Vete a freír asparagus! ¡Vete al cuerno!

CYCLING. TO BE CONVICTED OF WANTON AND FURIOUS CYCLING. Ser condenado de ir en bici a una velocidad vertiginosa y sin sentido.

CYCLING WHILE DRUNK. Ir en bici embriagado.

D

DAB, TO. v. Hacer una impresión de cera de una llave, cerraja, etc.

DABS. s. Huellas dactilares. Your dabs are all over the car. Tus huellas dactilares están por todo el coche.

DAGGER. s. Puñal, alfiler.

DAGGERS. AT DAGGERS DRAWN. Estar a matarse, llevarse muy mal.

DAGGERS. TO LOOK DAGGERS AT SOMEONE. Fulminar a alguien con la mirada.

DAISIES. TO PUSH UP THE DAISIES. Estar criando malvas.

DAMAGE. s. Daño. Malicious damage. Daño doloso. Serious damage. Prejuicio grave.

DAMAGES. s. Daños y perjuicios. The right to damages. El derecho a la indemnización de daños.

DAMAGES FOR BREACH OF CONTRACT. Daños por incumplimiento de contrato.

DAMN! ¡Maldita sea!

DAMNING. TO FACE DAMNING EVIDENCE. Enfrentarse a pruebas condenatorias.

DAMP, A. s. Bebida. Cerveza.

DANCE, TO. v. Ser ahorcado, pernear en la soga, bailar en el extremo de la soga.

DANGER. s. Peligro. To be in mortal danger. Estar en peligro de muerte.

DANGER MAKES MEN DEVOUT. Acordarse de Santa Bárbara cuando truena. Pasado el tranco, olvidado el santo.

DANGEROUS. A HIGHLY DANGEROUS YOUNG MAN. Un joven muy peligroso.

DARBIES. s. Esposas, manillas.

DARK. AS DARK AS A WOLF´S MOUTH. Ser negro como boca de lobo. Negro como boca de cañón. Negro como un cubo de chapapote.

DARK. THE DARK BELLY OF A CITY. Los bajos fondos de una ciudad.

DARK. HE THAT RUNS IN THE DARK MAY WELL STUMBLE. Quien busca el peligro, en el perece.

DARK SIDE. El lado oscuro, la parte desconocida o misteriosa de alguien. He hid a dark side. Ocultaba una personalidad desconocida.

DARK. TO WHISTLE IN THE DARK. Pretender no tener miedo. Silbar para espantar el miedo.

DARKEN SOMEONE´S DOOR, TO. Cruzar el umbral de la puerta de alguien cuando no es bienvenido, entrar en casa de alguien cuando uno no es bienvenido. ¡Don´t you dare darken my door again! ¡No se te ocurra pisar mi casa otra vez!

DARKERS. s. Anchoas. Gafas de sol.

DARKEST HOUR, THE. Los momentos más difíciles en la vida de una persona.

DATA. DATA GATHERING. Recogida de datos.

DATA. FABRICATED DATA. Datos falsificados.

DATA PROTECTION ACT, THE. La Ley de Protección de Datos.

DATA THEFT. s. Robo de datos.

DATE RAPE, A. s. Violación cometida por un conocido de la víctima en una función social.

DAVY JONES´S LOCKER. El fondo del mar en cuanto tumba de los marinos que mueren ahogados. El abismo del mar. To go to Davy Jones´s locker. Ahogarse en el mar.

DAY. A BAD HAIR DAY. Día complicado. Día que nada sale bien.

DAY. A FATEFUL DAY. Un día aciago.

DAYLIGHT. IN BROAD DAYLIGHT. En plena luz del día. They raided the bank in broad daylight. Atracaron el banco en plena luz del día.

DAYLIGHT ROBBERY. Dicho modismo no significa un atraco en pleno día, sino, un timo, o cuando le cobran a uno muy caro al comprar algo. Since the prices had gone up, it was daylight robbery the cost of her fave biscuits in Amanda´s corner shop. Desde que habían subido los precios, era un robo lo que costaban sus galletas favoritas en la tienda de Amanda. El origen de dicho modismo se remonta a 1696, fecha en la que el Gobierno impuso tasas en todas las casas que tuvieran más de siete ventanas. Para no pagar dichas tasas, los había que tabicaban las ventanas, dejando solamente, las necesarias para no pagar estas tasas. Dicha ley se derogó en 1851. Literalmente el modismo significa, robo de la luz del día.

DAYLIGHTS. TO SCARE THE LIVING DAYLIGHTS OUT OF SOMEONE. Darle a alguien un susto de muerte. Don´t do that to me again! You have scared the living lights out of me! ¡No me hagas eso otra vez! ¡Me has dado un susto de muerte!

DAYLIGHTS. TO KNOCK THE LIVING DAYLIGHTS OUT OF SOMEBODY. Darle una buena tunda a alguien, partirle la cara a alguien. If you do that again I will punch your living lights out of you. Si haces eso otra vez, te parto la cara.

DAY OF RECKONING, THE. El día de ajustar cuentas. El Día del Juicio Final.

DAY. TO MAKE ONE´S DAY. Alegrarle a uno el día. Hacer a uno feliz. You have made my day. Me has alegrado el día.

DAYS. YOUR DAYS ARE NUMBERED! ¡Tienes los días contados!

DAYS. I WILL GET YOU ONE OF THESE DAYS. Te vas a acordar.

DAZE. s. Aturdimiento. The punch in the face left him in a daze. El puñetazo en la cara lo dejó aturdido.

DEAD END, A. Callejón sin salida.

DEAD END JOB, A. Un trabajo sin futuro.

DEAD. IN THE DEAD OF NIGHT. En la quietud de la noche. The prisoner escaped from jail in the dead of night. El preso se fugó del trullo en la quietud de la noche.

DEAD. LEFT FOR DEAD. Dejado por muerto.

DEADBEAT. s. Indigente.

DEADHEAD, A. Imbécil.

DEAD MEAT. s. Ser hombre muerto, ser fiambre. If you tell the police, you are dead meat. Si se lo cuentas a la policía, eres hombre muerto.

DEAD. I WOULDN´T BE SEEN DEAD. Aunque me mataran. Let´s go for a beer to the Hustler. I wouldn´t be seen dead in that hellhole, there are only piss - artists and troublemakers. Vamos a echar una caña al Hustler. No entro en ese antro, aunque me maten. Ahí no van sino borrachines y matones.

DEAD MEN TELL NO TALES. Los muertos no hablan.

DEAD ON ARRIVAL. THE MAN WAS DECLARED DEAD ON ARRIVAL AT THE HOSPITAL. El hombre fue pronunciado muerto al llegar al hospital. The shot man was taken to hospital where he was pronounced dead. Al hombre tiroteado lo llevaron al hospital donde ingresó cadáver.

DEAD. PRONOUNCED DEAD AT THE SCENE. Declarado muerto en el lugar de los hechos.

DEAD RINGER, A. El sosia de alguien. El vivísimo retrato de alguien. That bloke is the dead ringer for Andrew. Ese tío es el sosia de Andrew.

DEAD SET. TO MAKE A DEAD SET AT SOMEONE. Meterse con alguien.

DEAD. TO BE FOUND DEAD UNDER SUSPICIOUS CIRCUMSTANCES. Aparecer muerto en circunstancias sospechosas.

DEAD. TO CUT SOMEONE DEAD. Negarle el saludo a alguien.

DEAD. TO WANT SOMEONE DEAD. Querer ver a alguien muerto.

DEAFENING SILENCE, A. Un silencio sepulcral.

DEAL. A SQUARE DEAL. Un trato equitativo.

DEAL. TO HAVE A RAW DEAL. Ser tratado injustamente. Sufrir una injusticia.

DEALER, A. s. Camello. Persona que vende droga en pequeñas cantidades.

DEALINGS. SHADY DEALINGS. Negocios turbios.

DEATH. ACCIDENTAL DEATH. Muerte por accidente.

DEATH. AN ANONYMOUS DEATH THREAT. Una amenaza de muerte anónima.

DEATH. TO BATTER SOMEONE TO DEATH. Matar a alguien a golpes.

DEATH. TO BURN SOMEONE TO DEATH. Quemar a alguien vivo.

DEATH. TO CHEAT DEATH. Sobrevivir un accidente u otro percance grave.

DEATH. A GRUESOME DEATH. Una muerte horrorosa.

DEATH BY HANGING. Muerte en la horca.

DEATH BY MISADVENTURE. s. Muerte accidental. The jury returned a verdict of death by misadventure. El jurado pronunció un veredicto de muerte accidental.

DEATH BY NATURAL CAUSES. Muerte por causas naturales.

DEATH BY POISONING. Muerte por envenenamiento.

DEATH BY SHOOTING. Muerte por disparos.

DEATH BY STABBING. Muerte por apuñalamiento. Baraustado.

DEATH BY SUFFOCATION. Muerte por asfixia.

DEATH. HE THAT FEARS DEATH LIVES NOT. Quien teme a la muerte no goza la vida.

DEATH IS THE GREAT LEVELLER. La Muerte mide a todos con el mismo rasero. Al final de la vida todos calvos.

DEATH KEEPS NO CALENDER. La Muerte no avisa.

DEATH. TO DO SOMEONE TO DEATH. Matar a alguien, apiolar, dar mulé.

DEATH. TO FRIGHTEN SOMEONE TO DEATH. Darle a alguien un susto de muerte.

DEATH. A NEAR DEATH EXPERIENCE. Una experiencia catártica, una experiencia al borde de la muerte, el trance de la muerte, experiencia de trance de muerte. Experiencia cercana a la muerte.

DEATH. THE CAUSE OF THE MAN'S DEATH COULDN'T BE DETERMINED. La causa de la muerte del hombre no pudo ser establecida.

DEATH. CAUSE OF DEATH HEAD SEPARATED FROM THE BODY. Causa de la muerte, decapitación.

DEATH. CAUSE OF DEATH; SEVERE HEAD INJURIES. Causa de la muerte; heridas mortales en la cabeza.

DEATH CULT, THE. El culto a la muerte.

DEATH. NATURAL DEATH. Muerte natural.

DEATH PAYS ALL DEBTS. Quien se muere, liquida. Quien muere, ni cobra ni paga. Mientras el deudor aletea, la deuda colea.

DEATH ROW. s. Pabellón de la muerte. Galería de los condenados a muerte.

DEATH SENTENCE. s. Pena de muerte. To face a death sentence. Enfrentarse a la pena de muerte. Mandatory death sentence for murder. Pena de muerte mandatoria por asesinato.

DEATH. TO DICE WITH DEATH. Jugar con la muerte, jugarse el tipo, arriesgar el pellejo. Correr grandes riesgos.

DEATH. TO DO TO DEATH. Matar.

DEATH. TO FAKE ONE'S DEATH. Simular uno su propia muerte.

DEATH. TO PLAN SOMEONE'S DEATH. Planear la muerte de alguien.

DEATH. TO PUT SOMEONE TO DEATH. Ejecutar a alguien, ajusticiar a alguien.

DEATH. A VIOLENT DEATH. s. Una muerte violenta. To die of a violent death. Morir de muerte violenta.

DEATH THREAT, A. s. Una amenaza de muerte. To get a death threat. Ser amenazado de muerte.

DEATH. TO TREAT A DEATH AS SUSPICIOUS. Considerar una muerte sospechosa de criminalidad.

DEATH. AN UNEXPLAINED DEATH. Una muerte misteriosa.

DEATH WARMED UP. TO LOOK LIKE DEATH WARMED UP. Tener una pinta que da miedo, parecer un resucitado, sentirse como unos zorros, no sentirse bien, tener un aspecto lamentable, encontrarse muy mal. After last night's binge this morning Peter looked like death warmed up. Después de la juerga de anoche, Peter se sentía como unos zorros. Yesterday Liz looked like death warmed up, so it was told to go home. Ayer, Liz se encontraba muy mal, así que le dijeron que se fuera a casa.

DEATH - WARRANT. TO SIGN ONE´S OWN DEATH - WARRANT. Orden de ejecución. Firmar uno su propia orden de ejecución. Hacer algo en detrimento propio.

DEATH WISH. Pulsión de muerte.

DEBAUCHERY. s. Libertinaje, desenfreno, lujuria, depravación. A life of debauchery. Vida disoluta y pecaminosa llena de vicio y desenfreno.

DEBT. s. Deuda. Outstanding debt. Deuda pendiente. Debt collectors. Cobradores de deudas, cobradores de morosos. The debt collectors knocking at the door. Los cobradores de deudas llamando a la puerta. An eye - watering debt. Una deuda de mil narices.

DEBT. TO BE IN DEBT TO THE EYEBALLS. Estar endeudado hasta los ojos, estar endeudado hasta las trancas.

DEBT. TO BE DEBT LADEN. Estar endeudado hasta las cachas.

DEBT. TO BE DROWN IN DEBT. Estar endeudado hasta las cejas.

DEBTS OF HONOUR. s. Deudas que contrae una persona apostando en las carreras de caballos u otras apuestas.

DECAPITATION. s. Decapitación.

DECEIT AND LIES. Engaños y mentiras.

DECEITFUL LITTLE SHIT, A. s. Un tramposo mentiroso de mierda.

DECEIVE, TO. Engañar.

DECEIVER. s. Engañador. To deceive a deceiver is not deceit. Quien engaña a un engañador, cien días gana de perdón.

DECENT PERSON, A. Una buena persona.

DECEPTION. s. Engaño. Master of deception. Experto en las artes del engaño.

DECK. A PRIVATE DECK. s. Detective privado.

DECK IT, TO. Ir a toda pastilla, ir a todo meter, ir a todo gas.

DECK SOMEONE DOWN, TO. Tumbar a alguien de un puñetazo. James decked one of their gang down and we chased the others up the road. James tumbó a uno de la banda de un puñetazo, y nosotros perseguimos a los otros calle arriba.

DECK UP, TO. v. Inyectarse heroína.

DECRIMINALISATION OF DRUGS. Despenalización de las drogas.

DEED. s. Acto. To do the foul deed. Hacer el acto criminal. To do a frightful deed. Hacer un acto horrendo. The deeds of a murderer. Las hazañas de un asesino. A dark deed. Un acto avieso. Every good deed. Toda buena obra. A nefarious deed. Acto nefario. Deed of separation. Escritura de separación.

DEEPLY DISTURBING. Profundamente perturbador.

DEFAMATION LIBEL. Difamación escrita.

DEFAMATION SLANDER. Difamación oral.

DEFENCE. TO LEAP TO SOMEONE´S DEFENCE. Echarle un capote a alguien, romper una lanza por alguien,

DEFENDANT, A. s. Acusado. Parte demandada. How do you find the defendant, guilty or not guilty of murder? ¿Declaran al acusado, culpable o inocente de asesinato? The defendant denied murder but pleaded guilty to manslaughter on the grounds of diminished responsibility, a defence rejected by the jury. El acusado negó el asesinato, pero se declaró culpable de homicidio sin premeditación por razones de responsabilidad atenuante, alegación que rechazó el jurado.

DEFY, TO. s. Desafiar.

DEGREE. TO GIVE SOMEONE THE THIRD DEGREE. Someter a alguien al tercer grado. Interrogar a alguien usando métodos que se aproximan a la tortura. The receptionist put me through the third - degree at the reception desk, and I was kept answering questions for half an hour before she would let me in. La recepcionista me sometió al tercer grado, en la recepción, y me retuvo allí haciéndome preguntas por media hora, antes de que me dejara pasar.

DEJA VU. Un ya visto.

DELIVERY MAN. s. Recadero, repartidor. A woman was abducted from her home by the suspects who posed as deliverymen. Secuestraron a una mujer en su casa unos sospechosos que se hicieron pasar por recaderos.

DEMON DRINK, THE. s. Priva, bebida, alcohol.

DEMONISE SOMEONE, TO. Demonizar a alguien.

DEN OF THIEVES, A. Guarida de ladrones.

DENIAL. s. Denegación. Categorical denial. Denegación categórica.

DENTIST. s. Dentista. Have you got a good dentist? ¿Tienes un buen dentista? Manera de decirle a alguien que deje a uno en paz o de lo contrario le va a partir los dientes.

DEPRAVATY. s. Depravación.

DEPRAVE. TO. v. Depravar. To carry out a depraved crime. Cometer un delito depravado.

DERIDE, TO. v. Burlarse.

DESCRIBE A PERSON, TO. Describir a una persona.

DESERTS. TO GET ONE'S JUST DESERTS. Recibir su merecido.

DESERVE IT, TO. Merecérselo. He deserved it. Se lo tenía bien merecido.

DESIGNER JURY. s. Jurado que ha designado como resultado de las protestas que han hecho los abogados defensores. De este modo, logran cambiar a todos los miembros del jurado que no son del agrado de dichos abogados.

DETECTIVE, A. s. Agente de policía. A hard - boiled detective. Un policía insensible. Un agente de policía endurecido. A private detective. Detective privado. Detective drama set in a picturesque rural county where death lurks around every corner. Drama detectivesco que tiene como escenario una zona rural de un condado pintoresco, donde la muerte acecha a la vuelta de cada esquina.

DETENTION. s. Encarcelamiento. Preventive detention. Detención cautelar.

DEUCE, A. s. 1. Dos libras esterlinas. 2. Una sentencia de dos años.

DEVIL. AS BLACK AS DE DEVIL. Ser más malo que Caín, ser más malo que un tumor, ser más malo que un demonio, ser más malo que un dolor de muelas, ser de la piel del diablo, ser más malo que la quinina.

DEVIL - MAY - CARE. Un insensato.

DEVIL'S DANDRUFF, THE. s. Crack cocaína. To snort the devil's dandruff. Inhalar crack cocaína. To snort too much of the Devil's dandruff. Inhalar demasiada crack cocaína.

DEVIL. EVERY MAN FOR HIMSELF AND THE DEVIL TAKE THE HINDMOST. El último mono es el que se ahoga. El que venga detrás que arree. Comido yo, comido todo el mundo.

DIAL. s. Cara, mui, careto.

DIAMOND CUT DIAMOND. Encontrar la horma de su zapato. Juntarse el hambre con las ganas de comer.

DIBBLE, A. s. Agente de policía.

DICKHEAD, A. Tonto.

DICK PEDDLER, A. s. Chapero, puto.

DIDDLE, TO. v. Timar, engañar.

DIE, TO. v. Morir. The right to die. El derecho a morir dignamente. To die with dignity. Morir con dignidad.

DIESEL. s. En la jerga del trullo, té.

DIFFICULTIES. TO ENDURE DIFFICULTIES. Aguantar privaciones.

DIG. TO HAVE A DIG AT SOMEONE. Meter cuña, meterse con alguien, tirar indirectas. To swap a few digs. Intercambiar unas cuantas indirectas.

DIG, A. s. Puñetazo.

DIG. TO TAKE A DIG AT SOMEONE. Aludir con ironía a alguien. To make a homophobic dig. Hacer un comentario homófobo.

DIG OUT, TO. v. Criticar.

DIG UP SOMEONE, TO. Exhumar un cadáver.

DIGITAL LEAKS. Filtraciones digitales.

DIGITAL STRIP SEARCH. Examinar un teléfono móvil en busca de pruebas. La policía.

DIMINISHED RESPONSABILITY. Responsabilidad atenuante. The killer was cleared of murder but convicted of manslaughter by reason of diminished responsability and attempted murder. El asesino fue absuelto de asesinato, pero condenado de homicidio sin premeditación a causa de responsabilidad atenuante y asesinato frustrado.

DING - DONG, A. s. Altercado, pelea, riña, trifulca. To have a ding - dong with someone. Tener un altercado con alguien.

DING, TO. Golpear a alguien.

DINK, TO. v. Golpear.

DIP, A. s. Carterista.

DIP ONE´S BEAK, TO. Aceptar un soborno.

DIP, TO. v. Robar carteras. To be dipped. Ser robado.

DIP. TO DO THE DIP. Dedicarse a robar carteras.

DIP. TO MAKE A DIP. Robar una cartera.

DIP SQUAD, THE. s. Policía que anda tras los carteristas en el Metro y otros lugares con mucha concurrencia.

DIPPER, A. s. Carterista, bravo. An opportunist dipper. Carterista oportunista. A dipper gang. Banda de carteristas.

DIPPING. s. Robo de carteras.

DIRECTOR OF PUBLIC PROSECUTION. D P P. El Fiscal General del Estado.

DIRT. TO DISH THE DIRT ABOUT. Calumniar.

DIRT. TO DO THE DIRTY ON SOMEONE. Hacerle una mala jugada a alguien, hacerle una mala pasada a alguien, hacerle una cabronada a alguien, hacerle una putada a alguien.

DIRTY DOG, A. s. Un tipo despreciable, canalla. crápula.

DIRTY FIGHTER, A. Persona que juega sucio. Solapado.

DIRTY HEROIN JABBER, A. s. Un heroinómano de mierda.

DIRTY LINEN. TO WASH ONE´S DIRTY LINEN IN PUBLIC. Lavar la ropa sucia en público. Once it was considered a sin to "wash your dirty laundry in public." Forget washing; now it is deemed o k to soil your linen publicly and just hang it on the line. En el pasado, se consideraba un pecado "lavar la ropa sucia en público." Olvídese de eso; en la actualidad se considera normal manchar la ropa delante de todo el mundo y simplemente colgarla en el tendedero.

DIRTY PHONE CALL. Llamada telefónica oscena. To make a dirty phone call. Hacer una llamada telefónica oscena.

DIRTY TRICK. A. Una mala jugada, una mala pasada, una cabronada, una putada. To play a dirty trick on someone. Hacerle una mala jugada a alguien. Sean used to play dirty tricks on me. Sean solía hacerme malas jugadas. To play dirty tricks. Hacer cabronadas. To use dirty tricks to ensure a conviction. Utilizar métodos sucios para asegurar una condena.

DIRTY WORD. Palabra oscena, taco, palabra malsonante, palabra soez.

DIRTY WORK AT THE CROSSWORDS. Un acto delictivo, un trabajo sucio.

DIRTY WORK. TO DO SOMEONE´S DIRTY WORK. Hacerle el trabajo sucio a alguien.

DISABILITY HATE CRIMES. Delitos de odio contra personas con discapacidad.

DISAPPEAR LIKE WATER IN THE SAND, TO. Desaparecer como por ensalmo.

DISAPPEAR WITHOUT TRACE, TO. Desaparecer sin dejar rastro.

DISAPPEARING. TO DO A DISAPPEARING. Desaparecer de un lugar.

DISCLOSURE. s. En la jerga policial, disclosure, consiste en comunicar la policía, al abogado defensor, las causas por las que se ha detenido a la persona a quien va a defender.

DISCO - BUICUITS. s. Pastillas de éxtasis. It is easy to buy disco - biscuits before you go to the discotheque. Es fácil de comprar pastillas de éxtasis antes de ir a la discoteca.

DISCUSSION. To have a robust discussion with someone. Tener una pelotera con alguien.

DISGRUNTLED. A DISGRUNTLED FAMILY MEMBER. Miembro de una familia descontento.

DISGUSTING PERSONA, A. Un tipo repugnante, un tipo despreciable.

DISHONESTY. s. Falsedad. To be guilty of dishonesty. Ser culpable de falsedad.

DISH OUT BLOOD, TO. Derramar sangre.

DISH OUT GRAVY, TO. Condenar a alguien a la cárcel por mucho tiempo.

DISH OUT THE PORRIDGE, TO. Condenar a alguien a la cárcel por mucho tiempo.

DISH THE DIRT ABOUT, TO. Calumniar, denigrar, vituperar.

DISMEMBER, TO. Descuartizar. The man killed a person and dismembered him. El hombre mató a una persona y la descuartizó.

DISPOSSESSED, THE. s. Los desposeídos.

DISPUTE. s. Disputa. To settle a dispute. Resolver una disputa.

DISPUTE. A LEGAL DISPUTE. Litigio.

DISSIDENT OF THE INTERNET AGE, A. Disidente de la época del Intenet.

DISTANCE. TO KEEP ONE'S DISTANCE. Guardar las distancias. No querer tratos con alguien.

DISTILLING. ILLICIT DISTILLING. Destilación ilícita de licores.

DISTRESS. s. Angustia. To cause distress. Angustiar.

DISTURBANCE OF THE PEACE. Desmanes públicos, desorden, tropelía, escándalo público, alboroto. To be charged with disturbing the peace. Incriminar por escándalo público.

DIV, A. s. En la jerga de la delincuencia, dícese de la persona mayor que no se vale por sí misma, y es presa fácil para los delincuentes.

DIVORCED COUPLE FORCED TO LIVE UNDER THE SAME ROOF, A. Matrimonio divorciado obligado a vivir bajo el mismo techo.

D N A EVIDENCE. s. Pruebas de A D N. Contaminated D N A evidence. Pruebas de A D N contaminadas.

DAN. FORENSIC DNA EVIDENCE. Pruebas forences de ADN.

D N A OF A MURDERER. A D N de un asesino.

D N A RESULTS. s. Resultados de A D N.

D N A SAMPLE, A. s. Una muestra de A D N.

D N A SWAB, A. s. Una muestra de A D N.

D N A TEST, A. s. Una prueba de A D N.

DO A CRIB, TO. Robar en una casa.

DO A JEWELLER'S. Atracar una joyería.

DO AS I SAY, NOT AS I DO. Haz lo que te digo y no lo que yo hago. Haz lo que bien digo y no lo que mal hago.

DO AS YOU WOULD BE DONE BY. Trata a los demás como te gustaría que te tratasen a ti.

DO AWAY WITH SOMEONE, TO. Liquidar, limpiar el forro, regar el asfalto, apiolar. The gang want to do away with him. La banda quiere limpiarle el forro.

DO, TO. v. Demandar.

DODO. TO BE AS DEAD AS A DODO. Estar más muerto que mi abuela.

DO DOWN, TO. Estafar, timar.

DO FOR, TO. 1. Matar a alguien, liquidar, acabar con alguien, limpiar el forro. 2. Estafar.

DO ONE'S BIT, TO. Cumplir una sentencia en la cárcel.

DO ONE'S HEAD IN. Volver a uno loco.

DO ONESELF IN, TO. Suicidarse.

DO SOME METALWORK. Salir disparado de un lugar.

DO SOMEONE, TO. Matar a alguien.

DO SOMEONE DOWN, TO. Criticar a alguien. Tom is a better man than those who do him down. Tom es mejor persona que esos que le critican.

DO SOMEONE DOWN, TO. Estafar, timar. He has gone to prison for doing people down. Ha ido a la cárcel por timar a la gente.

DO SOMEONE IN, TO. Matar a alguien, dar betún, regar el asfalto. If you don't bring the money tomorrow will do you in! ¡Cómo no traigas el dinero mañana, te damos betún!

DO SOMEONE OVER, TO. Dar una buena curra a alguien, dar una buena paliza a alguien, darle a alguien una paliza de película. The gang did Len over. La banda le dio una buena tunda a Len.

DO THE BUSINESS, TO. En la jerga de la delincuencia, matar a alguien.

DO. TO CREATE A TO DO. Armar una bronca.

DO. TO DO SOMETHING DELIBERATLY. Hacer algo intencionadamente.

DO YOU DRINK? ¿Bebe usted? En la jerga del hampa, se refiere a una invitación que hace un delincuente a un policía a quien espera sobornar.

DO YOU LIKE HOSPITAL FOOD? ¿Te gusta la comida de los hospitales? Pregunta sarcástica que hace alguien a una persona, para avisarle que le va a partir la cara como no se ande con cuidado.

DOCK ASTMA. s. Darle a alguien un soponcio cuando se sienta en el banquillo de los acusados, como consecuencia de los cargos que le imputan, y que él no esperaba.

DOCK. TO PUT SOMEONE IN THE DOCK. Acusar a alguien.

DOCUMENT. s. Documento. A fake document. Documento falso. To falsify a document. Falsificar un documento.

DODGEWORK, A. Vago, zángano.

DODGER, A. s. Estafador, timador.

DODGING. TAX DODGING. Evasión de impuestos. He was cleared of tax dodging. Fue absuelto de evasión de impuestos. To dodge tax, left right and centre. Evadir impuestos a diestro y siniestro.

DODGY AREA, A. s. Una zona peligrosa.

DODGY. AS DODGY AS A TEN NOTE BOB. Más falso que un euro de chocolate. Más falso que un duro de madera.

DODGY CLUB OWNER, A. Propietario de un club de poco fiar.

DODGY COPPER, A. s. Policía deshonesto.

DODGY CREDIT CARD, A. s. Tarjeta de crédito sospechosa. He was arrested by the police for using a dodgy credit card to pay for his shopping. Le detuvo la policía por pagar la compra con una tarjeta de crédito sospechosa.

DODGY DEALING. Tratos de poco fiar.

DODGY GEAR. s. Astilla. En la jerga de los delincuentes, se refiere a los objetos robados.

DODGY GEEZER, A. s. Un tipo de poco fiar.

DODGY GOODS. Mercancía sospechosa. Mercancía robada.

DODGY LOOKING. Que da mala espina. Que tiene mala pinta.

DODGY MERCHANDISE. s. Artículos robados.

DODGY PEOPLE. Gente de poco fiar.

DODGY SOLICITOR, A. Abogado de poco fiar.

DOG. A DIRTY DOG. Una persona maliciosa. Malvado.

DOG. A DOG IN THE MANGER. Ser como el perro del hortelano, ni come, ni deja.

DOG. A LUCKY DOG. Un tío con suerte. Un tío con más suerte que siete viejas.

DOG AROUND, TO. Hacer una vida promiscua, ser un libertino.

DOG DOES NOT EAT DOG. Perro no come carne de perro. Entre bomberos no nos pisamos la manguera. Entre gitanos no se dice la buenaventura. Entre fantasmas no nos pisamos la sábana.

DOG EAT DOG. Competencia encarnizada, competencia d exclusión. We live in a dog eat dog world. Vivimos en un mundo de competencia encarnizada.

DOG END, A. s. Colilla. The pavement is full of dog ends. La acera está llena de colillas.

DOG. EVERY DOG HAS ITS DAY. Todo el mundo tiene su minuto de gloria, a todo el mundo le sonríe la fortuna alguna vez en la vida.

DOG - FIGHT, A. s. Una pelea entre dos hombres.

DOG. GIVE A DOG A BAD NAME. Calumnia que algo queda. Give a dog a bad name and hang him. Calumnia que algo queda. Coge fama y échate a dormir.

DOG. GOOD DOG OWNERS CLEAN UP. BAD DOG OWNERS DON'T! BAG IT AND BIN IT! Los dueños que son decentes limpian lo que hacen sus perros. ¡Los malos no! ¡No dejes que otros se lleven las caquitas de tu perro en los zapatos a casa!

DOG IN THE NIGHT - TIME, A. Dícese de la persona que se encuentra involucrada en un crimen sin comérselo ni bebérselo.

DOG. LOVE ME, LOVE MY DOG. Quien bien quiere a Beltrán, bien quiere a su can.

DOG. ONCE THE DOG HAS PICKED UP A SCENT OF DRUGS ON A PERSON, WE HAVE THE RIGHT TO SEARCH HIM, SAID THE POLICEMAN. En cuanto un perro ha olfateado que una persona lleva drogas, tenemos el derecho de registrarla, dijo el policía.

DOG. TO DOG SOMEONE AROUND. Seguir a alguien.

DOG. THE BLACK DOG HAS WALKED OVER HIM. Padecer una depresión de caballo.

DOG. THE DOG RETURNS TO ITS VOMIT. El criminal siempre vuelve al lugar del crimen.

DOG. TO BE TOP DOG. Ser el gallito del lugar.

DOG. TO DIE LIKE A DOG. Morir como un perro.

DOG. TO DOG SOMEONE. No dejar a alguien en paz, no dejar a alguien ni a sol ni a sombra.

DOG. TO HAVE A BLACK DOG DEPRESSION. Tener una depresión de caballo.

DOG. TO KEEP DOG. En la jerga de los trileros, pasar el agua, vigilar. Dar el queo. Avisar de que hay moros en la costa.

DOG. TO LEAD A DOG'S LIFE. Llevar una vida de perros.

DOG. TO PUT ON THE DOG. Ponerse engreído.

DOG TRICK, A. s. Una mala jugada, una mala pasada, una cabronada.

DOG TO WORK LIKE A DOG. Trabajar como un condenado, trabajar como un esclavo, trabajar como un troyano.

DOGGING. Espiar a las personas que fornican en los aparcamientos de coches.

DOGGIE, A. s. Vagabundo que va buscando colillas por el suelo.

DOGGO. TO LIE DOGGO. Tratar de pasar desapercibido.

DOGS. BARKING DOGS SELDOM BITE. Perro ladrador poco mordedor.

DOGS BEGIN IN JEST AND END IN EARNEST. Las cañas se vuelven lanzas. Las burlas más chanceras a lo mejor se vuelven veras.

DOG'S BREATH, A. s. Un tipo despreciable, un cerdo, un gusarrapo.

DOGS. DEAD DOGS BITE NOT. Perro muerto, ni muerde ni ladra. Muerto el perro, se acabó la rabia.

DOG'S HONOUR. Juramento falso.

DOG'S LIFE. TO LEAD A DOG'S LIFE. Llevar una vida de perros.

DOGS ARE BARKING IT IN THE STREETS. Un secreto a voces.

DOGS. TO CALL THE DOGS OFF. Abandonar una investigación, cuando las líneas que se siguen no llevan a ninguna parte. Police called off their dogs when they followed a wrong track of inquiry. La policía abandonó la investigación al seguir una pista falsa.

DOGS. DEAD DOGS BITE NOT. Perro muerto, ni muerde ni ladra.

DOGS. IF YOU LIE DOWN WITH DOGS, YOU WILL GET UP WITH FLEAS. Quien con perros se acuesta, con pulgas se levanta.

DOGS. LET SLEEPING DOGS LIE. Mod. Peor es meneallo. Peor es hurgallo. Mejor es no menearlo.

DOGS OF WAR. Mercenarios.

DOGS OF WAR. TO CRY HAVOC AND LET THE DOGS OF WAR SLIP. Darse al pillaje.

DOGS. TO GO TO THE DOGS. Irse al garete, ir a la ruina. Arruinarse la vida con el vicio.

DOG´S TAIL. CUT OFF A DOG´S TAIL AND HE WILL BE A DOG STILL. El pelo muda la raposa, pero el natural no despoja.

DOGS. TO CALL OFF THE DOGS. Abandonar una investigación, cuando las líneas que se siguen no llevan a ninguna parte. Police called off their dogs when they followed a wrong track of inquiry. La policía abandonó la investigación al seguir una pista falsa.

DOG. TO THROW TO THE DOGS. Tirar a la basura.

DO - GOODING. Hacer el bien.

DOLEFUL DAY, A. Un día aciago.

DOLE OUT AN INSULT, TO. Insultar.

DOLLY BOY, A. s. Puto. Joven que se prostituye.

DOLLY SHOP, A. s. Casa de empeños ilegal, donde se suele recibir artículos robados.

DOMESTIC, A. Trifulca doméstica.

DOMESTIC ABUSE. Abuso familiar. Victim of domestic abuse. Víctima de abuso familiar.

DOMESTIC BURGLARY. Allanamiento de moradas.

DOMESTIC DISPUTE. Disputa familiar.

DOMESTIC SERVITUDE. s. Servidumbre doméstica.

DOMESTIC VIOLENCE. Violencia doméstica.

DOMINATRIX, A. s. Dómina. Prostituta que desempeña el papel dominante en una relación sadomasoquista. To be spanked by a dominatrix. Ser azotado por una dómina.

DONE TO A T. Cocido como un mirlo. Borracho perdido.

DONE OVER. Recibir una somanta de palos.

DONE. TO BE DONE. Ser timado, ser estafado.

DONE. TO BE DONE FOR. Estar metido en un buen lío.

DOOLALLY. Loco de atar.

DOOMED. TO BE DOOMED TO DIE. Estar predestinado a morir.

DOORSTEP, TO. Merodear fuera de una casa en espera de una historia. Es lo que hace un periodista.

DOOR. TO COME THROUGH THE BACK DOOR. Hacer algo ilícito.

DOOR. THE KNOCKING AT THE DOOR COMES AFTER MIDNIGHT. La visita de la policía de madrugada. Early morning knock on the door. La visita de madrugada de la policía.

DOOR. TO FORCE OPEN A DOOR. Forzar una puerta.

DOORMAN. s. Portero de un edificio.

DO OVER A HOUSE, TO. Saquear una casa, robar una casa.

DOPE, A. Tonto, lelo.

DOPE DEALER, A. s. Trapichero. Persona que vende droga en pequeñas cantidades.

DOPE HABIT. THE KILLER HAD A DOPE HABIT. El asesino consumía droga.

DOPEHEAD, A. s. Drogadicto.

DOPE ONESELF, TO. Drogarse uno.

DOPE - SMOKING BUM, A. s. Marihuano.

DOPE SMOKER. s. Drogadicto.

DOPING OFFENCE, A. s. Delito de dopaje. To charge someone with doping offences. Acusar de delitos de dopaje. The fight against doping. Luchar contra el dopaje.

DOPEY GIT. Persona a quien le falta un hervor, faltarle una chispita, no tener muchas luces.

DORMANT. Adj. En estado latente.

DOSE, A. s. Una sentencia de cuatro meses.

DOSH. s. Dinero, pasta, guita, parné, manteca. Ill - gotten dosh. Dinero de dudosa procedencia, dinero mal adquirido.

DOSH, TO. Pagar, soltar la pasta, apoquinar, aflojar la mosca.

DOSS HOUSE. s. Chupano. Albergue para indigentes.

DOT SOMEONE, TO. Sacudirle una guantada a alguien.

DOUBLE AGENT. s. Agente doble.

DOUBLE CARPET, A. s. Una sentencia de seis meses.

DOUBLECROSS. s. Anfetaminas.

DOUBLE - CROSS, TO. Traicionar.

DOUBLE DEALING. Engañar. Traicionar.

DOUGHNUT. s. Lelo.

DOUSE A BODY IN PETROL AND SET IT ALIGHT, TO. Rociar un cadáver con gasolina y prenderle fuego. A petrol can was found at the scene. Había una lata de gasolina en el lugar de los hechos.

DOUSE IN THE CHOPS, A. Un tremendo tortazo.

DOWN - AND - OUT, A. s. Indigente. Perdedor. Derrotado por la vida. Nowadays, modern cities are full of down and outs. En la actualidad, las ciudades modernas están plagadas de indigentes.

DOWN AT HEEL. Dícese de una persona harapienta, empobrecida. Jim had had a run of bad luck and was now down at heel. Jim había tenido una racha de mala suerte y ahora se encontraba destituido. Down - at - heel bohemians make films for the working classes. Los bohemios pobres hacen películas que tienen como protagonistas a las clases trabajadoras.

DOXY. s. 1. Prostituta. 2. Amante.

DRACONIAN PUNISHMENT. Sentencia draconiana.

DRÁCULA. TO GIVE DRÁCULA CONTROL OF THE BLOOD BANK. Poner a Drácula al cargo del banco de sangre. Poner al zorro al cargo del gallinero. Dejar al lobo custodio del ganado.

DRAG. TO DRAG SOMEONE INTO SOMETHING. Meter a alguien en un fregado, involucrar a alguien en algo.

DRAGON'S TEETH. TO SOW DRAGON'S TEETH. Meter cizaña, revolver el cotarro.

DRAW, TO. v. Fumar droga.

DRAW A BEAD ON, TO. Encañonar con un arma.

DRECK, A. s. Un tipo despreciable.

DREG, A. s. Un indeseable. Una mala persona.

DRESS DOWN. TO GIVE SOMEONE A DRESS DOWN. Echarle a alguien un rapapolvo.

DRESS HOT, TO. 1. Vestir ropa sugerente. 2. Vestir bien.

DRIFTER, A. s. 1. Vagabundo, andarín, errabundo, ave de paso 2. Un culo de mal asiento, persona que no para mucho tiempo en un lugar. A drifter was jailed for 30 years after being found guilty of murdering a student last month. El mes pasado, un vagabundo fue condenado a 30 años, tras ser declarado culpable del asesinato de un estudiante.

DRINK - DRIVING. s. Conducir bebido, conducir bajo los efectos del alcohol. To be nicked for drink - driving. Ser arrestado por conducir bebido. To be fined for drink - driving. Ser sancionado por conducir ebrio. To be convicted of drink - driving. Condenar a alguien por conducir bebido. To serve an eight - month sentence for drink - driving. Cumplir una sentencia de ocho meses por conducir bebido. To be banned for drink - driving. Tener prohibido conducir por beber. A drink drive crash. Accidente causado por un conductor embriagado. Zero tolerance drink drive limit. Tolerancia cero para beber y conducir. To serve time for drink - driving. Cumplir sentencia por conducir embriagado. A drink - driving charge hanging over someone. Acusación que se cierne sobre alguien por conducir en estado de embriaguez. To encourage drink driving. Animar a conducir borracho.

DRINK AND DRUG WORLD. TO GET INTO THE DRINK AND DRUG WORLD. Meterse en el mundo de la bebida y la droga.

DRINKER. HEAVY DRINKER s. Persona que bebe

mucho, persona a quien le gusta empinar el codo. Responsible drinker. Bebedor responsable.

DRINKERS ARE CLOGGING UP THE N H S. Los borrachines colapsan la Seguridad Social.

DRINKING AND ALCOHOL RELATED VIOLENCE. Violencia relacionada con la bebida y el alcohol.

DRIVE - BY SHOOTING. Disparar desde un vehículo que pasa por algún lugar. A man was shot in the neck in a drive - by shooting. Un hombre recibió un disparo en el cuello desde un vehículo que pasaba por allí. A man was killed, and his son critically injured in a drive - by shooting. Two men on a motorbike pulled up outside a shop in Kilburn, North London, and shot the two victims before riding off. Un hombre murió, y su hijo resultó gravemente herido, cuando dos hombres en una moto pararon fuera de un comercio, en Kilburn, en el norte de Londres, y les dispararon a las víctimas, y a continuación darse a la fuga.

DRIVE ERRATICALLY, TO. Conducir de forma errática.

DRIVE INTO A TREE, TO. Estrellarse contra un árbol. He had spent the night on the town, then driven into a tree in a drunken stupor. Había pasado la noche en la ciudad, de juerga, después, borracho perdido se estrelló contra un árbol.

DRIVE. TO DRIVE LIKE A MANIAC. Conducir como un loco.

DRIVE OFF. HE HAD DRUNK EIGHT PINTS AND A FEW WHISKIES AND DRIVEN OFF DOWN THE WRONG SIDE OF THE ROAD. Había bebido 8 jarras de cerveza, unos cuantos güisques, y conducido por el lado contrario de la carretera.

DRIVE. TO DRIVE SOMEONE OVER DELIBERATELY. Atropellar a alguien intencionadamente.

DRIVE. TO DRIVE UNDER THE INFLUENCE OF. Conducir intoxicado. To be arrested for driving under the influence. Ser detenido por conducir bajo los efectos de sustancias tóxicas.

DRIVING BAN, A. s. Prohibición de conducir. The driver escaped a driving ban despite clocking up 12 points on his licence. El conductor se salvó de la retirada del permiso de conducción, a pesar de faltarle 12 puntos en el permiso de conducción.

DRIVING. CARELESS DRIVING. s. Conducción imprudente.

DRIVING. DANGEROUS DRIVING. Conducción peligrosa. To be arrested on suspicion of dangerous driving. Ser detenido bajo sospecha de conducción temeraria.

DRIVING LICENCE. s. Permiso de conducir. To get points on your driving licence for speeding. Perder puntos del carné de conducir por exceso de velocidad. En el Reino Unido se ponen puntos en el permiso de conducir.

DRIVING OFFENCE, A. s. Infracción de tráfico.

DRIVING. RECKLES DRIVING. Coducción temeraria. To face trial for reckless driving. Someterse a juicio por conducción temeraria. To cause death by dangerous driving. Matar a alguien por conducción peligrosa. The man pleaded guilty to dangerous driving and driving with excess cocaine in the blood. Declararse culpable de conducir peligrosamente y conducir con exceso de cocaína en la sangre. To cause serious injuries by dangerous driving. Causar heridas graves por conducción temeraria.

DRIVING SEAT. TO BE IN THE DRIVING SEAT. Ser el que parte el bacalao, ser el que manda, ser el que da las órdenes, ser el que controla, ser el que tiene la sartén por el mango.

DRIVING WHILE DISQUALIFIED. Conducir cuando estás inhabilitado para ello.

DROP THE HAMMER, TO. Pegarle un tiro a alguien.

DROP THE HOOK ON, TO. Detener a alguien.

DROP SOMEONE DOWN, TO. Tumbar a alguien de un guantazo

DROP SOMEONE IN, TO. Meter a alguien en un lío. Meter a alguien en un fregado.

DROP, TO. v. Pasar dinero falso. Trabajar el percal.

DROPPER, A. s. Persona que pone en circulación dinero falso.

DROWN SOMEONE, TO. Ahogar a alguien.

DRUBBING. TO GIVE SOMEONE A DRUBBING. Calentarle a alguien las costillas. Darle a alguien una somanta de palos.

DRUG. s. Droga. All drugs are lethal. Todas la drogas son letales.

DRUG - ABUSE. Abuso de drogas. Years of drug abuse, of heroin and cocaine, had already drained the resistance out of his body. Años de abuso de drogas, de heroína y cocaína, ya habían agotado la resistencia de su organismo.

DRUG - ADDIT, A. s. Drogodependiente, drogadicto.

DRUG ADDITTION. Drogadicción, adición a la droga.

DRUG - ADDLED BRAIN, A. s. Drogadicto. Atontado por las drogas, aturdido por las drogas.

DRUG CLAN. s. Clan dedicado al tráfico de drogas. The talk was of a shoot - out as the drugs clans fought their turf wars. Se hablaba de un tiroteo entre clanes dedicados al tráfico de drogas que se peleaban para controlar sus zonas de influencia.

DRUG CONTROL. Control de la droga.

DRUG DEALER, A. s. Traficante de drogas. Black market heroin becomes poisonous and dangerous because unscrupulous dealers cut it with all kinds of pollutants to increase their profits. La heroína, en el mercado negro, se convierte en nociva y peligrosa, al añadirle los traficantes sin escrúpulos, toda clase de contaminantes, para obtener más beneficios.

DRUG DEPENDANT, A. s. Drogodependiente.

DRUG - DEPENDENT SOCIETY, A. Sociedad drogodependiente.

DRUG DEPENDENCY. s. Drogodependencia. To tackle drug and alcohol dependency. Combatir la dependencia del alcohol y las drogas.

DRUG AND DRINKING PROBLEMS. Problemas de drogas y bebida.

DRUG DRIVING. Conducir bajo los efectos de la droga.

DRUG FREE - CITY, A. Ciudad sin drogas. To live drug - free lives. Una vida sin drogas.

DRUG GANG. s. Banda de traficantes de drogas. The might of the drug gangs. El poderío de las bandas de traficantes de drogas. The man shot dead near the tube was a drug gang chief. El hombre asesinado a tiros cerca del Metro era el jefe de una banda de traficantes de drogas. A murderous drug gang. Una banda de traficantes de drogas asesina.

DRUG - GROWING COUNTRIES. s. Países de cultivo de materia prima para drogas.

DRUG HABIT. s. Adicción a las drogas. To acquire the drug habit. Coger el vicio de la droga. To have the habit. Consumir drogas. Aficionarse a las drogas. To get off the habit. Dejar el vicio de las drogas. Descolgarse de las drogas.

DRUG MULE, A. s. En la jerga del mundo de la droga, correo, mula. Persona que acarrea droga de un país a otro.

DRUG OFFENCES AND DRUG RELATED CRIMINALITY. Delitos contra la salud pública, y delincuencia relacionada con las drogas.

DRUG OFFENDER. Traficante de drogas.

DRUG RACKET. TO RUN A DRUG RACKET. Dirigir una red de contrabando de drogas.

DRUG - RELATED CRIME. Delitos relacionados con las drogas.

DRUG RUNNING. Contrabando de drogas.

DRUG SEIZURE, A. s. Captura de un alijo de droga.

DRUG SMUGGLER. s. Narcotraficante. A drug smuggler was gunned down with his wife in their house. Un narcotraficante y su mujer fueron abatidos a tiros en su casa.

DRUG - SMUGGLING RING, A. Red de traficantes de droga.

DRUG - TAKING. Consumo de droga.

DRUG. TRANSACTIONS LINKED TO DRUG PROFITS. Transacciones relacionadas con los beneficios de la droga.

DRUG TRAFFICKING. Narcotráfico. To plead guilty to drug trafficking. Declararse culpable de narcotráfico.

DRUG USE. Cosumo de droga.

DRUG USER, A. s. Toxicómano.

DRUG. THE WAR AGAINST DRUG TRAFFICKERS. La guerra contra los traficantes de drogas.

DRUGGED. TO BE DRUGGED TO THE EYEBALLS. Ir de droga hasta el culo.

DRUGGY, A. s. Drogadicto.

DRUGS. A CACHE OF DRUGS. s. Un alijo de drogas.

DRUGS. TO BECOME HOOKED ON DRUGS. Engancharse a las drogas. To be hooked on drugs. Estar enganchado a las drogas.

DRUGS. DEPENDENCE AND NEED FOR DRUGS. La dependencia y necesidad de drogas.

DRUGS. TO DO DRUGS. Consumir droga.

DRUGS. I DON'T DO DRUGS. No consumo drogas.

DRUGS. TO BE HIGH ON DRUGS. Estar colgado, ir de drogas hasta el culo, estar de droga hasta arriba, estar bajo los efectos de la droga.

DRUGS. TO BE INTO DRUGS. Pegarles a las drogas.

DRUGS. To have one´s life blighted with drugs. Arruinarse la vida con las drogas.

DRUGS. TO BE OFF ONE´S FACE WITH DRUGS. Ir de drogas hasta el culo.

DRUGS. TO DECRIMINALIZE DRUGS. Descriminalizar el consumo de drogas.

DRUGS. TO GET OFF DRUGS. Dejar las drogas. Desengancharse de las drogas.

DRUGS. THE ILLICIT MANUFACTURE OF NARCOTIC AND SYNTHETIC DRUGS. La elaboración ilegal de estupefacientes y drogas sintéticas.

DRUGS MARKETS, THE. Los mercados de la droga.

DRUGS POLICY. s. La política en materia de drogas.

DRUGS PREVENTION POLICY. Política de prevención contra las drogas.

DRUGS. PRISONS ARE AWASHED WITH DRUGS. Las cárceles están llenas de droga.

DRUGS. PSYCHOTROPIC DRUGS. s. Sustancias psicotrópicas.

DRUGS. RECREATONAL DRUGS. Drogas recreativas.

DRUGS STASH, A. s. Alijo de drogas. Police has seized the biggest drugs stash ever uncovered. La policía se incautó del mayor alijo de drogas jamás descubierto.

DRUGS. THE PROBLEM OF DRUGS CONTINUES TO BESET OUR SOCIETY. El problema de la droga sigue acosando a nuestra sociedad.

DRUGS. TO KILL OFF THE DRUGS TRADE. Acabar con el tráfico de drogas.

DRUGS. TO LAUNCH A VICIOUS WAR ON DRUGS. Declarar guerra sin cuartel a las drogas.

DRUGS. TO TACKLE THE SCOURGE OF DRUGS. Combatir la plaga de las drogas. The scourge of drugs. El flagelo de la droga.

DRUGS TRAFFICKERS. s. Traficantes de drogas.

DRUGS. THE WAR ON DRUGS. s. La lucha contra la droga.

DRUM. TO ROLL A DRUM. En la jerga policial, poner un lugar patas arriba buscando algo.

DRUMMER, A. s. Dícese del ladrón especializado en robar en casas cuando los dueños han salido por poco tiempo.

DRUNK. s. Borrachín. An antisocial and violent drunk. Borrachín antisocial y violento. A waggering drunk. Borrachín bravucón. A re - offending drunk. Borrachín reincidente. An unhappy drunk. Borracho pendenciero. Borrachín agresivo.

DRUNK AND DISORDERLY. TO BE ARRESTED FOR BEING DRUNK AND DISORDERLY. Ser detenido por embriaguez y escándalo público.

DRUNK AS A SKUNK. Estar más cocido que un mirlo. When I was on holiday, I used to get drunk as a skunk every day. Cuando estaba de vacaciones me ponía cocido como un mirlo todos los días.

DRUNK DRIVER, A. s. Conductor borracho.

DRUNK DRIVING. TO SERVE A PRISON SENTENCE FOR BEING DRUNK AND DRIVING. Cumplir sentencia por conducir embriagado.

DRUNK OUT OF ONE´S MIND. Borracho perdido.

DRUNK. ROARING DRUNK. Estar pedo.

DRUNKARD. s. Borracho. Street drunkards. Borrachines callejeros.

DRUNKARD. Borrachín. The drunkard was breaking the furniture and smashing the mirrors. El borrachín estaba destrozando los muebles y rompiendo los espejos.

DRUNKEN BEHAVIOUR. Comportamiento inducido por la embriaguez. Comportamiento de borrachos. Cosas de borrachos.

DRUNKEN DEBAUCHERY. Libertinaje inducido por la bebida.

DRUNKEN INTOXICATION. Embriaguez y escándalo público.

DRUNKEN LOUTISH BEHAVIOUR. Hacer gamberradas inducidas por la bebida.

DRUNKEN PUNCH UP, A. Una pelea de borrachines.

DRUNKEN. TO SPEND ONE'S TIME ROLLING AROUND IN A DRUNKEN STUPOR. Pasar la vida de borrachera en borrachera.

DRUNKENNESS. s. Embriaguez, borrachera. Regulations against public drunkenness. Normas contra la embriaguez en público. A horny drunkenness. Una borrachera cachonda.

DRY DUTCH COURAGE. s. Narcóticos.

DUBBER, A. s. Ladrón especialista en descerrajar puertas, para entrar a robar.

DUBIOUS CHARACTER, A. s. Un tipo sospechoso.

DUCK. A SITTING DUCK. s. Un blanco fácil. A pichón parado. Presa fácil.

DUCK OUT, TO. Escabullirse, esfumarse.

DUCHESS OF DEATH, THE. s. Agatha Christie. La gran dama del crimen.

DUD BANK NOTE, A. s. Billete falso.

DUFF SOMEONE UP, TO. Sacudirle a alguien una somanta de palos.

DUFFED IN. Haber recibido una paliza.

DUFFER, A. s. Mujer que se acuesta con alguien a cuenta de drogas.

DUMB. TO STRIKE DUMB. Dejar a alguien mudo con una sorpresa.

DUMMY UP, TO. No decir nada durante un interrogatorio policial.

DUMP, A. s. Lugar desagradable, lugar de mala nota, lugar de mala muerte, tugurio, chamizo, cuchitril, antro.

DUNGEON, A. s. Mazmorra.

DUNNIGAN WORKER, A. s. Dícese del ladrón que merodea los aseos públicos para robar las pertenencias de aquellos que van a usarlos.

DUPE SOMEONE, TO. Engañar a alguien.

DUPLICITY. s. Duplicidad.

DUST, TO. v. 1. Sacudirle el polvo a alguien, zurrar. 2. Matar.

DUST. TO BITE THE DUST. 1. Morder el polvo. 2. Morir, espicharla, palmarla, entregarla. We made four of the gang bite the dust, and the others ran away. Hicimos morder el polvo a cuatro de la banda, y los otros echaron a correr.

DUST. TO LICK THE DUST. 1. Morder el polvo. 2. Espicharla, morir.

DUST. TO THROW DUST IN SOMEONE'S EYES. Tratar de engañar a alguien.

DUST - UP, A. s. Pelea, riña.

DUTCH ACT. TO DO A DUTCH ACT. Fugarse, escaparse.

DUTCH COURAGE. Valor infundido por la bebida. Envalentonarse con la bebida. Persona que necesita beber para demostrar su valentía. Beber para armarse de valor. I went into the pub and ordered a Bloody Mary, just for a bit of Dutch courage. Entré en el bar, y pedí un Bloody Mary, para envalentonarme un poco.

'Would you like a brandy? Said Jean, making a last effort.' 'I know it's only Dutch courage, but sometimes works wonders.' '¿Quieres un brandy?' dijo Jean, haciendo un último esfuerzo.' 'Ya sé que sólo es para ponerte a tono, pero algunas veces hace milagros.

DUTCH. TO BE IN DUTCH. En el mundo de la delincuencia, tener problemas.

DUTY JUDGE. s. Juez de guardia.

DUTY. THE POLICEMAN WAS ON DUTY. El policía estaba de servicio. The policemen was off duty. El policía no estaba de servicio. To murder a policeman in the line of duty. Asesinar a un policía estando de servicio. The policeman was shot dead in the line of duty. Mataron al policía a tiros estando de servicio.

DYING. ASSISTED DYING. La muerte asistida.

E

EAGLES DO NOT BREED DOVES. De tal palo tal astilla.

EAR. TO GIVE SOMEONE A THICK EAR. Darle a alguien un cachete.

EAR. TO PLAY IT BY EAR. Improvisar.

EARFUL. TO GET AN EARFUL. Llevarse una buena bronca.

EARLY BATH. TO TAKE AN EARLY BATH. Desaparecer, escabullir el bulto.

EARLY RISER, A. s. Dícese del preso que le han concedido libertad vigilada.

EARNER. s. En la jerga del hampa, dícese de los beneficios que se obtienen ilícitamente.

EARS. HE'S GOT NOTHING BETWEEN HE'S EARS. Ser un tarugo, zoquete.

EARS. TO BE ABOUT ONE'S EARS. 1. Lloverle a alguien golpes por todas partes. 2. Caerle a uno una buena.

EARS. TO FALL BY THE EARS. Pelearse.

EARS. TO SET SOMEONE BY THE EARS. Meter cizaña.

EARTHLY RESTITUTION. Saldar cuentas en el planeta Tierra.

EARWIG, TO. v. Estar con la antena puesta, escuchar las conversaciones de otros sin que se den cuenta.

EAST NOR WEST. BUT THERE IS NEITHER EAST NOR WEST WHEN TWO STRONG MEN STAND FACE TO FACE. No hay Oriente ni Occidente cuando dos hombres fuertes se enfrentan. R. Kipling.

EASY COME, EASY GONE. Los dineros del sacristán, cantando vienen, cantando se van. Lo que viene fácil, fácil se va.

EASY KILL, AN. s. Una presa fácil.

EASY MEAT. TO BE EASY MEAT. Ser una víctima fácil, ser fácil de engañar. Dícese de la persona que es fácil de aprovecharse de ella. Ser un pringado. The pickpocket thought that the old lady was going to be easy meat. El carterista pensó que la vieja iba a ser una presa fácil.

EASY RIDER. s. Cachazas.

EASY TOUCH, AN. Ser un pringao, presa fácil, persona a quien se engaña fácilmente.

EAT HUMBLE PIE, TO. Humillarse, tragarse uno el orgullo.

EAT SHIT, TO. Humillarse uno, rebajarse uno.

EAVESDROP, TO. Estar con la antena puesta. Escuchar las conversaciones de otros sin que se den cuenta.

EAVESDROPPERS NEVER HEAR ANY GOOD OF THEMSELVES. El que escucha su mal oye. Escucha el agujero; oirás de tu mal y del ajeno.

EAVESDROPPING MACHINE. Dron.

ECONOMIC HARDSHIP. s. Penuria económica.

ECONOMY. THE BLACK ECONOMY. La economía irregular, la economía sumergida.

ECONOMY. THE CASH IN HAND ECONOMY. La economía sumergida, la economía paralela.

ECONOMY. THE HIDDEN ECONOMY. La economía oculta.

EDGE. TO BE ON EDGE. Estar con los nervios de punta. Estar ansioso.

EDGE. TO DRIVE SOMEONE OVER THE EDGE. Llevar a alguien al borde de la desesperación.

EDGE. TO LIVE ON THE EDGE. Vivir al límite.

EEL. AS SLIPPERY AS AN EEL. Difícil de atrapar. Más escurridizo que una anguila.

EERIE HOUSE, AN. Una casa misteriosa. Una casa que da repelús.

EGG. A BAD EGG. Bribón, granuja.

EGG. TO EGG SOMEONE ON. Azuzar. Animar, incitar, instar, apremiar. As soon as they hit the street, they squared up to each other again. A crowd gathered around them egging them on. Tan pronto como salieron a la calle se enfrentaron otra vez. Una multitud los rodeó y los incitaban.

ELECTRONIC BRACELET. s. Pulseras y tobilleras electrónicas.

ELECTRONIC TRACKING TAGS. s. Pulseras de seguimiento. Dispositivo telemático. Pulseras y tobilleras electrónicas. Pulseras de localización. Dispositivo telemático. Brazalete. Pulsera telemática. To be electronically tagged. Llevar pulseras de control telemático. Control telemático a distancia

ELEVEN - FIFTY, AN. s. Antecedentes penales de un preso.

ELOPE WITH SOMEONE´S WIFE, TO. Fugarse con la mujer de alguien.

E - MAIL. BULLYING E - MAIL. Correo electrónico amenazador.

E- MAIL. A DISGUSTING E- MAIL. Un correo asqueroso.

E - MAIL MONITORING. Seguimiento del correo electrónico.

E - MAIL. SEXIST EMAILS. Correos electrónicos machistas.

E - MAIL. TO SNOOP ON E - MAILS. Espiar los correos electrónicos.

EMBEZZLE, TO. v. Desfalcar.

EMBEZZLEMENT, A. s. Desfalco. Alleged embezzlement. Supuesto desfalco.

END. s. Astilla. Parte de un botín que le corresponde a cada caco.

END IT ALL, TO. Suicidarse. To think about ending it all. Comtemplar el suicidio.

END. TO THROW SOMEONE IN AT THE DEEP END. Obligarle a alguien a hacer algo difícil sin ninguna ayuda. Dejar a alguien que se las componga como pueda.

END UP, TO. Acabar. He ended up doing eight years. Acabó cumpliendo ocho años de condena.

ENDANGER SOMEBODY´S LIIFE, TO. Poner la vida de alguien en peligro.

ENEMIES. ALWAYS FORGIVE YOUR ENEMIES; NOTHING ANNOYS THEM MUCH. Siempre perdona a tus enemigos, no hay nada más que los reviente. Oscar Wilde.

ENEMIES. FORGIVE YOUR ENEMIES, BUT NEVER FORGET THEIR NAMES. Perdona a tus enemigos, pero nunca te olvides de sus nombres. John. F. Kennedy.

ENEMIES. IF YOU HAVE NO ENEMIES, IT IS A SIGN FORTUNE HAS FORGOT YOU. No tienes enemigos, porque no vales un higo; procura valer más, y enemigos tendrás.

ENEMIES. MAY GOD DEFEND ME FROM MY FRIENDS; I CAN DEFEND MYSELF FROM MY ENEMIES. Que Dios me libre de mis amigos, que de mis enemigos me libro yo.

ENEMIES. SWORN ENEMIES. Enemigos jurados.

ENEMIES. TAKE HEED OF RECONCILED ENEMIES. Amigo reconciliado, enemigo doblado. Amigo reconciliado, chocolate recalentado. Amistad reconciliada, taza rota y mal pegada.

ENEMY. BETTER AN OPEN ENEMY THAN A FALSE FRIEND. Enemigo franco y honrado, más conviene que amigo solapado.

ENEMY. FOR A FLYING ENEMY MAKE A GOLDEN BRIDGE. Al enemigo, si huye, puente de plata. Cuando quiera ausentarse tu enemigo, quítale estorbos en su camino.

ENEMY. HOW GOES THE ENEMY? ¿Qué hora es?

ENEMY. MY ENEMY´S ENEMY IS MY FRIEND. El enemigo de mi enemigo es mi amigo.

ENEMY. NEVER TELL YOUR ENEMY THAT YOUR FOOT ACHES. Nunca a tu enemigo hagas de tu mal testigo.

ENEMY. NEVER INTERRUPT YOUR ENEMY WHEN HE IS MAKING A MISTAKE. Cuando tu enemigo se equivoque no lo distraigas. Napoleón.

ENEMY WITHIN, THE. Los traidores. El enemigo interior.

ENFORCER, AN. s. Sicario, asesino.

ENFORCER, THE. 1. La pipa, charrasca, cariñosa, pistola, chunga, cacharra, chini. 2. Mazo.

ENGLISH ARS. s. Sadomasoquismo. Azotar con una fusta.

ENGLISHMAN´S HOME IS HIS CASTLE, AN. Cada uno en su casa es rey. Cada uno en su casa al rey hace cabrón. De puertas para adentro, cada uno puede hacer lo que le plazca. Cada uno en su casa hace lo que le peta.

ENJOYING HER MAJESTY´S HOSPITALITY. Estar en la trena

ENTICE, TO. v. Instigar, incitar.

ENTRAILS. s. Entrañas, entretelas. The man was ripped open, and his entrails taken out. Abrieron al hombre en canal y le sacaron las entrañas.

ENTRAMP, TO. v. Incitar la policía a alguien para que conculque la ley y así detenerlo.

ENTRAPMENT. Trampa, emboscada.

ENVIRONMENT. A HOSTILE ENVIRONMENT. Un ambiente hostil.

ENVIRONMENT. A TENSE ENVIRONMENT. Ambiente tenso.

EPISODE. s. Caso, sumario, expediente.

EPSOM SALTS. s. Éxtasis.

EQUIPPED. To arrest someone on suspicion of going equipped to steal. Detener a alguien bajo sospecha de ir equipado para robar.

EQUALISE, TO. v. Matar.

EQUALISER, AN. s. Revolver, pistola, el defensor del pueblo.

EQUALITY BEFORE THE LAW. Igualdad ante la ley.

EQUITABLE REMEDIES. Soluciones de equidad.

EQUITY AND FAIRNESS. Equidad y justicia.

ERASE SOMEONE, TO. Liquidar a alguien. Borrar del mapa.

ERASER. s. Asesino.

ESCAPE. TO HAVE A LUCKY ESCAPE. Escapar por los pelos.

ESCAPE, TO. v. Escapar. He made no attempt to escape. No hizo ningún intento de escapar.

ESCAPEE. s. Fugitivo.

ESCAPEGOAT. s. Cabeza de turco, chivo expiatorio.

ESCAPOLOGIST. s. Escapista.

ESCORT. s. Señorita de compañía. Caballero de compañía.

ETERNITY BOX, AN. s. Ataúd.

EVEN HANDED. TO BE EVEN HANDED. Ser justo.

EVEN. TO GET EVEN. Vengarse de alguien. Desquitarse. ajustar cuentas. James punched me in the face and ran away, but I I will get even with him. James me dio un puñetazo en la cara y se echó a correr, pero ya me vengaré.

EVEN TEMPER. Buen carácter.

EVEN THE SCORE, TO. Vengarse de alguien.

EVENING STAR, THE. s. Prostituta.

EVENT. s. Un acontecimiento trágico.

EVENTS TOOK A DRAMATIC TURN. Los acontecimientos dieron un giro dramático.

EVERYONE IS HELD TO BE INNOCENT UNTIL HE IS PROVED GUILTY. Todos somos inocentes hasta que no se pruebe lo contrario.

EVICTION. UNLAWFUL EVICTION. Desahucio ilegal.

EVIDENCE. s. Pruebas. To be released due to a lack of evidence. Poner en libertad por falta de pruebas. To assess the evidence. Evaluar las pruebas. Blatant evidence. Pruebas claras.

EVIDENCE. CIRCUMSTANTIAL EVIDENCE. s. Pruebas indirectas.

EVIDENCE. COMPELLING EVIDENCE. Pruebas convincentes.

EVIDENCE. THE MAN WAS CONFRONTING EVIDENCE AGAINST HIM. El hombre se enfrentaba a pruebas contra él.

EVIDENCE. TO CONCOT EVIDENCE. Fabricar pruebas.

EVIDENCE. TO CONSIDER THE EVIDENCE. Considerar las pruebas.

EVIDENCE. CONTAMINATED EVIDENCE. Pruebas contaminadas.

EVIDENCE. TO COOK UP EVIDENCE. Falsificar las pruebas. Fabricar las pruebas.

EVIDENCE. DISTORTED EVIDENCE. Pruebas distorsionadas.

EVIDENCE. FABRICATION OF EVIDENCE. Fabricación de pruebas.

EVIDENCE. FINGERPRINT EVIDENCE. s. Pruebas dactilares.

EVIDENCE IN A MURDER INVESTIGATION. Pruebas de una investigación de asesinato.

EVIDENCE. TO FIX THE EVIDENCE. Falsificar las pruebas.

EVIDENCE FOR THE PROSECUTION. Pruebas de cargo.

EVIDENCE. TO GATHER EVIDENCE. Recabar pruebas.

EVIDENCE. TO GIVE EVIDENCE. Dar testimonio.

EVIDENCE. TO GIVE EVIDENCE ON SOMEONE´S BEHALF. Testimoniar a favor de alguien.

EVIDENCE. HARD EVIDENCE. s. Pruebas irrefutables.

EVIDENCE. TO HEAR THE EVIDENCE IN CAMARA. Celebrarse la vista a puerta cerrada.

EVIDENCE. TO INTERCEPT EVIDENCE. Pruebas que obtiene la policía mediante la intervención de teléfonos.

EVIDENCE. LACK OF EVIDENCE. Falta de pruebas.

EVIDENCE. PROSECUTION EVIDENCE. Prueba de cargo.

EVIDENCE. TO OBTAIN EVIDENCE BY TORTURE. Obtener pruebas mediante la tortura.

EVIDENCE. TO PLANT FALSE EVIDENCE. Comprometer con pruebas falsas

EVIDENCE. A VITAL PIECE OF EVIDENCE. s. Una prueba decisiva.

EVIL. s. Maldad. A lesser evil. Un mal menor. A necessary evil. Un mal necesario.

EVIL BE TO HIM WHO EVIL THINKS. Malhaya el que mal piensa.

EVIL BEHIND BARS. La maldad entre rejas.

EVIL BITCH, AN. s. Una mala pécora.

EVIL DAYS. TO FALL ON EVIL DAYS. Caer en la pobreza.

EVILDOER. s. Malhechor.

EVIL. TO BE EVIL. Ser un malvado. To be evil through - and through. Ser un malvado de tomo y lomo. Don´t be evil! ¡No seas malvado!

EVIL. TO CAST SOMEONE IN THE ROLE OF THE EVIL. Colgarle el marrón a alguien.

EVIL EYE. El mal de ojo. To give someone the evil eye. Echarle a alguien el mal de ojo.

EVIL KILLER, AN. Un malvado asesino.

EVIL. OF AN EVIL CROW, AN EVIL EGG. Cual el cuervo, tal su huevo.

EVIL PEOPLE. Malhechores, malvados.

EVIL. PURE EVIL. Pura maldad.

EVISCERATE, TO. v. Destripar.

EXAMPLE. THE JUDGE IS DETERMINED TO MAKE AN EXAMPLE OF HIM. El juez está empeñado de darle un castigo ejemplar.

EXCLUSION ORDER, AN. Orden de alejamiento. To break an exclusion order. Quebrantar una orden de alejamiento.

EX - CONVICT, AN. s. Exconvicto.

EXCUSE. HE WHO EXCUSES HIMSELF ACCUSES HIMSELF. Explicación no pedida, malicia argüye.

EXECUTION. s. Ejecución. A stay of execution. Suspensión de la ejecución de una condena. The barrister got a stay of execution 20 minutes before the client was due to be executed. El abogado logró la suspensión de la condena del reo, 20 minutos antes de que la ejecución se llevase a cabo.

EXECUTION. TARGETED EXECUTION. Atentado por sorpresa. Intento de asesinato de un político o persona importante por sorpresa.

EXECUTION DRUGS. s. Medicamentos utilizados para ejecutar a un reo. Por medio de una inyección.

EXECUTIONER, AN. s. Verdugo.

EXIT. TO MAKE A QUICK EXIT. Pirárselas, desaparecer.

EXONERATE PUBLICLY, TO. Exonerar públicamente.

EXTORTION. s. Extorsión. To pay extortion money. Pagar dinero de extorsión.

EXTORTION, TO. v. Extorsionar. To extortion money out of people. Extorsionar a la gente. To run an extortion ring. Encabezar una red de extorsión. An extortion gang. Una banda de extorsión.

EXTORTION PROBE. Investigación de una extorsión.

EXTORTION RACKET, AN. s. Un delito de extorsión organizado.

EXTRACURRICULAR ACTIVITIES. Relaciones extramatrimoniales.

EXTRADITE, TO. v. Extradir.

EXTRADITION. s. Extradición.

EXTRADITION HEARING. Vista sobre una extradición.

EXTRADITION WARRANT, AN. Solicitud de extradición.

EXTRAJUDICIAL KILLING. s. Ejecución extrajudicial.

EXTRAMARITAL HANKY PANKY. Relación extramatrimonial.

EXTRAMARITAL AFFAIR. s. Relación extramatrimonial.

EX - WIFE. TO CHARGE SOMEONE WITH THE MURDER OF HIS EX - WIFE. Inculpar a alguien con el asesinato de su exmujer.

EYE. A BLACK EYE. Un ojo morado, un ojo a la funerala, un ojo a la virulé. To give someone a black eye. Ponerle a uno un ojo a la virulé.

EYE. TO DO SOMEONE IN THE EYE. Estafar a alguien.

EYE. TO KEEP AN EYE ON. Vigilar, no perder de vista.

EYE. TO VIEW WITH A BEADY EYE. Mirar con lupa, escrutar.

EYEBALL. s. En la jerga policial, operación de vigilancia.

EYEBALL SOMEONE, TO. Mirar fijamente a alguien de manera amenazadora o provocadora. Acuchillar con los ojos. Acribillar con los ojos. He was eyeballing me, but a trickle of sweat rolled into one eye, and he could only eyeball me with one eye. Me miraba con aire amenazador, pero un hilillo de sudor le caía en un ojo, y sólo me podía mirar con el otro. We walked straight through the middle of them and they didn´t like it one bit, giving us the eyeball. Cruzamos por el medio de ellos y no les gustó una pizca, nos echaron una mirada amenazadora.

EYE FOR AN EYE, A TOOTH FOR A TOOTH, AN. Ojo por ojo, diente por diente.

EYE IN THE SKY. s. Helicóptero policial.

EYE. IN YOUR EYE! ¡Joróbate!

EYE. TO BE IN THE EYE OF THE STORM. Estar en el ojo del huracán.

EYE. TO CAST AN EYE OVER. Echar un vistzo.

EYE. TO KEEP A CLOSE EYE ON SOMEONE. Tener a alguien bien vigilado.

EYES AND EARS. TO BE THE EYES AND EARS OF THE POLICE. Ser el confidente de la policía.

EYES. A SHOT BETWEEN THE EYES. Un tiro entre ceja y ceja.

EYES. TO PULL THE WOOL OVER SOMEONE´S EYES. Engañar a alguien. He lied and pulled the wool over my eyes. Mintió Y me engañó.

EYES. TO HAVE ONE´S EYES ABOUT ONE. Estar ojo avizor, estar alerta, estar al loro.

EYES. TO KEEP ONE´S EYES PEELED. Estar ojo avizor.

EYES. TO KEEP ONE'S EYES SKINNED. Observar atentamente, estar ojo avizor, no perder de vista. Keep your eyes skinned for the man sitting at table 7, last time he was here he left the restaurant without paying the bill. No pierdas de vista al hombre que ocupa la mesa 7, la última vez que estuvo aquí se las piró sin pagar.

EYEWASH. s. Sandeces, gilipolleces.

EYEWATERING. MY ENERGY BILLS ARE EYEWATERING. Las facturas de la luz y el gas me dan pesadillas.

EYEWITNESS. s. Testigo. According to an eyewitness, it was the woman who assaulted the man. Según un testigo, fue la mujer quien agredió al hombre. Eyewitness report. Informe de los testigos. Eyewitness account. Versión del testigo.

EYEWITNESS TESTIMONY. s. Declaración de un testigo ocular.

F

FACE, A. s. Kie, baranda, masca, delincuente famoso, cabecilla de una banda.

FACE, TO. v. Encarar, desafiar, plantar cara.

FACE - ACHE, A. Malcarado.

FACEBOOK. BULLYING ON FACEBOOK. Acoso mediante el Facebook.

FACE. DON´T DARE SHOWING YOUR FACE HERE AGAIN! ¡No se te ocurra aparecer por aquí otra vez!

FACE FURNITURE. Gafas.

FACE. IN YOUR FACE! ¡Joróbate! ¡Toma, para que te enteres!

FACE. A FACE LIKE A BAGFUL OF SPANNERS. Cara de pocos amigos.

FACE. A FACE LIKE A BULLDOG CHEWING A BEE. Una cara que parece que le deben y no le pagan. Cara de pocos amigos.

FACE LIKE A FIDDLE, A. Tener cara de amargado. Cara de pocos amigos. Poner una cara como si le debieran y no le pagaran.

FACE THE FULL FORCE OF THE LAW, TO. Enfrentarse a todo el peso de la ley.

FACE THE MUSIC, TO. Pagar el pato, pagar los vidrios rotos.

FACE. TO FACE MURDER, RAPE AND THEFT CHARGES. Enfrentarse a cargos de asesinato, violo y robo.

FACE. TO CUT OFF ONE´S NOSE TO SPITE ONE´S FACE. Quien su nariz acorta su cara afea.

SACE TO FACE. Cara a cara.

FACE. TO HAVE ONE´S FACE BEATEN IN. Tener la cara partida a palos.

FACE. TO HAVE THE FACE. Tener la cara dura, tener la insolencia.

FACE. TO LAUGH ON THE OTHER SIDE OF ONE´S FACE. Llevarse un chasco.

FACE. TO LOSE FACE. Quedar mal.

FACE. TO SAVE FACE. Quedar bien.

FACE. TO SET ONE´S FACE AGAINST. Plantarle cara a alguien.

FACE. TO SMASH SOMEBODY´S FACE IN. Partirle a alguien la cara.

FACE SOMEONE DOWN, TO. Mirar con cara desafiante.

FACE. TO VANISH OFF THE FACE OF THE EARTH. Desaparecer de la faz de la tierra.

FACTORY, A. s. Comisaría de policía. Chupadero.

FADE. TO DO A FADE. Desaparecer, esfumarse, abrirse.

FAG – END ON A CONVERSATION, TO. Meterse en una conversación sin saber de qué va.

FAGIN, A. s. Persona que controla a una banda que roba para él. The villainous Fagin. El infame Fagin.

FAIR. BY FAIR MEANS OR FOUL. A las buenas o a las malas. To get everything one wants by fair means or foul. Conseguir lo que uno quiere, a las buenas o a las malas.

FAIR COMMENT. Comentario acertado.

FAIR FACE, FOUL HEART. La cara bonita y la intención maldita.

FAIR HAIR. THE VICTIM HAD FAIR HAIR. La víctima era rubia.

FAIR PLAY. TIT FOR TAT IS FAIR PLAY. Donde las dan, las toman.

FAIR TEST. Prueba fiable.

FAITH. TO ACT IN BAD FAITH. Actuar de mala fe.

FAKE CREDIT CARD, A. s. Una tarjeta de crédito falsa.

FAKE GOODS. Mercancías falsificadas.

FAKE GUY, A. s. Farsante, embaucador, impostor.

FAKE PASSPORT, A. s. Pasaporte falso.

FALCONER, A. s. Estafador que actúa pasándose por aristócrata.

FALL, A. s. En la jerga de la delincuencia, una detención.

FALL GUY, A. s. Cabeza de turco. En la jerga de la delincuencia, persona que otros señalan como responsable de un delito, bien que lo haya cometido o no.

FALL GUY. s. Chivo expiatorio, cabeza de turco.

FALL MONEY. s. En la jerga de la delincuencia, dinero que tiene ahorrado un delincuente para pagar a un abogado en caso de ser detenido.

FALL. RIDING FOR A FALL. Buscarse la ruina.

FALSE ALLEGATIONS. s. Alegaciones falsas.

FALSE KEY. s. Llave maestra. Clechi.

FALSE. TO PLAY SOMEONE FALSE. Engañar a alguien.

FALSE PRETENCES. s. Pretextos falsos.

FALSE STATEMENT, A. s. Mentira, bulo.

FALSEHOOD. s. Falsedad.

FAMILY. EVERY FAMILY HAS A SKELETON IN THE CUPBOARD. No hay casa donde no haya su calla, calla. En cada casa hay un cuadro variado. En cada casa cuecen habas, y en la nuestra a calderadas.

FAMILY FEUD. Disputa familiar.

FAMOUS. TO BE FAMOUS FOR BEING INFAMOUS. Ser famoso por ser infame.

FAN. s. Hincha de fútbol. The fans smashed the pub to pieces and battered a few people in there. Los hinchas desarmaron el bar y zurraron a unas cuantas personas. The fan was cuffed and thrown into the police van. Esposaron al hincha y le metieron en el furgón de policía.

FAN POT, A. s. Mentiroso.

FAN SOMEONE, TO. Cachear. Registrar a alguien para asegurarse de que no porta armas.

FAN. WHEN THE SHIT HITS THE FAN. Cuando la cosa se pone fea.

FANCY MAN, A. s. Amante de una mujer casada, por lo general, mayor que él.

FANCY PIECE, A. s. Querida, amante.

FANNING. Robar carteras y otros objetos de los bolsillos de los transeúntes.

FAR. TO GO TOO FAR. Propasarse.

FARE DODGER. Persona que viaja sin billete.

FARE EVASION. Viajar sin billete.

FARM. TO BUY THE FARM. Espicharla, diñarla, pasar a mejor vida.

FAST. s. Anisete, anfetamina.

FAST LANE. TO LIVE IN THE FAST LANE. Vivir a lo loco, vivir sin freno.

FAST ONE. TO PULL A FAST ONE ON SOMEBODY. Engañar a alguien, pegársela a alguien. Someone has tried to pull a fast one on me. Alguien ha tratado de pegármela. You won´t pull a fast one on Enoch, he is as sly as a fox. No se la pegarás a Enoch, es más astuto que un zorro.

FAT BAGS. s. En la jerga del mundo de la droga, cocaína derivada de crack.

FAT. TO LIVE OFF THE FAT OF THE LAND. Vivir como un obispo.

FAT PIG, A. s. Un tipo despreciable.

FAT SLAG, A. s. Una persona despreciable, una sabandija.

FATAL ATTACK. Agresión mortal. To carry out a fatal attack. Llevar a cabo una agresión mortal.

FATAL INJURIES. A MAN WAS SHOT IN HIS CAR AND SUSTAINED FATAL INJURIES. Un hombre fue tiroteado en su coche y sufrió heridas mortales.

FATE. TO LURE SOMEONE TO HIS FATE. Tenderle a alguien una trampa mortal.

FATE. TO TEMPT FATE. Tentar el destino.

FATE WORSE THAN DEATH, A. Una experiencia terrible.

FATHER. HE WHOSE FATHER IS JUDGE, GOES SAFE TO HIS TRIAL. El que tiene padre alcalde, seguro que va al juicio.

FATTY, A. s. Canoa, un cigarrillo de marihuana.

FAULT. WHO IS IN FAULT SUSPECTS EVERYBODY. El malo siempre piensa engaño.

FAULTY. THE FAULTY STANDS ON HIS GUARD.

Piensa el ladrón que todos de su condición. El malo siempre piensa ser engañado.

FAWN. TO FAWN UP TO SOMEONE. Adular, lisonjear.

FEAR FOR ONE´S LIFE, TO. Temer uno por su vida.

FEAR GIVES WINGS. El miedo es ave de mucho vuelo. Quien tiene miedo, corre ligero.

FEAR OF GOD. TO PUT THE FEAR OF GOD INTO SOMEONE. Meterle a alguien un miedo cerval. She called the police to put the fear of God in him, so he wouldn't misbehave again. Llamó a la policía para que le metiera un miedo cerval y así no se portaría mal otra vez.

FEAR. HE THAT FEAR OF YOU WILL HATE YOU ABSENT. Delante hago acato, y por detrás al rey mato.

FEAR. IN FEAR AND TREMBLING. Muerto de miedo.

FEAR. INSURMOUNTABLE FEAR. Miedo insuperable.

FEAR. IT WAS FEAR THAT FIRST PUT ON ARMS. Cargado de hierro, cagado de miedo.

FEAR. TO PEDDLE FEAR. Propagar el miedo.

FEATHER. TO SHOW THE WHITE FEATHER. Acobardarse, acoquinarse, rajarse, amilanarse.

FEATHERS. TO RUFFLE A PERSON´S FEATHERS. Enojar a alguien, cabrear a alguien.

FEATURE. s. Rasgo, característica. A common feature. Un rasgo común. Definig feature. Rasgo fundamental. Distinct features. Características propias.

FEED THE BEARS. Ganarse una multa de tráfico.

FEEL SOMEONE´S COLLAR, TO. En la jerga de la policía, detener a alguien.

FEELINGS ARE RUNNING HIGH. Los ánimos están caldeados, los ánimos están encendidos. The visitors were two down and feelings were running high. El equipo visitante perdía 2 - 0 y los ánimos estaban caldeados.

FEET. TO BE SIX FEET UNDER. A dos metros bajo tierra, tener dos cuartas de tierra encima.

FEET. SIX FEET OF EARTH MAKE ALL MEN EQUAL. A dos metros bajo tierra todos somos iguales.

FEET. TO GET COLD FEET. Tener miedo, echarse para atrás, rajarse, achantarse, acoquinarse.

FEISTY. TO GET FEISTY. Ponerse valiente.

FELL OFF THE BACK OF A LORRY. Robado.

FELLOW. s. Hombre, tío, fulano. An obnoxious fellow. Un tipo detestable.

FELON. s. Criminal.

FELONY. s. Crimen.

FEMALE GENITAL MUTILATION. Ablación sexual. Mutilación genital femenina.

FEMINICIDE. s. Feminicidio.

FENCE, A. s. Perista, jalador, poleo, rosero. Persona que compra y vende objetos robados. If it was very late, we would park up the van for the night and drive the stolen goods to our fence first thing in the morning. En caso de que fuera muy tarde, solíamos aparcar el furgón toda la noche, y lo primero que hacíamos por la mañana era llevar el botín al perista. The criminal´s fence is also arrested for handling stolen goods. Al perista de los delincuentes también se le detiene por tratar con objetos robados. To fence stolen goods. Tratar con objetos robados.

FENCE, A. s. Valla. To sue a neighbour over a fence. Demandar a un vecino por causa de una valla del jardín.

FEND FOR ONESELF, TO. Arreglárselas uno como pueda.

FEND OFF, TO. v. Defenderse.

FERAL YOUTH. s. Gamberros.

FERRETS. TO FIGHT LIKE FERRETS IN A SACK. Pelear como fieras.

FERRET OUT, TO. Encontrar a alguien tras buscarlo.

FETAL POSITION. THE MAN WAS BATTERED AND BLOODY, LIYING IN A FETAL POSITION BENEATH THE DINING ROOM TABLE. El hombre se encontraba golpeado y ensangrentado, tumbado en posición fetal bajo la mesa del comedor.

FETTERS. NO MAN LOVES HIS FETTERS, BE THEY MADE OF GOLD. Aunque la jaula sea de oro no deja de ser prisión.

FEUD, A. s. Disputa. A long - running feud. Una disputa que viene de largo.

FIB. s. Mentirilla. To tell fibs. Contar mentirillas.

FIDDLE. TO BE ON THE FIDDLE. Estafar, engañar, amañar.

FIEND. s. Demonio.

FIENDISH MAN, A. Un tío diabólico.

FIGHT, A. s. Pelea. To pick a fight. Buscar pelea. A fight broke out inside a restaurant and then spilled out in the car park. Comenzó una pelea en el restaurante y continuó en el aparcamiento. I am not the sort of person to pick fights for the sake of them, but if others want one, they can have it. No soy la clase de persona que busca pelear por pelear, pero si otros la quieren me van a encontrar. Are you looking for a fight? ¡No! Then shut up! ¿Andas buscando pelea? ¡No! ¡Entonces, cierra el pico! Three youths were going around the streets at night, you could tell that they were looking for trouble. Tres jóvenes merodeaban por las calles por la noche, se notaba que andaban buscando camorra. A fight broke out in the crowd. Comenzó una pelea multitudinaria.

FIGHT AGAINST DRUGS, THE. La lucha contra la droga.

FIGHT. A GOOD, CLEAN FIGHT. Pelea observando las normas.

FIGHT. A FIGHT BETWEEN NEIGHBOURS. Pelea entre vecinos.

FIGHT. TO BALK OF A FIGHT. Evitar una pelea.

FIGHT. TO BE ITCHING TO GET INTO A FIGHT. Andar buscando camorra, querer pelear.

FIGHT. TO SPOIL FOR A FIGHT. Pelearse con cualquiera por el menor pretexto. Andar buscando camorra.

FIGHT. TO FIGHT AT CLOSE QUARTERS. Luchar cuerpo a cuerpo.

FIGHT. TO LOOK FOR A FIGHT. Andar buscando camorra, querer pelea.

FIGHT. A STREET FIGHT. s. Pelea callejera. The small crowd of onlookers which always appeared out of nowhere whenever a street fight took place began to disperse. El grupo de curiosos, que siempre aparece como por arte de magia, cuandoquiera que tuviera lugar una pelea callejera, empezó a dispersarse. To get involved in a street fight. Meterse en una pelea callejera.

FIGHT FIRE WITH FIRE, TO. Defenderse uno utilizando los mismos métodos que su contrincante.

FIGHT LIKE KILKENNY CATS, TO. Defenderse como gato panza arriba.

FIGHT OFF, TO. Rechazar, repeler. The shopkeeper fought off two armed robbers. El comerciante repelió a dos ladrones armados.

FIGHT TO THE DEATH BETWEEN TWO GANGS, A. Una pelea a muerte entre dos bandas.

FIGHT TOOTH AND NAIL, TO. Luchar a brazo partido, luchar como gato panza arriba. I will fight tooth and nail until I get my house back. Lucharé a brazo partido para recuperar mi casa.

FIGHT. A TUMULT FIGHT. Riña tumultuaria.

FIGHTING COCKS. TO LIVE LIKE FIGHTING COCKS. Vivir como el perro y el gato.

FILCH, TO. v. Robar. To be caught filching from a supermarket. Ser pillado robando en un supermercado.

FILE, A. s. En la jerga de los delincuentes, carterista, bolsillero.

FILE, A. s. Expediente. To open a file. Abrir un expediente.

FILE, TO. v. Robar carteras.

FILE, TO. Presentar. To file criminal charges against someone. Presentar cargos delictivos contra alguien.

FILE. TO FILE AN APPEAL. Interponer un recurso de apelación.

FILE. TO FILE FOR DIVORCE. Presentar una demanda de divorcio.

FILICIDE. s. Filicidio. Asesinato de un hijo o hija.

FILL SOMEONE IN, TO. Darle a alguien una buena somanta de palos. Pegarle a alguien una paliza de película, pegarle a alguien una soberana paliza. Thomas threatened to fill me in if I spoke to the police. Thomas me amenazó con darme una somanta de palos si se lo contaba a la policía. The gang filled the drunkard in. La banda le pegó al borrachín una paliza de película.

FILM. A SLASHER FILM. s. Película de violencia.

FILTER, TO. v. En la jerga de la delincuencia, desertar.

FILTH, THE. s. La bofia.

FILTHY LOOKS. TO GIVE SOMEONE FILTHY LOOKS. Echarle a alguien una mirada mortífera.

FILTHY LUCRE. s. 1. Dinero de dudosa procedencia. 2. El vil metal. Always comes down to filthy lucre. Siempre es una cuestión del vil metal. En la actualidad dicho término se utiliza de forma jocosa.

FINAL CURTAIN, THE. La muerte.

FINANCIAL LAUNDERING OF THE PROCEEDS. Blanqueo financiero de beneficios.

FINANCIAL MISCONDUCT. Conducta financiera fraudolenta.

FINANCIER. A DISGRACED FINANCIER. Financiero deshonrado.

FIND THE LADY. s. Trile.

FIND, TO. v. En la jerga de la delincuencia, encontrarse uno algo antes de que lo pierda el amo.

FINDING. s. Hallazgo, conclusión.

FINDING´S IS KEEPING. Cosa hallada, no es hurtada.

FINE. s. Multa. A hefty fine for drunk and disorderly behaviour. Una tremenda multa por embriaguez y escándalo público. To give someone an on - the - spot fine. Multar a alguien en el acto.

FINE STUFF. s. Marihuana.

FINE WORDS DRESS ILL DEEDS. Quien te adula su bien y tu mal busca.

FINEST, THE. s. La policía. Lo mejor del país. Forma burlona de llamar a la policía.

FINGER, A. Delator.

FINGER, TO. v. Chotear, irse de la mui, fuscar, hacer el membrillo, delatar a alguien a la policía.

FINGER. TO GIVE SOMEONE THE MIDDLE FINGER. Hacerle a alguien un corte de mangas.

FINGER. ONE - FINGER SALUTE. Un corte de mangas.

FINGER - POINTING AND MUD - SLINGING. Señalar y calumniar.

FINGERPRINTS. s. Huellas dactilares. To take someone´s fingerprints. Tomarle a alguien las huellas dactilares. The fingerprints are all over the car. Las huellas dactilares están por todas las partes del coche. Fingerprints were found on the stock, barrel and trigger. Se encontraron huellas dactilares en la culata, cañón y el gatillo. To wipe the fingerprints. Limpiar las huellas dactilares.

FINGER SOMEONE, TO. Señalar, acusar. His main concern was over who was going to be fingered for leaking the document to the press. Su principal preocupación era, a quién se iba a señalar por filtrar el documento a la prensa.

FINGER. TO HAVE A FINGER IN EVERY PIE. Estar metido en todo, estar metido en todos los caldos. Estar en todas las salsas, como el perejil. He had fingers in more pies than he had fingers. Estaba metido en todos los caldos habidos y por haber.

FINGER. TO LAY /TO PUT A FINGER ON SOMEONE. Ponerle la mano encima a alguien, sentarle la mano a alguien, pegarle. I never put a finger on Alison. Nunca le he sentado la mano a Alison. If you lay a finger on Daisy, I will rip you head off. Si le pones la mano encima a Daisy, te arranco la cabeza.

FINGER. TO POINT THE FINGER AT. Señalar con el dedo. Everyone blamed me when she pointed his finger at me. En cuanto me señaló con el dedo, todo el mundo me culpó.

FINGER. TO POINT THE FINGER OF ACCUSATION. Señalar con el dedo. Acusar.

FINGER. TO PUT A FINGER ON SOMEONE. Sentarle la mano a alguien.

FINGER. TO TWIST SOMEONE AROUND ONE´S LITTLE FINGER. Manipular a alguien, tener a alguien dominado, hacer que alguien haga lo que uno quiera. Forgive me if I speak out of turn, James, but that young lady seems to have you twisted around her little finger. Discúlpame si me meto en lo que no me llaman, John, pero esa jovencita parece que te tenga dominado. Cher can twist Alec around her little finger and get whatever she wants. Cher, manipula a Alec, y saca lo que quiere de él.

FINGER. A TWO - FINGER SALUTE. Un corte de mangas. Motorists who drive more slowly to conserve fuel now face blaring horns and two - finger salutes. Los automovilistas que conducen más despacio para ahorrar gasolina, ahora, tienen que aguantar bocinazos y cortes de mangas.

FINGERED. TO BE LIGHT FINGERED. Tener las uñas largas. Un ratero.

FINGERS, A. s. 1. Carterista. 2. Policía.

FINGERS. TO BE CAUGHT WITH THE FINGERS IN THE TILL. Pillar con las manos en la masa.

FINGERS. TO BURN ONE´S FINGERS. Pillarse los dedos.

FINGERS. TO CROSS ONE´S FINGERS. Desear buena suerte, esperar que todo salga bien, que le acompañe la suerte a uno. Fingers crossed for the weather. Esperar que haga buen tiempo. To cross one´s fingers and hope for the best. Que le acompañe a uno la suerte, y esperar que todo salga bien.

FINGERS. TO HAVE ITCHING FINGERS. Tener muchas ganas de darle un guantazo a alguien. My fingers were itching to smack his gob. Tenía muchas ganas de darle un guantazo en la muy.

FINGERS. TO HAVE STICKY FINGERS. Ser un ratero.

FINGERS. TO PUT TWO FINGERS UP TO THE FORCES OF LAW AND ORDER. Hacerle un corte de mangas a la policía.

FINGERS. TO STICK TWO FINGERS UP TO SOCIETY. Hacerle un corte de mangas a la sociedad.

FINGERS. TO STICK TWO FINGERS UP AT SOMEONE. Hacerle un corte de mangas a alguien. To stick two fingers up to world opinion. Pasarse la opinión mundial por el forro. The Home Secretary is going to crack down on the irresponsible citizens who stick two fingers up at authority. El ministro de

interior va a tomar medidas drásticas contra aquellos ciudadanos, que les hacen un corte de mangas a la autoridad.

FINGERS. TWO FINGERS UP TO THE WORLD. Que os zurzan a todos. Un corte de mangas.

FINK, A. s. Un tipo de poco fiar.

FINISH SOMEONE OFF. TO. Matar a alguien.

FINISHING SCHOOL, A. s. Reformatorio.

FINNIP, A. s. Un billete de cinco libras.

FIRE. s. Fuego. To shout fire in a crowded theatre. Gritar fuego en un teatro abarrotado de espectadores.

FIREBUG, A. s. Incendiario.

FIRE, TO. v. Disparar. To fire gunshots into the air. Disparar al aire. To pepper with automatic fire. Ametrallar, acribillar a tiros. To spray with automatic fire. Ametrallar, acribillar.

FIRE. s. Fuego. To play with fire. Jugar con fuego.

FIRE. DEADLY FIRE. Fuego mortífero.

FIREARMS AND AMMUNITION. s. Armas de fuego y municiones. He was jailed for 9 years for possession of firearms and ammunition. Lo condenaron a una pena de 9 años por estar en posesión de armas de fuego y municiones.

FIREARMS CERTIFICATE. s. Permiso de armas. To apply for a firearm certificate. Solicitar un permiso de armas.

FIREARM OFFENCES. Delitos cometidos con armas de fuego. To be charged with firearms offences. Ser acusado de delitos cometidos con armas de fuego.

FIREARM POSSESSION. Tenencia de armas de fuego. Illegal firearm possession. Tenencia ilícita de armas de fuego.

FIREARM. TO ASSEMBLE A MAKESHIFT FIREARM. Montar un arma de fuego improvisada.

FIRE AND WATER. TO GO THROUGH FIRE AND WATER. Enfrentarse a toda clase de peligros.

FIRE. TO FIRE/SHOOT IN ANGER. Disparar en un momento de ira.

FIRED UP. 1. Muy enfadado, tener la sangre encendida. Dispuesto a pelearse. 2. Borracho perdido.

FIRM, A. s. En la jerga de la delincuencia, una banda de delincuentes.

FIRMING. En la jerga de la delincuencia, llevar al arroyo, paliza que le propina una banda de delincuentes a alguien.

FIRST BIRD. s. Julay, julipi, primario. Persona que va a la cárcel por primera vez.

FIRST BLOW IS HALF THE BATTLE, THE. Quien da primero, da dos veces.

FIRST - TIMER, A. s. En la jerga taleguera, persona que va a la cárcel por primera vez.

FISH, A. s. Barbalote, pringao. Persona que ha sido víctima de un robo o timo.

FISH, A. s. Fresco del día. En la jerga de las prisiones, dícese de la persona que acaba de ingresar en la cárcel.

FISH. A COLD FISH. Una persona más fría que un témpano de hielo.

FISH. A FISH DIES THROUGH ITS MOUTH. Por la boca muere el pez.

FISH. TH FISH ALWAYS STINKS FROM THE HEAD DOWNWARDS. Por la cabeza el pez a oliscar empieza. La corrupción empieza por arriba.

FISH. TO FISH IN TROUBLED WATERS. Pescar en río revuelto.

FISHERMAN, A. s. En la jerga de la delincuencia, timador, estafador.

FISHES. TO FEED THE FISHES. Ahogarse.

FISHY. Adj. Sospechoso, haber gato encerrado.

FIST. s. Puño. He opened his mouth to speak, and a fist smashed into it, sending him staggering back against the wall. Abrió la boca para hablar, y recibió un puñetazo en ella, mandándole tambaleándose contra la pared.

FISTICUFF. TO HAVE A FISTICUFF. Pelearse a puñetazo limpio. He was very keen on fisticuffs. Le gustaban mucho las peleas a puñetazo limpio.

FISTIKNUCKLES, A. Pelea a puñetazo limpio.

FIT. TO THROW A FIT. Ponerse como una fiera. Montar en cólera. Ponerse como un basilisco.

FIT SOMEONE UP, TO. En la jerga de la delincuencia, acusar falsamente, endiñarle a uno el muerto. Incriminar la policía a alguien inocente, embolar. The robber denied having the knife and accused the policeman of fitting him up. El ladrón negó que el cuchillo le perteneciera a él, y acusó al policía de querer embolarlo.

FITTED. Haber recibido una buena tunda de palos. They fitted him. Le dieron una buena somanta de palos.

FIT UP, TO. Incriminar, embolar.

FIVE FINGER DISCOUNT, A. Artículos robados. To give oneself a five-finger discount. Chorizar.

FIVE FINGERS EXECISER, A. s. Ladrón.

FIX, A. s. Un pico. To do a fix. Meterse un pico, darse caña, ponerse un pico, meterse un chute. En la jerga del mundo de la droga.

FIX, A. s. Soborno

FIXED. WITH NO ABODE FIXED. Of no fixed address. Sin domicilio fijo. Sin domicilio cierto.

FIXER, A. s. Amañador.

FLAG. TO FLY THE BLACK FLAG. Infringir la ley, violar la ley, contravenir la ley.

FLAGS. TO GIVE UP THE FLAGS. Espicharla, diñarla, pasar a mejor vida.

FLAKE, A. s. En la jerga de la policía, detención que se hace para satisfacer a la opinión pública o para cubrir cuotas.

FLAKING. Práctica policial que consiste en poner en casa de alguien drogas sin que se dé cuenta, para incriminarle.

FLAME SOMEONE, TO. Insultar o humillar a alguien, bien sea verbalmente, por correo electrónico o internet.

FLAMES. TO FAN THE FLAMES. Meter cizaña, revolver el cotarro, atizar el fuego.

FLANK. THE MAN WAS FLANKED BY TWO POLICEMEN. El hombre iba flanqueado por dos policías.

FLANKER. TO DO A FLANKER ON SOMEONE. Engañar a alguien.

FLANNELFOOT, A. s. Alcantarillero. Ladrón que entra a robar en las casas.

FLAP. TO GET INTO A FLAP. Ponerse nervioso, inquietarse.

FLAPPING TRACK, A. s. Canódromo que funciona ilícitamente.

FLASHBACK. S. Escena retrospectiva.

FLASH - BACK PHENOMENON, THE. Acumulación de cannabis en el tejido adiposo humano. Dicha acumulación provoca síntomas inesperados de intoxicación por cannabis.

FLASH HARRY. s. Fanfarrón, fantasmón.

FLASH THE KNOB IN PUBLIC, TO. Sacarse el pito delante de la gente.

FLASHER, A. s. Exhibicionista. Persona que se empeña en enseñarle a todo el mundo lo que nadie quiere ver. My friend Joan was flashed at while with her mother on the train. Un pervertido le enseñó todo a mi amiga Joan cuando viajaba en el tren con su madre. The raincoat flasher. El exhibicionista de la gabardina.

FLATBACKER, A. s. Dícese de la prostituta que ejerce a tiempo parcial.

FLAT BROKE. TO BE FLAT BROKE. Estar sin blanca, estar más tieso que la mojama, andar peor de dinero que de rodillas, estar más tieso que una birla. How are you going for that TV? I thought you were flat broke. ¿Cómo vas a comprar esa televisión? Creía que estabas sin blanca.

FLATFOOT, A. s. Madero, policía. A flat - footed country copper. Policía poco sofisticado.

FLAT - HANDED BLOW, A. Tortazo, bofetón, hostión. As soon as I was in range, he struck me a flat - handed blow across the back of my neck. Tan pronto como me puse a su alcance, me sacudió un guantazo en la nuca.

FLAT OUT. TO GO FLAT OUT. Correr a todo gas, ir a toda pastilla, ir a todo meter, tumbar la aguja.

FLAT OUT. TO GO FLAT OUT. Ir a toda pastilla, ir a todo meter, ir a todo gas, tumbar la aguja, ir a toda máquina, al límite. Paul and Duncan were fined for going flat out. La policía multó a Paul y a Duncan por ir a toda pastilla.

FLAT WORKER, A. s. Alcantarillero, ladrón que roba con escalo. Especializado en robos de pisos.

FLESH AND BLOOD. TO BE FLESH AND BLOOD. Ser humano. I am a priest, but I'm not immune to pretty women. I'm only flesh and blood, after all. Soy sacerdote, pero no puedo remediar que me gusten las mujeres bonitas. Después de todo, sólo soy humano.

FLEA BITE, A. s. Pesado, cansino, pelmazo, cagueras. inaguantable, mosca cojonera, incordio como grano en el culo.

FLEA POWDER. s. Heroína.

FLEECE SOMEONE, TO. Desplumar a alguien.

FLEECE SOMEONE TO FUCKERY, TO. Dejar a alguien sin plumas y cacareando.

FLEECER, A. s. Estafador, timador.

FLESH. TO MAKE SOMEONE'S FLESH CREEP. Ponerle a alguien carne de gallina. The man bought a paper from Jude's shop every morning, and every time she saw him, he made her flesh creep. El hombre compraba el periódico todas las mañanas en la papelería de Jude, y cada vez que lo veía le ponía carne de gallina.

FLESH PEDDLER. s. Proxeneta.

FLEXIBLE FRIEND, A. s. Tarjeta de crédito.

FLICKS, THE. s. El cine.

FLIGHT FROM JUSTICE, A. Una fuga de la justicia.

FLIGHT. TO TAKE FLIGHT. Huir, poner tierra de por medio, poner pies en polvorosa.

FLIM, A. s. En la jerga de la delincuencia, una sentencia de cinco años.

FLIM - FLAM, TO. En la jerga de la delincuencia, estafar a alguien.

FLIM - FLAM ARTIST, A. s. Estafador, timador.

FLING DIRT ENOUGH AND SOME WILL STICK. Calumnia, que algo queda.

FLING. TO HAVE A FLING. Tener un lío amoroso, tener un lío de faldas.

FLING SOMEONE, TO. Sobornar a alguien.

FLIP ONE´S LID, TO. Cabrearse más que un mono.

FLOATER, A. s. Un ahogado.

FLOOR SOMEBODY, TO. Tumbar a alguien de un guantazo.

FLOOR. TO HOLD TO THE FLOOR. Sujetar en el suelo.

FLOOR. TO WIPE THE FLOOR WITH SOMEONE. Vencer, derrotar, humillar, infligir una derrota contundente, vapulear a alguien bien vapuleado.

FLOOZY, A. s. Mujer promiscua, facilona, putón desorejado, putón verbenero, mujer de cascos ligeros.

FLOP SOMEONE DOWN, TO. Tumbar a alguien de un puñetazo.

FLOWERY, THE. s. En la jerga de la delincuencia, talego, angustia, agujero, beri, bote, calambuco, cárcel.

FLUSHING. En la jerga del mundo de la droga, sacar sangre con la jeringa tras inyectarse droga. Bombear.

FLY, A. s. Madero, policía, marrón.

FLY - BOY, A. s. En la jerga de la delincuencia, estafador.

FLY - BY - NIGHT OPERATOR. De poco fiar. Un negocio turbio. A fly - by - night security firm. Una empresa de seguridad de poco fiar. Don´t do business with fly - by - night people! ¡No trates con gente de poco fiar! Fly - by - night operator. Persona que monta un negocio y tan pronto como hace beneficios desaparece.

FLY FOOD. s. Caca de perro.

FLY THE BLACK FLAG, TO. Infringir la ley, violar la ley.

FLY A KITE, TO. 1. En la jerga de la delincuencia, extender un cheque falso. 2. Tantear el terreno, comprobar de qué lado vienen los tiros.

FLY A KITE. GO FLY A KITE! ¡Vete a hacer gárgaras! ¡Vete a freír espárragos!

FLY. ON THE FLY. Tener prisa.

FLY. TO LET FLY. Disparar.

FLY OFF THE HANDLE, TO. Ponerse como una fiera, ponerse como un basilisco.

FLY - TIPPING. La acción de verter basuras en un lugar prohibido.

FLYER, A. s. Dícese de la persona que se suicida lanzándose al vacío desde un edificio.

FLYING LESSON, A. En la jerga taleguera, lazarse al vacío desde las escaleras u otro lugar elevado en la cárcel.

FLYING SQUAD, THE. s. Patrulla mòvil de policía.

FLYING YOUR COLOURS. En la jerga de la delincuencia, lucir los distintivos de una banda.

FOAM AT THE MOUTH, TO. Echar espumarajos por la boca, por un enfado. Echar espuma por la boca como un perro rabioso. Ponerse fuera de sí, ponerse como si se lo comieran los demonios. He reads the papers and starts foaming at the mouth. Se pone a leer los periódicos y es como si se lo comieran los demonios. He was foaming at the mouth with indignation. Echaba espumarajos por la boca de lo indignado que estaba.

FOAMING - AT - THE - MOUTH, BAYING AT THE MOON GUY, A. s. Un lunático de mucho cuidado.

FOAMING REACTIONARY, A. s. Un reaccionario de tomo y lomo, retrógado, bunkeriano, carcunda.

FOIL AN ATTACK, TO. Frustrar un ataque.

FOLDING MONEY. s. Billetes de banco.

FOLDING STUFF, THE. s. Billetes de banco.

FOLLOW SOMEONE, TO. v. Seguir a alguien.

FOOD BANK. Banco de alimentos.

FOOL AND HIS MONEY ARE SOON PARTED. El dinero del tonto se escurre pronto.

FOOL SOMEONE, TO. Engañar a alguien. Don´t be fooled. No te dejes engañar.

FOOL´S GOLD. Joyas falsas.

FOOT. MY FOOT! ¡Tu abuela! 'This is solid gold, isn´t it? 'Solid gold, my foot! '¿Esto es oro macizo, ¿verdad?'' ¡Oro macizo, tu abuela!'

FOOT. ON FOOT. Andando, a pie. The suspect fled on foot. El sospechoso se las piró andando.

FOOT SOLDIER, A. s. En la jerga del hampa, delincuente de poca monta que forma parte de una banda.

FOOT. TO HAVE A FOOT IN BOTH CAMPS, TO. Jugar con dos barajas.

FOOT. TO PATROL THE STREETS ON FOOT. Patrullar las calles a pie.

FOOTAGE FROM MOBILE PHONE CAMERAS. Imágenes tomadas con teléfonos móviles.

FOOTPRINT. s. Huella de pisadas. Fresh footprints. Huellas de pisadas recientes.

FOOTSTEPS. s. Pasos. To hear footsteps. Oír pasos.

FORAGED OBJECT, A. s. Objeto robado.

FORBIDDEN FRUIT IS SWEET. Fruto Vedado, el más codiciado. Fruto prohibido, el más deseado.

FORCE, THE. s. La policía.

FORCE. TO USE UNSUITABLE FORCE. Utilizar fuerza desproporcionada.

FORCE. TO COME INTO FORCE. Entrar en vigor.

FORCE. TO FORCE ONESELF ON A WOMAN. Violarla.

FORCES OF LAW AND ORDER, THE. s. Las fuerzas de seguridad del estado.

FORENSIC ACCOUNTANT, A. s. Persona que se dedica a investigar los bienes ocultos de alguien que va a divorciarse.

FORENSIC ANALYSIS. Análisis forense.

FORENSIC DOCTOR. s. Médico forense.

FORENSIC DNA EVIDENCE IS NOT INFALLIBLE. Las pruebas forenses de ADN no son infalibles.

FORENSIC EVIDENCE. s. Pruebas forenses. Lack of forensic evidence. Falta de pruebas forenses.

FORENSIC EVIDENCE. TO DESTROY VITAL FORENSIC EVIDENCE. Destruir pruebas forenses vitales.

FORENSIC HISTORIAN. s. Conspiracy theorist. Teórico de la conspiración. Conspiranoico.

FORENSIC MEDICINE. s. Medicina forense.

FORENSIC OFFICERS COMBED THE STREET AND TOOK PHOTOGRAPHS. Un equipo forense rastreó la calle e hizo fotografías

FORENSIC POLICE, THE. s. Policía científica.

FORENSIC PSYCHIATRIST. s. Psiquiatra forense.

FORENSIC PSYCHOLOGIST. s. Psicólogo forense.

FORENSIC REPORT. s. Informe forense.

FORENSIC SCIENCE. Ciencia forense.

FORENSIC TEAM. s. Equipo forense.

FORENSIC TECHNIQUES. s. Técnicas forenses.

FORENSIC UNIT. s. Equipo forense.

FOREWARNED IS FOREARMED. Hombre prevenido vale por dos.

FORGERY. s. Falsificación. To be charged with forgery. Ser imputado de falsificación. To do time for forgery. Cumplir sentencia por falsificación. A bare - faced forgery. Falsificación descarada.

FORK. s. Tenedor. To attack someone with a fork. Agredir a alguien con un tenedor.

FORK OUT, TO. Aflojar la mosca, pagar, soltar la pasta, apoquinar.

FORKED TONGUE. TO SPEAK WITH A FORKED TONGUE. Mentir, tratar de engañar a alguien, ser un hipócrita.

FORM, A. s. En la jerga policial, y de los delincuentes, antecedentes penales.

FORTUNE IS BLIND. La fortuna es una veleta, nunca se está quieta.

FOUL CRIME. s. Vil delito. He was involved in the foul crime of the murder. Estaba involucrado en el vil delito del asesinato.

FOUL LANGUAGE. Groserías.

FOUL - MOUTHED, A. Deslenguado. To be as foul - mouthed as dockers. Jurar como un carretero.

FOUL - MOUTHED OUTBURST AGAINST A POLICE OFFICER, A. Una andanada de insultos contra un policía.

FOUL - MOUTHED RANT, A. Una andanada de insultos.

FOUL - MOUTHED, POISON TONGUED WOMAN, A. Una víbora.

FOUL - MOUTHED YOB, A. s. Gamberro deslenguado.

FOUL PLAY. Juego sucio. Asesinato. To be accused of foul play. Ser acusado de juego sucio. To be the victim of foul play. Ser la víctima de juego sucio. To suspect foul play. Sospechar juego sucio. There´s the possibility that there was foul play involved in the death of the man. Cabe la posibilidad de que hubiera juego sucio en la muerte del hombre.

FOUR - EYED TOSSER, A. s. Gilipollas, tonto del haba.

FOUR - FIVE, A. s. Revólver del calibre 45.

FOUR - LETTER MAN, A. s. A shit or a cunt. Un mierda. Borde.

FOUR - LETTER WORD, A. s. Fuck, shit, cunt. Joder, mierda, coño. Palabrota, palabra malsonante, cuatro letras. To launch into a blistering four - letter word tirade. Proferir insultos a diestro y siniestro. To yell the four - letter abuse at someone. Insultar a alguien.To give someone four letter words. Insultar, poner a parir, poner como un estropajo, poner como un pingo.

FOX MAY GROW GREY, BUT NEVER GOOD, THE. El pelo muda la raposa, mas el natural no despoja.

FOX. AN OLD FOX. s. Un viejo zorro. Ser toro corrido. An old fox is not easily snared. A perro viejo, no tus tus.

FOX KNOWS MUCH, BUT MORE HE THAT CATCHES HIM, THE. Mucho sabe el raposo, pero más el que lo toma. Una cautela, con otra se quiebra. A pillo, pillo y medio.

FOX. THE FOX PREYS FARTHEST FROM HIS HOME. El zorro caza lejos de donde vive.

FOX. A FOX SHOULD NOT BE OF THE JURY AT A GOOSE TRIAL. Cada ollero alaba su puchero.

FOX. TO PUT THE FOX IN CHARGE OF THE HENHOUSE. Poner al zorro al cargo de las gallinas. Dejar al lobo custodio del rebaño.

FOX. A WISE FOX WILL NEVER ROB HIS NEIGHBOUR´S HENROOOST. El zorro caza lejos de donde vive.

FRAME. TO BE IN THE FRAME. En la jerga policial, tener a alguien bajo sospecha.

FRAME. TO FRAME SOMEONE UP. Incriminar con pruebas falsas. Embolar a alguien, colgarle a alguien un marrón. To try to frame someone up. Tratar de incriminar a alguien. To frame someone up for a murder that someone else committed. Incriminar a alguien de un asesinato que no cometió.

FRAUD. A FRAUD ON AN INDUSTRIAL SCALE. s. Un fraude a escala industrial.

FRAUD INVOLVING EUROS. Estafas en euros.

FRAUD. ONLINE FRAUDE. Fraude Online.

FRAUD SQUAD, THE. s. Brigada anticorrupción

FRAUD. TO BE CHARGED WITH CONSPIRACY TO COMMIT FRAUD. Ser acusado de conspiración para cometer fraude.

FRAUD. TO COUNTER FRAUD. Hacer frente al fraude.

FRAUDSTER. s. Estafador. An online fraudster. Estafador por Internet. A white collar fraudster. Estafador de cuello blanco.

FRAY. s. Pelea, riña, trifulca, agresión. To enter the fray. Sumarse a la trifulca. To join the fray. Enzarzarse en una pelea. To be on a fray and assault charge. Estar acusado de agresión, y pelearse. To get a guilty for fray. Ser declarado culpable de agresión. To be jailed for fray. Ser encarcelado por agresión. To be charged with fray. Ser inculpado por agresión. To serve a prison sentence for fray. Cumplir una sentencia por reñir. He was sentenced to prison for fray following a brawl in which he kicked a man in the head. Fue encarcelado por agresión tras una pelea, durante la cual, le dio una patada a un hombre en la cabeza.

FREAK OUT, TO. 1. Alucinar como consecuencia de consumir LSD. 2. Perder la compostura, perder los estribos, comportarse de manera frenética, ponerse como un loco. When she told her dad about her tattoo, she knew he'd freak out. Sabía que cuando le dijera a su padre que se había hecho un tatuaje, se pondría como una fiera. I took one of those career assessment tests and freaked out when my 'perfect career' was listed as bartender! Hice uno de esos test de evaluación de carreras, y me quedé alucinado cuando descubrí que mi carrera perfecta sería la de camarero.

FREEBIES. s. De baracalofi. Dícese de algo que se obtiene gratuitamente.

FREE - FOR - ALL. s. Batalla campal.

FREE HAND. TO HAVE A FREE HAND. Tener carta blanca, tener poder para hacer y deshacer a voluntad. The police have a free hand to stop and search people on the street. La policía tiene carta blanca para parar y registrar a la gente en la calle.

FREELOADER, A. s. Gorrón, parásito, chupón, aprovechado, persona que se estira menos que el portero de un futbolín. I am not some kind of freeloader. No soy ninguna clase de gorrón.

FREE LUNCH. THERE IS NOT SUCH A THING AS A FREE LUNCH. Todo regalo encubre engaño. Raro es el regalo tras el que no esconde algo malo. Más caro es lo dado que lo comprado. Sólo hay queso gratis en las ratoneras.

FREERIDER, A. s. Polizón.

FREE WORLD, THE. s. En la jerga taleguera, el mundo fuera de la cárcel.

FRENZY ATTACK, A. s. Una agresión frenética.

FRESH FISH, A. s. Julipi. En la jerga carcelera, preso nuevo y joven, a quien se le somete a toda clase de abusos sexuales y putadas.

FRET, TO. v. Preocuparse, inquietarse.

FRIDGE. s. Frigorífico. The suspected killer of a teenage girl whose body was found in a fridge has been arrested as he tried to leave the country. Ha sido detenido el sospechoso que asesinó a una adolescente, cuyo cadáver fue encontrado en un frigorífico, cuando trataba de marcharse del país.

FRIED. Adj. Sufrir los efectos del consumo de droga.

FRIEND. NO MAN HAS A WORSE FRIEND THAN HE BRINGS FROM HOME. No hay peor mal que el amigo de casa para dañar.

FRIEND. A RECONCILED FRIEND IS A DOUBLE ENEMY. Amigo reconciliado, chocolate recalentado. Amigo reconciliado, enemigo redoblado.

FRIENDLY SPLIT, A. Una separación cordial.

FRIENDLY TERMS. TO BE ON FRIENDLY TERMS. Llevarse bien.

FRIENDS DON'T LET FRIENDS DRIVE DRUNK. Los verdaderos amigos no dejan conducir a sus amigos borrachos.

FRIGHT. s. Susto. You gave me a fright. Me asustaste.

FRIGHTEN SOMEONE OUT OF HIS WITS, TO. Dar a alguien un susto de muerte. To be frightened out of one's life. Estar muerto de miedo.

FRIGHTENER, A. s. En el mundo de la delincuencia, persona a quien se contrata para intimidar a testigos que van a declarar a un juicio, a fin de que cambien su testimonio.

FRIGHTENERS. TO PUT THE FRIGHTENERS ON SOMEONE. Asustar, acoquinar, intimidar. The gang put the frighteners on Gareth, and he had to sell the shop. La banda atemorizó a Gareth y tuvo que vender la tienda.

FRISK, TO. v. Registrar, cachear. To frisk people in the streets. Cachear a la gente en las calles. The police frisked the pickpocket. La policía cacheó al carterista.

FRISKY POWDER. s. Cocaína.

FROG. THE FOG CANNOT OUT OF HER BOG. La cabra siempre tira al monte.

FRONT BUSINESSES. s. Negocios que sirven de tapadera para blanquear dinero y otros delitos.

FRONT. TO HAVE A LOT OF FRONT. Tener más cara

que espalda. Ser una jeta, ser un aprovechado, ser un desvergonzado, tener cara de cemento armado.

FRONT LINE POLICE OFFICERS. s. Policías que van de patrulla. En oposición a los que desempeñan trabajos de papeleo en la comisaría.

FRONT LINE POLICING. Ir de patrulla.

FRONT MAN, A. s. Testaferro.

FRONT THE GAFF, TO. En la jerga de la delincuencia, merodear por la puerta principal de un edificio con la intención de entrar a robar.

FRONT. TO HAVE THE FRONT. Tener la desfachatez, tener la osadía.

FRONT SOMEONE, TO. Enfrentarse a alguien.

FRONTAGE. Aprovecharse. Práctica que consiste en frotarse contra una mujer en lugares muy concurridos como, Metro, autobuses, etc.

FROSTY, A. s. Persona que se dedica a vender cocaína.

FRUIT MACHINE. Máquina tragaperras.

FRUIT. TO DO ONE´S FRUIT. Ponerse como una fiera.

FRY, TO. s. Electrocutar en la silla eléctrica.

FRYING PAN. TO JUMP FROM THE FRYING PAN INTO THE FIRE. Huir del fuego y caer en las brasas. Escapar de Málaga para caer en Malagón. Salir del trueno para dar con el relámpago.

FUCK OFF AND DIE! ¡Qué falta harás en este mundo, así te mueras!

FUCK - UP, A. Algo que se ha jorobado. Algo que se ha ido al carajo.

FUGITIVE. s. Fugitivo. The net is closing in on the fugitive. El cerco se estrecha en torno al fugitivo.

FUN. TO BE THE TARGET OF FUN. Ser el hazmerreír, ser el saco de todos los chistes.

FUN. TO POKE FUN AT SOMEONE. Mofarse de alguien.

FUNCTION CREEP, A. s. Persona que va a una fiesta o acto sin estar invitada.

FUNERAL. s. Entierro. A fixed price funeral. Entierro a precio fijo.

FUNK. TO BE IN BLUE FUNK. Estar aterrado de miedo. Estar muerto de miedo. After watching the horror movie, Sarah went to bed, but she was in a state of blue funk and couldn't sleep. Después de ver la película de miedo, Sarah se fue a dormir, pero no podía dormir porque estaba aterrada de miedo.

FUNNY BONES. Gracioso. Chistoso.

FUNNY CODS, A. s. Guasón.

FUNNY FAG, A. Canuto.

FUNNY MONEY. s. 1. Dinero falso. Cromos. 2. Divisa extranjera sospechosa.

FUR TRADER, A. s. Persona que se dedica a la trata de blancas.

FURROW. TO PLOUGH A LONELY FURROW. Tener pocos amigos.

FUSE, A. s. Fusible. To have a short fuse. Tener pocas aguantaderas, acalorarse enseguida, tener poca correa, no encajar una broma. Peter had a short fuse and was prone to fits of temper. Peter tenía pocas aguantaderas, y era propenso a ataques de furia.

FUSE. TO BLOW A FUSE/GASKET. Ponerse como una fiera, ponerse como un basilisco.

FUSS. TO KICK UP A FUSS. Armar un escándalo, formar un pitote, montar un pollo.

G

GAFF. TO BLOW THE GAFF. Revelar un secreto, tirar de la manta, descubrir el pastel, levantar la liebre.

GAFF. TO BLOW THE GAFF. Tirar de la manta, contar algún secreto a alguien, descubrir el pastel, levantar la liebre. Sheila told Tommy that if he did anything wrong again, she would blow the gaff. Sheila le dijo a Tommy, que, si hacía algo mal otra vez, descubriría el pastel.

GAFF. TO SPIN A GAFF. En la jerga policial, poner un lugar patas arriba buscando algo.

GAG, TO. v. Amordazar. The burglar gagged and had something stuffed in the man's mouth to prevent him from crying out. El ladrón amordazó y le metió algo en la boca al hombre para evitar que gritara.

GAG LAW, A. s. La Ley mordaza. Anti-protest law. La ley mordaza. To gag someone. Silenciar a alguien.

GAGGING ACT, THE. La Ley mordaza.

GAGGING ORDER. s. Orden judicial por la que se prohíbe toda discusión pública de un asunto por estar considerado de seguridad nacional u otros motivos.

GAK. s. Cocaína.

GALL. TO HAVE THE GALL. Tener el cuajo, tener la cara dura, tener la desfachatez, tener la poca vergüenza.

GALLOWS, THE. s. La horca. To have a date with the gallows. Tener cita con la horca. To go to the gallows. Ir a la horca. Death on the gallows. Morir en la horca, pernear en la horca. To end on the gallows. Acabar en la horca. To escape the gallows. Salvarse de la horca.

GALLOWS HUMOUR. Humor negro.

GAMBLER. AN INVETERATE GAMBLER. s. Jugador empedernido, cani, burlanga. A professional gambler. Tahúr. Jugador profesional. A professional gambler, who can be in the money one minute and plunged into debt the next. La bolsa del jugador no tiene atador.

GAMBLING. s. Juego. An Online gambling firm. Empresa de juego Online.

GAMBLING ADDICT, A. s. Ludópata.

GAMBLING ADDICTION. s. Ludopatía.

GAME BIRD. Mujer promiscua.

GAME BOY RACERS. s. Dícese de los jóvenes que practican con los coches las técnicas que aprenden en los videojuegos.

GAME. A DEEP GAME. s. Un plan secreto.

GAME IS UP, THE. Se acabó lo que se daba. Se acabó la fiesta.

GAME. ON THE GAME. Ejercer la prostitución. Ganarse la vida entre sábanas.

GAME. TO BE FAIR GAME. Ser un blanco legítimo.

GAME. TO CHANGE THE RULES IN THE MIDDLE OF THE GAME. Cambiar las reglas del juego en la mitad del partido.

GAME. TO KNOW WHAT SOMEONE´S GAME IS. Saber que está tramando alguien.

GAME. TO PLAY THE GAME. Jugar limpio.

GAMMON, A. Un pedazo de carne con ojos. Un tonto.

GANDER. TO TAKE A GANDER AT A PLACE. Echarle un vistazo a un sitio.

GANG, A. s. Banda. To infiltrate a gang. Infiltrar una banda. The gang looted a jeweller's shop. La banda saqueó una joyería. An organized crime gang. Una banda de delincuentes. We regrouped and stood toe - to - toe in the middle of the road with their gang. Nos reagrupamos, y nos enfrentamos cara a cara con su banda en el medio de la calle. Gang culture. Cultura de las bandas. A gang of armed robbers. Una banda de ladrones armados. A willing participant in a gang. Persona que participa libremente en una banda. The gang hunted down the man like a pack of animals. La banda le dio caza al hombre como una manada de animales. To join a gang. Unirse a una banda. A violent hooligan gang. Una banda de gamberros violenta.

GANG CRIME. TO FIGHT GANG CRIME. Combatir las bandas criminales.

GANGLAND. El hampa, el crimen organizado, el afane, los bajos fondos, bandidaje. Gangland war. Guerra en los bajos fondos. A targeted gangland assassination. Asesinato planeado por el hampa.

GANG RAPE. Violación grupal.

GANG UP ON SOMEONE, TO. Confabularse contra alguien.

GANG VIOLANCE. Violencia de bandas.

GANG WARFARE. s. Peleas entre bandas.

GANGS. THE WAR ON GANGS. La lucha contra las bandas.

GANSTER. s. Ganster. A dangerous gánster. Un gánster peligroso.

GANSTER. A GANSTER ON HIS UPPERS. Un gánster pobre.

GANJA. s. Marihuana. Vocablo utilizado por los antillanos.

GARBAGE MOUTH, A. s. Deslenguado, boca sucia, mal hablado.

GARDEN. TO LEAD SOMEONE UP THE GARDEN PATH. Engatusar a alguien, engañar, embaucar, llevarse a alguien al huerto. He wasn't interested in Ann. He was leading her up the garden path just to get his hands on her money. No le interesaba Ann en absoluto. Sólo trataba de engatusarla para quedarse con su dinero.

GARGLE, A. s. Bebida.

GARGLED. Borracho, castaña.

GARGLE HOUSE, A. s. Bar.

GARGLER. s. Garganta.

GARROTE SOMEONE, TO. Dar garrote vil a alguien.

GAS. LAUGHING GAS OR HAPPY CRACK. s. Nitrous oxide. Óxido nitroso. Gas de la risa. To inhale laughing gas. Inhalar gas de la risa.

GAS METER THIEF, A. s. Cagarrutero, raterillo, delincuente de poca monta, ladrón de tres al cuarto. Aguilinó.

GAS. TO STEP ON THE GAS. Acelerar.

GAT, A. s. Pistola, hierro, cacharra, trasto.

GATE ARREST. En la jerga de la delincuencia, arrestar a un preso que acaba de cumplir una condena al salir de la trena, debido a que tiene otros cargos pendientes.

GATE FEVER. En la jerga de las prisiones, dícese de la emoción que muestran los presos cuando están a punto de terminar su condena.

GATEMOUTH. s. Chismorreo permanente.

GAUNTLET. TO RUN THE GAUNTLET. Hacer pasar las de Caín, hacer pasarlas canutas.

GAUNTLET. TO TAKE UP THE GAUNTLET. Recoger el guante, aceptar el desafío.

GAUTNLET. TO THROW DOWN THE GAUNTLET. Desafiar, arrojar el guante, lanzar un reto, lanzar un desafío.

GAZE OUT, TO. Mirar fijamente.

GAY BASHING. Despotricar contra los homosexuales.

GAVVER, A. s. Policía.

GEAR. s. Drogas. He confessed to being back on the gear but said he was hopeful of getting on a detox course. Confesó que había vuelto a consumir drogas otra vez, pero esperaba comenzar un tratamiento para desintoxicarse.

GENDER VIOLENCE. s. Violencia doméstica.

GENTLEMAN OF THE ROAD, A. s. Vagabundo, carrilano, indigente, soperón, mendigo, andarín. They had not finished the wine, and took the bottle along, and swig from the bottle like gentlemen of the road. No habían acabado con el vino, se llevaron la botella, y se echaban tragos de la botella como los vagabundos.

GESTURE FINGER, A. Corte de mangas. To gesture someone up. Hacerle un corte de mangas a alguien.

GESTURE. s. Gesto. To make a throat cutting gesture. Hacer un gesto de cortarle a alguien el cuello. To make a throat slash gesture. Hacer un gesto de degollar a alguien.

GESTURE. AN OBSCENE GESTURE. Un gesto obsceno.

GESTURES. TO MAKE KNIFE CUTTING GESTURES. Hacer gestos de degüelle con un cuchillo.

GET AT, TO. Sobornar.

GET AWAY VEHICLE, A. s. Vehículo que utiliza alguien para fugarse. Coche de la huida.

GET BACK AT, TO. Desquitarse, vengarse.

GET NO CHANGE OUT OF A PERSON, TO. No conseguir la información que esperaba de alguien.

GET OFF ONE´S CASE, TO. Drogarse uno.

GET ONE´S HANDS DIRTY, TO. Aceptar un soborno.

GET ONE´S NOSE COLD, TO. Inhalar droga.

GET ONE´S OWN BACK, TO. Tomarse la revancha, desquitarse, sacarse la espina.

GET RID OF SOMEONE, TO. Deshacerse de alguien.

GET SHIRTY, TO. Buscar camorra, ponerse uno chulo, ponerse agresivo.

GET STEAMED UP, TO. Acalorarse.

GET STUFFED! ¡Vete a la porra!

GET. TO GET TO. En la jerga de la delincuencia, sobornar a un juez, policía.

GET SUCKERED, TO. Ser engañado.

GET UP, DUST YOURSELF DOWN AND MOVE ON! ¡Levántate, sacúdete el polvo y circula!

GHERKIN, A. s. Lelo.

GHOST. TO GIVE UP THE GHOST. Espicharla, pasar a mejor vida.

GHOST DRIVER, A. Conductor kamikaze. Coductor suicida que conduce en dirección contraria. Conductor que conduce en sentido contrario.

GHOSTING. s. Salir de cunda. Turismo carcelario. Práctica que consiste en transferir a un preso conflictivo de una cárcel a otra, por la noche, y sin previo aviso.

GHOSTLY RANKS. TO JOIN THE GHOSTLY RANKS. Pasar a mejor vida, diñarla, espicharla.

GHOULISH. Adj. Macabro.

GIRL. A VICE GIRL. s. Prostituta, pedorrera, mujer que se gana la vida entre sábanas, trabajadora del gremio del chichi.

GIRL. TO GET A GIRL INTO TROUBLE. Dejar a una chica embarazada.

GIVE IN, TO. Ceder, rendirse.

GIVE IT SOME, TO. Tumbar la aguja, meter briza, acelerar.

GIVE SOMEONE A GOING OVER, TO. Zurrar a alguien.

GIVING OUT LOVE. Poner una multa de tráfico.

GLAD. TO BE GLAD TO SEE THE BACK OF SOMEONE. Estar contento de perder a alguien de vista.

GLASGOW KISS, A. s. Un cabezazo.

GLASS. s. En la jerga del hampa, diamantes, challa.

GLAS EYE. TO BRING TEARS TO A GLASS EYE. Hacer llorar a las piedras.

GLASSHOUSE, A. s. Calabozo. En el Ejército.

GLASSING. Rajarle a alguien la cara con un vaso roto o casco de una botella. The police told me that the geezer I had glassed in London had been in intensive care for three days. La policía me dijo, que al tío que le rajé la cara con un vaso en Londres, llevaba tres días en la unidad de cuidados intensivos. Many youngsters have been left with deep scarring after being glassed in pubs. Muchos jóvenes han quedado marcados con profundas cicatrices tras haberles rajado la cara con un vaso roto en un bar. To have the face cut open with a broken bottle. Recibir un tajo en la cara con un casco de botella.

GLASS OF LUNCH, A. Almuerzo que consiste en beber cerveza en vez de comer.

GLITTERATI. Famosos del mundo del spectáculo.

GLOBAL TERRORISM. s. Terrorismo a escala mundial.

GLORY. TO GET THE GLORY. En la jerga taleguera, dícese del preso que se ha convertido a alguna religión, o que lo finge, para que le suelten antes. Debido a su cambio de comportamiento.

GLOVES ARE OFF, THE. Estar a punto de armarse la Marimorena. Va a empezar la pelea, la cosa va en serio. The argument had gone too far now. The gloves were off, and the battle started. La discusión había ido demasiado lejos, la cosa iba en serio, ahora comenzaba la pelea.

GLUE SNIFFER. s. Persona que inhala pegamento.

GLUE SNIFFING. s. Práctica que consiste en inhalar pegamento.

GOAD, TO. Incitar, provocar, molestar. Football fans goaded the manager. Hinchas de fútbol provocaron al entrenador.

GOAD. TO GOAD SOMEONE TO HIT OUT. Provocar a alguien para que responda. Buscar las cosquillas.

GOAL, A. s. Cárcel, trena, beri. The local goal. La cárcel local. To put someone in goal. Encarcelar a alguien.

GOALER. s. Carcelero.

GOALPOST. TO MOVE THE GOALPOST. Cambiar las reglas del juego para beneficiarse uno.

GO APE, TO. Ponerse como una fiera, perder los estribos.

GOAT, A. s. Canalla, malvado. Alguien que hace malas jugadas, cabronadas, malas pasadas.

GOB, A. s. Un puñetazo en la boca.

GOB, TO. v. Escupir. To gob in the street. Escupir en la calle. To gob at people. Escupir a la gente.

GO - BETWEEN, A. Intermediario.

GOBSHITE, A. s. Un tipo despreciable.

GO BENT, TO. Informar, delatar.

GOD. AS GOD'S MY WITNESS, I WILL KILL YOU FOR THIS. Dios es testigo que te voy a matar por esto.

GODFEARING PERSON, A. Persona temerosa de Dios.

GOD. TO PUT THE FEAR OF GOD INTO SOMEONE. Meterle a alguien un miedo cerval, aterrorizar a alguien, She called the police to put the fear of God in him, so he wouldn't misbehave again. Llama la policía para que le metiera un miedo cerval y así no se portaría mal otra vez.

GO DOWN, TO. v. Ir a la cárcel. To go down for a long stretch. Recibir una severa sentencia.

GO INTO, TO. Pedir dinero prestado.

GO MISSING, TO. Desaparcer sin dejar rastro.

GO. TO HAVE A GO AT SOMEONE. Criticar, insultar, poner a alguien como un trapo. Atacar, agredir, asaltar, abalanzarse. "He had a right go at me," she said, still drunk, and clearing a pile of unwashed children's clothes away so I could sit down. "I don't want him here any more." "Me agredió," dijo ella, todavía borracha, mientras apartaba un montón de ropa para que pudiera sentarme. "Quiero que se marche de aquì."

GO ON TOUR WITH THE NATIONAL, TO. En la jerga de las prisiones, ser trasladado de una cárcel a otra. Hacer turismo carcelario.

GO SCOT - FREE, TO. Salir absuelto, impune, irse de rositas.

GO SPARE, TO. Ponerse como una fiera, ponerse como un basilisco.

GO UP AGAINST SOMEONE, TO. Enfrentarse a alguien.

GOD - FEARING PERSON. Persona temerosa de Dios.

GOER, A. s. Mujer promiscua.

GOGGLE, TO. Mirar a alguien fijamente.

GOING OVER. TO GIVE SOMEONE A RIGHT GOING OVER. Calentarle a alguien las costillas.

GOLD - BRICK SCAM, THE. El timo del ladrillo dorado. Timo que consiste en dorar un ladrillo de plomo y pasarlo por un lingote de oro.

GOLD - BRICK, TO. Timar.

GOLD - BRICKER, A. s. Timador.

GOLD DIGGER, A. s. Lagarta.

GOLD. LIKE GOLD DUST. Algo muy valioso.

GOLD. SOLID GOLD. Oro macizo.

GOLD. WHAT CANNOT GOLD DO. No hay cerradura si es de oro la ganzúa.

GOLDEN DAGGER, THE. s. La Daga de Oro. Premio que otorga, The Crime Writer's Association, a la mejor novela policiaca del año.

GONE. Estar borracho pedido.

GONE NATIVE. Policía que ha dejado el cuerpo y se ha hecho delincuente.

GONK, A. s. Cabrito, cliente de una prostituta.

GO Q. E, TO. (Q. E. Queen's Evidence). To turn Queen's Evidence. Delatar uno a sus compinches a cambio de una condena menor o de no ser condenado.

GOOD DEEDS. s. Buenas obras.

GOOD. TO BE UP TO NO GOOD. Estar tramando alguna fechoría, estar tramando alguna perrería, estar tramando alguna jugarreta.

GOOD MAN, A. s. Un hombre de bien.

GOOD PEOPLE. s. En la jerga de la delincuencia, dícese de un miembro del hampa o de alguien que la apoya.

GOODS. TO DELIVER THE GOODS. Cumplir lo prometido.

GOODS. ILL GOTTEN GOODS THRIVE NOT. Bienes mal adquiridos, a nadie han enriquecido.

GOOF, A. s. Lelo.

GOON. s. Matón.

GOOSE, TO. Darle a alguien un pellizco en el trasero, meter mano.

GOOSE. WHAT'S SAUCE FOR THE GOOSE IS SAUCE FOR THE GANDER. La justicia tiene que aplicarse para todos igual.

GOOSE. TO GO ON A WILD GOOSE CHASE. Ir a la caza de una quimera, una empresa inútil, buscar el gato en el garbanzal, buscar el virgo en un pajar. The criminal led detectives on one of the most notorious wild goose chases in criminal history. El delincuente llevó a los detectives a una de la más inútil y triste célebre caza en los anales de la delincuencia. We went on a wild goose chase searching for an Irish pub, but there were none. Fuimos en busca de un bar irlandés, pero fue en vano, porque no había ninguno.

GORE AND SEX. Sexo y mucha violencia. Fornicio y sangre.

GORGE. ONE'S GORGE RAISES AT. Revolvérsele el estómago a uno.

GOSSIP. s. Chismorreo, cotilleo, conversación de patio de vecinos. To peddle scurrilous gossip. Propagar chismorreos difamatorios. Gossip and malicious rumours. Cotilleo y rumores maliciosos. Juicy bits of gossip. Chismorreo con connotaciones picantes.

GOSSIP - MONGER. Murmurador, chismoso, maldiciente, cizañero, correveidile, chinchorrero.

GOT UP, A. s. Una trama.

GOT YOU! ¡Te pillé! ¡Ya has caído!

GOTHIC NOVEL. Novela gótica. Novela de misterio, fantasía y terror.

GOUGE OUT, TO. Sacar. My husband tried to gouge out my eyes. Mi marido trató de sacarme los ojos.

GRAFFITI. s. Pintadas. To deface the walls with obscene graffiti. Pintarrajear las paredes con obscenidades. Vandalizar las paredes.

GRAFT. s. Soborno, corrupción. To be sacked for graft. Ser despedido por soborno. A graft trial. Juicio por corrupción.

GRAFT. Trabajo duro. No - one ever got rich grafting. Nadie se hizo rico trabajando.

GRAFT. HONEST GRAFT. Trabajo honrado.

GRAFTER, A. s. Sobornador.

GRAND, A. s. Mil libras esterlinas.

GRANNY, A. s. En la jerga de la delincuencia, dícese de un negocio licito que se utiliza de tapadera para vender artículos robados.

GRANNY DUMPING. s. Acción de deshacerse de una persona mayor, por aquellos que están a su cargo. Por ejemplo, dejarla abandonada en una gasolinera.

GRASS. s. Marihuana, cannabis. To burn grass. To smoke grass. Fumar hierba.

GRASS, A. s. Chivato, delator, bucano, canario, bocachancla.

GRASS. TO BE IN THE LONG GRASS. Dícese de la persona a quien no se le ha visto el pelo desde hace mucho tiempo.

GRASS SOMEONE UP, TO. v. Delatar a alguien, denunciar, chivarse.

GRASS. IN THE GRASS. En la jerga de la delincuencia, estar buscado por la policía.

GRASSHOPPER, A. s. Un policía.

GRASS. TO GRASS ON SOMEONE. Denunciar a alguien a la policía, chivarse de alguien.

GRASS. I WOULD KEEP OFF THE GRASS IF I WERE YOU. Amenazar a alguien.

GRATUITOUSLY. Adv. Sin tener por qué.

GRAPEVINE, THE. s. Radio macuto. To hear something on the grapevine. Oír algo en radio macuto.

GRAVE. AS SILENT AS A GRAVE. Un silencio sepulcral.

GRAVE. HE MUST BE TURNING IN HIS GRAVE. Si levantara la cabeza. Revolverse en su tumba.

GRAVE. SOMEONE WALKING OVER ONE'S GRAVE. Sobresaltarse, estremecerse, desasosegarse.

GRAVE. TO DIG ONE'S OWN GRAVE. Cavarse alguien su propia tumba, hacer algo en detrimento propio.

GREASE. s. 1. Parné, pasta, dinero. 2. Soborno, mordida.

GREASE SOMEONE'S PALM, TO. Untar, sobornar.

GREASER, A. s. Sobornador.

GREASES. WHO GREASES HIS WAY TRAVELS EASILY. Cuando en el camino hay barro, untar el carro.

GREAT OUTDOORS, THE. El aire libre. La naturaleza.

GREAT UNWASHED, THE. s. La chusma, las turbas, las masas.

GREEDY MAN AND THE CHEAT ARE SOON AGREED, THE. Juntáronse el codicioso y el tramposo.

GREEN. s. Dinero.

GREEN GOODS. s. En la jerga de la delincuencia, dinero falsificado.

GREEN ICE. s. En la jerga de la delincuencia, esmeraldas.

GREEN LIGHT. s. En la jerga de la delincuencia, estar señalado para morir.

GREGARIOUS. Adj. Sociable.

GRIFTER, A. s. Cuentista. Persona que vive del cuento.

GRIEVANCE. s. Resentimiento. To nurse a grievance. Albergar un resentimiento contra alguien.

GRIEVOUS BODILY HARM. s. Lesiones corporales graves. To be charged with grievous bodily harm. Ser imputado por causar lesiones corporales graves.

GRILL. TO GRILL SOMEONE. Interrogar. Police grilled the suspect until he confessed his crime. La policía interrogó al sospechoso hasta que confesó el delito que había cometido.

GRIM REAPER, THE. s. La personificación de la muerte. La Parca.

GRINDER. TO PUT THROUGH THE GRINDER. Interrogar.

GRIP. TO GET A GRIP ON ONESELF. Calmarse, serenarse.

GRIP. TO LOSE ONE'S GRIP. Perder la razón, perder el control. After Jean's dog died she was so upset she thought she was going to lose her grip. Tras la muerte del perro de Jean, estaba tan disgustada que pensó que iba a perder la razón.

GRIPPING. Apasionante. The novel is gripping from start to finish. La novela es apasionante desde el principio hasta el fin.

GRISTLE GRABBER, A. Traicionero.

GROIN, A. En la jerga de la delincuencia, anillo de diamantes.

GROOMER. s. Pederasta Online. Captador de menores Online.

GROOMING. Captación de menores Online. A grooming gang. Banda de captadores de menores

Online. A grooming gang ringleader. Líder de una banda de captación de menores Online.

GROOMING. A VICTIM OF GROOMING. Víctima de captación de menores.

GROOVE. s. Cicatriz en la cara.

GROPE, TO. Meter mano, toquetear, magrear, sobar.

GROPER, A. s. Tocón, sobón. Gropers and flashers will be caught on the hop by CCTV. Se pillarán a sobones y exhibicionistas en el acto por televisión en circuito cerrado. A serial groper. Un tocón de tomo y lomo. Un sobón de tomo y lomo. Persona que no puede tener las manos quietas.

GROPING. Meter mano, magrear, sobar. To be accused of groping. Estar acusado de meterle mano a alguien.

GROSS INDECENCY WITH A GIRL UNDER 16 AND ATTEMPTED RAPE OF A GIRL UNDER 14. Abusos deshonestos de una menor de 16 años, e intento de violo de una menor de 14 años.

GROSS INJUSTICE. A VICTIM OF GROSS INJUSTICE. Víctima de una injusticia

GROSS MISCONDUCT. TO BE CHARGED WITH GROSS CONDUCT. Ser inculpado por conducta indebida. Flagrante.

GROUND. s. Suelo. The man was knocked to the ground, beaten, and kicked in the head. Tumbaron al hombre en el suelo, le golpearon y le dieron patadas en la cabeza.

GROUND. TO STAND ONE'S GROUND. Mantenerse uno en sus trece, no dar el brazo a torcer, mantenerse firme.

GROUNDS. ON THE GROUNDS THAT. Por razones de. Gareth Spenser, I am arresting you on the grounds that I suspect you of this man's murder. Gareth Spenser, queda usted detenido, por motivos que me hacen pensar, que usted es el asesino de este hombre. To have grounds of suspicion. Tener motivos de sospecha.

GROUPIE, A. s. Dícese de la joven que se pega a un conjunto de músicos, para tener relaciones sexuales con ellos.

GRUDGE. s. Rencor. To bear a grudge against someone. Guardarle rencor a alguien. To have a grudge against society. Tenerle rencor a la Sociedad.

GRUMBLE, TO. v. Rezongar, gruñir, refunfuñar, mascullar.

GRUMPY. TO GET GRUMPY. Ponerse de mal humor.

GUB SOMEONE, TO. Sacudirle un guantazo a alguien en la boca.

GUESTS OF HER MAJESTY. Presos. Estar en chirona.

GUILT. s. Culpabilidad. He killed himself because of guilt. Se suicidó porque se sentía culpable. Presumption of guilt. Presunción de culpabilidad.

GUILTY AS HELL. Culpable sin ninguna duda.

GUILTY AS SIN. Culpable sin ninguna duda. Presumed guilty. Supuesto culpable.

GUILTY CONSCIENCE FEELS CONTINUAL FEAR, A. Al que mal vive, el miedo le persigue.

GUILTY CRIMINAL, A. Delincuente culpable.

GUILTY. DO YOU PLEAD GUILTY OR NOT GUILTY? ¿Se declara culpable o inocente?

GUILTY. THE MAN WAS FOUND GUILTY OF CONSPIRING TO ROB A BANK. Declararon al hombre culpable de conspirar para atracar un banco.

GULLION. s. En la jerga de la delincuencia, joyas robadas.

GUMSHOE, A. s. 1. Detective privado.2. Policía secreta.

GUN. s. Pistola, hierro, cacharra. To draw a gun. Desenfundar una pistola, sacar una pistola. To point a gun at someone. Apuntar a alguien con una pistola. To reach for a gun. Echar mano a la pistola. A 38 gun. Una pistola del calibre 38. The gun was in his hands when it went off. The bullet bounced off a wall and went straight into Sean's forehead. Tenía la pistola en la mano cuando se disparó. La bala rebotó en la pared y fue directamente a alojarse en la frente de Sean. To pull out a gun. Sacar una pistola. To turn a gun on oneself. Pegarse uno un tiro. The man had a gun pointed to his head. El hombre le puso la pistola en la cabeza. To conceal a gun. Ocultar una pistola. Gunbuying. Compra de armas. To carry a gun. Portar una pistola. To draw a gun on someone. Sacarle una pistola a alguien. To level guns at each other. Apuntarse dos personas con la pistola.

GUN. s. Pistola. At gunpoint. Pistola en mano, amenazar con una pistola, encañonar con una pistola.

GUN. TO AIM A GUN AT SOMEONE. Apuntar a alguien con una pistola.

GUN CONTROL Control de armas de fuego.

GUN CRIME. s. Gansterismo. A surge of gun crime. Oleada de gansterismo.

GUN CULTURE. Gansterismo.

GUN - DEALER. s. Armero.

GUN DISCHARGE. Disparo.

GUN DOWN, TO. Abatir a tiros. The man was gunned down in front of his wife. El hombre fue abatido a tiros delante de su mujer. The hitman gunned down two people. El sicario abatió a dos personas a tiros.

GUN FAIR. s. Feria de armas.

GUNFIGHT, A. s. Tiroteo.

GUNFIRE. s. Disparos. An exchange of gunfire by police and drug - gang members. Intercambio de disparos entre la policía y traficantes de droga. Heavy gunfire. Duros intercambios de disparos.

GUN FOR HIRE, A. s. Sicario, pistolero, mercenario.

GUN FOR SOMEONE, TO. Buscar a alguien para enfrentarse con él, para vérselas con él, para matarle. When Christopher heard that his best mate had shouted at his mum, he was out gunning for him. Cuando Christopher se enteró de que su mejor amigo le había chillado a su madre, fue a buscarle para enfrentarse con él. The gang are gunning for me. La banda me busca para liquidarme.

GUN. A HAND GUN. s. Pistola. A semi - automatic hand - gun. Pistola semiautomática.

GUN - HO. Adj. Desenfrenado.

GUN. A HOMEMADE GUN. Pistola de fabricación casera. To shoot someone with a homemade gun. Matar a alguien con una pistola de fabricación casera.

GUN LAWS. s. Ley de control y regulación de armas de fuego.

GUN LICENCE. s. Permiso de armas.

GUN LOBBY. La camarilla de los fabricantes de armas.

GUNMAN, A. s. Pistolero. A masked gunman. Un pistolero enmascarado. A gunman dressed as a policeman opened fire on a crowd of people. Un pistolero, disfrazado de policía, abrió fuego contra una muchedumbre. The gunman shot him in the head while he was lying on the floor. El pistolero le pegó un tiro al hombre en la cabeza cuando estaba tendido en el suelo. A deranged gunman. Un pistolero desquiciado.

GUN OWNER. Titular de un arma.

GUN OWNERSHIP. Tenencia de armas.

GUNPOINT. TO THREATEN SOMEONE AT GUNPOINT. Encañonar con una pistola, amenazar a alguien con una pistola, apuntar a alguien con una pistola. To rob someone at gunpoint. Atracar a alguien con una pistola. An elderly woman was robbed at gunpoint in her home by three men. Robaron a una anciana en su casa tres hombres con una pistola.

PUT THE GUN DOWN! ¡Deja la pistola!

GUN. TO MOUNT A GUN. Montar un arma.

GUN. TO REACH FOR THE GUN. Echar mano a la pistola.

GUN - RELATED INCIDENT, A. Hecho relacionado con arma de fuego.

GUN RUNNER. Contrabandista de armas.

GUN.TO RELOAD A GUN. Volver a cargar una pistola.

GUN - RUNNER, A. s. Traficante de armas.

GUN - RUNNING. s. Contrabando de armas.

GUN. SEMI - AUTOMATIC GUN. Pistola semiautomática.

GUN SHOP OWNER. s. Armero.

GUN. TO SHOOT A GUN. Disparar un arma.

GUNSLINGER. s. Pistolero.

GUN. SMOKING GUN. s. To settle differences with a smoking gun. Resolver las diferencias a tiros.

GUN. THE SMOKING GUN. s. La prueba de cargo, la prueba fehaciente. This is the smoking gun we have been searching for. Esta es la prueba de cargo que andábamos buscando.

GUN. TO SNATCH A POLICEMAN' S GUN. Arrebatarle el arma a un policía.

GUN SOMEONE DOWN, TO. Abatir a alguien a tiros. The man was forced to strip to his underwear before being gunned down. Obligaron a la víctima a quedarse en calzoncillos antes de abatirlo a tiros. Two unarmed police officers were gunned down in cold blood yesterday. Ayer, dos policías desarmados fueron abatidos a tiros a sangre fría.

GUN TOTING. Portar armas. Ir armado.

GUN. TO TRAIN A GUN ON SOMEONE. Apuntar a alguien con una pistola.

GUN. TO TRY TO GRAB A GUN FROM A POLICEMAN. Intentar arrebatarle el arma a un policía.

GUN. TO TURN A GUN ON SOMEONE. Encañonar a alguien con una pistola.

GUN. AN EPIDEMIC OF GUN VIOLENCE. Una ola de violencia armada.

GUN - WIELDING PERSON, A. Persona empuñando una pistola.

GUN. YOU LIVE BY THE GUN; YOU DIE BY THE GUN. Quien a hierro mata, a hierro muere.

GUN. A SAWN OFF SHOT GUN. s. La chata, una escopeta de caños recortados.

GUNG - HO. Adj. Patriotero, guerrero, belicoso.

GUNG. TO RUN A GUNG. Dirigir una banda.

GUNNER. s. Pistolero.

GUNSHIP, A. s. Coche de policía sin distintivos.

GUNSHOP. s. Armería.

GUNSHOT, A. s. Disparo. A gunshot rang out across the park. Sonó un disparo a través del parque. To be killed by a gunshot to the head. Morir de un tiro en la cabeza. To pick up a gunshot. Recibir un tiro.

GUNSMITH. s. Armero. An underworld gunsmith is today facing jail for converting replica weapons into working machine guns. Un armero del hampa se enfrenta a penas de cárcel por convertir armas de réplica en armas reales.

GUNS. A LIKING FOR GUNS. Afición por las armas de fuego.

GUNS. A MAN WITH A LIKNG FOR GUNS. Un hombre aficionado a las pistolas.

GUNS. THE COUNTRY IS AWASH WITH GUNS. El país está lleno de armas.

GUNS. TO STICK TO ONE´S GUNS. Mantenerse uno firme, no dar el brazo a torcer, mantenerse uno en sus trece, mantenerse inflexible.

GUARD. BE ON ONE´S GUARD, TO. Estar precavido, estar preparado, estar alerta. After seeing her window broken, when she came home from work, Jean was going to be on her guard as she entered the house. Al volver del trabajo y encontrar una ventana rota, Jean decidió entrar en la casa con precaución.

GUT. s. Panza, barriga. To kick someone in the gut. Darle una patada a alguien en la barriga.

GUTLESS INDIVIDUAL, A. Cobarde.

GUTROT. s. Bebida de mala calidad.

GUTS. TO HAVE GUTS. Tener agallas, tener hígados, tener valor, tener redaños, tener coraje. To have no guts. Ser un cobarde, no tener pelotas. Ser un cobarde con dos piernas.

GUTS. TO HAVE SOMEBODY´S GUTS FOR GARTERS. Amenazar a alguien con sacarle las entretelas, amenazar a alguien con sacarle el mondongo. If you kick my car again, I will have your guts for garters! ¡Si le das otra patada a mi coche, te saco el mondongo!

GUTS. TO HATE SOMEONE´S GUTS. Odiar a alguien a muerte. No poder ver a alguien ni en pintura. Odiar a alguien con toda su alma.

GUTS. TO PUKE ONE´S. Echar la pota, echar la primera papilla, vomitar

GUTS. TO SPILL ONE´S GUTS TO SOMEONE. Cantar de plano, contarlo todo. The policeman frightened Edgar so much that he was quite happy to spill his guts to him. El policía le dio a Edgar tal susto, que estaba muy contento de cantar de plano.

GUTSY. Adj. Valiente, corajudo. Tener redaños.

GUTTER LANGUAGE. Lenguaje barriobajero.

GUTTER PRESS, THE. Prensa sensacionalista.

GUTTER ROGUE, A. s. Barriobajero.

GUTTER. TO VOMIT IN THE GUTTER. Vomitar en el arroyo.

GUZZLE, TO. Beber ingentes cantidades de cerveza.

GUZZLED. Drunk.

GYP. s. Estafa, timo.

GYP SOMEONE, TO. v. Estafar a alguien, timar, engañar.

GYPSY TUMMY. s. Diarrea.

GYPSY WIRES. Intervención ilícita de teléfonos por la policía.

H

H. s. Heroína.

HABIT. En la jerga del mundo de la droga, adicción a las drogas.

HACK, A. s. Periodista de poca monta, plumífero, plumilla. Carroñero.

HACK OFF, TO. Irritar, dar la brasa.

HACK OFF, TO. Cortar. To hack somebody´s head off. Cortarle la cabeza a alguien.

HACK. TO HACK SOMEONE TO DEATH. Matar a alguien a hachazos. The murderer used to hack off his victim's limbs. El asesino solía cortar los miembros de sus víctimas a hachazos.

HACKER, A. s. Pirata informático.

HACKLES. TO MAKE SOMEONE'S HACKLES RISE. Enfurecer a uno, enojar, cabrear. Alison enjoys making Carl´s hackles rise. Alison disfruta cabreando a Carl.

HAD. TO BE HAD. Ser engañado.

HADES. S. El averno, el infierno. As the lightning flashed and the thunderclaps reverberated around the castle, it resembled the living embodiment of Hades. A medida que los relámpagos destellaban y los truenos retumbaban por los alrededores, el castillo parecía la mismísima encarnación del Averno

HAIR CUT, A. s. En la jerga de la delincuencia, pasar una temporada en el trullo.

HAIR. FAIR HAIR. Rubio.

HAIR. NOT TO TURN A HAIR. No inmutarse, permanecer impasible.

HAIR - RAISING KNIFE TALE, A. Una historia espeluznante.

HAIR - RAISING PHONE CALL, A. Una llamada telefónica que pone los pelos de punta.

HAIR STREAKED WITH GREY. Pelo con mechas canosas.

HAIR. TO KEEP ONE'S HAIR ON. Mantener la compostura, permanencer calmado. Keep your hair on! ¡No te sulfures! What are you doing with my car? Keep your hair on! I am only washing it! ¿Qué estás haciendo con mi coche? ¡Cálmate hombre, que sólo lo estoy lavando!

HAIR. TO MAKE SOMEONE´S HAIR GO CURLY. Darle a alguien un gran susto.

HAIR. TO MAKE YOUR HAIR RAISE. Ponerle a uno les pelos de punta.

HAIR. TO MAKE SOMEBODY´S HAIR TO STAND ON END. Ponerle a alguien los pelos de punta.

HAIR - UP, A. s. Riña de mujeres.

HAIRING RAISING STORY. Historia que pone los pelos de punta.

HAIRS. TO FEEL THE HAIRS ON ONE´S BACK SHOOTING UP. Ponérsele a uno los pelos como escarpias. Every time I enter into this place, I feel the hairs on my back shooting up. Cada vez que entro en este lugar se me ponen los pelos como escarpias. The hairs on my head pricked up. Se me pusieron los pelos de punta.

HAIRS. TO HAVE SOMEONE BY THE SHORT HAIRS. Tener agarrado a alguien por los cataplines.

HAIRS. TO RAISE THE HAIRS ON THE BACK OF ONE´S NECK. Estar aterrorizado. Poner los pelos como escarpias.

HAIRS. TO SPLIT HAIRS. Rizar el rizo, hilar muy fino.

HAIRY - ARSED. Persona tosca, montaraz, poco refinada, zafio, analfabestia, arriero, ser más bruto que un arado, burriciego.

HAIRY CHEST, A. s. Pecho peludo, tío macho. Normally I love hairy chests, but in a sweltering dark room it´s like being covered with an electric blanket. Por lo general, me gustan los pechos peludos, pero en una habitación sofocante, es lo mismo que estar cubierta con una manta eléctrica.

HAIRY STORY, A. Una historia espeluznante.

HAIRY. TO GIVE SOMEONE THE HAIRY EYEBALL. Mirar a alguien con desprecio.

HALF A BAR. s. Media libra esterlina. Cincuenta peniques.

HALF A SURPRISE. Ojo morado, ojo a la virulé.

HALF COOKED. Ir un poco bebido. Ir un poco colocado.

HALF CRACKED. TO BE HALF CRACKED. Estar grillado.

HALF A STRETCH. s. En la jerga de la delincuencia, pasar seis meses en el trullo.

HALF A TON. s. Cincuenta libras esterlinas.

HALF THE TRUTH IS OFTEN A WHOLE LIE. La verdad a medias es mentira verdadera.

HALLUCINATE, TO. v. Alucinar como consecuencia de consumir ácido lisérgico. Dar un viaje, hacer un viaje.

HALLUCINATION. s. Alucinación. To suffer from hallucinations. Padecer alucinaciones.

HALVES WITH. TO GO HALVES WITH. Ir a medias con otra persona.

HAMMER, A. s. Escolta personal.

HAMMER. s. Martillo. The attackers continued to hit him in the head, one using a hammer. Another attacked the victim with a glass bottle before they left him bleeding on the floor. Los agresores siguieron golpeando al hombre en la cabeza con un martillo. Otro de los agresores le atacó con una botella de vidrio antes dejarlo sangrándose en el suelo.

HAMMER, TO. Acelerar, meter briza, tumbar la aguja.

HAMMER. TO PUT THE HAMMER ON SOMEONE. Meterse con alguien, intimidar, acosar.

HAMMERED. TO GET HAMMERED. Ponerse borracho

HAMMERED. TO GET HAMMERED. Recibir una tunda de palos, llevar una paliza. If you step out of the line, you will get hammered. Como te pases de la raya, te llevarás una paliza.

HAMMERING. TO TAKE A HAMMERING. Llevarse una ensalada de palos. Tom, one of my mates, took a bad hammering, to rub salt in the wound, he was struck on the head by a stone. Tom, uno de mis compinches, llevó una buena ensalada de palos, y para más inri, le arrearon una pedrada en la cabeza.

HAND. A FIRM HAND. Mano dura.

HAND. TO FORCE SOMEBODY'S HAND. Forzar, obligar a alguien a hacer algo. 'I should not be telling you any of this,' he said, but you force my hand. 'No debería decirte nada de esto,' dijo, pero me obligas a hacerlo.

HAND. TO GET OUT OF HAND. Irse de las manos. Things got a bit out of hand, and we had had a few drinks. We smashed the place up and Jeremy set fire to the toilets. Habíamos bebido unas copas y la cosa se fue un poco de las manos Desarmamos el establecimiento y Jeremy prendió fuego a los aseos.

HAND IN GLOVE. TO BE HAND IN GLOVE. Ser uña y carne.

HAND. TO HAND IN ONE'S DINNER PAIL. Estirar la pata, diñarla, espicharla.

HAND OF GLORY, THE. s. La mano de un criminal ajusticiado. En el pasado, a dicha mano se le atribuían poderes mágicos. Las brujas la utilizaban para hacer magia negra.

HAND. TO HAVE HAD A HAND IN A MURDER. Ser cómplice de un asesinato.

HAND. TO HAVE THE UPPER HAND. Tener la sartén por el mango, ser quien parte el bacalao.

HAND. TO SHOW ONE'S HAND. Vérsele a uno el plumero. Vérsenle a uno las intenciones.

HAND. TO STAY ONE'S HAND. Contenerse de no pasar a la acción.

HAND. TO THROW IN ONE'S HAND. Rendirse uno en un juego, no seguir jugando más.

HAND. TO TRY ONE'S HAND. Probar a hacer algo, intentar hacer algo.

HANDBAG SOMEONE, TO. Darle un bolsazo a alguien.

HANDCUFFS. s. Esposas de policía. Quick cuffs. Grilletes rígidos. Hinged handcuffs. Grilletes rígidos plegables. Plastic restraints. Bridas de plástico. Pulseras de plástico. To put someone in handcuffs. Esposar a alguien. A man was pushed to the ground and handcuffed by the police. Derribaron a un hombre al suelo y la policía le puso las esposas.

HANDFUL, A. s. En la jerga de la delincuencia, una condena de cinco años.

HANDFUL. TO BE A RIGHT HANDFUL. Ser un verdadero caso.

HANDGUN, A. s. Pistola, hierro, cacharra.

HANDLE. A. s. Apodo.

HANDLE STOLEN GOODS, TO. Tratar con objetos robados. To be charged for handling stolen goods. Imputar a alguien por tratar con objetos robados.

HANDS IN THE AIR! ¡Manos arriba!

HANDS. TAKE YOUR HANDS OFF ME! ¡Quita las manos de encima! ¡No me toques! Hands off my friend or you are dead! ¡Si tocas a mi amigo eres hombre muerto!

HANDS. TO PLAY INTO THE HANDS OF SOMEONE. Hacerle el juego a alguien.

HANDS. TO WASH ONE´S HANDS OF SOMETHING. Desentenderse de algo, no querer saber nada de un asunto.

HANDSHAKE, A. s. Soborno, mordida.

HANDS TURN. NOT TO DO A HAND'S TURN. No pegar pique, no dar un palo al agua, trabajar menos que el sastre de Tarzán, trabajar menos que el fotógrafo del B O E. (Boletín Oficial del Estado) He is always in the pub. He doesn´t do a hand's turn. Siempre está en el bar. No pega pique.

HANDS UP. TO PUT THE HANDS UP. Levantar las manos, poner las manos en alto, rendirse.

HANG - DOG LOOK, A. Expresión de culpabilidad.

HANG - OUT, A. s. Lugar que frecuenta uno, lugar predilecto de alguien.

HANG OUT WITH FRIENDS, TO. Pasar el tiempo con los amigos.

HANGED. SHE FOUND HER HUSBAND HANGED IN THE BEDROOM. Encontró a su marido ahorcado en el dormitorio.

HANGED. THE PRISONER HANGED HIMSELF FROM AN IRON BAR. El preso se ahorcó de una barra de hierro.

HANGMAN´S KNOT, THE. La horca.

HANG ON SOMEONE, TO. Vivir a costillas de alguien.

HANG ONE ON SOMEONE, TO. Darle un puñetazo a alguien.

HANG SOMEONE OUT TO DRY, TO. Dejar a alguien en la estacada.

HANG. TO BE HANG BY THE NECK TILL DEATH. Ajusticiar en la horca.

HANG UP ONE´S HARNESS, TO. Espicharla, diñarla, pasar a mejor vida.

HANGED. YOU CAN GO HANGED! ¡Como si quieres tirarte al tren!

HANGER - ON, A. s. Parásito, chupón, chupóptero.

HANGOVER. s. Resaca. The mother of all hangovers. Una resaca de caballo.

HANGING, DRAWING AND QUARTERING. Ahorcamiento, acarreo y descuartización.

Pena que se aplicaba en Inglaterra por alta traición. Estuvo vigente, desde 1241 - 1870. The judge read the awful sentence:

"That you be conveyed from hence to the place from whence you came, and from hence you be drawn to the place of execution, upon hurdles; that you be there hanged by the neck; that you be cut up alive; that your privy members be cut off; that your bowls be taken out and burnt in your view; that your head be severed from your body; that your body be divided into four quarters, and your quarters be at the King's dispose. And the God of infinite mercy be merciful to your soul.

El juez dictó la terrible sentencia:

"Te trasladarán al lugar de donde te trajeron; y desde allí te acarrearán al lugar de ejecución en un armazón de madera arrastrado por caballos; allí te colgarán y antes de que mueras te descolgarán, te cortarán las partes; te sacarán las entretelas y las freirán ante tus ojos, te cortarán la cabeza, te descuartizarán en cuatro partes y con esas cuatro partes el rey decidirá qué hacer con ellas. Que Dios todo misericordioso tenga piedad de tu alma."

HANGING. TO EXECUTE SOMEONE BY HANGING. Ajusticiar a alguien en la horca.

HANGMAN. s. Verdugo. To cheat the hangman. Suicidarse.

HANGMAN. A PROFESSIONAL HANGMAN. Verdugo profesional.

HANGMAN´S ROPE, THE. s. La soga del verdugo. Antiguamente, a dicha soga, se le atribuían poderes mágicos. Llevarla alrededor de las sienes aliviaba el dolor de cabeza. Los tahúres decían darles buena suerte. Los verdugos se ponían las botas vendiéndolas, ya que un pedacito podía traer buena suerte. El verdugo podía hacer infinidad de pedacitos y venderlos.

HANKY - PANKY. s. Martingala.

HAPPY BAG, A. s. Bolsa donde se acarrean las escopetas de caños recortados para hacer un atraco.

HAPPY DUST. s. Cocaína.

HAPPY - GO - LUCKY, A. Un pocapena.

HAPPY HUNTING GROUND. s. Lugar donde se pueden conseguir muchas cosas y la vida es agradable. El cielo, el Paraíso. Mr Jasper has gone to the happy hunting ground. El señor Japer nos ha dejado por otro lugar más prometedor.

HAPPY. AS HAPPY AS A PIG IN SHIT. Más contento que un cerdo revolcándose en la mierda. I didn´t know then but he had just been told the size of his bonus and he was as happy as a pig in shit. Yo no lo sabía entonces, pero le acababan de decir cuanto era la bonificación que iba a recibir, y estaba más contento que un cerdo revolcándose en la mierda.

HAPPY SLAPPING. s. El collejazo. Agredir para grabar. La colleja cachonda. Acts of violence and instances of happy - slapping recorded on mobile phones are transferred to the web for wider consumption. Los actos de violencia e instantáneas de collejas grabadas en los teléfonos móviles se transfieren a la Red para mayor divulgación. What they wanted to administer was a happy - slapping, with lots of mobile footage to send to their friends. Lo que querían era zurrar a alguien, grabándolo con el móvil para enviárselo a sus amigos.

HAPPY STICK, A. s. Canuto, porro.

HARASS, TO. v. Acosar. To harass a woman. Acosar a una mujer. To harras someone Online. Acosar a alguien Online

HARASSMENT. TO CAUSE HARASSMENT. Acosar. To be prosecuted for harassment. Ser demandado por acoso.

HARBINGER OF DOOM. Un mal presagio.

HARD - ASSED. Adj. Duro de pelar. Un tipo implacable.

HARD BALL. TO PLAY HARD BALL. Actuar de una manera implacable.

HARD CHEESE. Mala suerte, mala pata.

HARD DONE BY. TO FEEL HARD DONE BY. Sentirse tratado injustamente.

HARD DRINKING MAN, A. Bebedor empedernido.

HARD - FACED COCAINE SNORTING, VIOLENT ARROGANT CREATURE, A. Un tipejo drogadicto, caradura, arrogante y violento.

HARD FEELINGS. NO HARD FEELINGS. Sin rencor, sin resentimientos.

HARD - HEADED. Testarudo, terco.

HARD - LUCK STORY, A. Un relato que hace llorar a las piedras. Una historia conmovedora.

HARD MAN, A. s. Matón, abuchara.

HARD - NOSED BASTARD, A. s. Un tipo duro de pelar.

HARD - NOSED POLICEMAN. Policía astuto.

HARD ON, A. Erección. To die with a hard on. Morir en la horca.

HARD ON. TO COME DOWN HARD ON. Imponer una sentencia severa.

HARD STUFF, THE s. Heroína. To take the hard stuff. Consumir heroína.

HARD TIME. Encarcelamiento.

HARD TIME. TO GIVE SOMEONE A HARD TIME. Hacérselas pasar canutas a alguien. Hacerle pasar las de Caín a alguien.

HARD TIME. TO HAVE A HARD TIME OF IT. Aguantar privaciones.

HARD TIMES. Tiempos difíciles, tiempos adversos, tiempos de penuria. To live in hard times. Vivir en tiempos difíciles. To fall on hard times. Sufrir penurias, ponerse la vida cuesta arriba. People in low - income households have nothing to fall back on hard times. Los hogares con rentas bajas no tienen donde apoyarse en tiempos difíciles. A businessman fallen on hard times. Hombre de negocios que se le ha puesto la vida cuesta arriba.

HARD UP. Adj. Andar mal de parné. Andar peor de dinero que de rodillas. Estar más tieso que la mojama, estar más tieso que una birla.

HARDWARE. s. En la jerga de la delincuencia, armas de fuego, munición, explosivos.

HARPOON, A. s. En la jerga del mundo de las drogas, una jeringuilla, un arpón.

HARASS. TO HARASS SOMEONE. Acosar a alguien.

HARROWING NIGHT, A. Una note angustiosa.

HARROWING STORY, A. s. Una historia desgarradora.

HARSH INTERROGATION. s. Tortura.

HASSLE SOMEONE, TO. Incordiar, dar la brasa, molestar.

HAT. A BAD HAT. s. Bribón, canalla, persona despreciable.

HAT. KEEP IT UNDER YOUR HAT. No se lo digas a nadie. Guarda el secreto.

HAT. TO TALK THROUGH ONE'S HAT. Inventarse historias. Hablar chorradas.

HATCHET. TO BURY THE HATCHET. Enterrar el hacha de guerra.

HATCHET JOB, A. s. Un ataque despiadado, de palabra o por escrito, destinado a desprestigiar a alguien. To do a hatchet job on someone. Desprestigiar a alguien. To pay for a hatchet job. Pagar por desprestigiar a alguien.

HATCHET MAN, A. s. Sicario.

HAT UP, TO. v. Salir a toda pastilla de un lugar, pirárselas.

HATE. BLINDED BY HATE. Cegado por el odio.

HATE CRIMES. s. Delitos de odio. Hate crime allegations. Alegaciones de delitos de odio. To face hate crimes charges. Enfrentarse a cargos por delitos de odio. To have a hate crime conviction. Tener una condena por delitos de odio. A rise of hate crime. Aumento de delitos de odio. A surge in hate crime. Un repunte en delitos de odio. Hate crime figures are soaring. El número de delitos de odio se ha disparado. To toughen the law against racist hate crime. Endurecer las leyes para combatir los delitos de odio racistas. To commit a hate crime On line. Cometer un delito de odio en las redes sociales. To crack down on hate crimes. Tomar medidas enérgicas para combatir los delitos de odio. Hate crimes against people with disabilities. Delitos de odio contra discapacitados. Hate crimes spiral out of control. Los delitos de odio empeoran.

HATE CRIME ON THE RISE. Suben los delitos de odio.

HATE CRIME UNIT. s. Unidad para combatir los delitos de odio.

HATE FIGURE, A. s. Una imagen que inspira odio. Una persona odiada.

HATE. AN INTERNET HATE CAMPAIGN. s. Campaña de odio por internet.

HATE LETTER, A. s. Una carta de odio.

HATE MAIL. s. Correspondencia llena de insultos. I get a lot of hate mail; I get racist letters from all over the country. Recibo correspondencia llena de insultos y cartas racistas de todo el país.

HATE MONGER, A. s. Propagador de odio.

HATE. I SHALL NOT HATE. No odiaré.

HATE PEDDLER. s. Propagador de odio.

HATE PREACHER. s. Predicador de odio.

HATE SPEECH. s. El lenguaje del odio, el discurso del odio. Online hate speech. Mensajes de odio en la red.

HATRED. BLINDED BY HATRED. Cegado por el odio.

HATRED. INCITEMENT TO HATRED. Incitación al odio. To foment class hatred. Atizar el odio de clases. To be arrested for inciting racial hatred. Ser detenido por incitación al odio racista.

HAUL IN, TO. v. Detener a alguien.

HAUL UP, TO. Llevar a juicio. He was hauled up for shoplifting. Fue juzgado por hurtar en los comercios.

HAUNT, A. s. Lugar predilecto de una persona. Lugar que frecuenta uno a menudo. This pub is my haunt. Este es mi bar predilecto.

HAUNTED. THIS HOUSE IS HAUNTED. Esta casa está embrujada. Esta casa está llena de fantasmas.

HAVE AN ACCIDENT, TO. En la jerga de la delincuencia, ser detenido, caer.

HAVE BEEN AND GONE AND DONE IT. Hacer una trastada. Henry has been and gone and done it now; Gawain must have seen him breaking the car. Henry ha hecho una de las suyas, y Gawain lo ha tenido que ver rompiendo el coche.

HAVE A BRASS NECK, TO. Tener mucha jeta, tener mucha cara, tener la desfachatez, tener una jeta que se la pisa, ser un descarado. Plain brass - neck nicking. Robar descaradamente.

HAVE. TO HAVE BEEN HAD OVER. Haber sido timado.

HAVE HAD IT, TO. Morir.

HAVE IT AWAY, TO. Hurtar en las tiendas, trabajar la mecha.

HAVE IT COMING TO ONESELF, TO. Ganárselo uno a pulso.

HAVE IT IN FOR SOMEONE, TO. Tenérsela jurada a alguien.

HAVE IT OUT WITH SOMEONE. Arreglárselas con alguien, vérselas con alguien, poner las cosas claras, arreglar cuentas con alguien. I am going to have it out with Merlin. Voy a arreglar cuentas con Merlín.

HAVE OVER, TO. Estafar, timar, engañar.

HAVE SOMEONE ON, TO. Engañar a alguien.

HAVE SOMEONE OVER, TO. Timar a alguien.

HAVE SOMEONE TAPED, TO. Tener a alguien controlado.

HAVE THE WILLIES, TO. Tener miedo.

HAVE. TO HAVE WHAT IT TAKES. Tener lo que hay que tener.

HAVE YOU. IF I CAN'T HAVE YOU NOBODY CAN. Si no eres para mí, no eres para nadie.

HAVES AND THE HAVE - NOTS, THE. El tener y el no tener. There are only two families in the world, the Haves and the Have - Nots. Dos linajes solos hay en el mundo, como decía una agüela mía, que son el tener y el no tener.

HAVOC. TO WREAK HAVOC. Causar estragos.

HAWK. TO WATCH OVER SOMEONE LIKE A HAWK. Vigilar a alguien bien vigilado.

HAWKS WILL NOT PICK OUT HAWK'S EYES. Cuervo con cuervo no se quitan los ojos.

HAYWIRE. TO GO HAYWIRE. Perder los estribos.

HE THAT COMES OF A HEN, MUST SCRAPE. De casta le viene al galgo, el ser rabilargo.

HEAD - BANGER, A. s. Persona muy violenta. Chalado.

HEADCASE. s. Tarado.

HEAD. A REAL HEAD. s. Un tarado.

HEAD. TO BASH SOMEONE OVER THE HEAD. Golpear a alguien en la cabeza.

HEAD. TO BLAST SOMEBODY'S HEAD OFF. Volarle a uno la tapa de los sesos.

HEAD. TO HANG ONE'S HEAD IN SHAME. Caérsele la cara a uno de vergüenza. Avergonzarse. Those who have so ruthlessly tried to silence brave investigative journalists should hang their heads in shame. Aquellos que tan despiadadamente, intentaron silenciar a valientes periodistas de investigación, debería caérseles la cara de vergüenza.

HEAD HELD HIGH. Con la cabeza muy alta, con dignidad, sin tener nada de qué avergonzarse.

HEAD. IF YOU KICK MY DOG AGAIN I'LL TAKE YOUR BLOODY HEAD OFF YOUR SHOULDERS! ¡Si le pegas otra patada a mi perro te arranco la puñetera cabeza!

HEAD OFF. TO BITE SOMEONE´S HEAD OFF. Echarle a alguien una buena bronca.

HEAD - ON COLLISION, A. Desacuerdo violento con alguien.

HEADSHRINKER. s. Psiquiatra.

HEAD. TO KEEP ONE´S HEAD. No perder los estribos, no perder la calma.

HEAD. TO KICK SOMEONE´S HEAD IN. Machacarle la cabeza a alguien.

HEAD. TO LOP SOMEONE´S HEAD OFF. Cortarle a alguien la cabeza.

HEAD UP. TO HOLD ONE´S HEAD UP. Estar orgulloso de uno mismo.

HEADLINES. TO HIT THE HEADLINES FOR THE WRONG REASONS. Salir en los periódicos. Salir en el Caso. Aparecer en los diarios y no para bien. Protagonizar las portadas de los periódicos. Volverse famoso desde un punto de vista negativo.

HEAD WOUND. s. Herida en la cabeza. The victim had a suspicious head wound. La víctima tenía una herida sospechosa en la cabeza.

HEALTHY COMMISSION, A. s. Soborno.

HEAP. s. Coche, buga.

HEAR. I WILL PRETEND THAT I DIDN´T HEAR IT. Voy a hacer como si no hubiera oído nada.

HEARING. A CLOSED HEARING. Audiencia a puerta cerrada.

HEARING. A COURT HEARING. s. Vista, juicio. To preside at hearings and deliberations. Presidir las vistas y deliberaciones. A secret hearing. Una vista secreta.

HEARING. A FAIR HEARING. Un juicio justo.

HEARING. AN OPEN HEARING. Una audiencia pública.

HEARING OF A CASE, THE. La vista de un caso.

HEARING. ORAL HEARING. Vista.

HEARING. PRELIMINARY HEARING. Vista preliminar. Audiencia preliminar.

HEARING. PUBLIC HEARING. Audiencia pública. To hold a public hearing. Celebrar una audiencia pública

HEARING. TO HOLD A HEARING IN SECRET. Celebrar una vista en secreto.

HEARING. SENTENCING HEARING. Vista para la sentencia. Televised murder sentencing. Sentenciar a alguien por asesinato por televisión en directo.

HEARINGS SHALL BE HELD IN PUBLIC. Las audiencias serán públicas.

HEARSAY EVIDENCE. Testimonio de oídas.

HEARTACHE. Pena.

HEART. TO ALLOW THE HEART TO RULE THE HEAD. Dejarse llevar por los sentimientos.

HEART. TO BE IN GOOD HEART. Estar animado.

HEART. TO BREAK SOMEONE´S HEART. Partirle el corazón a alguien.

HEART. TO CROSS ONE´S HEART AND LET ME DIE. Prometer algo. Jurarlo. You wont´t tell my dad, will you? I cross my heart! ¿No se lo dirás a mi padre, ¿verdad? ¡Te lo prometo!

HEART. TO PUT ONE'S HAND ON ONE'S HEART. Prometer.

HEART. TO SAY WITH ALL ONE'S HEART. Decir con toda sinceridad, decir de todo corazón.

HEART. TO SPEAK FROM THE HEART. Hablar con toda sinceridad.

HEARTILY LOATHED. Odiado a conciencia.

HEAP, A. s. Coche, buga.

HEAP CLOUTING. s. Robo de automóviles.

HEAT. IN THE HEAT OF THE MOMENT. En un momento de euforia, en un momento de acaloramiento, en un momento de ira, en un arrebato. To punch someone in the heat of the moment. Darle a alguien un puñetazo en un momento de ira. To stab someone in the heat of the moment. Apuñalar a alguien en un arrebato.

HEAT, THE. s. La policía.

HEAT. TO TURN ON THE HEAT ON SOMEONE. Apretar las clavijas, apretar las tuercas. The police turned on the heat to make the criminal to sing like a canary. La policía le apretó las clavijas al delincuente para que cantara de plano.

HEATER, A. s. La pipa, la cariñosa, la cacharra, el fierro, la pistola, el calienta sobacos.

HEAVEN AND EARTH. TO MOVE HEAVEN AND EARTH. Revolver Roma con Santiago. The police moved heaven and earth until they found the criminal. La policía revolvió Roma con Santiago hasta dar con el paradero del delincuente.

HEAVY, A. s. Matón, abuchara, guardaespaldas, matasiete. To heavy someone. Abucharar, amedrantar, acoquinar, intimidar.

HEAVY - HANDED POLICE. Adj. De faltos de tacto. Usar Hacer uso excesivo de la fuerza. The demonstrators accused the police of being heavy - handed. Los manifestantes acusaron a la policía de faltos de tacto.

HEAVY TIME. s. En la jerga de la delincuencia, una larga condena en la cárcel.

HEAVY WORK. s. Robo a mano armada.

HECTIC. TO GET HECTIC UP. Acalorarse.

HEEL. TO LAY BY THE HEEL. Arrestar. The hooligans went on the rampage and were arrested by the police. Los gamberros se desmadraron y la policía los arrestó.

HEELS. TO BE HARD ON SOMEONE´S HEELS. Ir pisándole los talones a alguien, seguir de cerca. The thief disappeared with the police hard on his heels. El ladrón desapareció con la policía pisándole los talones.

HEELS. TO SHOW A CLEAN PAIR OF HEELS. Pirárselas, enseñar los talones, poner tierra de por medio, poner pies en polvorosa, tomar las de Villadiego.

HEELS. TO TAKE TO ONE´S HEELS. Escapar, poner tierra de por medio, poner pies en polvorosa.

HEIST, A. s. Robo. Thieves broke into a Museum of Modern Art in a robbery described by police as the 'art heist of the century´. Los ladrones entraron por la fuerza a un Museo de Arte Moderno para robar. La policía lo ha llamado, 'el robo del arte moderno del siglo'. To plan a heist. Planear un robo. A daring heist. Un robo osado, un robo de película. The heist of the century. El atraco del siglo. An armed heist. Robo a mano armada.

HEIST, A. s. Robo. A daring heist. Un robo audaz. A heist on a bank. Atraco a un banco.

HELL. FOR THE HELL OT IT. Para divertirse. The hooligan broke the window for the hell of it. El gamberro rompió la ventana para divertirse.

HELL. TO GIVE SOMEONE HELL. 1. Hacérselas pasar a alguien canutas, hacerle pasar a alguien las de Caín. 2. Echarle a alguien una buena bronca. When Sean came back home from the pub last night drunk his wife gave him hell. Cuando Sean volvió borracho del bar anoche, su mujer le echó una buena bronca.

HELL. TO GO THROUGH ABSOLUTE HELL. Pasar las de Caín.

HELL. TO HAVE A HELL OF A TIME OF IT. Pasarlas canutas, pasar las de Caín.

HELL. TO PUT SOMEONE THROUGH HELL. Hacer pasar a alguien las de Caín, hacérselas pasar a alguien canutas.

HELL. TO RUN LIKE HELL. Correr como un desenfrenado, correr como un loco, correr como si le persiguieran todos los demonios del infierno, correr como si le hubieran metido candela en el trasero. When the pickpocket saw the policeman coming, he ran like hell. Cuando el carterista vio venir al policía, se puso a correr como un loco.

HELL. TO SCARE THE HELL OUT OF SOMEONE. Darle a alguien un susto mortal.

HELLHOLE, A. Antro, tugurio, pocilga, cubil, lugar de mala nota. Let´s go for a beer to The Pig and Whistle. I am not going into that hellhole, there are only piss - artists and troublemakers! Vamos a echar una cerveza al Pig and Whistle. ¡Yo no entro en ese tugurio, ahí no van mas que borrachines y matasietes. Local de mala reputación. A cockroach and rat-infested hellhole. Un lugar inmundo plagado de cucarachas y ratas.

HELLRAISER. s. Persona que tiene muy mal beber, revoltoso, follonero, gañán de taberna, pendenciero, matasiete, alborotador, reñidor, hombre de rumbo y hampa, perdonavidas, matón y amigo de juergas.

HELMET, A. s. Madero, policía.

HELP ONESELF WITH SOMETHING, TO. Apropiarse uno de algo que no le pertenece.

HELP YOUR LOCAL POLICE, BEAT YOURSELF UP. Colabore con la policía local, azótese usted mismo. Pintada en la fachada de un edificio.

HE - MAN. s. Un tío fornido, un cachas.

HEMLOCK. s. Cicuta.

HEMP. s. Marihuana.

HEMP SEEDS. s. Semillas de cáñamo.

HENCHMAN. s. Gorila, secuaz, esbirro.

HEN PEN, A. s. Cárcel de mujeres.

HENRY. s. En la jerga del mundo de la droga, heroína.

HERB. s. Marihuana, cannabis.

HERD INSTINCT. Instinto gregario. Instinto borreguil.

HERD MENTALITY. Mentalidad de rebaño.

HERDER, A. s. En la jerga carcelaria, jincho, bocanegra, carcelero, funcionario de prisiones.

HER MAJESTY'S PENAL CORRECTION ESTABLISHMENT. s. Trena, trullo, beri.

HER MAJESTY'S PISS - HOLE. s. Trena, trullo, cárcel, angustia.

HER MAJESTY'S PRISON. s. Cárcel. A criminal's home is Her Majesty's Prison. Según la policía, la casa de un delincuente es la cárcel.

HER MAJESTY'S SCHOOL FOR HEAVY NEEDLEWORK. s. En la jerga de la trena, la sección de plancha.

HERO. FROM HERO TO VILLAIN. Pasar de héroe a villano. De héroe a apestado.

HEROD. TO OUT - HEROD HEROD. Ser más malo que Caín.

HEROINE. s. Heroína, ceniza, caballo. Heroine has scythed its way like a grim reaper, syringe in hand, through one generation of young people. La heroína se ha abierto paso como La Parca, jeringuilla en ristre, a través de una generación de jóvenes.

HEROINE ADDICT, A. s. Heroinómano.

HEROINE. A FATAL DOSE OF HEROINE. Una dosis mortal de heroína. To Inject someone a fatal dose of heroine. Inyectarle a alguien una dosis mortal de heroína.

HEROINE OVERDOSE, A. s. Sobredosis de heroína.

HEROINE. TO BE HOOKED ON HEROINE. Estar enganchado a la heroína.

HIDE, TO. Esconderse. To need somewhere to hide. Necesitar un sitio para esconderse. To help someone to hide Ayudar a alguien a ocultarse.

HIDEAWAY, A. s. Escondite, guarida, atarazana, burladero.

HIDE FROM SOMEONE, TO. Esconderse de alguien.

HIDE. IF YOU HAVE GOT NOTHING TO HIDE THEN YOU HAVE NOTHING TO FEAR. Si no tienes nada que esconder, no tienes nada porque temer. If you have done nothing wrong, then you don't have to worry about anything. Si no has hecho nada malo, entonces no tienes por qué preocuparte.

HIDE OUT, TO. Esconderse.

HIDE OUT. A SECRET HIDE OUT. Escondite, apalanque.

HIDE UP, TO. Esconder a alguien que busca la policía.

HIDING. TO BE IN FOR A REAL HIDING. Esperarle una buena a alguien, esperarle una buena somanta de palos.

HIDING. TO GIVE SOMEONE A GOOD HIDING. Sacudirle a alguien la badana bien sacudida.

HIGH AND DRY. TO LEAVE SOMEONE HIGH AND DRY. Dejar a alguien en la estacada.

HIGH COURT, THE. s. El Tribunal Supremo.

HIGH JUMP. TO BE FOR THE HIGH JUMP. Estar sujeto a un severo castigo.

HIGH STREET CRIME. Delincuencia en la Calle Mayor.

HIGH TAIL IT, TO. Salir pitando de un lugar, poner pies en polvorosa, poner tierra de por medio, coger las de Villadiego.

HIGHWAYMAN, A. s. Salteador de caminos.

HILLS. TO HEAD FOR THE HILLS. Echarse al monte.

HILT. s. Cacha. Mango de un cuchillo, de una espada, de una daga. To be armed to the hilt. Ir armado hasta los dientes.

HILT. TO SUPPORT SOMEONE TO THE HILT. Apoyar a alguien incondicionalmente.

HIJACK, TO. v. Atracar, robar, pegar un bardeo.

HIJACK. TO HIJACK A PLANE. Secuestrar un avión. Hijacker. Pirata aéreo.

HIJACKER. s. Atracador, ladrón.

HERD EFFECT, THE. El efecto rebaño.

HIRED ASSASSIN, A. s. Sicario, asesino a sueldo.

HIRED MURDERER, A. s. Sicario.

HIRED THUG. s. Matón a sueldo.

HIT. s. 1. Asesinato. To order a hit. Ordenar un asesinato. To commit a hit. Cometer un asesinato. 2. Robo, atraco.

HIT. s. Impacto.

HIT. TO HIT THE TARGET. Dar en el blanco.

HIT, TO. v. Robar. The shopper was hit 20 times in 2 months. Le robaron al tendero 20 veces en dos meses.

HIT SOMEONE ABOUT FOUR TIMES ON THE HEAD WITH SOMETHING HARD, TO. Golpear a alguien en la cabeza cuatro veces con algo duro.

HIT - AND - RUN ACCIDENT, A. Accidente en el que el conductor se da a la fuga. A fatal hit - and - run accident. Accidente mortal en el que el conductor se da a la fuga. To be killed in a hit - and - run accident. Morir en un accidente en el que el conductor se da a la fuga. A suspect in a hit - and - run accident. Un sospechoso en un accidente en el que se ha dado a la fuga.

HIT AND RUN DRIVER, A. s. Conductor que atropella a alguien y se da a la fuga.

HIT. TO HIT AT SOMONE. Propinar un golpe a alguien. Asestar un golpe a alguien. Meterse con alguien.

HIT LIST, A. s. Lista de personas que van a ser asesinados.

HITMAN, A. s. Sicario. A mafia hitman. Un sicario de la mafia. To hire a hitman. Contratar a un sicario. A professional hitman. Sicario.

HIT. NOT TO KNOW WHAT HAD HIT ONE. Ser cogido totalmente por sorpresa, no saber cómo reaccionar.

HIT. A PROFESSIONAL HIT. Un asesinato hecho por un sicario.

HIT, TO. v. Golpear. To hit someone on the head from behind. Darle a alguien un golpe en la cabeza por detrás.

HIT OUT AGAINST, TO. Atacar a alguien física o verbalmente.

HOAX. s. Broma, embaucamiento, engaño.

HOAX CALL. s. Un engaño por teléfono. Una novatada. To make a hoax call. Engañar por teléfono. Gastar una broma por teléfono.

HOAXER. A. s. Bromista, gamberro.

HOBBIT, A. s. En la jerga de la cárcel, preso que toma medicamentos en la trena como sustituto de la droga.

HOG - WHIMPERING DRUNK. Borracho perdido.

HOG. TO LIVE HIGH OFF THE HOG. Vivir a lo grande, vivir a lo príncipe, vivir mejor que un cura, vivir como un obispo, vivir como a cuerpo de rey, vivir como un general, vivir como un marajá.

HOIST, TO. v. 1. Bailar, robar carteras. 2. Mechar, robar en tiendas y supermercados.

HOISTER, A. s. 1. Carterista. 2. Ladrón que roba en comercios y supermercados.

HOLD UP A BANK, TO. Atracar un banco, hacer un coba, hacerse un banco.

HOLD UP A SHOP, TO. Robar una tienda.

HOLD - UP MAN, A. s. Atracador.

HOLE CALLS THE THIEF, THE. La ocasión hace al ladrón. Puerta abierta, al santo tienta.

HOLE. TO KICK SOMEONE UP THE HOLE. Pegarle a alguien una patada en el trasero.

HOLE. TO BE IN THE HOLE. Persona que está endeudada debido al juego.

HOLE UP, TO. Esconderse.

HOLES. TO FILL FULL OF HOLES. Coser a tiros.

HOLIDAY. TO HAVE A HOLIDAY AT HER MAJESTY'S PLEASURE, AND EXPENSE. Estar entre rejas, estar en chirona.

HOLLOW - EYED, GREEN - TONGUED JUNKIE, A. Drogadicto de aspecto moribundo.

HOLMES, SHERLOCK. Personaje ficticio creado por, Sir Arthur Conan Doyle, (1859 - 1930). En los relatos de Sir Arthur Conan Doyle, S. Holmes moraba en el número, 221- B de Baker Street. En el mundo real, posteriormente, se instaló, en dicho edificio, una sucursal bancaria. Esta sucursal recibía correspondencia de todas las partes del mundo, de unos clientes muy especiales que buscaban ayuda de uno de los detectives más famosos del mundo, para que les resolviera sus numerosos problemas. En la actualidad se encuentra The Sherlock Holmes Museum, el cual sigue recibiendo la misma cantidad de correspondencia. Contrario a la creencia popular, S. Holmes, no consumía opio, era un asiduo a la cocaína. En el relato publicado en 1886, "A Scandal in Bohemia ", Escándalo en Bohemia, aparece por primera vez la palabra cocaína en la literatura británica.

Dr. Watson describe a S. Holmes de la siguiente manera, "alternating from week to week between cocaine and ambition," S. Holmes alterna una semana con otra la cocaína y la ambición. En "The Sign of Four," El Signo de los Cuatro, Dr. Watson, dice, "Sherlock, took his bottle from the mantelpiece, and his hypodermic syringe from its neat Morocco case with his long, white, nervous fingers, he adjusted the delicate needle..." "Sherlock, tomó la botella que se encontraba en la repisa de la chimenea y la jeringa hipodérmica de un ordenado estuche de tafilete marroquí, con sus largos, pálidos dedos y ajustó la delicada aguja." Sir

Arthur Conan Doyle ejercía la carrera de médico oftalmólogo antes de dedicarse a escribir novelas, y en aquella época se utilizaba cocaína para las operaciones de ojos como anestesia. Hasta 1916, la cocaína, no estaba considerada como un azote social. Sin embargo, a partir de la década de 1930, la drogadicción, según los nuevos moralistas de la época, sólo conducía a la prostitución, la inmoralidad y la delincuencia. Así, lo que había sido normal en películas y representaciones teatrales hacer uso de la cocaína, desapareció por completo de la escena.

HOME AND DRY. TO BE HOME AND DRY. Lograr lo que se propone uno.

HOME. TO COME HOME WITH YOUR KNICKERS TORN AND SAY YOU FOUND THE MONEY. No me digas que se me caen las ligas. No me jorobes, que estoy rezando. No me vengas con gaitas zamoranas. Frase que expresa la incredulidad de lo que le cuentan a uno.

HOME. TO RUN AWAY FROM HOME. Escaparse de casa.

HOME TRUTHS. TO TELL SOMEONE A FEW HOME TRUTHS. Decirle a alguien cuatro verdades.

HOMICIDE. s. Homicidio. To be charged with reckless homicide. Ser inculpado de homicidio imprudente.

HOMO HOMINI LUPUS. MAN IS A WOLF TO MAN. El hombre es un lobo para los otros hombres.

HOMOPHOBIC BULLYING. Matonismo homofóbico.

HOMOPHOBIC CULTURE. Cultura homofóbica.

HOMOPHOBIC HATE STICKERS. Pegatinas de odio homofóbicas.

HOMOPHOBIC. A HOMOPHOBIC SLUR. Insulto homófobo.

HOMOPHOBIC THUGGERY. Matonismo homofóbico.

HONOUR AMONG THIEVES. Perro no come carne de perro. Entre bomberos no nos pisamos la manguera. Entre gitanos no se dice la buenaventura. Entre fantasmas no nos pisamos la sábana.

HOODLUM. s. 1. Gamberro. 2. Gánster.

HOODWINK. TO BE HOODWINKED. Ser estafado.

HOOF. TO SHOW THE CLOVEN HOOF. Vérsele a alguien el plumero, vérsele la oreja a alguien, ver las intenciones de alguien.

HOOF. TO HOOF IT. Poner tierra de por medio, escapar.

HOOK, A. s. Gancho. I caught him with a left hook putting him straight on his arse. Le metí un gancho izquierdo, y le tumbé patas arriba.

HOOK, TO. v. Robar, afanar.

HOOK IT, TO. v. Abrirse, huír, desaparecer.

HOOK OR BY CROOK. TO OBTAIN SOMETHING BY HOOK OR BY CROOK. Conseguir algo sea como sea, por las buenas o por las malas.

HOOK. TO GET/LET SOMEONE OFF THE HOOK. Salir de un peligro o apuro, sacarle las castañas a alguien del fuego. James, concerned only with clearing his own name, signed the paper and let Sandra off the hook. James, preocupado sólo en limpiar su propio nombre, firmó el documento, y sacó a Sandra del apuro.

HOOK. SLING YOUR HOOK! ¡Vete a freír espárragos!

HOOK. TO SWALLOW HOOK, LINE AND SINKER. Creérselo todo.

HOOKED. TO GET HOOKED ON DRUGS. Enganchado a las drogas.

HOOKER, A. s. Prostituta, cantonera. I waited outside, quite aware that, standing on a street corner in high heels, a flashy dress, I looked like a hooker. Esperé afuera, consciente de que, el estar en la esquina de una calle con zapatos de aguja y un vestido llamativo, parecía una cantonera.

HOOKY. Mercancía robada.

HOOLIGAN, A. s. Gamberro, matón, analfabestia. The local hooligan. El matón del barrio. A high - profile hooligan ringleader. Un líder prominente de una banda de gamberros.

HOOLIGAN CULTURE. s. Gamberrismo.

HOOLIGAN. PATRICK HOOLIGAN. s. Irlandés que se hizo tristemente célebre por sus fechorías en Londres, en la década de 1890. De ahí su significado actual, hooligan. The hooligan punched the man in the face walked through the crowd and swaggered off down the pavement. El gamberro le propinó al hombre un puñetazo en la cara, atravesó la muchedumbre, y se fue pavoneándose por la acera.

HOOLIGANISM. AN ACT OF HOOLIGANISM. Una gamberrada. Alcohol fuelled hooliganism. Gamberrismo inducido por el alcohol.

HOOP. TO PUT SOMEONE THROUGH THE HOOP. Hacer pasar la pena negra, hacer pasar por el aro, hacer pasarlas canutas. Castigar a alguien azotándole, sufrir el martirio chino. Terry was in a mood today and he was putting everyone through the hoop. Hoy, Terry estaba de mal humor y estaba haciéndoselas pasar canutas a todo el mundo.

HOOTER, THE. s. La napia. Aneurin landed a punch on to Cuthbert´s hooter. Aneurin le encajó un puñetazo a Cuthbert en la napia. Don´t stick your hooter in my business. No metas la nariz donde no te importa. Arnold has permanently got a rolled - up £50 stuck up his hooter. Arnold lleva, constantemente, un billete enrollado de 50 libras dentro de la nariz.

HOP HEAD, A. s. Drogadicto.

HORNS. TO BE ON THE HORNS OF A DILEMMA. Estar entre la espada y la pared.

HORNS. TO LOCK HORNS WITH SOMEONE. Enfrentarse a alguien, pelearse con alguien, combatir. There are fireworks whenever the two lock horns. Siempre que se enfrentan los dos, saltan chispas.

HORNS. TO PULL IN ONE'S HORNS. Comedirse, moderarse.

HORNS. TO TAKE THE BULL BY THE HORNS. Coger al toro por los cuernos, lanzarse al ruedo, enfrentarse a un problema con decisión. If you want to pass your driving test, you´ll have to take the bull by the horns. Si quieres pasar el permiso de conducción tendrás que atacar el problema con decisión.

HORNET´S NEST. TO STIR A HORNET´S NEST. Revolver el avispero, revolver el gallinero, armarla, armarla gorda, armarla parda. Sam likes to poke a stick into the hornet´s nest to see what happens. A

Sam le gusta revolver el avispero con un palo para ver que sucede.

HORSE. s. Caballo, heroína.

HORSE. TO BACK THE WRONG HORSE. Apostar por el caballo perdedor.

HORSE. A HORSE OF A DIFFERENT COLOUR. Ser harina de otro costal.

HORSE. TO FLOG A DEAD HORSE. Molestarse para nada, perder el tiempo en algo que no puede llevarse a cabo. Flogging a dead horse that died years ago is not a runner, even for this dead - horse government. Molestarse por algo que hace tiempo que no sirve para nada no merece la pena, ni siquiera por este gobierno inútil.

HORSE. TO RIDE THE HIGH HORSE. Ponerse arrogante. He is up on his high horse again. Se está poniendo arrogante otra vez.

HORSE'S MOUTH. STRAIGHT FROM THE HORSE'S MOUTH. Saber algo de buena tinta. I have got it straight from the horse's mouth; Dora was there when Glenda won the lottery. Lo sé de buena tinta; Dora estaba allí cuando Glenda le toqué la lotería.

HORSES. TO CHANGE HORSES IN MIDSTREAM. Cambiar de táctica en el medio de un proyecto, cambiar de política en el medio del camino, cambiar de novio en el medio de la ceremonia, quien bien va, no tuerza, cambiar las reglas del juego en mitad de la partida, desenganchar los caballos para poner otros de refresco en el medio de un río turbulento. It is not a good idea to change horses in midstream. No es una buena idea cambiar de novio en el medio de la ceremonia.

HOSTAGE. s. Rehén. To hold someone hostage. Tener a alguien como rehén.

HOSTAGE TAKER. s. Secuestrador.

HOSTAGE TAKING. La toma de rehenes.

HOSTILITY. s. Hostilidad. To arouse hostility. Incitar hostilidad.

HOT. Mercancía robada.

HOT AND COLD. TO BLOW HOT AND COLD. Cambiar de parecer constantemente, poner la capa como viniere el viento, ser como una veleta, ser según los vientos que soplan. He blows hot and cold on the wedding so that I don't know whether he will eventually get married. Cambia de parecer constantemente, así que, no sé si finalmente se casará.

HOTBED OF, A. Semillero de. A hotbed of international intrigue. Un semillero de intriga internacional.

HOT BURGLARY. s. Robo con moradores.

HOT GOODS. s. Mercancía robada.

HOTHOUSE. s. Casa donde se cultivan cannabis ilícitamente.

HOT PURSUIT. Persecución extraterritorial, persecución transfronteriza.

HOT - RODDING. s. Conducir un coche que ha sido preparado para correr a grandes velocidades.

HOT SEAT. TO PUT ON THE HOT SEAT. Interrogar.

HOT SPOT. s. Lugar peligroso.

HOT. TO GIVE IT SOMEONE HOT. Castigar.

HOT. TO MAKE IT HOT FOR SOMEONE. Ponerle las cosas difíciles a alguien.

HOTTING. Conducir temerariamente un coche robado. The police caught Dan hotting on the motorway. La policía pilló a Dan conduciendo temerariamente un coche robado por la autopista.

HOT WATER. TO BE IN HOT WATER. Estar metido en un lío. Poor Andrew looks like being in what the Edwardians called hot water, as the girl is making paternity claims. Pobre Andrew, parece que está metido en lo que los eduardianos llaman, un lío de faldas, la chica presenta litigio de paternidad. To land someone in hot water. Meter a alguien en un lío.

HOTWIRE A CAR, TO. Hacerle el puente a un coche. The thieves hotwired the car and drove off. Los ladrones le hicieron el puente al coche y se las piraron en él.

HOUND DOWN A CRIMINAL, TO. Localizar a un delincuente.

HOUND SOMEONE LIKE DOGS IN HEAT, TO. Perseguir y acosar a alguien sin cesar.

HOUDINI. TO DO A HOUDINI. Fugarse, abrirse, escaparse. To Houdinize. Escapar de un espacio reducido. To perform a Houdini - like escape. Hacer una escapada a lo Houdini.

HOUSE ARREST. TO BE UNDER HOUSE ARREST. Estar bajo arresto domiciliario. Estar recluído en prisión domiciliaria. To violate house arrest. Infringir el arresto domiciliario.

HOUSE. A HOUSE OF ILL REPUTE. Una casa de mala nota. Lupanar, burdel.

HOUSE ON FIRE. TO GET ON LIKE A HOUSE ON FIRE. Hacer muy buenas migas con alguien, llevarse muy bien, ser uña y carne. My sister and my brother always got on like a house on fire. Mi hermano y mi hermana, siempre se llevaban muy bien.

HOUSE. A ROUGH HOUSE. Riña, pelea. Last night there was a rough house in the pub. Anoche hubo una pelea en el bar. To rough house someone. Maltratar a alguien.

ROUGH HOUSE, A. Bar donde hay muchas peleas.

ROUGH - HOUSE SOMEONE, TO. Maltratar a alguien.

HOUSE. STRANGE THINGS HAPPEN IN THIS HOUSE. En esta casa ocurren fenómenos extraños.

HOUSE STRESSED. Tener que emplear 40% del sueldo en el alquiler.

HOUSE. TO PUT YOUR HOUSE IN ORDER. Resolver los propios problemas.

HOUSES. THOSE WHO LIVE IN GLASS HOUSES SHOULD NOT THROW STONES. El que tiene tejado de vidrio, no tire piedras al del vecino. Antes de decir de otro << cojo es>>, mírate los pies.

HOUSING ESTATE. s. Urbanización. A sink estate. Urbanización plagada de problemas sociales: Droga, violencia, problemas económicos, etc.

HOUSING SCAM, A. Estafa inmobiliaria.

HUMP. TO GIVE SOMEONE THE HUMP. Enojar a alguien, cabrear. To have the hump. Estar cabreado. Estar harto.

HUMAN RIGHTS ACT, THE. s. La Ley de Derechos Humanos.

HUMAN TRAFFICKING. Tráfico de seres humanos.

HUMOUR. A PERSON WITH A STREAK OF FILTHY HUMOUR. Una persona con una veta para el humor picante.

HUNCH. TO HAVE A HUNCH. Tener una corazonada. I have a hunch that Hilary read him the riot act. Tengo la corazonada que Hilary le cantó la cartilla.

HUNT. THE HUNT FOR THE MURDERER IS ON. La caza del asesino está en curso.

HUNGER DRIVES THE WOLF OUT OF THE WOOD. El hambre echa al lobo del monte.

HUNGER STRIKE. TO GO ON HUNGER STRIKE. Declararse en huelga de hambre.

HUNGER WAGES. s. Sueldos de hambre.

HUNK OF A MAN, A. Un tío cachas, un tío corpulento.

HUNT SOMEONE DOWN, TO. Darle caza a alguien. To hunt down a robber on the run. Darle caza a un ladrón huido.

HURRY. IN A HURRY. Tener prisa.

HUSBAND. s. Marido. It wasn´t the first time I´d had the feeling my husband wasn´t quiet all there. No fue la primera vez que había pensado que mi marido estaba más sonado que las maracas de Machín.

HUSBAND. s. Marido. My late husband. Mi difunto marido.

HUSBAND BEATER. Maltratadora de hombres.

HUSTLE, TO. v. Timar. You´ve been hustled. Te han timado.

HUSTLER. s. Prostituta.

HYENA. s. Hiena. To laugh like a hyena. Reírse como las hienas. La risa siniestra de las hienas.

HYPED UP. TO BE HYPED UP. Estar muy nervioso.

I

ICE. s. Challa, diamantes, joyas.

ICE. s. Soborno, mordida, comisión.

ICE, TO. v. Matar, limpiar el forro.

ICEBOX, THE. s. En la jerga taleguera, bote, celda donde se aísla a los presos.

ICEMAN. s. Sicario, asesino a sueldo.

ICY SILENCE. Silencio escalofriante.

IDENTITY PARADE O LINE UP. Rueda de reconocimiento. The prisoner faced several other witnesses on an I. D. parade for the London robbery. El preso tuvo que arrostrar a numerosos testigos en una rueda de reconocimiento por los atracos de Londres. Identity parade witness. Testigo de una rueda de reconocimiento.

IDEA. WHAT'S THE BIG IDEA? ¿Qué pretendes? What are you looking in my bag for? What's the big idea? ¿Qué buscas en mi bolsa? ¿Qué pretendes?

IDEAS. TO GET IDEAS. Hacerse ilusiones. Don't get ideas. You won't go out to play with your mates because it is raining. No te hagas ilusiones. No saldrás a jugar con compinches porque está lloviendo.

I D. A FAKE I D. s. Documento de identidad falso.

I D. A FALSE I D. s. Documento de identidad falso.

IDENTITY. MISTAKEN IDENTITY. Identidad equivocada.

I D FRAUD. Práctica que consiste en adquirir, documentos, tarjetas de crédito, direcciones, etc. ilícitamente, para comprar y sacar dinero de los cajeros.

I D FRAUDSTER, AN. s. Persona que obtiene, por medios ilícitos, documentación de otra persona para usarla sin su permiso.

IDLE MISFIT, AN. Un holgazán e inadaptado social.

IDLER. s. Parásito, vago.

IF YOU WOULD MAKE AN ENEMY, LEND A MAN MONEY, AND ASK OF HIM AGAIN. Quien prestó al amigo, dos cosas hizo: vendió un amigo y compró un enemigo.

IFFY. s. Mercancía robada.

IFFY. Persona de poco fiar.

IGNORANCE OF THE LAW EXCUSES NO MAN. El desconocimiento de la ley no exime su cumplimiento.

ILL - AT - EASE. Inquieto, preocupado, nervioso, agitado. The man was ill - at - ease in the presence of the police. El hombre estaba inquieto ante la presencia de la policía.

ILL. TO SPEAK ILL OF SOMEONE. Hablar mal de alguien. He was beheaded for speaking ill of the king. Lo decapitaron por hablar mal del rey.

ILL. TO TAKE IT ILL. Tomar a mal, tomar a disgusto.

ILLEGAL GARDENING. En el mundo de la droga, cultivo de cannabis.

ILLEGAL ALIEN. Inmigrante ilegal.

ILL - GOTTEN GOODS. s. Bienes mal adquiridos, ganancias ilegales. To grow rich on ill - gotten wealth. No crece el río con agua limpia, ni con pico ni con pala se hace uno rico. He bagged 4 million of ill-gotten gains. Se embolsó 4 millones en ganancias mal adquiridas.

ILL GOTTEN - GOODS NEVER PROSPER. Bienes mal adquiridos, a nadie han enriquecido.

ILL GOTTEN, ILL SPENT. Lo mal adquirido se va como ha venido. Lo mal ganado se lo lleva el diablo.

ILL - NATURED. Adj. Malévolo.

ILL NEWS NEVER COMES LATE. Las malas nuevas corren que se las pelan.

ILL - STARRED. Tener mala suerte.

ILL WEEDS GROW APACE. La mala hierba siempre crece.

ILL - WILL. TO HARBOUR ILL - WILL. Guardar rencor.

ILLICIT TRADE. Comercio ilícito.

IMAGE. Imagen. Harrowing images. Imágenes desgarradoras.

IMAGE. TO BE THE SPIT AND IMAGE OF SOMEONE. Ser la viva imagen de alguien. Hamish is the spit and image of his uncle Harry. Hamish es la viva imagen de su tío Harry.

IMAGE. TO DENT AN IMAGE. Dañar la reputación de alguien.

IMAGINATIVE JOURNALISM. s. Inventarse historias, no contar la verdad.

IMBIBE, TO. Beber. To imbibe copious quantities of wine. Beber abundantes cantidades de vino.

IMMEDIATE INCAPACITATION. To blow somebody´s brains up. Volarle a alguien la tapa de los sesos a tiros.

IMPEACHMENT. s. Acusación contra un alto cargo.

IMPEACH, TO. v. Acusar a un alto cargo de un delito.

IMPERSONATE, TO. v. Hacerse pasar por, suplantar. Impersonating a police officer is a criminal offence. Hacerse pasar por un agente de policía es delito. To impersonate an individual. Suplantar a una persona.

IMPOSTER. s. Impostor. There is an imposter in our mist. Hay un impostor entre nosotros.

IMPOUND, TO. v. Embargar, confiscar.

IMPRESSIONS. FIRST IMPRESSIONS ARE MOST LASTING. La primera impresión es la que cuenta.

IMPRISONMENT. FALSE IMPRISONMENT. Encarcelamiento illegal.

IMPROPER. TO SAY SOMETHING IMPROPER. Decir algo indecoroso.

IN AND OUT MAN, AN. Busca. Ladrón que se aprovecha de las ocasiones para robar. Ventanas abiertas, puertas, etc.

IN A PIG´S ARSE! ¡Y una mierda!

IN BED WITH SOMEONE. Conchabarse con alguien para hacer fechorías.

IN BOTHER. TO BE IN BOTHER. Tener problemas.

INCARCERATE, TO. v. Encarcelar.

IN CAMERA. En la jerga judicial. 1. In the chamber, reunión en el despacho del juez. 2. Juicio a puerta cerrada.

IN COLLAR. Que trabaja, estar empleado.

IN. TO BE IN. Estar entre rajas.

IN. TO BE INFOR IT. Esperarle una buena.

INCIDENT. s. Incidente. To get involved in a serious incident. Involucrarse en un incidente grave. A run - of - the - mill incident. Un incidente de poca monta. Un incidente corriente y moliente.

INCH. NOT BUDGE AN INCH. Mantenerse uno en sus treces, no dar el brazo a torcer.

INCOMMUNICADO. Adj. Incomunicado. To be held incommunicado. Mantener incomunicado.

INCONTINENT TALKER, AN. s. Parlanchín.

INCRIMINATE SOMEONE, TO. Incriminar a alguien.

INDECENT EXPOSURE. s. Exhibición deshonesta.

INDECENT IMAGES. Imágenes deshonestas.

INDECENT PROPOSAL. s. Proposición deshonesta.

INDELIBLE PRINTING. Impresión indeleble.

INDENTATION. s. Hendidura. The dead man had a deep indentation above the right temple. El cadáver tenía una herida profunda por encima de la sien derecha.

IDENTIKIT. s. Retrato robot.

IDENTITY THEFT. s. Robo de identidad.

IMITATION. A SPURIOUS IMITATION. Imitación falsa.

INDEPENDENT POLICE BODY. s. Organismo policial independiente.

INDEPENDENT POLICE COMPLAINTS COMMISSION. Comisión Independiente de Quejas contra la Policía. Organismo dentro del cuerpo policial que investiga las quejas del público, los errores o injusticias, que haya cometido algún agente.

INDIAN HEMP. s. Cáñamo índico. Cannabis.

INDIAN. THE ONLY GOOD INDIAN IS A DEAD

INDIAN. No hay mejor enemigo que el enemigo muerto.

INDICT SOMEONE, TO. s. Encausar a alguien. Enjuiciar.

INDUCEMENT. s. Soborno.

INDUSTRY. WANT IS THE MOTHER OF INDUSTRY. La necesidad hace maestros. El mejor maestro el hambre.

IN DUTCH. TO BE IN DUTCH. En la jerga de la delincuencia, tener problemas.

INEBRIATED. Adj. Ebrio.

INFANTICIDE s. Infanticidio.

INFLUENCE PEDDLING. Tráfico de influencias.

INFORM ON SOMEONE, TO. Informar, denunciar, delatar, chivarse.

INFORM AGAINST SOMEONE, TO. Delatar a alguien.

INFORMANT. s. Chivato, confidente, canario. The murky world of informants. El turbio mundo de los confidentes.

INFORMATION. s. Información. To gather information. Recabar información.

INFORMATION IS POWER. La información es poder.

INFORMATION. s. Información. Misleading information. Información engañosa.

INFORMER. s. Chivato, confidente, canario. A net of informers. Una red de confidentes. A paid informer. Confidente a sueldo.

IN FOR A PENNY, IN FOR A POUND. Preso por mil, preso por mil y quinientos. De perdidos al río.

INJECTION. A LETHAL INJECTION. s. Inyección letal. Death by lethal injection. Ejecución por inyección letal.

INJUCTION, AN. s. Mandato judicial.

INJURED PARTY. Parte perjudicada.

INJURY. s. Herida. The woman died as a result of her injuries. La mujer murió como consecuencia de las heridas.

INJURY. A FATAL INJURY. Herida mortal.

INKLING. TO HAVE AN INKLING. Tener una sospecha, tener una corazonada. As strange as it might be, I had an inkling he was never coming back that day, when I said goodbye to him. Aunque parezca todo lo raro que quiera, tuve la sospecha que no iba a volver aquel día, cuando le dije adiós.

I HAVEN'T AN INKLING. No tengo ni idea.

INKSLINGER, AN. s. En la jerga taleguera, preso que se dedica a hacer tatuajes a otros presos.

INMATE. s. Recluso. A death row inmate. Recluso condenado a muerte.

INNER CITIES. s. Los núcleos urbanos más desfavorecidos de una ciudad.

INNOCENCE. s. Inocencia. To prove one's innocence. Demostrar ser inocente. To maintain one's innocence. Defender uno su inocencia. The principle of presumption of innocence. El principio de presunción de inocencia.

INNOCENT UNTIL PROVEN GUILTY. Inocente hasta que se demuestre lo contrario. Nadie es culpable hasta que la sentencia es firme. He defended his father to the hilt, claiming he was innocent until proven guilty. Defendía a su padre incondicionalmente, afirmando que era inocente hasta que no hubiera sentencia firme. The director was proven guilty; however, the employees claimed it was all a plot. It had been cooked up by the press. El director fue declarado culpable, sin embargo, los empleados aseveraban que todo había sido un complot fabricado por la prensa.

INNUENDO. s. Insinuación.

INQUEST, AN. s. Investigación. The inquest is to be held tomorrow and there will be no argument as to the cause of death, of course. La investigación tendrá lugar mañana, y claro, no habrá dudas en cuanto a la causa de la muerte.

INQUIRING JUDGE, AN. s. Juez investigador.

INQUIRIES. TO HELP THE POLICE WITH THEIR INQUIRIES. Interrogar a un detenido.

INQUIRY. A JUDICIAL INQUIRY. s. Investigación judicial.

INQUIRY. s. Investigación. A murder inquiry. Investigación de un asesinato. Investigación criminal. To wilfully withold information about a murder inquiry. Retener información, deliberadamente, de una investigación criminal. Police have launched a murder inquiry after the body of a 30-year-old woman was found on a London allotment. La policía ha iniciado una investigación criminal tras descubrir el cadáver de una mujer de 30 años en una parcela de Londres.

INQUIRY. A ROUTINE INQUIRY. Investigación habitual.

INQUISITION. TO GIVE SOMEONE THE INQUISITION. Interrogar.

INSIDE. TO BE INSIDE. Estar en el trullo, estar arriba.

INSIDE JOB, AN. s. En la jerga de la delincuencia, robo que se lleva a cabo con la colaboración del propietario de un establecimiento, con el fin de que este último pueda cobrar los seguros.

INSIDER TRADING. Información privilegiada.

INSPECTION. s. Inspección. On - the - spot inspección. Inspección in situ.

INSPECTION. ROUTINE INSPECTION. Inspección habitual.

INSTANT ZEN. En el mundo de las drogas, se refiere a las sensaciones alucinatorias que producen las drogas.

IN SPORTS AND JOURNEYS MEN ARE KNOWN. En la mesa y en el juego se conoce al caballero.

IN STIR. TO BE IN STIR. En la jerga de la delincuencia, estar en el talego, estar en el trullo, estar arriba.

IN - STORE WASTAGE. s. Lo que roban los clientes y empleados en los comercios.

INSULT TO INJURY. TO ADD INSULT TO INJURY. Por si esto fuera poco. Para más inri. A do te duele, ¡ahí te daré!

INSULT. TO POCKET AN INSULT. Aguantar un insulto sin rechistar.

INSULTS. TO TRADE INSULTS. Insultarse. Intercambiar insultos.

INSULTS. TO YELL INSULTS. Proferir insultos.

INSURANCE. s. Seguro. Burglary insurance. Seguro contra robo.

INSURANCE FIDDLE. Estafa de seguros.

INSURANCE FRAUD. Defraudación de seguros.

INSURANCE SCAM. Estafa de seguros.

INTERCEPT SOMONE´S MAIL, TO. Interceptar la correspondencia de alguien.

INTERFERE. TO INTERFERE WITH. Entrometerse.

INTELLIGENCE - SHARING. Intercambio de información.

INTENTIONS. TO BE FULL OF GOOD INTENTIONS. Tener muy buenas intenciones.

INTERNET BULLYING. Acoso por Internet.

INTERCEPT EVIDENCE, TO. Pinchar teléfonos.

INTERNATIONAL CRIMINAL COURT, THE. s. El Tribunal Penal Internacional.

INTERNATIONAL CRIMINAL ORGANISATION, AN. s. Organización internacional de ámbito criminal.

INTERNATIONAL MILK THIEF, AN. En la jerga policial, cagarrutero, cagata, ratero, raterillo, chorizo, delincuente de poca monta.

INTERROGATE, TO. v. Interrogar. The defendant was interrogated for several days. Interrogaron al acusado por unos días.

INTERROGATION. ENHANCED INTERROGATION TECNIQUES. Interrogación que roza la tortura.

INTERVIEW ROOM, THE. s. En la jerga policial, la sala de interrogatorios.

INTERRUPTION. s. Interrupción. Another interruption and I will have you removed from the court. Otra interrupción y lo echo de la sala.

INTRUDER. s. Intruso. When Cheryl returned home, she found an intruder in the house. Cuando Cheryl volvió a casa, encontró a un intruso dentro. To disturb an intruder. Sorprender a un intruso.

INVESTOR. s. Inversor. To mislead investors. Engañar a los inversores.

INVESTIGATION, AN. s. Investigación. To be in charge of an investigation. Estar al cargo de una investigación. A complex investigation. Investigación complicada. To mishandle an investigation. Llevar mal una investigación. To have an investigation into something that happened 30 years ago. Investigar algo que sucedió hace 30 años. To jeopardise an investigation. Poner en peligro una investigación. An ongoing investigation. Investigación en curso. An investigation in progress. Una investigación en curso. Undercover investigation. Investigación encubierta. To be investigated. Ser investigado.

INVESTMENT SCAM. s. Fraude de inversiones. Investment scammer. Defraudador de inversiones.

INVOLVED. TO BE INVOLVED IN SOMETHING. Estar involucrado en algún asunto. I am not involved in this at all. Yo no he tenido ni arte ni parte en todo esto.

I Q. Coeficiente intelectual. Low I Q crazy. Loco y bajo coeficiente intelectual.

IRON. s. Pasta, guita, parné.

IRON. s. Hierro, fierro, armas de fuego. Navajas, cuchillos, etc.

IRON. s. Palanqueta, pata de cabra. Batuta. Palanca que se utiliza para forzar puertas y ventanas.

IRON BAR. s. Barra de hierro. The police found the lifeless body hanging from an iron bar. La policía encontró el cadáver colgado de una barra de hierro.

IRON LUNG, A. s. En la jerga del hampa, soborno, mordida.

IRONMONGERY. Armas de fuego.

IRONS. Esposas, grilletes. To be in irons. Estar encadenado. Con grilletes. To put in irons. Encadenar.

ISLAND, THE. s. En la jerga de la delincuencia, alusión que se hace a la cárcel, Parkhurst, ubicada en la isla de Wight, de la que es muy difícil fugarse.

ISSUE. s. Problema. To have an issue with someone. Tener un problema con alguien.

ITCHING PALM. TO HAVE AN ITCHING PALM. Aceptar sobornos.

IT IS ALL UP. Se acabó lo que se daba.

IT IS BETTER TO BE A COWARD FOR A MINUTE THAN DEAD FOR THE REST OF YOUR LIFE. Más vale decir: aquí huyó, que aquí murió. Mejor es que digan, aquí huyó fulano que aquí le mataron.

IT IS ILLEGAL TO SELL TOBACCO PRODUTS TO ANYONE UNDER THE AGE OF 16. Está prohibida la venta de tabaco a los menores de 16 años. Aviso en un comercio.

IT IS NO USE CRYING OVER SPILT MILK. A lo hecho, pecho.

IT TAKES TWO TO MAKE A QUARREL. Si uno no quiere, dos no pelean.

J

JAB, TO. v. Dar un puñetazo directo. It was shadow boxing, Arnold moved and jabbed, but he could never really land a blow. Era hacer sombra, como los boxeadores, Arnold se movía y daba puñetazos directos, pero, en realidad, nunca pudo asestar un solo golpe.

JACK, A. s. Policía, madero. Detective.

JACKDAW ALWAYS PERCHES BY JACKDAW. Dios los cría y ellos se juntan.

JACK. I AM ALL RIGHT, JACK, PULL THE LADDER AWAY! ¡Comido yo, comido todo el mundo! ¡Yo harto, tó el mundo harto; quita la mesa muchacho!

JACK OF BOTH SIDES, A. s. Dícese de la persona que trata de favorecer a dos partes antagonistas, bien sea por miedo, o para aprovecharse de la situación.

JACK KETCH. La personificación del verdugo.

JACK OF ALL TALES. s. Mentiroso.

JACK ONESELF UP, TO. Inyectarse heroína, meterse un pico, meterse un chute.

JACKPOT. TO HIT THE JACKPOT. Tocarle a uno el premio gordo, acertar en el blanco, tener suerte con algún asunto. Cheryl was very pleased with her life now because she had been on holiday and hit the jackpot by meeting her ideal man. Cheryl estaba muy satisfecha con su vida. Había estado de vacaciones y había tenido la buena suerte de conocer al hombre ideal. To scoop the jackpot. Ganar el premio.

JACK THE LAD. Un joven descarado. Bravucón, chuleta. Un tío pretencioso. Playing the Jack the lad. Playing a dirty trick. Hacer alguna mala pasada, hacer alguna putada.

JACK THE RIPPER. Jack el Destripador.

JAIL. s. Cárcel, trullo, cortijo, trena, beri, angustia, agujero. To be thrown in jail. Encarcelar. Dar con los huesos en la trena. To sling someone in jail. Enchironar. To do jail. Estar en la cárcel. To be jailed for life over the killing of his wife. Condenar a cadena perpetua por el asesinato de su mujer. The man was jailed for life for the murder of the little girl. El hombre fue condenado a cadena perpetua por el asesinato de la niña. A long jail sentence. Una condena de muchos años.

JAIL BIRD, A. s. Persona que pasa temporadas en la trena o permanentemente.

JAIL BUST - UP. s. Pelea en la cárcel.

JAILER. s. Carcelero.

JAIL FODDER. s. Fresco del día. Carne de presidio. En la jerga carcelaria, dícese de la persona que acaba de ingresar en la cárcel.

JAIL. TO FACE DECADES IN JAIL. Enfrentarse a una gran temporada en la trena.

JAILS ARE JAM PACKED, THE. Las cárceles están hasta la bandera. En las cárceles ya no cabe ni un alfiler, las cárceles están a rebosar.

JAM BUTTY, A. s. Coche de policía, cerota.

JAM. TO BE IN A JAM. Estar en un brete.

JAR. s. Joyas falsas.

JAW. s. Mandíbula. The attacker punched the victim repeatedly in the face, breaking his jaw. El agresor le dio varios puñetazos a la víctima en la cara, fracturándole la mandíbula.

JAWED. A LOOSE JAWED. Persona que no puede guardar un secreto.

JAY - WALKER, A. Persona que cruza la calle sin mirar.

JELLY - BACKED PERSON, A. Cobarde.

JELLY. TO TREMBLE LIKE JELLY. Temblar como una hoja, temblar las carnes, temblar las canillas, temblarle la barba a alguien, estar como un flan, tener miedo. As soon as he saw the police coming, he started to tremble like jelly. Tan pronto como vio aparecer a la policía, le empezaron a temblar las canillas.

JEMMY, A. s. En la jerga de la delincuencia, la batuta, una pata de cabra, palanca que se utiliza para forzar puertas y ventanas. To jemmy a lock. Descerrajar una puerta con una batuta para entrar a robar.

JERK, A. Un tipo despreciable.

JEST. DOGS BEGIN IN JEST AND END IN EARNEST. Las cañas se vuelven lanzas. Las burlas más chanceras a lo mejor se vuelven veras.

JEST. IF YOU GIVE A JEST, YOU MUST TAKE A JEST. Donde las dan las toman.

JESUS FREAK. s. Cristiano renacido.

JET, TO. v. Escapar, pirárselas, abrirse.

JEWELER´S SHOP, A. s. Joyería. To do a smash - and - grab on a jeweller's shop. Romper el escaparate de una joyería, y arramplar rápidamente con todo lo que se pueda.

JEWELLERY. s. Joyas. Costume jewellery. Bisutería.

JEWELLERY. FAKE JEWELLERY. Joyas falsas.

JEWISH PIANO, A. s. Caja registradora.

JIB. THE CUT OF SOMEONE'S JIB. La pinta que tiene alguien, la facha, el aspecto, la traza, la apariencia. I don't like the jibe of that guy. No me gusta la pinta que tiene ese tío.

JIGGERY - POCKERY. Fraude, hacer trampas.

JIGGLERS. s. En la jerga de la delincuencia, el abecedario, manojo de llaves falsas.

JILL, A. s. Mujer policía.

JIMMY, A. s. Un pique de heroína.

JITTERS. TO HAVE THE JITTERS. Estar nervioso.

JOB, A. s. Delito.

JOB. A SIX - CYLINDER JOB. Matar a tiros.

JOB, TO. v. 1. Dar un puñetazo. 2. Colgar un marrón.

JOB. TO DO A JOB. Cometer un delito.

JOB. TO DO A JOB ON SOMEONE. Estafar a alguien.

JOB. TO PULL A JOB. Cometer un delito. Robar.

JOB. A PUT-UP JOB. 1. Montaje, farsa. 2. Timo, estafa.

JOB. A SHIT JOB. Un trabajo de mierda.

JOBLESS, THE. Los parados, los desempleados.

JOBSWORTH, A. s. Funcionario muy meticuloso, puntilloso. Tocahuevos.

JOCKEY, A. s. Vocablo que utilizan las prostitutas para referirse a un cliente. Un jinete, un cabrito.

JOEY, A. s. Paquete de drogas que pasa alguien a la cárcel.

JOEY - ING. Entrar a robar en un almacén o fábrica con un furgón, llenarlo de mercancías, y pirárselas.

JOEYING. Robar de los bolsos.

JOHN LAW. s. Dícese del policía que es muy respetado por la ciudadanía.

JOINT, A. s. Bar. A low joint. Antro.

JOINT, THE. s. Cárcel, angustia, beri.

JOINT. s. Porro, canuto. To roll a joint. Liar un canuto. To be craving for a joint. Estar desesperado por fumarse un porro. Matey, can I have some money? I am craving for a joint. ¡Tronco! ¿Me puedes dar algo de dinero? Estoy desesperado por fumarme un porro. To blow a joint. Fumarse un canuto. At the party, someone circulated a joint or two. En la fiesta, alguien pasó algún porro que otro. Pass me the joint, I want to get stoned. Pásame el porro, que quiero coger un colocón.

JOINT. TO CASE THE JOINT. Comprobar si lo moradores de una casa están o no; llamar al timbre, telefonear, vigilar la casa. Para entrar a robar.

JOKE. ABLE TO TAKE A JOKE. Saber aguantar una broma.

JOKE. A JOKE IN BAD TASTE. Un chiste de mal gusto.

JOKE. AN OFF - COLOUR JOKE. s. Un chiste subido de tono.

JOKE. A SMUTTY JOKE. Chiste grosero.

JOKE. A POOR SORT OF JOKE. s. Una broma pesada.

JOKE. A PRACTICAL JOKE. s. Una broma pesada.

JOKE. A RICH MAN'S JOKE IS ALWAYS FUNNY. Del que tiene dineros, suenan bien hasta los pedos.

JOKE. A RUDE JOKE. Chiste grosero.

JOKE. A SEXIST JOKE. Chiste machista.

JOKE. TO GET BEYOND THE JOKE. Pasarse de castaño oscuro.

JOKE. TO PLAY A JOKE ON SOMEONE. Gastarle una broma a alguien.

JOKER, A. s. Bromista, guasón, gracioso.

JOKER MASK. THE MAN WAS SHOT BY SOMEONE WEARING A JOKER MASK. Mató al hombre alguien que llevaba una máscara de Joker.

JOKING. YOU MUST BE JOKING! ¡No lo dirás en serio! ¡Te estás quedando conmigo!

JOKES TO A MINIMUM. Bromas de estas las justas.

JOLLY ROGER, THE. s. La bandera pirata. La calavera con los huesos cruzados. La bandera con la calavera y las dos tibias. To hoist the Jolly Roger. Desafiar a la autoridad.

JOHNNY FOREIGNER, A. s. Extranjero, guiri, turista. Vocablo despectivo que se utiliza para referirse a un extranjero. Why bother with Jonny foreigner's lingo? He has to speak ours. ¿Por qué molestarse en aprender el idioma de los guiris? Tienen que aprender el nuestro.

JOURNALIST. Periodista. Scandal journalist. Periodista carroñero. Periodista que se dedica a destapar escándalos.

JOURNALIST. s. Periodista. Shit - stirrer journalist. Periodista carroñero. Periodista que se dedica a destapar escándalos.

JOURNALISTIC DIGGING, A. Investigación periodística.

JOY - HOUSE, A. s. Lupanar, prostíbulo, casa de mala nota.

JOYRIDER s. Persona que roba un coche, u otro medio de locomoción, para pasearse y divertirse. Luego lo abandona. A boy aged 14 was feared drowned yesterday after a boat he and his friend took out for a joyride capsized in heavy seas. Ayer, se temía por la vida de un adolescente de 14 años se hubiera ahogado, al hundirse en mar gruesa una lancha que él y su amigo habían robado. Our cities are full of teenage riders racing each other in other people's cars. Nuestras ciudades están llenas de adolescentes que roban coches para hacer carreras.

JUDGE. s. Juez, barander. He will appear before the investigating judge in a court room within the next 48 hours. Pasará a disposición de un juez de instrucción en un plazo de 48 horas. To come up before a judge. Comparecer ante un juez. A senior judge. Juez superior. To be judge, jury and executioner. Ser juez, jurado y verdugo. A corrupt judge. Juez corrupto.

JUDGE. AS SOBER AS A JUDGE. Más serio que espantajo de melonar.

JUDGE. NO ONE OUGHT TO BE JUDGE IN HIS OWN CAUSE. Nadie es buen juez en causa propia.

JUDGE. YOU CAN'T BE JUDGE, JURY AND EXECUTIONER. Juez y parte no puede ser.

JUDGEMENT, A. s. Sentencia. A contested judgment. Una sentencia recurrida.

JUDGEMENT. GIVES THE FOLLOWING JUDGEMNET. Dicta la siguiente sentencia.

JUDGEMENT OF THE COURT. Sentencia del Tribunal de Justicia.

JUDICIAL PROCEDURE. s. Procedimiento judicial.

JUDICIARY, THE. s. El Poder Judicial.

JUG, A. s. Cárcel.

JUGHEAD, A. Borrachín.

JUICEHEAD. Borrachín, un tío más borracho que los mosquitos.

JUICE. TO STEW IN ONE'S OWN JUICE. Purgarse, padecer un castigo, sufrir uno las consecuencias de sus propias acciones. Macerarse uno en su propio veneno. After being rude to his mother Godfrey was sent to his room to stew in his own juices until he apologized. A Godfrey lo mandaron a su habitación por contestarle a su madre. Para que se purgarse, hasta que se disculpara.

JUICED UP. Ebrio, borracho.

JUKE, TO. Vapulear, zurrar, zumbar, calentar. Each victim was intimidated with knives and would be stabbed in the leg or "juked" if they dared to resist. Se intimidaba a las víctimas con cuchillos, y solían apuñalarlas en la pierna o vapulearlas si osaban resistirse.

JUMP FROM THE FRYING PAN INTO THE FIRE, TO. Huir del fuego y caer en las brasas. Escapar de Málaga para caer en Malagón

JUMP OUT OF ONE´S SKIN, TO. Llevarse uno un susto de muerte.

JUMP - UP MERCHANT, A. Ladrón especializado en robar de los camiones.

JUMP - UP, TO. Robar de los camiones.

JUMPED - UP, A. Engreído, presuntuoso, pedante. Persona que se echa los pedos más altos que el culo. He thought I was a jumped - up newcomer, who should have learned to respect my elders and betters before presuming to offer advice. Creyó que yo era un presuntuoso recién llegado, que debería haber aprendido a respetar a sus mayores antes de atreverse a dar consejos a los demás.

JUMPED - UP LITTLE SHIT, A. s. Un pedante de mierda.

JUMPED - UP LITTLE ARSEHOLE, A. Un gilipollas que se echa los pedos más altos que el culo.

JUMPED - UP PRAT, A. Un gilipollas presuntuoso.

JUMPED - UP TOSSER, A. s. Un engreído de mierda.

JUMPER, A. s. 1. Ladrón que roba en oficinas. 2. Inspector de trenes o autobuses.

JUNKIE, A. s. Drogata. To be a weekend junkie. Drogarse los fines de semana.

JUNGLE DRUMS. s. En la jerga policial; radio macuto.

JURIST. s. Jurista.

JURORS. s. Miembros del jurado.

JURY. s. Jurado. To mislead the jury. Engañar al jurado. A hung jury. Jurado que no logra ponerse de acuerdo acerca de un veredicto. The jury announced a guilty verdict. El jurado pronunció un veredicto de culpabilidad. The jury unanimously found the killers guilty of murder and attempted murder. El jurado halló unánimamente a los asesinos culpables de asesinato e intento de asesinato frustrado. To accept the verdict of the jury. Aceptar el veredicto del jurado. The jury reached the verdict. El jurado alcanzó el veredicto.

The jury took 35 minutes the verdict. Le llevó 25 minutos al jurado para alcanzar el veredicto.

JURY. THE JURY IA STILL OUT. Todavía está por decidir.

JUST DESERTS. TO GET ONE´S JUST DESERTS. Pena de acuerdo con el delito, recibir su merecido, pena justificada. To get one´s just deserts. Recibir el castigo merecido. The year´s most notable and notorious public figures get their just deserts. Los personajes públicos del año más distinguidos, y los de mala reputación, reciben su merecido.

JUSTICE. TO AVOID JUSTICE. Burlar a la justicia.

JUSTICE. TO DISPENSE JUSTICE. Administrar justicia.

JUSTICE. TO ESCAPE JUSTICE. Burlar a la justicia.

JUSTICE. TO GET THE JUSTICE ONE DESERVES. Recibir la justicia que se merece uno.

JUSTICE HAS BEEN DONE, THE MURDERER HAS BEEN PUNISHED AND PEACE RESTORED. Se ha hecho justicia, se ha castigado al asesino y restablecido la paz.

JUSTICE HAS BEEN SERVED. Se ha hecho justicia.

JUSTICE MINISTER. s. Ministro de justicia.

JUSTICE OF THE PEACE. s. Juez de paz.

JUSTICE SYSTEM. TO HAVE FAITH IN THE JUSTICE SYSTEM. Confiar en la justicia.

JUSTICE. TO PERVERT THE COURSE OF JUSTICE. Manipular la Justicia. He was arrested on suspicion of perverting the course of justice. Le detuvieron bajo sospecha de manipular la justicia.

JUSTICE. TO RECEIVE ROUGH JUSTICE. Cometer una injusticia con alguien. Tratar a alguien injustamente, recibir una pena injusta.

JUSTICE. TO RUN FROM JUSTICE. Estar fugado de la justicia. Ser un prófugo.

JUSTICE. TO SEE JUSTICE PREVAILS. Asegurarse que prevalezca la justicia.

JUSTICE WAS FINALLY DONE. Finalmente, se hizo justicia.

JUVENIL DELINQUENT. Delincuente juvenil.

K

KAMIKAZE MISSION, A. s. Atraco que se hace sin calandria, pasamontañas. Con la cara descubierta.

KANGAROO, TO. v. Condenar a alguien con pruebas falsas.

KANGAROO COURT. s. Tribunal irregular, tribunal desautorizado, una farsa judicial, un juicio opereta.

KAPLONKER, A. s. En la jerga de la delincuencia, alzaporta, palanqueta, batuta, la brava, pata de cabra.

KEEP ALOOF, TO. No querer saber nada de alguien o de algún asunto. Jane didn't want to mingle so she kept aloof. Jane no quería mezclarse, así que se mantenía a distancia.

KEEP IT IN ONE'S TROUSERS, TO. Serle fiel a la mujer o novia, ser honesto de la cintura para abajo. You can't keep it in your trousers. Ser infiel. I lost my girlfriend because my inability to keep it in my pants. Perdí a la novia por no ser honesto de la cintura para abajo.

KEEP SOMEONE AT ARM'S LENGTH, TO. Mantener a alguien a distancia, evitar tener mucho roce con alguien. After two failed relationships, Sue tended to keep new boyfriends at arm's length. Después de dos relaciones fracasadas, Sue tendía a mantener a sus nuevos novios a distancia.

KEEP SOMEONE AT BAY, TO. Mantener a alguien a raya.

KEEP CAVVY, TO. En la jerga de la delincuencia, pasar el agua, vigilar.

KEEP DOG, TO. s. En la jerga de los trileros, pasar el agua, vigilar, avisar de algún peligro.

KEEP IT DARK, TO. Guardar un secreto.

KEEP SCHTUM, TO. No soltar prenda, ser una tumba.

KEGNAP, TO. s. Robar barriles de cerveza, fundirlos, y vender el aluminio.

KEPT MAN. s. Un mantenido. Un querido.

KEPT WOMAN. s. Una mantenida. Una querida.

KERB CRAWLING. Práctica que consiste, en pasearse en coche por donde merodean las prostitutes, y solicitar sus servicios desde el coche arrimándose al bordillo (kerb). Kerb crawler, persona que practica este deporte.

KERFUFFLE, A. s. Algarabía, barullo, alboroto. Vocablo escocés.

KETTLE, A. s. En la jerga de la delincuencia, un reloj.

KETTLE. TO HAVE A TEMPER LIKE A BOLING KETTLE. Sulfurarse muy pronto, tener pocas aguantaderas.

KEVIN, A. s. Grosero, persona montaraz, analfabestia, burriciego.

KEYHOLE. THROUGH THE KEYHOLE. Obtener información acerca de una persona por medios ilícitos.

KEY. TO LOCK THE DOOR AND THROW THE KEY AWAY. Encerrar a alguien a cal y canto. Encerrar con siete llaves. Encarcelar hasta que se pudra alguien, encerrar para siempre. They can throw the key away! ¡Que se pudra en la cárcel!

KEY WORD, A. s. Clave.

KICKBACK. s. Soborno, mordida, untada.

KICK IT OFF, TO. Comenzar una pelea.

KICK SOMEONE AROUND, TO. Tratar a alguien malamente.

KICK SOMEONE WHEN HE IS DOWN, TO. Patear a alguien cuando ya está abatido.

KICK SOMEBODY'S HEAD IN, TO. Machacarle a alguien los sesos.

KICK THE SHIT OUT OF SOMEONE, TO. Zurrar a alguien hasta que se cague patas abajo.

KICKBACKS. TO RECEIVE KICKBACKS. Estar sobornado.

KICK UP AN AWFUL ROW, TO. Armar una bronca tremenda.

KICK UP A FUSS, TO. Armar un pitote, armar un escándalo, montar un pollo, armar un revuelo.

KICKING. Excelente. Maravilloso.

KICKING AND SCREAMING. TO BE KICKING AND SCREAMING. Darle a uno una pataleta, darle a uno un berrinche.

KICKING. TO KILL SOMEONE BY KICKING HIM IN THE HEAD. Matar a alguien dándole patadas en la cabeza.

KICKS. TO DO SOMETHING FOR KICKS. Hacer algo para divertirse. Hacer algo por la emoción que da. Some people shoplift for the kick of it. Hay personas que hurtan en los comercios para divertirsen.

KID ONESELF, TO. Engañarse uno.

KIDDIE - FIDDLER, A. s. Pederasta. Corruptor de menores.

KIDDY PORN. s. Revistas pornográficas en la que se utilizan fotografías de niños.

KIDNAP, TO. v. Secuestrar. To kidnap someone. Secuestrar a alguien. Community leader kidnapped at knifepoint and threatened. Secuestran a un líder comunitario cuchillo en mano, y le amenazan. To arrest someone on suspicion of kidnap. Detener a alguien como sospechoso de secuestro.

KIDNAPPER. s. Secuestrador.

KIDNAPPING, A. s. Secuestro, rapto. Express kidnapping. Secuestro express. To be jailed for kidnapping. Dar con los huesos en la cárcel por secuestro.

KILL - AND - TELL BOOK. Libro que escriben los soldados profesionales cuando dejan el Ejército. Generalmente, tras haber estado en alguna guerra importante. The S A S, (Special Air Service). kill - and - tell book is now established as one of the most successful literary genres of the last decade. Los libros escritos por soldados profesionales que han dejado el Ejército se han establecido como el género literario con más éxito del último decenio.

KILL, TO. v. Matar. To be about to kill someone. Estar a punto de matar a alguien. To be killed at close quarters. Morir en una pelea mano a mano. To kill someone ruthlessly. Matar a alguien despiadadamente. To be vilely killed. Ser asesinado vilmente. The man killed his wife as she slept. El hombre mató a su mujer mientras dormía. The man was killed on the street. Mataron al hombre en la calle. To kill without compunction. Matar sin ningún escrúpulo.

KILLER, A. s. Asesino. A killer at large. Un asesino suelto. The hunt for a killer. La búsqueda de un asesino.

KILLER. AN ALLEGED KILLER. s. Un supuesto asesino.

KILLER. INDISCRIMINATELEY KILLER, A. s. Asesino que mata a todos que se ponen por delante.

KILLER INSTINCT. Instinto asesino.

KILLER. A MASS KILLER. s. Genocida.

KILLER. A MERCILESS KILLER. Asesino despiadado.

KILLER. AN OPPORTUNISTIC KILLER. Asesino oportunista.

KILLER. A RANDOM KILLER. s. Asesino que mata al azar.

KILLER. THERE´S A KILLER IN OUR MIDST. Hay un asesino entre nosotros.

KILLER. THE KILLER WALKED AWAY WITH NOT A CARE IN THE WORLD. El asesino se fue sin ninguna clase de remordimientos.

KILLING. TO CONFESS TO A KILLING. Declararse el autor de un asesinato. Atribuirse la autoría de un asesinato.

KILLING. EXHIBITION KILLING. El asesinato de un rehén por terrorista filmado para la tele o Internet.

KILLING. A GRATUITOUS KILLING. s. Asesinato arbitrario.

KILLING. A GRUESOME KILLING. s. Un crimen atroz.

KILLING. I HAD SERIOUS THOUGHTS ABOUT KILLING HIM. Me planteé seriamente matarle.

KILLING. RANDOM KILLING. Asesinatos hechos al azar.

KILLING SPREE, A. s. Una matanza indiscriminada.

KILLING. TO MAKE A KILLING. Ganar gran cantidad de dinero fácilmente.

KILLING. AN UNLAWFUL KILLING VERDICT. Veredicto de asesinato,

KILLKENNY CATS. TO FIGHT LIKE KILKENNY CATS. Pelear hasta matarse.

KING. THE KING OF THE NIGHT. El amo de la noche.

KINGDOM COME. TO SEND SOMEONE TO KINGDOM COME. Limpiarle el forro a alguien.

KING'S RANSOM, THE. Una gran cantidad de dinero

KINKS. HAVING KINKS. Practicar el sadomasoquismo. Cynthia and Harold are having kinks. Cynthia y Harold practican el sadomasoquismo.

KINKY DRESS, A. s. Un vestido sugerente, tentador. What a kinky dress you are wearing! ¡Qué vestido más tentador llevas!

KINKY MAN, A. s. Pervertido sexual, sadomasoquista.

KINKY PIX. s. Fotos pornográficas.

KINKY SEX. Sadomasoquismo. Actor dies after session of kinky sex. Actor muere tras una sesión de sadomasoquismo.

KINKY THOUGHTS. TO HAVE KINKY THOUGHTS. Tener pensamientos impuros. Tener pensamientos sadomasoquistas.

KIPPER. TO DO SOMEONE UP LIKE A KIPPER. 1. Darle una somanta de palos a alguien. 2. Embolar a alguien, engancharle a alguien un marrón. Inculpar falsamente. The PM had done the Foreign Secretary up like a kipper. El Primer ministro hizo parecer al ministro de Exteriores como el culpable.

KISS AND MAKE UP, TO. Hacer las paces. I rang Cheryl and she said that we must have lunch to kiss and make up. Llamé a Cheryl y me dijo que teníamos que comer juntos y hacer las paces.

KISS AND TELL STORIES. Cacarear todo lo que se hace con alguien. En particular, lo que concierne a los líos de faldas entre jovencitas y los famosos; futbolistas, cantantes, etc. Liz is the queen of kiss - and - tells having sold stories on many of her former boyfriends. Liz es la reina, en lo tocante a las historias que ha vendido de los líos de faldas con sus antiguos novios.

KISS ARSE, A. s. Lameculos.

KISS OF DEAD, THE. s. El beso de Judas.

KISS SOMETHING GOODBYE, TO. Despedirse de conseguir algo.

KITE, TO. v. Pasar un talón falso.

KITE. GO AND FLY A KITE! ¡Vete a freír espárragos! ¡Vete a hacer puñetas!

KITTENS. TO HAVE KITTENS. Ponerse muy nervioso.

KLEPTOMANIA. s. Cleptomanía.

KLEPTOMANIAC. s. Cleptómano.

KLONDYKE, TO. Hacer dinero fácilmente.

KNACKER TO THAT! ¡Y un carajo! ¡Y una mierda!

KNACKERS. s. Cataplines, atributos. To punch someone in the knackers. Pegarle a alguien un puñetazo en los cataplines. To kick someone in the knackers. Pegarle a alguien una patada en los huevos. As wise as putting your knackers in the care of a scissors wielding lunatic. Tan prudente como poner los cataplines al cuidado de un loco con unas tijeras en la mano.

KNAVISH TRICK, A. s. Una vil artimaña.

KNEE. TO BOW THE KNEE TO SOMEONE. Hincar la rodilla ante alguien.

KNEECAP, TO. Pegarle a alguien un tiro en la rodilla.

KNEE SOMEONE IN THE GROIN, TO. Darle un rodillazo a alguien en la entrepierna.

KNEE SOMEONE IN THE PRIVATE PARTS, TO. Darle a alguien un rodillazo en los cataplines.

KNEE TREMBLER. Hacer el acto sexual de pie. Keith gave Andrea a knee trembler against the wall. Keith se trajinó a Andrea contra la pared.

KNEES. TO BRING SOMEONE TO HIS KNEES. Someter, humillar, doblegar. Arruinar, destruir. The Romans brought their enemies to their knees. Los romanos sometieron a sus enemigos. The unions accuse the government of bringing the N H S to its knees. Los sindicatos acusan al gobierno de arruinar el Sistema de Sanidad.

KNEES - UP, A. Fiesta, guateque. Angela is having a knees - up at the weekend. Angela da una fiesta el fin de semana. A Christmas knees - up. Una fiesta de Navidad.

KNICKER BANDIT, A. Ratero que roba ropa de los tendederos. Joan, watch your washing line in the garden, there is a knicker bandit about! ¡Joan, vigila el tendedero del jardín, anda por ahí alguien chorizando las bragas!

KNIFE, A. s. Cuchillo. To knife. Acuchillar. At knifepoint. Cuchillo en mano, blandir un cuchillo, amenazar con un cuchillo. To rob at knifepoint. Robar amenazando con un cuchillo. To wield a knife. Empuñar un cuchillo. A knife - wielding hooligan. Navajero. To put to the knife. Pasar a cuchillo. The Army put the whole population to the knife. El Ejército pasó a cuchillo a toda la población. A knife carrier. Navajero. A knife man. Navajero. A knife merchant. Navajero. A knife thug. Navajero. A knife crime. Un crimen perpetrado con un cuchillo. A frenzied knife attack. Un ataque frenético con un cuchillo, un acuchillamiento frenético. The knife went straight through the heart. El cuchillo atravesó el corazón. To sink the knife in. Clavar el cuchillo, hincar el cuchillo. A man was found with a knife in the back. Un hombre apareció con un cuchillo clavado en la espalda. The man pulled out a knife and stabbed a passer - by. El hombre sacó un cuchillo y apuñaló a un transeúnte. To be injured in a knife attack. Resultar herido como consecuencia de un acuchillamiento. A bloody big knife. Un cuchillo de mil pares de narices.

KNIFE. A BLOOD - STAINED KNIFE. Un cuchillo manchado de sangre.

KNIFE ATTACK. THE VICTIM OF A KNIFE ATTACK. La víctima de un acuchillamiento.

KNIFE CRIME. VICTIMS OF KNIFE CRIME. Víctimas de acuchillamientos.

KNIFE CRIME. A SPATE OF KNIFE CRIME. Una racha de acuchillamientos. The fight against knife crime. La lucha contra los navajeros. The scourge of knife crime. El azote de los navajeros.

KNIFE EDGE. TO BE ON A KNIFE EDGE. Encontrarse en una situación muy difícil.

KNIFE. TO CHARGE SOMEONE WITH CARRYING A KNIFE. Imputar a alguien por acarrear un cuchillo.

KNIFE. A FLICK KNIFE. s. Navaja automática.

KNIFE GANG, A. s. Pandilla de navajeros.

KNIFE. KITCHEN KNIFE. s. Cuchillo de cocina. The man was stabbed once in the chest with a kitchen knife. Acuchillaron al hombre en el pecho con un cuchillo de cocina. To try to kill someone with a kitchen knife. Intentar matar a alguien con un cuchillo de cocina.

KNIFE. TO HAVE ONE'S KNIFE IN A PERSON. Tenerla tomada con alguien. Tenerle manía a alguien. Tenerle inquina a alguien. Buscar cualquier pretexto para fastidiar a alguien, acosar a alguien, meterse con alguien. Tim disliked John so much that he had his knife in him. Tim le tenía tal antipatía a John que no hacía más que meterse con él.

KNIFE. TO STICK THE KNIFE IN. Ensañarse con alguien. Jeremy has many problems lately, so there is no need for you to stick the knife in too. Jeremy tiene muchos problemas últimamente, así que lo que menos necesita es que te ensañes con él.

KNIFE. LOCKING KNIFE. Navaja, abanico, alfiler.

KNIFE. TO PULL OUT A KNIFE AT SOMEONE. Sacarle un cuchillo a alguien.

KNIFE. PUT TO THE KNIFE, TO. Pasar a cuchillo. The Army put the whole population to the knife. El Ejército pasó a cuchillo a toda la población.

KNIFE. RETRACTABLE KNIFE. s. Cúter, cuchilla retráctil.

KNIFE. SERRATED KNIFE. Cuchillo de sierra.

KNIFE. TO PLUNGE THE KNIFE INTO SOMEONE. Meterle una cuchillada a alguien. To plunge a knife into someone's heart. Meterle a alguien una mojada en el corazón.

KNIFE. TO TWIST THE KNIFE. Hurgar en la herida, echar sal en la herida, meter el dedo en la llaga.

KNIFED. TO BE KNIFED TO DEATH. Morir acuchillado.

KNITTING. STICK TO YOUR OWN KNITTING! ¡Ocúpate de tus asuntos!

KNOBHEAD, A. s. Tonto, capullo, ablandabrevas, gilipollas. Get out of here, you knob - head! ¡Vete a freír espárragos, lelo!

KNOCK, THE. s. El afane, la astilla, el botín de un robo.

KNOCK OF THE POLICE ON THE DOOR, A. Una visita de la policía.

KNOCK. TO GET THE KNOCK. Recibir la visita de la poli.

KNOCK. THE SIX O´CLOCK KNOCK. La visita de la poli a las seis de la mañana. La llamada al amanecer de la poli.

KNOCKBACK, A. s. En la jerga del hampa, negación de concederle a un preso libertad vigilada.

KNOCK OFF, TO. v. Robar. Knocked off. Robado. To knock off a bank. Atracar un banco, hacerse un banco.

KNOCK. ON THE KNOCK. Práctica que consiste en ir de casa en casa con el propósito de comprar antigüedades. Especialmente, se eligen ancianos a quienes se les intimida para que vendan a precio de ganga.

KNOCK OUT, TO. Dejar sin sentido.

KNOCK OUT BLOW, A. s. Puñetazo. To deliver a knockout blow. Tumbar a alguien de un puñetazo.

KNOCK OVER, TO. Atropellar, arrollar, llevarse a alguien por delante.

KNOCK SOMEONE OUT WITH A BOTTLE, TO. Dejar a alguien sin sentido de un botellazo.

KNOCK SOMEONE OFF, TO. Matar a alguien.

KNOCK THE WIFE ABOUT, TO. Maltratar a la esposa. Harry knocks his wife about. Harry le pega a su mujer.

KNOCKER, A. s. Sablista. Don´t lend that guy any money, he is a knocker. No le prestes dinero a ese tipo, es un sablista.

KNOCKING AROUND. Ser infiel a su pareja.

KNOCKING JOINT, A. s. Burdel, prostíbulo, lupanar.

KNOCKING SHOP. s. Lupanar, prostíbulo, picadero, burdel. The police have closed the local knocking shop. La policía ha cerrado el lupanar del barrio.

KNOCKOUT. s. Venta de mercancías robadas a precio de ganga.

KNOT - HEAD, A. Tarugo, zoquete.

KNOTTED. GET KNOTTED! ¡Vete a freír espárragos! ¡Vete a ordeñar ranas que tienen buen braguero! Can I borrow your bike? Get knotted! Last time you borrowed it you broke it! ¿Me dejas la bici? ¡Vete a la porra! ¡La última vez que te la dejé la rompiste!

KNOW NOTHINGS. Término de mofa que utiliza la policía para para referirse a cualquier ciudadano de a pie.

KNOW. TO BE IN THE KNOW. Estar en el ajo, saber de qué va el asunto, estar al corriente de algo, estar al tanto. With his contacts Duncan was always in the know. Duncan, con sus contactos, siempre estaba al corriente de lo que pasaba.

KNUCKLE, TO. v. Zurrar a alguien.

KNUCKLE - DRAGGER, A. Zángano, manta, haragán, rácano, escaqueón, mandria, vagoneta.

KNUCKLE - DRAGGING RACIST, A. s. Además de primate racista.

KNUCKLE DUSTERS, A. s. Puño americano. Knuckle dusters under kids' gloves. Puño de hierro enfundado en guante de terciopelo.

KNUCKLEHEAD, A. s. Zopenco, patán.

KNUCKLE SANDWICH, A. s. Puñetazo en la boca. To give someone a knuckle sandwich. Pegarle un puñetazo a alguien en la boca. Dunstan called Roy stupid and he gave him a knuckle sandwich. Dunstan llamó a Roy tonto y éste le dio un puñetazo en la boca.

KNUCKLE UP, A. s. Pelea, riña. There were a lot of people involved in a knuckle up outside the pub. Había mucha gente riñendo fuera del bar.

KOWTOW. TO KOWTOW TO SOMEONE. Doblegarse. Arrastrarse ante alguien, arrodillarse ante alguien.

KOWTOWING SUCK - UP. TO BE A KOWTOWING SUCK - UP. Ser un arrastrado, un pelotillero.

L

LACE, A. s. Prostituta, andorrera, cantonera, mujer de buena voluntad.

LACE. TO LACE INTO. 1. Golpear. 2. Atacar verbalmente.

LACED. A HEAVILY LACED DRINK WITH COCAINE. Una bebida muy cargada con cocaína.

LACERATION. s. Laceración.

LAD LIT. s. Literatura para jóvenes.

LADETTE, A. s Dícese de la joven que se comporta escandalosamente, y bebe mucho.

LADIES´ MAN, A. s. Faldero, mujeriego. He was a heavy drinker and a ladies´ man. Era un bebedor y un faldero.

LADS. TO BE ONE OF THE LADS. Ser uno de la cuadrilla.

LADS MAGS. s. Revistas para jóvenes. Lads' mags demand immaculate, smooth - looking women. Las revistas para jóvenes exigen chicas inmaculadas, y cuerpos perfectos. Dichas revistas no son pornográficas.

LADDISH BEHAVIOUR. Comportamiento machista.

LADY GODIVA. s. Según la leyenda, Leofric, conde de Mercia, impuso unas tasas demasiado elevadas a los ciudadanos de Coventry. Lady Godiva (1040 - 1080), rogó a su esposo que no impusiera dichas tasas. El conde accedió a sus peticiones, siempre y cuando se paseara desnuda montada en un caballo por la ciudad, a lo que ella accedió. El conde promulgó un edicto por el cual se ordenaba a todo quisque que permaneciera encerrado en su casa, con las ventanas y contraventanas cerradas, mientras durase el paseo de Lady Godiva. Todo el mundo obedeció, excepto, Tom el sastre, que osó asomarse por la grieta de una ventana. Como consecuencia quedó ciego. Todo esto según la leyenda. De ahí el término; mirón.

LADY KILLER, A. s. Casanova, mujeriego, bragadicto, seductor, hombre sexualmente irresistible para las damas. Guaperas. Macho ligón y promiscuo, mete y saca.

LADY MUCK. s. Mujer que se da aires de grandeza.

LADY OF EASY VIRTUE, A. s. Prostituta.

LADY OF THE EVENING, A. s. mujer de la vida, dama de buena voluntad.

LADY OF THE TOWN, A. Mujer de cascos ligeros.

LAG, A. s. En la jerga de la delincuencia, agraviador, delincuente reincidente.

LAG UP, TO. En la jerga de la delincuencia, encarcelar, abrazar.

LAGGED. TO BE LAGGED. En la jerga del hampa, recibir una condena.

LAGER LOUT, A. Joven que en cuanto se toma cuatro cervezas no hace mas que gamberradas.

LAGERED UP. Ebrio.

LAGGING. s. En la jerga de la delincuencia, una carga, una condena.

LAIR, A. s. Caradura.

LAKE. GO AND JUMP IN A LAKE! ¡Anda y que te pille el tren! ¡Anda y que te planche los riñones una apisonadora! Don´t talk to my wife like that! Go and jump in a lake! ¡No le hables a mi mujer de ese modo! ¡Anda y que te pille el tren!

LAM, TO. v. En la jerga de la delincuencia, abrirse, escaparse de la cárcel, fugarse, ganar la bola.

LAMB. AS WELL BE HANGED FOR A SHEEP AS A LAMB. Preso por mil, preso por mil y quinientos. De perdidos al río.

LAMBAST SOMEONE, TO. 1. Echar una buena bronca a alguien. 2. Golpear. Peter´s mother lambasted him for coming home late. A Peter le echó su madre una buena bronca por llegar tarde a casa.

LAME. TO COME UP LAME. En la jerga del hampa, persona que no puede pagar las deudas contraídas en el juego.

LAMEBRAIN. s. Cretino.

LAME TONGUE GETS NOTHING, THE. El que no llora no mama. El que no lobby no mama.

LAMP SOMEONE, TO. v. Darle una guantada a alguien.

LAMPER, A. s. Cazador nocturno que utiliza alguna clase de focos para cazar.

LAMPING. Práctica que llevan a cabo los cazadores furtivos por la noche. Dicha práctica consiste en deslumbrar con un foco a los animales y así cazarlos fácilmente.

LAMPOON, TO. Satirizar.

LANCET, A. s. Lanceta.

LAND. EVERY LAND HAS IT OWN LAW. En cada tierra, su uso, y en cada casa, su costumbre.

LAND. TO BE IN THE LAND OF THE LIVING. No haberse muerto uno todavía. Frase jocosa que se utiliza cuando se encuentra uno con alguien a quien hace mucho tiempo que no ha visto.

LAND. THE LAND OF MAKE BELIEVE. La tierra de Jauja.

LAND. A LAND OF MILK AND HONEY. La tierra de Jauja, donde se come, se bebe y no se trabaja. Esto es Jauja

LAND. TO LAND SOMEONE ONE. Darle un guantazo a alguien.

LAND. TO SEE HOW THE LAND LIES. Querer enterarse de cómo está el patio. Querer saber cómo anda el negocio. Tantear el terreno.

LANGUAGE. ABUSIVE LANGUAGE. Insultos, improperios.

LANGUAGE. SMUTTY LANGUAGE. Groserías, tacos.

LANGUAGE OF THE GUTTER, THE. El lenguaje barriobajero, el lenguje soez.

LANGUAGE. STRONG LANGUAGE. Lenguaje subido de tono.

LANGUAGE. THERE WERE NO ILL LANGUAGE, IF IT WERE NOT ILL TAKEN. No hay palabra mal dicha si no fuese mal entendida.

LANGUAGE. TO USE OBSCENE LANGUAGE. Utilizar un lenguaje soez.

LAP OF LUXURY. TO LIVE IN THE LAP OF LUXURY. Vivir a cuerpo de rey, vivir a lo duque, vivir como un obispo, vivir mejor que un cura, vivir como un marajá. We lived in the lap of luxury in a small hotel for our Christmas holidays. Vivimos a cuerpo de rey, en un pequeño hotel, durante las vacaciones de Navidad.

LAPELS. TO GRAB BY THE LAPELS. Agarrar por la solapa.

LARCENY. s. Hurto.

LARD BRAIN, A. Lerdo, imbécil, batueco.

LARK ABOUT, TO. v. Hacer el ganso.

LASH OUT, TO. Gastar a manos llenas. Tirar la casa por la ventana.

LASH OUT WITH FISTS AND BOOTS, TO. Sacudir patadas y puñetazos a diestra y siniestra. Ethelbert didin´t have any patience as soon as an argument started, he would lash out. Ethelbert no tenía paciencia, tan pronto como empezaba una discusión comenzaba a insultar y dar golpes a diestro y siniestro.

LAST BUT NOT LEAST. Por último, y no por ello menos importante.

LAST LEGS. TO BE ON ONE'S LAST LEGS. Estar en las últimas.

LAST STRAW, THE. La puntilla, la gota que colma el vaso, el tiro de gracia. It is the last straw that breaks the camel's back. La última gota es la que hace colmar el vaso.

LATCH. s. Pestillo. To leave the door on the latch. Dejar la puerta con el pestillo puesto.

LATCH ON TO SOMEONE, TO. Pegarse a alguien. No dejar a alguien en paz. A crazy person latching on to someone. Un loco pegado a uno.

LATHER. TO BE IN A LATHER. Estar nervioso.

LAUDANUM. s. Láudano. Se consumía mucho en la época victoriana. La reina Victoria era una consumidora asidua.

LAUGH, TO. v. Reír. To laugh at someone. Reírse de alguien.

LAUGH LIKE HELL, TO. Partirse de risa. I enjoy Alan´s jokes, I think they are terrific, we all laugh like hell about them. Me gustan los chistes de Alan, creo que son fantásticos, todos nos partimos de risa con ellos.

LAUGH ONE´S ARSE OFF, TO. Despelotarse de risa. His jokes always make laugh my arse off. Sus chistes siempre me hacen despelotarme de risa.

LAUGH ONE´S COCK OFF, TO. Descojonarse de risa.

LAUGH. TO DO SOMETHING FOR A LAUGH. Hacer algo por divertirse.

LAUGH. TO LAUGH ONE´S HEAD OFF. Partirse de risa, mondarse de risa, troncharse de risa, desternillarse de risa. Tina would laugh her head off, me being a model. Yo de modelo, Tina se partiría de risa.

LAUGH. DON´T MAKE ME LAUGH! ¡No me hagas reír! I am going on a holiday next week! Don´t make me laugh! You haven´t got enough money to buy a loaf of bread! ¡Me voy the vacaciones la semana que viene! ¡No me hagas reír! ¡Si no tienes dinero para comprarte una hogaza de pan!

LAUGH LIKE A DRAIN, TO. Reírse a mandíbula batiente. Una carcajada sonora. The executive laughed like drains, leaving me in no doubt that, whatever the evidence against him, one defendant was not going to be expelled. El ejecutivo se reía a mandíbula batiente, lo que me dejaba sin ninguna duda, cualesquiera que fuesen las pruebas, no se iba a expulsar a uno de los acusados.

LAUGH IN ONE´S SLEEVE, TO. Reirse para dentro.

LAUGH ONE´S SOCKS OFF, TO. Mondarse de risa, partirse de risa, troncharse de risa, desternillarse de risa.

LAUGH. TO HAVE THE LAST LAUGH. Ser el que se ríe el último

LAUGHED. TO BE LAUGHED OUT OF COURT. Reirse de uno. 'Suing me for falling out of my car while drunk,' "said Grant" you will be laughed out of court. 'Me va a demandar por estar borracho y caerme del coche,' 'dijo Grant,' se te va a reír todo el mundo.

LAUGHING BOY, A. s. Gruñón, un cara de palo. Persona con el ánimo por los suelos.

LAUGHING GEAR, THE. s. El buzón, la boca, la muy, la alcantarilla.

LAUGHING. IT IS NOT LAUGHING MATTER. No es asunto de risa.

LAUGHING SOUP. s. Cava o ginebra. Término que utilizan las clases medias para referirse a dichas bebidas.

LAUGHING - STOCK, A. Ser el hazmerreír, ser el saco de todos los chistes, persona que sirve de diversión a los demás.

LAUGHING. TO PEE ONESELF LAUGHNG. Mearse uno de risa.

LAUGHTER. A FIT OF LAUGHTER. Un ataque de risa. His jokes had me in fits of laughter. Sus chistes me daban ataques de risa.

LAUGHTER. TO DOUBLE UP WITH LAUGHTER. Troncharse de risa. Reír a carcajada limpia, mondarse de risa, partirse de risa. Dorothy and Connie were in a silly mood. They were doubled up with laughter at the slightest thing. Dorothy y Connie estaban de guasa. Se partían de risa por cualquier cosa.

LAUNCH A HUNT FOR A CRIMINAL, TO. Ir a la búsqueda de un delincuente.

LAUNDER MONEY, TO. Blanquear dinero. To launder money from drug dealers. Lavar dinero procedente del tráfico de drogas.

LAVENDER. TO BE IN THE LAVENDER. En la jerga del hampa, haberla palmado.

LAW. s. Ley, Derecho. To take the law into one´s own hands. Tomarse la justicia por su mano.

LAW. s. Ley, Derecho. By authority of law. Por mandato de la Ley.

LAW. AT LAW. De conformidad con la ley.

LAWFARE. La judialización de la política o guerra política. La utilización espúrea de la Justicia.

LAW. HIS WORD IS LAW. Su palabra es ley.

LAW. TO ABIDE THE LAW. Observar la ley.

LAW, THE. s. La policía.

LAW ABIDING CITIZEN, A. s. Ciudadano respetuoso de la ley.

LAW. CASE LAW. Jurisprudencia.

LAW. TO BE ABOVE THE LAW. Estar por encima de la ley. Andrew always considered himself above the law. Andrew siempre creía que estaba por encima de la ley.

LAW. TO BE ON THE OTHER SIDE OF THE LAW. Estar fuera de la ley.

LAW. TO BE ON THE RIGHT SIDE OF THE LAW. Obedecer la ley. Observar la ley. Inocente.

LAW. TO BE ON THE WRONG SIDE OF THE LAW. Infringir la ley.

LAW. TO BREAK THE LAW. Infringir la ley, conculcar la ley.

LAWBREAKER, A. s. Infractor de la ley.

LAWBREAKING. SYSTEMIC LAWBREAKING. Quebrantamiento sistémico de la ley.

LAW. TO DO SOMETHING WITHIN THE LAW. Hacer algo con arreglo a la ley.

LAW. EACH INDIVIDUAL IS EQUAL BEFORE THE LAW. Toda persona es igual ante la ley.

LAW - ENFORCEMENT. s. Fuerzas del orden.

LAW - ENFORCEMENT OFFICER, A. s. Policía, madero.

LAW. EQUALITY BEFORE THE LAW. Igualdad ante la ley.

LAW. EVERY LAW HAS A LOOPHOLE. Quien hizo la ley, hizo la trampa. Una escapatoria.

LAW FIRM. s. Bufete de abogados. Bufete de picapleitos.

LAW. TO FACE THE FULL WEIGHT OF THE LAW. Enfrentarse a todo el peso de la ley.

LAW. TO FALL FOUL OF THE LAW. Contravenir la ley.

LAW. TO FIND ONESELF ON THE WRONG SIDE OF THE LAW. Haber cometido un delito.

LAW. TO FLOUT THE LAW. Desacatar la ley.

LAW. THE FULL FORCE OF THE LAW CAME DOWN ON THE MURDERER. El asesino se enfrentó a todo el peso de la ley. Al asesino le aplicaron la ley con toda su dureza.

LAW AND ORDER. Orden público.

LAW. THE LAW IS A FLAG, AND GOLD IS THE WAND IT MAKES IT WADE. Rfr. Donde hay fuerza derecho se pierde.

LAW. NOBODY IS MORE EQUAL THAN OTHERS IN FRONT OF THE LAW. Ante la ley todos somos iguales.

LAW. THE LAW IS AMENDABLE. La ley es modificable.

LAW. THE LAW IS FOR LITTLE PEOPLE. Para los desgraciados se hizo la horca.

LAW OF THE LAND, THE. La Ley del País. Subject to the Law of the land. Sujeto a la Ley del país. To break the Law of the land. Infringir la Ley del País. To flout the Law of the land. Desobedecer la Ley del País.

LAW OF THE JUNGLE, THE. Mod. La ley del más fuerte.

LAW. ONE SUIT OF LAW BREEDS TWENTY. Rfr. Un pleito trae consigo ciento.

LAW. HARSH LAWS. Leyes draconianas.

LAW. TO KEEP THE LAW. Observar la ley.

LAW. TO ERR IN LAW. Incurrir en error de derecho.

LAW. TO GO TO LAW. Entablar pleito.

LAW. THE LAW IS CLOSING IN. La policía estrecha el cerco.

LAW. TO LAY DOWN THE LAW. Dictar la ley.

LAW. THE LETTER OF THE LAW. La letra de la ley. To keep to the letter of the law. Cumplir la ley a rajatabla.

LAW. TO LIVE WITHIN THE BOUNDARIES OF THE LAW. Ser respetuoso con la ley. No infringir la ley.

LAW. THE LONG ARM OF THE LAW. La justicia. La policía. The long arm of the law has reached into Downing Street. La justicia ha llegado a Downing Street.

LAW. THERE IS A LAW FOR THE RICH, AND ANOTHER FOR THE POOR. Rfr. El desorejado, al primer hurto es ahorcado.

LAW. THERE IS YOUR LAW AND THERE IS YOUR RACKET. Rfr. Hecha la ley, hecha la trampa.

LAW. TO BE ABOVE THE LAW. Estar por encima de la ley.

LAW. TO IMPLEMENT AND ENFORCE THE LAW. Aplicar y hacer cumplir la ley.

LAW LORDS, THE. s. Los Jueces Lores.

LAWMAKER. s. Legislador.

LAWMAKERS SHOULD NOT BE LAWBREAKERS. Rfr. El que ley establece, guárdala debe.

LAWLESS TOWN, A. Ciudad sin ley.

LAW - MAKERS SHOULD NOT BE LAW BREAKERS. El que ley establece, guárdala debe.

LAW. NECESSITY KNOWS NO LAW. La necesidad carece de ley.

LAW OF THE JUNGLE, THE. La ley del más fuerte. The criminal underworld is ruled by the law of the jungle. El hampa está gobernada por la ley del más fuerte.

LAW. RULES OF LAW. s. Normas jurídicas.

LAW. THE LAW IS A FLAG, AND GOLD IS THE WAND IT MAKES IT WADE. Donde hay fuerza derecho se pierde.

LAW. THE LAW TAKES ITS COURSE. La ley sigue su curso.

LAW. TO HAVE THE LAW ON SOMEONE. 1. Denunciar a alguien a la policía. 2. Entablar un pleito.

LAW. TO HAVE A RUN IN WITH THE LAW. Encontrarse uno en las dependencias policiales por alguna causa.

LAW. TO BE SHORT OF THE LAW. No ser respetuoso con la ley.

LAW. TO STAND BY THE LAW. Atenerse a la ley.

LAW. TO STICK TWO FINGERS UP TO THE LAW. Hacerle un corte de mangas a las autoridades. Chotearse de la ley.

LAW. TO TAKE THE LAW INTO ONE'S HANDS. Tomarse uno la justicia por su mano. After his son was hit at school Dirk was going to take the law into his own hands and sort it out. Después de pegarle a su hijo en la escuela, Dirk iba a tomarse la justicia por su mano y arreglar las cosas. When Jane's dog was taken she decided to take the law into her own hands and go out looking for it herself. Cuando le robaron el perro a Jane, decidió tomarse la justicia por su mano e ir a buscarlo ella misma.

LAW. THERE'S A LAW FOR THE RICH, AND ONOTHER FOR THE POOR. El desorejado, al primer hurto es ahorcado. Para los desdichados se hizo la horca.

LAW. THERE IS YOUR LAW AND THERE IS YOUR RACKET. Hecha la ley, hecha la trampa.

LAW. TO TIGHTEN UP THE LAW. Endurecer la ley.

LAW. TO UPHOLD THE LAW. Hacer respetar la ley.

LAW UNTO ONESELF, A. Dictar uno sus propias leyes. Ponerse uno el mundo por montera, obrar por cuenta propia, hacer lo que a uno le place, hacer lo que a uno le da la real gana. No importarle a uno el que dirán. Daniel did everything his way. She was a law unto himself. Daniel hacía todo a su manera. Obraba por cuenta propia.

LAWFULLY. Legítimamente. To be lawfully killed by the police. Matar la policía a alguien legítimamente.

LAWS ARE MADE TO BE BROKEN. Hecha la ley, hecha la trampa.

LAWS CATCH FLIES BUT LET HORNETS GO FREE. La ley, como la telaraña, suelta el ratón y la mosca apaña.

LAWSUIT. WIN YOUR LAWSUIT AND LOSE YOUR MONEY. Gané mis pleitos, pero, aun así, mírame en cueros. El litigio sólo beneficia al que no litiga.

LAWYER, A. s. Abogado. A lawyer's fee. La minuta de un abogado.

LAWYER. BARRACK - ROOM LAWYER. Abogado de secano.

LAY ABOUT ONE, TO. Sacudir a diestro y siniestro. He was as drunk as a lord and laid about his wife. Estaba borracho perdido y se lió a guantazos a diestro y siniestro con su mujer.

LAY BARE, TO. Revelar.

LAY DOWN ONE'S ARMS, TO. Deponer las armas. When the announcement was made, everyone laid down their arms and gave a sigh of relief. Cuando oyeron el anuncio, todos depusieron las armas, y dieron un suspiro de alivio. Lay down your arms and come out with your hands up! ¡Depongan las armas y salgan con las manos en alto!

LAY FLAT OUT, TO. Estar tendido en el suelo.

LAY INTO SOMEONE, TO. Atacar a alguien, verbal o físicamente.

LAY INTO SOMEONE WITH AN ALL - OUT VERBAL ASSAULT. Arremeter verbalmente contra alguien.

LAY IT ON THICK, TO. Exagerar.

LAY OFF! Déjame en paz! Lay off or I will smash your teeth in! ¡Déjame en paz o te parto los dientes!

LAY. TO LAY THE BLAME ON SOMEONE. Echarle la culpa a alguien.

LAY ONE ON SOMEONE, TO. Sacudirle una hostia a alguien. The man came to lay one on me, but I stood frozen to the spot and planted a right hook onto his jaw. El hombre se acercó a mí para sacudirme un guantazo, pero permanecí como una estatua y le encajé un gancho con la derecha en la mandíbula.

LAY PAPER, TO. Pasar cheques sin fondos.

LAY SOMETHING AT SOMEONE'S DOOR, TO. Culpar a alguien de algo, cargarle el muerto a alguien, colgarle un marrón a alguien.

LEAD. s. Pista. The police admitted they had no leads in the hunt for the brutal murder of the man. La policía reconoció que no tenía ninguna pista para resolver el asesinato brutal del hombre. To follow a lead. Seguir una pista.

LEAD PIPE. Tubería de plomo. The woman was left to die in a pool of blood after being hit with a lead pipe. Dejaron morir a la mujer en charco de sangre tras golpearla con una tubería de plomo.

LEAD POISONING. Muerte a tiros.

LEADER OF THE PACK, THE. s. El jefe de la banda. To have it out to see who the leader of the pack would be. Poner las cosas claras para ver quien iba a ser el jefe de la banda.

LEAF. TO TURN OVER A NEW LEAF. Empezar una vida nueva, enmendarse. Each time Bruce gets into trouble with the police, he promises to turn over a new leaf. Cada vez que Bruce tiene problemas con la policía, promete enmendarse.

LEAFY NEIGHBOURHOOD, A. s. Un barrio acomodado.

LEAFY SUBURDS OF A THE CITY, THE. s. Las zonas residenciales de casas ajardinadas de una ciudad.

LEAKER. s. Denunciante. A would - be leaker. Un posible denunciante.

LEAD. s. Plomo. To get a bellyful of lead. Ser acribillado a tiros.

LEAD. s. Pista. To follow a lead. Seguir una pista.

LEAD. A PIECE OF LEAD. s. Bala, bellota.

LEAD. TO PURSUE A LEAD. Seguir una pista.

LEAN AGREEMENT IS BETTER THAN A FAT JUDGMENT, A. Más vale mal ajuste que buen pleito.

LEATHER, A. s. En la jerga de los carteristas, cartera, araña.

LEATHER - CLAD BIKER, A. s. Motero.

LEATHER SOMEONE, TO. Sacudirle a alguien la badana. Thomas was so badly leathered that he had his head bandaged up like a mummy. A Thomas le sacudieron tan bien la badana que le tuvieron que vendar la cabeza como a una momia.

LEATHER TROUSERS. TO SPORT A LEATHER TROUSERS. Lucir pantalones de cuero.

LEAVE IT OUT! ¡Ya vale!

LEAVE OFF! Dejar en paz. Parar de hacer algo, dejar de. Leave the child alone, you bully? ¡Deja al niño en paz, matón!

LECTURE AND HECTOR, TO. Intimidar, amedrantar, amenazar.

LEECH OFF SOMEONE, TO. Chuparle la sangre a alguien, vivir a costillas de alguien. Parásito, chupóptero.

LEG. NOT HAVE A LEG TO STAND ON. No tener argumentos para defender una opinión. No tener excusas, no tener razón. Five people saw you hitting the child, so you haven´t got a leg to stand on. Cinco personas te vieron pegarle al niño, así que, no tienes ninguna excusa para negarlo.

LEG OPENER, A. s. Emplear la bebida para seducir a una mujer.

LEG. SHAKE A LEG! Darse prisa. Shake a leg! ¡Date prisa que va a llover!

LEG A WOMAN, TO. Tumbarse a una mujer.

LEGAL ACTION. TO TAKE LEGAL ACTIONS AGAINST SOMEONE. Emprender acciones jurídicas contra alguien.

LEGAL ACTION. TO WIN A LEGAL ACTION. Ganar un acto procesal

LEGAL ADVICE. Asesoramiento jurídico. To take legal advice. Consultar a un abogado. Asesorarse.

LEGAL ADVISER, A. s. Asesor jurídico.

LEGAL AID. s. Asistencia jurídica.

LEGAL BASIS. s. Fundamento jurídico.

LEGAL ENGLISH. Inglés jurídico.

LEGAL FEES. s. Minuta del abogado.

LEGAL HIGHS. s. Drogas no reguladas. To deal in legal highs. Traficar con drogas no reguladas. To smoke legal highs. Consumir drogas no reguladas. Legal highs destroyed my life. Las drogas no reguladas me arruinaron la vida. A blanket ban on legal highs to come into force at midnight. Una prohibición global de las drogas no reguladas entrará en vigor a medianoche. (De hecho, ya están prohibidas).

LEGAL ISSUE, A. s. Un asunto jurídico.

134

LEGAL LOOPHOLE, A. s. Una escapatoria jurídica.

LEGAL PROCEEDINGS. s. Procedimiento jurídico.

LEGAL SERVICE. s. Servicio Jurídico.

LEGAL SYSTEM. s. Ordenamiento Jurídico.

LEGAL TEAM, A. s. Equipo jurídico.

LEGALLY BINDING DOCUMENT, A. s. Documento legalmente vinculante.

LEGALESE. s. La jerga que se utiliza en documentos jurídicos. The legalese of the professional lawyers. La jerga que utilizan los abogados en documentos jurídicos.

LEGION. MY NAME IS LEGION. Me llamo legión, porque somos muchos.

LEG IT, TO. Abrirse, escapar, huir de la policía, escabullir el bulto, pirárselas, poner tierra de por medio. We got split up by a few supporters who told us the police were on our case, so I legged it off the station onto the tracks to avoid arrest. Unos hinchas nos dijeron que la policía andaba buscándonos, así que, nos dividimos, y me las piré por la vía para evitar de que me detuvieran.

LEG IT, TO. Ir a pie. I thought I was going to have to leg it all the way, but someone gave me a lift in his car. Pensé que tendría que hacer todo el camino a pie, pero alguien me llevó en su coche.

LEG IT. TO LEG IT WITHOUT PAYING. Hacer un simpa.

LEGIT. TO GO LEGIT. Enmendarse, reformarse, abandonar la vida de delincuente.

LEG UP DEFENCE, A. s. En la jerga de la delincuencia, abogado corrupto.

LEGGNER, A. s. En la jerga de la delincuencia, una breva, un breje, un marrón, un año de cárcel.

LEG IRONS. s. Grilletes. To appear in court in leg irons. Comparecer en el juzgado con grilletes en las piernas.

LEGLESS. TO BE LEGLESS. Estar borracho perdido. Encontrar difícil mantenerse de pie debido a la borrachera que lleva uno. Last night we went to the local pub, and we got legless. Anoche fuimos al bar del barrio y nos pusimos borrachos perdidos. As legless as a tree. Tan borracho que no puede mover.

LEG OPENERS. Bebidas que invita alguien a una mujer con el fin de que ceda ir al catre.

LEMON, A. s. Pringao, incauto.

LEMON. TO HAND A LEMON. Engañar a alguien.

LEND YOUR MONEY AND LOSE A FRIEND. El prestar gana enemigos y pierde amigos. Amigos al prestar, enemigos al devolver.

LENDING NURSES ENMITY. Si quieres enemigo, presta dinero al amigo.

LENGTH, A. s. Una condena de seis meses. A lengthy prison term. Una larga condena en la trena.

LENIENCY. s. Clemencia.

LENIENT JUDGE, A. s. Un juez poco severo.

LEOPARD CANNOT CHANGE HIS SPOTS, THE. El lobo muda de pelo, mas no de celo. Genio y figura, hasta la sepultura. La zorra mudará los dientes, mas no las mientes. El pelo muda la raposa, más el natural no despoja.

LET DOWN GENTLY, TO. Dejar escapar a alguien con el mínimo castigo.

LET FLY AT SOMEONE, TO. Darle un guantazo a alguien. Dirigirse a alguien de malas maneras

LETHAL INJECTION, A. Inyección letal.

LET HER RIP. Pisar el acelerador a fondo. Let her rip, we are on the motorway now! ¡Pisa el acelerador a fondo, ya estamos en la autopista!

LET AN ILL MAN LIE IN THY STRAW, AND HE LOOKS TO BE THY HEIR. Mete el mendigo en tu pajero y hacérsete ha heredero. Acogí al ratón en mi agujero, y se me tornó heredero.

LET IT ALL OUT, TO. Hablar a calzoncillo quitado. Hablar sin ninguna clase de reparos.

LET ONE GO, TO. Disparar una pistola, hacer un disparo.

LET RIP, TO. MY NEIGHBOUR LET RIP AT ME WITH A STREAM OF INSULTS. Mi vecino me soltó una sarta de insultos.

LET WELL ALONE, TO. Dejar las cosas como están. Mejor no meneallo.

LET'S GET DOWN TO THE NITTY - GRITTY. Ir al grano. Ir a lo esencial. Ir al meollo del asunto.

LETTER. s. Carta. A poison pen letter. Una carta maliciosa.

LETTER. s. Carta. To write an offensive letter to someone. Escribirle a alguien una carta ofensiva.

LETTER OF THE LAW, THE. La letra de la ley. To keep to the letter of the law. Cumplir la ley a rajatabla. Respect for the letter of the law. El respeto a la ley.

LETTUCE. s. Dinero, pasta, guita, parné. Billetes.

LEVEL. ON THE LEVEL. s. Persona honrada, persona decente, persona en la que se puede confiar.

LEVEL A GUN AT SOMEONE, TO. Apuntar a alguien con una pistola. The gunman levels his gun at the man´s head, pulls the trigger. The gun jams. Desperately he pulls the trigger again and again, but to no avail. El pistolero le pone la pistola al hombre en la cabeza, aprieta el gatillo. La pistola se encasquilla. Deseperadamente, aprieta el gatillo una vez tras otra, pero en vano. To level a gun at someone´s back. Aputar a alguien con una pistola por la espalda. The gun was levelled at his chest. La pistola le apuntaba al pecho

LEWD. Adj. Lujurioso, lascivo. To make lewd remarks to under age girls. Hacer comentarios lujuriosos a menores de edad. To be subjected to lewd behaviour. Someter a alguien a un comportamiento lujurioso.

LEWD COMMENT, A. Comentario lujurioso.

LEWD LANGUAGE. Lenguaje lascivo.

LIAR. s. Mentiroso. He´s a great liar. Es un gran mentiroso. To be good at lying. Saber mentir. You are a liar and a cheat! ¡Eres un mentiroso y un tramposo! You filthy liar! ¡Mentiroso asqueroso! A self - confessed liar. Un mentiroso confeso. A downright liar. Un mentiroso redomado. A blatant liar. Un mentiroso descarado.

LIAR IS SOONER CAUGHT THAN A CRIPPLE, A. Antes se coge a un mentiroso que a un cojo.

LIAR SHOULD HAVE A GOOD MEMORY, A. El mentiroso ha de ser memorioso.

LIAR. YOU ARE SUCH A LIAR! ¡Eres tan mentiroso!

LIBEL. s. Libelo. To sue for libel. Demandar por libelo. Action for libel. Demanda por libelo. Libel trial. Querella por difamación.

LIBERTY. DEPRIVATION OF LIBERTY. Privación de libertad.

LICK. AT FULL LICK. A toda pastilla, a todo gas, a todo meter, tumbar la aguja.

LICK SOMEBODY'S ARSE, TO. Lamerle a alguien el culo, hacer la pelota, tirar de la levita, dar coba a alguien, adular a alguien.

LICK THE DUST, TO. Estirar la pata, espicharla, doblar la servilleta, pasar a mejor vida.

LICK. TO GIVE SOMEONE A LICK. Pegarle un guantazo a alguien.

LID. TO BLOW ONE'S LID. Ponerse como una fiera.

LID. TO BLOW THE LID OFF. Descubrir el pastel, tirar de la manta, levantar la liebre.

LIE. A BIG FAT LIE. s. Una burda mentira.

LIE. A BARE - FACED LIE. s. Una mentira descarada.

LIE DETECTOR, A. s. Polígrafo. Detector de mentiras. La máquina de la mentira. To take the lie detector. Someterse al detector de mentiras.

LIE, TO. v. Mentir. To lie by omission. Mentir por omisión. To lie in court. Cometer perjurio.

LIE. TO GIVE THE LIE. Demostrar a alguien que lo que dice no es verdad, desmentir. An exceptionally well - preserved Roman coin, gives the lie to the fabled beauty of Cleopatra and the manly features of her lover Mark Anthony. Una moneda romana muy bien conservada, echa por los suelos la belleza fabulada de Cleopatra, y los rasgos varoniles de su amante Marco Antonio.

LIE LOW, TO. Tratar de pasar desapercibido.

LIE. TO LIE ONE'S HEAD OFF. Mentir como un bellaco, mentir por la barba, mentir más que la Gaceta, mentir más que parpadear, mentir más que hablar. Don't believe anything he tells you; he lies his head off. No te creas nada de lo que te diga, miente más que un bellaco.

LIE. TO LIVE A BIG LIE. Vivir una gran mentira.

LIE. TO NAIL A LIE. Demoler una mentira, demostrar que algo es mentira.

LIE. TO PEDDLE A LIE. Propagar una mentira.

LIE. TO PROPAGATE A LIE. Difundir una mentira.

LIE. TELL A LIE AND FIND A TRUTH. Meter mentira para sacar verdad, ruin habilidad. Di mentira y saca verdad.

LIE. A THREADBARE LIE, A. Una mentira muy gastada.

LIE. TO TELL AN OUTRIGHT LIE. Decir una mentira descarada.

LIE. TO LIKE LIKE A BASTARD. Mentir como un bellaco.

LIE. TO LIE THROUGH ONE'S TEETH. Mentir por la barba, mentir como un bellaco, mentir más que parpadear, mentir más que hablar. Merlin is lying through his teeth. I didn't break the vase! Merlín miente como un bellaco. ¡Yo no rompí el jarrón!

LIE. A WHOPPING LIE. Una mentira como una catedral.

LIE. A WHITE LIE. s. Una mentira piadosa.

LIES. A BUNDLE OF LIES. Una sarta de mentiras.

LIES. A PACK OF LIES. Una sarta de mentiras.

LIFE. A CUSHY LIFE. Vida cómoda y holgada. La gran vida.

LIFE. A MATTER OF LIFE OR DEATH. Una cuestión de vida o muerte.

LIFE AND LIMB. TO RISK LIFE AND LIMB. Jugarse el pellejo, jugarse el tipo. I knew I was risking life and limb by meeting a stranger but still wanted to meet him. Sabía que arriesgaba el pellejo al encontrarme con un desconocido, pero aun con todo, quería encontrarme con él.

LIFE AND SOUL OF THE PARTY. TO BE THE LIFE AND SOUL OF THE PARTY. Ser la persona que anima la fiesta. Ser el alma de la fiesta.

LIFE. TO CLING TO LIFE. Aferrarse a la vida. A teenager is clinging to life after being stabbed in the back. Un adolescente se aferra a la vida tras ser apuñalado en la espalda.

LIFE. TO LEAD A CAT AND DOG LIFE. Vivir como perros y gatos, estar peleándose siempre. Brendan and Agatha lead a cat and dog life. Brendan y Agatha están siempre como el perro y el gato.

LIFE. FOR DEAR LIFE. Desesperadamente. The storm was terrible, and passengers below decks, were trying to dodge the furniture and cling for dear life to something stable. Había una tormenta temible. Los pasajeros en las bodegas trataban de esquivar los muebles, y se agarraban desesperadamente a cualquier cosa estable.

LIFE. FOR THE LIFE OF ME. Aunque me maten. I can´t for the life of me remember how many people came last night. Aunque me maten no puedo acordarme de cuantas personas vinieron anoche.

LIFE. GET A LIFE! ¡Búscate algo más interesante que hacer! ¡Métete en tu vida! Get a life, you poor sad cow! ¡Búscate algo más interesante que hacer, desgraciada! Get a life! Learn to cook. ¡Búscate algo más interesante que hacer! ¡Aprende a cocinar!

LIFE INSUARANCE FRAUD. Fraude de seguros de vida.

LIFE IS TOO SHORT. La vida es corta, y pasarla alegre es lo que importa.

LIFE ISN´T ALWAYS A FLAT SEA. La vida tiene sus altibajos, la vida no es siempre un camino de rosas.

LIFE. IT IS A DOG´S LIFE. Una vida de perros. It is a dog´s life working, day in, day out and no holidays. Es una vida de perros, tener que trabajar todos los días, y sin vacaciones.

LIFE - LINE. TO THROW A LIFE - LINE. Ayudar a alguien, echarle a alguien un capote.

LIFE. NOT ON YOUR LIFE! ¡Eso no te lo crees ni tú! Surely you would like to be a bullfighter, Tom? Not on your life! ¿Sin duda te gustaría ser torero, Tom? ¡Eso no te lo crees ni tú!

LIFE OF RILEY. LIVING THE LIFE OF RILEY. Vivir a cuerpo de rey, darse la gran vida, vivir como un marajá, vivir como un marqués arruinado, vivir mejor que un cura, vivir como un general, vivir como un obispo.

LIFE ON THE STREETS. Hacer la carrera, prostituirse.

LIFE. TO HAVE A ROUGH LIFE. Llevar mala vida, pasarlo mal.

LIFE. SUCH A LIFE, SUCH A DEATH. Como se vive se muere.

LIFE, THE. s. Proxenetismo, y la prostitución en general.

LIFE - THREATENING. THE MAN WAS WOUNDED IN THE STOMACH. HE WAS TAKEN TO HOSPITAL, WHERE HIS CONDITION IS SERIOUS BUT NOT LIFE - THREATENING. El hombre recibió una herida en el estómago. Fue trasladado al hospital, su herida es grave pero no se teme por su vida.

LIFE. TO COME TO LIFE. Volver en sí.

LIFE. TO CUT A LIFE SHORT. Segar una vida.

LIFE. TO FIGHT FOR ONE´S LIFE. Debatirse entre la vida y la muerte.

LIFE. TO LAY ONE´S LIFE DOWN FOR SOMEONE. Dar la vida por alguien.

LIFE. TO LEAD A CRAZY LIFE. Llevar una vida loca. Vivir a lo loco.

LIFE. TO LEAD A DOUBLE LIFE. Llevar una vida doble.

LIFE. TO RUN FOR ONE´S LIFE. Escapar para salvar el pellejo.

LIFE. TO SWEAR ON ONE´S LIFE. Jurar por la vida de uno.

LIFE. TO SWEAR SOMEONE´S LIFE AWAY. Levantar falsos testimonios a alguien que pueden llevarle a la cárcel.

LIFE. HIS LIFE WAS CUT SHORT BY A SNIPER'S BULLET. La bala de un tirador emboscado le segó la vida.

LIFE IS UNCERTAIN IN THIS WORLD. La vida es incierta en este mundo.

LIFE. TO BEAT THE LIFE OUT OF SOMEONE. Darle a alguien una soberana paliza. Propinarle a alguien una brutal paliza.

LIFE. TO LEAD A DOUBLE LIFE. Llevar una vida doble.

LIFE. TO LIVE LIFE TO THE FULL. Viivir a todo meter, vivir a lo loco, sin orden.

LIFE. TO TAKE ONE´S OWN LIFE. Suicidarse.

LIFE. A WALK OF LIFE. Profesión, oficio.

LIFE. WHILE THERE'S LIFE THERE'S HOPE. Lo último que se pierde es la esperanza.

LIFE WITHOUT A FRIEND, IS DEATH WITHOUT A WITNESS. Vida sin amigo, muerte sin testigo.

LIFER, A. s. Persona que cumple cadena perpetua. Los funcionarios de prisiones suelen atribuirse el mismo título. En broma.

LIFT, TO. v. En la jerga policial, amanillar, detener. Robar.

LIFT, TO. v. Trabajar la mecha, hurtar en supermercados y tiendas.

LIFTING GAME. TO BE ON THE LIFTING GAME. Dedicarse a robar carteras. To lift someone´s wallet. Robarle a alguien la cartera.

LIG OFF SOMEONE, TO. Vivir a costillas de alguien.

LIGATURE. s. Ligadura. Ligature marks on the neck. Marcas de ligaduras en el cuello. Strangulation by ligature. Estrangulación por ligadura. Estrangulación a lazo.

LIGGER, A. s. Gorrón.

LIGHT. TO BRING TO LIGHT. Revelar, mostrar.

LIGHT. TO COME TO LIGHT. Conocerse, revelarse.

LIGHT FINGERED. TO BE LIGHT FINGERED. Tener las uñas largas. Un ratero, propenso a robar. Don´t leave your belongings unattended, this discotheque is full of light - fingered people! ¡No descuide sus pertenencias, esta discoteca está llena de rateros!

LIGHT OF LOVE, THE. s. En la jerga carcelaria, baranda. Director de una cárcel.

LIGHT ON, TO. v. Encontrar por casualidad.

LIGHT. TO SHRED/THROW LIGHT ON SOMETHING. Arrojar luz sobre algo.

LIGHT UP, TO. Fumar. London landlord, Dave West, was last month fined £6,500 for letting customers light up, but that hasn´t stopped him. He´s due to challenge the ban in the High Court, represented by Cherie Booth - (esposa de Tony Blair) wife of the man who brought in the legislation. Dave West, quien regenta un bar en Londres, el mes pasado, le impusieron una multa de 6.500 libras esterlinas, por permitir fumar a los clientes, pero esto no le ha escarmentado. Está a punto de recusar la prohibición en la Audiencia Nacional, y, lo representa, Cherie Booth - esposa del hombre que presentó la legislación.

LIGHTNING. AS QUICK AS LIGHTENING. Más rápido que una centella. The shoplifter grabbed a pair of trousers and was out of the shop as quick as lightning. El ratero agarró un par de pantalones y salió del comercio como una centella.

LIGHTNING. TO GO LIKE GREASED LIGHTENING. Ir a toda pastilla, ir a todo gas, correr como un loco.

LIGHTS. TO JUMP THE LIGHTS. Saltarse los semáforos en rojo. To run a red light. Saltarse un semáforo en rojo.

LILY LIVERED, A. Cobarde.

LILY WHITE, A. s. Blanco, legal. En la jerga policial, persona que no tiene antecedentes penales.

LIMB. TO GO OUT ON A LIMB. 1. Arriesgarse, hacer las cosas de una manera diferente. 2. Estar solo y sin ninguna clase de apoyo.

LINE. TO HAND OUT A LINE. Hablar chorradas.

LINE OF DUTY. Servicio. A policeman was killed in the line of duty yesterday. Ayer mataron a un policía cuando estaba de servicio.

LINE OF INQUIRY, A. Línea de investigación, una vía de investigación. To pursue a line of inquiry. Seguir una línea de investigación. To follow a line of inquiry. Seguir una línea de investigación. A new line of inquiry. Una nueva línea de investigación. The police have a line on the bank robbers. La policía tiene una pista de los atracadores del banco.

LINE. TO PUT ONE´S ASS ON THE LINE. Arriesgar el pellejo.

LINE. TO SNORT A LINE. Meterse una raya de droga por la nariz.

LINER, A. s. Policía, madero.

LION'S DEN. TO ENTER THE LION'S DEN. Entrar en el cubil de la fiera, entrar en la cueva del lobo, entrar en las fauces del lobo, correr un gran riesgo.

LION'S MOUTH. TU PUT ONE'S HEAD IN THE LION'S MOUTH. Exponerse a un gran peligro, correr un gran riesgo.

LION'S SHARE, THE. Llevarse la tajada más grande.

LIP. TO KEEP A STIFF UPPER LIP. Permanecer impasible ante las circunstancias más adversas, mantener la compostura. La flema inglesa. Jerry suffered a lot after his son's accident but he kept a stiff upper lip all the time. Jerry sufrió mucho después del accidente de su hijo, pero mantuvo siempre la compostura.

LIP. I GAVE HIM A FAT LIP, A CAULIFLOWER EAR AND AN AUBERGINE NOSE. Le hinché los morros, le deformé la oreja y las narices a guantazos.

LIP. NONE OF YOUR LIP! ¡Calla la boca!

LIP SERVICE. TO PAY LIP SERVICE. De pico, mucho hablar, de boquilla. He pays lip service to his boss's orders but, once he has gone, he does what he pleases. Cuando está su jefe presente, todo es mucho hablar, pero en cuanto se va, hace lo que le da la gana.

LIPPED. A TIGHT - LIPPED PERSON. Persona a quien se la puede contar algo sin que lo pregone, persona que no suelta palabra, ser una tumba, no soltar prenda. Interpreters have a reputation for being tight - lipped. Los intérpretes son un gremio en los que se puede confiar un secreto, no sueltan prenda.

LIPS. MY LIPS ARE SEALED. Soy una tumba. No decir ni pío. No soltar prenda. To have one's lips sealed. Estar obligado a guardar un secreto.

LIPPY. TO BE LIPPY. Ser un descarado.

LIST. s. Lista. To be arrested for possession of a kill list and weaponry. Ser detenido, por estar en posesión de una lista de personas para ser ejecutadas, además de armas.

LISTENERS NEVER HEAR GOOD OF THEMSELVES. El que escucha, su mal oye.

LIT UP. Estar borracho, ir alumbrado.

LITTER. s. Porquería, basura que se tira por la calle. Pueden ser, colillas, latas de refrescos, envolturas de chocolate, etc. Litter lout. Marrano que tira basura por la calle. To drop litter. Tirar basura por la calle. The litter police. Empleado de ayuntamiento que multa a aquellos que tiran porquería por la calle. Así se les conocen popularmente

LITTLE POT IS SOON HOT, A. En pequeño botijo, poca agua cabe. En chimenea pequeña cabe poco humo. Tener pocas aguantaderas.

LIVE AND LET LIVE. Vive y deja vivir.

LIVE BY ONE'S WITS, TO. Vivir del cuento. Ser maestro en el ir tirando. Malabarista del sobrevivir.

LIVE HIGH OFF THE HOG, TO. Vivir a lo grande, vivir a lo príncipe. Not only does royalty not have the power it once had, but it does also not live as high off the hog. La realeza, no solamente ha perdido el poder que en su día ostentaba, sino que tampoco vive tan a lo grande.

LIVE IN A FOOL'S PARADISE, TO. Vivir en un sueño. Vivir en Jauja. Most of the people I meet these days seem to be living in a fool's paradise. La mayoría de las personas que conozco en la actualidad, parecen vivir en un sueño.

LIVE IN CLOVER, TO. Vivir como un marajá, vivir a cuerpo de rey, vivir mejor que un cura.

LIVE IN WANT, TO. Pasar necesidades, pasar penurias.

LIVE IN SIN, TO. Estar casado por detrás de la iglesia, estar amancebado, vivir arrimado, cohabitar, catar el perejil, mojar el churro, mojar el bizcocho.

LIVE LIFE AT FULL THROTLE, TO. Vivir la vida a todo trance. Vivir la vida a todo meter, vivir a toda mecha.

LIVE OFF IMMORAL EARNINGS, TO. Vivir de la prostitución, vivir de ingresos inmorales.

LIVE OFF SOMEONE, TO. Vivir a costillas de alguien. Vivir de gorra.

LIVERPOOL KISS, A. s. Un cabezazo.

LIVE. I KNOW WHERE YOU LIVE! ¡Sé dónde vives! ¡Me he quedado con tu cara!

LIVE. TO LIVE TO TELL THE TALE. Vivir para contarlo. We can see the funny side of our car crash now, having lived to tell the tale, but it wasn't a laughing matter at the time. Ahora, que lo podemos contar, podemos reírnos del accidente que tuvimos con el coche, pero entonces no fue cosa de risa.

LIVES. HE THAT LIVES ILL, FEAR FOLLOWS HIM. A quien mal vive, su miedo le persigue. Quien la hace, la teme.

LIVING DAYLIGHTS. TO SCARE THE LIVING DAYLIGHTS OUT OF SOMEONE. Darle a alguien un susto de muerte. Don´t do that to me again! You have scared the living daylights out of me! ¡No me hagas eso otra vez! ¡Me has dado un susto de muerte!

LIVING WILL, A. s. Testamento vital. Documento, en el cual, una persona expresa su deseo de que, en caso de enfermedad incurable, se le deje morir antes de mantenerlo vivo artificialmente.

LOAD OF COBBLERS. WHAT A LOAD OF COBBLERS! Gilipolleces, sandeces. Our house is better than yours! What a load of cobblers! Mine has got a garden! ¡Nuestra casa es mejor que la tuya! ¡Sandeces! ¡La nuestra tiene jardín!

LOAD OF CODSWALLOP, A. Tonterías, gilipolleces, sandeces, paparruchadas.

LOADED. Adj. 1. Rico, cagaduros, balbaló. 2. Ebrio, cargado, borracho.

LOAF. s. Chola. Use your loaf. Usa la chola.

LOAN SHARK, A. s. Usurero. Persona u organización que presta dinero con intereses desorbitantes. A loan shark who raped an impoverished customer and threatened to petrol bomb another woman´s house has been jailed for 7 years. Un usurero que violó a una mujer empobrecida, y amenazó con pegarle fuego a la casa con gasolina de otra, ha sido encarcelado 7 años.

LOATHSOME BRUTO. Un bruto odioso.

LOCK AND KEY. TO BE UNDER LOCK AND KEY. En la cárcel, en el trullo.

LOCKDOWN. Confinamiento. To be found guilty of breaking lockdown rules. Hallar culpable de infringir las normas de confinamiento.

LOCK. TO FORCE A LOCK. Forzar una cerraja.

LOCK. NO LOCK WILL HOLD AGAINST THE POWER OF GOLD. No hay cerradura si la llave es de oro.

LOCK. TO PICK A LOCK. Abrir una cerradura. To pick a lock with a cash card. Abrir una cerradura con una tarjeta de crédito. To be an expert at picking locks. Ser un experto abriendo cerraduras.

LOCK SOMEONE UP/AWAY, TO. Encarcelar a alguien.

LOCK UP, TO. Encarcelar, enchiquerar. You should have been locked up long ago. Debería hacer mucho tiempo que estás en chirona. To lock up criminals in prison. Enchiquerar a los delincuentes. The police locked the gang up. La policía enchiqueró a la pandilla.

LOGHEAD, A. s. Tarugo, zoquete.

LOGORRHOEA. s. Diarrea mental.

LOITER WITH INTENT, TO. Merodear en un lugar con fines delictivos. There are three men loitering with intent outside the building. Hay tres hombres fuera del edificio merodeando con fines delictivos.

LOLLY. s. Dinero, parné, pasta, guita.

LOLLY, TO. v. Aventar, delatar, chivarse.

LONE WOLF, A. s. Lobo solitario. Persona solitaria. A lone wolf attack. Agresión de una persona solitaria.

LONG FIRM FRAUD, A. s. Fraude que consiste en montar un negocio, con el fin de obtener un crédito, y después fugarse con los beneficios de las ventas.

LONG RANGE. TO FIRE AT LONG RANGE. Tirar a largo alcance.

LONG ROD, A, s. Rifle.

LOOK AFTER SOMEONE, TO. Sobornar a alguien para que haga algo ilícito.

LOOK AROUND, TO. Echar un vistazo.

LOOK. A DIRTY LOOK. Una mirada asesina, una mirada fulminante. To give someone a dirty look. Echarle a alguien una mirada mortífera.

LOOK ASKANCE AT, TO. Mirar de reojo a, mirar con recelo, mirar con desconfianza, mirar de soslayo, mirar con mala cara.

LOOK. TO LOOK DOWN UPON SOMEONE. Mirar por encima del hombro, despreciar.

LOOK. TO CAST A LONGSIDE LOOK AT. Mirar a alguien de reojo.

LOOKING. TO BE LOOKING FOR SOMEONE. Estar buscando a alguien.

LOOK. TO LOOK A PERSON UP AND DOWN. Mirar a alguien de arriba abajo. Medir a alguien.

LOOK INTO, TO. Investigar. To investigate a death. Investigar una muerte.

LOOKOUT. TO BE THE LOOKOUT. Ser el aguador, ser el que avisa de un peligro.

LOOK. TO GIVE SOMEONE A BALEFUL LOOK. Echarle a alguien una mirada siniestra.

LOOK. TO GIVE SOMEONE A CONTEMPTUOUS LOOK. Echarle a alguien una mirada despectiva.

LOON, A. s. Lunático.

LOONY, A. s. Loco. She locks the door so she can do loony things in secret. Se encierra con llave para hacer sus locuras en secreto.

LOONY BIN, A. s. Manicomio. To plot to have someone locked in a loony bin. Conspirar para internar a alguien en un manicomio. They locked the man up in a loony bin. Metieron al hombre en un manicomio.

LOONY - DOCTOR, A. s. Sinónimo de psiquiatra.

LOONY. HE CALLED ROGER A LOONY, A FRUITCAKE, WIRED TO THE MOON. Llamó a Roger, lunático de mucho cuidado.

LOOPHOLE. s. Escapatoria, laguna, vacío legal. Every law has a loophole. Hecha la ley, hecha la trampa.

LOOPY. Adj. Chiflado.

LOOSE. TO BE ON THE LOOSE. Estar fugado, estar prófugo de la justicia, andar huido. Police said that a murderer was on the loose. La policía dijo que había un asesino suelto.

LOOSE JAWED. Persona que se va de la lengua.

LOOSE - TONGED. Persona que se va de la lengua, tener la lengua suelta.

LOOT. s. Afane, apaño, botín.

LOOT, TO. v. Saquear, desvalijar. To loot a shop. Saquear una tienda.

LOOTER. s. Saqueador.

LORD CHANCELLOR. s. Gran Canciller. Guardian de la conciencia de la reina. The Lord Chancellor - in - waiting. El Gran Canciller en ciernes.

LORD CHIEF JUSTICE, THE. s. Presidente del Tribunal Supremo.

LORD IT OVER, TO. Comportarse con aire de superioridad.

LORD LUCAN. TO DO A LORD LUCAN. Desaparecr sin dejar rastro.

LORD. TO TAKE THE NAME OF THE LORD IN VAIN. Tomar el nombre de Dios en vano.

LOSER. s. La víctima de un delito.

LOSES. WHO LOSES HIS LIBERTY LOSES ALL. El buey suelto bien se lame.

LOSS. ONE MAN´S LOSS IS ANOTHER MAN'S GAIN. No hay feria mala: lo que uno pierde, otro gana.

LOT, A. s. Coche, buga, bugati.

LOT. TO DESERVE ONE'S LOT. Llevarse su merecido.

LOT. TO HAVE BEEN THROUGH A LOT. Haber pasado uno lo suyo.

LOUSE HOUSE. s. Hotel de mala muerte. Antro.

LOUSY GIT, A. Tacaño, un tío más apretado que los tornillos de un submarino.

LOUT. s. Gamberro, analfabestia, burriciego.

LOUTISH BEHAVIOUR. Gamberrismo.

LOVE - HATE RELATIONSHIP, A. Relación amor-odio.

LOWLIFE, A. s. Delincuente. Barriobajero. He was killed by a member of the local lowlife. Lo mató uno de la banda de los delincuentes locales. You lowlife mongrel! ¡Delincuente de mierda! A vile lowlife. Un vil delincuente. Low - life violence. Violencia en el mundo de la delincuencia.

LOVER. s. Amante. To be accused of murdering his lover. Ser acusado de asesinar a la amante.

LOVER. s. Amante. A deceitful lover. Amante infiel.

LOW PEOPLE. s. Gente de baja ralea, gente de baja estofa. Hunting out low people in high places. A la caza de gente de baja ralea en las altas instancias del gobierno.

LUCK. TO BE DOWN ON ONE'S LUCK. Estar de mala suerte.

LUCK. TO BE OUT OF LUCK. No tener suerte.

LUCK. TO PUSH ONE´S LUCK, TO. Tentar a la suerte. This time James has pushed his luck. Esta vez James ha abusado de la suerte. The line between success and failure is thin and we can´t push our luck. La línea entre el éxito y el fracaso es fina, no podemos tentar a la suerte.

LUMBER, TO. v. Detener, abrazar, agarabar, amanillar, ir para arriba, encarcelar, hacer la gamba a alguien.

LUMP. A BIG LUMP. Un tío fornido. Un armario.

LUNATIC. s. Loco. The lunatics have taken over the asylum. Los locos se han apoderado del manicomio.

LUNATIC. AN UNHINGED LUNATIC. Un tarado de mucho cuidado.

LUBRICATE, TO. v. Sobornar.

LURCH. TO LEAVE SOMEONE IN THE LURCH. Dejar a alguien en la estacada. Dejar plantado. Abandonar a alguien, retirar el apoyo. When my father died all my family left my mother and I in the lurch. Cuando murió mi padre, todos nuestros parientes nos dejaron en la estacada.

LURK, TO. v. Agazaparse, acechar. To lurk in the shrubberies. Estar agazapado en los arbustos. Someone is lurking in the dark. Alguien está acechando en la oscuridad.

LURE, TO. v. Atraer, llamar a un sitio. The policeman was lured to an address, and he was shot in cold blood. Llamaron a un policía para que fuera a un lugar, y allí lo asesinaron a tiros a sangre fría. To lure someone to his death. Hacer que alguien caiga en una trampa mortal. To be lured to a trap. Atraer a una trampa.

LUSHER, A. s. Prostituta espcialista en cepillarse a los borrachos.

LYING BY OMISSION. Mentir por omisión.

LYING TOAD, A. s. Embustero.

LYING. TO MAKE LYING A WAY OF LIFE. Hacer de la mentira un modo de vida.

LYING SCUMBAG, A. s. Mentiroso asqueroso.

LYING SWINE, A. s. Mentiroso asqueroso.

LYNCH MOB, A. s. Grupo de personas que se toma la justicia por su mano. Justicia del populacho.

LYNCH SOMEONE, TO. Ajusticiar, por medio de la horca a alguien, sin antes haber sido juzgado debidamente. Término de origen estadounidense.

M

MACE, TO. v. Echarle a alguien pimienta en los ojos con el fin de robarle.

MACE A SHOPKEEPER, TO. En la jerga de la delincuencia, comprar a crédito y no pagarlo. To work the mace. Estafar, engañar.

MACER, A. s. Estafador, timador.

MACHETE BRAWL, A. Pelea a machetazo limpio.

MACHETE. s. Machete, ajilé. A woman was attacked by a machete - wielding man. Una mujer fue agredida por un hombre que empuñaba un machete.

MACHETE - WIELDING TYPE, A. s. Navajero.

MACHETE ATTACK, A. Ataque con machete.

MACHETE. A MACHETE - WIELDING GANG SET UPON A YOUTH IN BROAD DAYLIGHTT. Una banda empuñando machetes atacó a un joven en plena luz de día.

MACHINATE, TO. v. Urdir, maquinar, tramar.

MACHO REMARKS. Comentarios machistas.

MADCAP. s. Excéntrico, extravagante

MAD. TO BE AS MAD AS A BOX OF FROGS. Estar loco de atar.

MAD. TO DEAL WITH MAD PEOPLE. Tratar con locos.

MADHOUSE, A. s. Manicomio.

MADNESS. s. Locura. To have a bout of madness. Tener un ataque de locura.

MAGAZINE, A. s. Una condena de seis meses.

MAGAZINES. MEN´S INTEREST MAGAZINES. Revistas pornográficas.

MAGGOT, A. s. Persona despreciable. Un mal bicho.

MAGIC WORDS. s. En la jerga policial, denota, tras detener a alguien, comunicarle que está detenido y cuáles son sus derechos.

MAGISTRATE, A. s. Juez de primera instancia. Dicho juez no recibe estipendo alguno por su trabajo. No tiene mucho poder, la máxima pena que puede imponer es de seis meses. Firma, search warrants, órdenes de registro.

MAGPIE, A. s. 1. Persona que colecciona todo lo que pilla. 2. Persona que habla por los codos.

MAGSMAN, A. s. Ratero, ladrón de poca monta, ladronzuelo, cagarrutero.

MAIL INTERCEPTION. Intervención de la correspondencia.

MAINLINE, THE. s. La cañería. En la jerga de los toxicómanos, vena en la que se inyectan.

MAKE AS IF TO DO SOMETHING, TO. Hacer un amago, hacer ademán de, fingir de,

MAKE. TO BE ON THE MAKE. Tener aspiraciones, ser ambicioso. Churchill described once Field Marshall B. Montgomery as a little man on the make. Churchill, en cierta ocasión, dijo que el Mariscal de Campo, B. Montgomery, era un donnadie con muchas aspiraciones.

MAKE A PASS AT A WOMAN, TO. Tirarle los tejos a una mujer. Tratar de seducirla. Hacer insinuaciones sexuales. Hacer proposiciones sexuales. Pedir sesión de carne. Dan said he was embarrassed when he made a pass at me some time ago. Dan dijo que estaba avergonzado de cuando me tiró los tejos hace algún tiempo. The famously libidinous old rake made a pass at the young lady. El bien conocido libidinoso viejo verde, trató de seducir a la joven. To make an unwanted pass at a woman. Hacer proposiciones sexuales no deseadas a una mujer.

MAKE OR BREAK. Ser el momento de la verdad, ser el éxito o la ruina, ser el momento decisivo, o te haces o te deshaces. The next 35 minutes could make or break the team. Los próximos 35 minutos podrían ser el éxito o la ruina del equipo.

MAKE OFF WITH, TO. Robar, apandar, aupar. The thieves made off with 300 pounds. Los ladrones robaron 300 libras.

MAKE ONE, TO. v. Escaparse de la cárcel, ganar la bola.

MAKE THE FUR FLY, TO. Armarse la de San Quintín, liarla parda. When the Council announced that it was going to make more speed humps on the streets it made the fur fly. Cuando el ayuntamiento anunció que iba a poner más badenes en las calles para controlar la velocidad, se armó la de San Quintín.

MAKE. TO MAKE. Robar.

MAKE. TO MAKE A MOVE. Marcharse, irse. Let´s make a move. Vámonos.

MAKE ONE, TO. Fugars de la cárcel.

MAKE. TO MAKE TRACKS. Irse, marcharse.

MAKE UP IT TO SOMEONE, TO. Hacer las paces, hacerse amigos otra vez, tras alguna disputa.

MAKER. TO MEET ONE´S MAKER. Morir. Uno se reúne con Dios si ha sido bueno, y con el diablo si ha sido malo.

MALE - CHAUVINIST PIG, A. s. Un machista asqueroso.

MALICE. WITH MALICE AFORETHOUGHT. Con la intención de cometer un delito violento.

MALICIOUS COMMUNICATION. Mensaje malicioso.

MALICIOUS. Adj. Malicioso. To write a malicious letter to someone. Escribirle a alguien una carta maliciosa.

MAMMON OF RIGHTEOUSNESS, THE. s. El dinero.

MAN. s. Hombre. If you see a man down, jump on his guts. Si ves a un hombre acabado, patéalo antes de que se recupere.

MANGLED. Cocido como un mirlo, borracho perdido.

MANHUNT, A. s. Persecución de un delincuente por la policía. To launch a manhunt. Emprender la persecución de un delincuente. An international manhunt. Persecución internacinal de un delincuente por la policía. A manhunt in progress. Una persecución en curso.

MANACLES. s. Esposas, manillas, grilletes.

MAN ALIVE! Exclamación de sorpresa. ¡Tú por aquí y la cárcel vacía! ¡Qué caro eres de ver!¡Dichosos los ojos que te even!

MAN. EVERY MAN FOR HIMSELF. Sálvese quien pueda.

MAN. EVERY MAN IS HIS OWN WORST ENEMY. El mayor enemigo del hombre es el hombre.

MAN. A MAN IS KNOWN BY THE COMPANY HE KEEPS. Dime con quien andas, y te diré quién eres.

MAN OF COURAGE NEVER WANTS WEAPONS, A. Hombre de cojón prieto, no tiene aprieto.

MAN OF HIS WORD, A. s. Hombre de palabra.

MAN OF STRAW, A. s. Testaferro, títere, marioneta. Entre los siglos, XVI y XIX, personas dispuestas a cometer perjurio por un precio. Dichas personas se sentaban fuera de un juzgado, a la espera de ser llamadas por un abogado para testificar, por dinero, a favor o en contra de alguien. Según se terciara. Se identificaban por una pajita que se ponían entre el pie y el zapato. Outside the court, cut purses and the men of straw who displayed a straw tucked into their shoes to show that their testimony was for sale. A las puertas del juzgado, merodeaban, carteristas y otros que mostraban una pajita metida en el zapato, para publicitar que sus testimonios estaban en venta.

MANHANDLE SOMEONE, TO. Maltratar a alguien. Tratar de malas maneras.

MANSLAUGHTER. s. Homicidio sin premeditación. To be accused of manslaughter. Ser acusado de homicidio sin premeditación. The suspect pleaded guilty to manslaughter. El sospechoso se declaró culpable de homicidio sin premeditación. A man was sentenced to 2 years for manslaughter. Sentenciaron a un hombre a dos años de cárcel por homicidio sin premeditación. Richard was locked up indefinitely in Broadmoor after pleading guilty to manslaughter on the grounds of diminished responsibility. Richard fue internado indefinidamente en Broadmoor, tras declararse culpable de homicidio sin premeditación. Alegando razones de responsabilidad atenuada. Involuntary manslaughter. Homicidio sin premeditación. To be charged with involuntary manslauhgter. Ser imputado por homicidio sin premeditación. To admit manslaughter. Admitir homicidio sin premeditación. To be acquitted of man slaughter. Ser absuelto de homicidio sin premeditación. Guilty of manslaughter. Culpable de homicidio sin premeditación. Not guilty of manslaughter. Inocente de homicidio sin premeditación.

MANSLAUGHTER CHARGES. Acusación de homicidio sin premeditación.

MAN TO MAN. De hombre a hombre.

MAN WITHOUT MONEY IS NO MAN AT ALL, A. El dinero hace al hombre entero.

MANOR, A. s. Zona que se atribuye la policía o los cacos como territorio de operaciones.

MAN´S PRIDE AND JOY, A. s. Los atributos, los testículos.

MANY A GOOD COW HAS AN EVIL CALF. De padre santo, hijo diablo.

MANY A TRUE WORD IS SPOKEN IN JEST. Bromeando, bromeando, amargas verdades se van soltando.

MAP, THE. s. Cara, ajero.

MARBLE, THE. s. Cbeza, chola.

MARBLES. s. Cataplines.

MARBLES. LOSE ONE'S MARBLES. Ponerse como una fiera. Ponerse loco. Írsele a uno la pinza. Dan used to lose his marbles at the drop of a hat. Dan solía ponerse como una fiera por cualquier cosa. Still have all one´s marbles. No haber perdido la razón.

MARINES. TELL IT TO THE MARINES. A otro perro con ese hueso. I have just won the first prize! Tell it to the marines! ¡Acabo de ganar el premio gordo! ¡A otro perro con ese hueso!

MARITAL. TO HAVE MARITAL ISSUES. Tener problemas matrimoniales.

MARK, A. s. Víctima de un timo.

MARK MY WORDS. Acuérdate de lo que te digo. Te advierto. Toma buena nota.

MARKETING CON. s. Estafa comercial.

MARKED MAN, A. Persona vigilada. Persona señalada.

MARKSMAN, A. s. Tirador de élite. A police marksman. Tirador de élite de la policía.

MARMALISE, TO. v. Moler a palos.

MARRIAGE. s. Matrimonio. Forced marriage. Matrimonio forzado.

MARRIAGE - WRECKER, A. s. Un destroza familias.

MARY JANE. s. Marihuana.

MASACRE, A. s. Matanza, chicha.

MASK. TO WEAR A MASK. Llevar la cara cubierta con una máscara. A man was shot by masked robbers. Unos enmascarados tirotearon a un hombre. To be robbed by two masked men. Ser atracado por dos hombres enmascarados.

MASOCHISTIC. TO HAVE A MASOCHISTIC STREAK. Tener una vena masoquista.

MASS BRAWL. Pelea multitudinaria.

MASS MURDERER. s. Genocida. Asesino de masas. A would-be mass murderer. Un aspirante a genocida. A psychopathic mass murderer. Genocida sicótico.

MASS SHOOTER. s. Genocida.

MASS SHOOTING, A. s. Tiroteo en masa.

MASTER KEY. s. Llave maestra.

MASTER. IF THE MASTER SAY THE CROW IS WHITE, THE SERVANT MUST NOT SAY IT IS BLACK. Donde hay patrón no manda marinero. La burra se ata donde manda el amo, aunque se ahorque.

MASTER. TO BE MASTER OF ONESELF. Ser dueño de sí mismo.

MASTERMIND, TO. v. Planear, dirigir, organizar, ser el cerebro.

MAT, TO. v. Reprender.

MAT. TO BE ON THE MAT. Llevarse uno una buena bronca.

MATCH - FIXER, A. s. Persona que amaña encuentros de fútbol u de otros deportes.

MATCH. TO MEAT ONE´S MATCH. Encontrarse con la horma de su zapato, juntarse el hambre con las ganas de comer.

MATTRESS. s. Colchón. To stash the money under the mattress. Guardar el dinero debajo del colchón.

MAYHEM. s. Caos, tumulto, desorden.

MEAKY TRICK. BE UP TO A MEAKY TRICK. Preparar alguna jugarreta, preparar alguna treta. These kids are always up to a meaky trick. Estos críos siempre están preparando alguna jugarreta.

MEALY - MOUTHED PERSON, A. Persona que no se atreve a llamar a las cosas por su nombre, andar con rodeos. Ser una persona muy comedida. Una persona melosa. I thought I was being extremely mealy - mouthed, but I was accused of advocating conspiracy theories. Pensé que estaba siendo muy comedido, y, aun así, me acusaron de defender teorías de la conspiración. A mealy - mouthed way of being rude. Ser grosero de una manera melosa.

MEANS. THE END JUSTIFIES THE MEANS. El fin justifica los medios.

MEAN STREETS. Zonas pobres de una ciudad.

MEANS. TO LIVE BEYOND ONE'S MEANS. Extender la pierna más de lo que alcanza la manta, Vivir por encima de las posibilidades de uno. Merlin gave extravagant parties. People thought he must be living beyond his means. Merlín daba fiestas extravagantes. La gente pensaba que extendía la pierna más de lo que alcanzaba la manta.

MEASURE. s. Medida. To take drastic measures. Tomar medidas radicales.

MEAT. TO BE EASY MEAT. Ser una víctima fácil, ser fácil de engañar, ser un pringao.

MEAT EATER, A. s. Policía que busca sobornos.

MEAT RACK, THE. s. Zona donde se practica la prostitución homosexual. Cyril likes to visit the meat rack from time to time. A Cyril, de vez en cuando, le gusta visitar el barrio donde merodean los chaperos.

MEAT SALESMAN. s. Proxeneta.

MEAT WAGON, A. s. Camello, bidón. Furgón para transportar presos.

MECHANIC, A. s. Sicario, barbi, asesino a sueldo.

MECHANIC, A. s. 1. Jugador de cartas fullero. Tramposo. 2. Asesino profesional.

MEDDLER, A. s. Entrometido.

MEDIA LYNCHING. Linchamiento mediático.

MEDICALLY ASSISTED DYING. La muerte asistida. Eutanasia.

MEDICINE. A TASTE OF ONE'S MEDICINE. Pagar con la misma moneda.

MEET WITH AN UNTIMELY END, TO. Morir.

MEETS, THE. s. Reunión de destacados jefes del hampa.

MELONHEAD, A. s. Madero, policía, marrón.

MEMBERS OF THE PUBLIC. La ciudadanía. Así se dirige la policía cuando habla del ciudadano de a pie.

MEMORY CONTAMINATION. s. Información falsa.

MEMORY. TO HAVE A MEMORY LIKE A SIEVE. Tener muy mala memoria. When it comes to jokes, I have a memory like a sieve. Tengo una memoria fatal para los chistes.

MEMORY STICK, U S B. s. U S B, memoria exterior.

MEMORY. TO JOG SOMEONE'S MEMORY. Refrescarle a alguien la memoria.

MEN IN WHITE COATS. s. Los psiquiatras. Gareth is in need of men in white coats. Gareth tiene necesidad de ir al psiquiatra.

MEND ONE'S WAYS, TO. Enmendarse. reformarse, corregirse. Unless you mend your ways, you will end up in prison. Como no te enmiendes acabarás en chirona. Since he was released from prison, he has mended his ways. Desde que fue puesto en libertad se ha reformado.

MENTAL DISORDER, A. s. Trastorno mental. He suffers from a mental disorder. Padece un trastorno mental. Police have not ruled out that he may have been suffering from a mental disorder. La policía no descarta de que puede que padezca algún trastorno mental.

MENTAL. TO GO MENTAL. Volverse loco. Stop that noise! I am going mental! ¿Dejad de hacer tanto ruido! ¡Me estoy volviendo loco!

MENTAL HEALTH ISSUES. TO HAVE MENTAL HEALTH ISSUES. Padecer trastornos mentales. That bloke has got mental issues. Ese tío padece trastornos mentales. To have a history of mental health issues. Tener un historial de trastornos mentales.

MENTALITY. s. Mentalidad. A twisted mentality. Una mentalidad retorcida.

MENTALLY. A MENTALLY CHALLENGED PERSON. Persona que padece algún trastorno mental. Persona con un coeficiente de inteligencia deficiente.

MERC, A. s. Mercenario.

MERCHANT OF DEATH. Mercader de la muerte. Mercader de armas.

MERCILESS. Adj. Despiadado. A man was beaten with a hammer and hit with a glass bottle in a merciless attack. Un hombre fue golpeado con un martillo y una botella de vidrio en un ataque despiadado.

MERCY KILLER. s. Persona que ayuda a alguien a suicidarse.

MERCY KILLING. Eutanasia.

MERCY TO THE CRIMINAL MAY BE CRUELTY TO THE PEOPLE. La piedad con el malo es crueldad con el bueno.

MESS AROUND, TO. Perder el tiempo, gandulear.

MESSAGE, A. s. Mensaje. To send someone a threatening message. Enviarle a alguien un mensaje amenazador.

MESSAGE OF HATRED, A. Mensaje de odio.

M E T. THE METROPOLITAN POLICE. s. La Policía Metropolitana. The Metropolitan Commissioner. El Director de la Policía Metropolitana. (Scotland Yard).

METAL DETECTOR. Detector de metales.

METAL DETECTING ARCH. Arco detector de metales.

METAL THEFT. Robo de metal. A spate of metal thefts in the area. Una racha de robos de metal en la zona. The Home Office revealed there were 61,349 metal thefts recorded by police between April 2012 and March 2013. El Ministerio del Interior reveló, que hubo 61.349 robos de metal registrados por la policía, entre abril de 2012 y marzo de 2013.

METAL THIEF. s. Ladrón de metal.

METALLICS. s. Monedas, calderilla.

METHADONE. s. Metadona. To be on methadone. Seguir un tratamiento de metadona.

METHER, A. s. Alcohólico.

MICKEY FINN, A. s. Bebida que ha sido drogada o muy cargada de alcohol.

MICKEY MOUSE, A. s. En la jerga policial, una falsificación.

MICKEY. TO TAKE THE MICKEY OUT OF SOMEONE. Cachondearse de alguien.

MICKEY TAKER, A. s. Guasón, sarcástico, burlón, socarrón.

MICHAEL, A. s. Bebida a la que se le ha añadido alguna droga.

MIDDLE CLASS MURDERED THE ARISTOCRACY AND REMAINED HAUNTED BY ITS GHOST FOR THE REST OF THEIR LIVES, THE. La clase media asesinó a la aristocracia, y su fantasma la perseguirá siempre. Cita de, Ian Foster, escritor.

MIDDLE. IN THE MIDDLE OF NOWHERE. TO BE IN THE MIDDLE OF NOWHERE. Encontrarse uno donde Cristo perdió las sandalias, en las qimbambas, donde Cristo dio las tres voces y nadie las oyó, donde Dios perdió el gorro, en el quinto pino, en la quinta puñeta.

MIDST. IN OUR MIDST. Entre nosotros. There is a filthy little thief in our midst. Hay un ratero de mierda entre nosotros. There is a stranger in our midst. Hay un desconocido entre nosotros.

MIFF, TO. v. Irritar, ofender.

MIFF. TO BE IN A MIFF. Estar de mal humor.

MIFFED. Adj. Irritado, malhumorado.

MIGHTY MOUTH, A. s. Bocazas.

MILK OF HUMAN KINDNESS, THE. La bondad humana.

MILKY PERSON, A. s. Caguetas.

MILL. TO PUT SOMEONE THROUGH THE MILL. Hacérselas pasar canutas a alguien.

MINCEMEAT. TO MAKE MINCEMEAT OF SOMEONE. Hacer picadillo a alguien, derrotar completamente a alguien.

MINCE WORDS. NOT TO MINCE WORDS. No andarse con rodeos, no tener pelos en la lengua, no andarse por las ramas, ir al grano.

MIND BENDING SUBSTANCE, A. s. Droga.

MIND BOGGLES, THE. Uno se queda boquiabierto, uno alucina. The mind boggles at how he manages to have three girlfriends. Alucino de cómo se las puede arreglar para tener tres novias.

MIND - FUCK, TO. Comer el coco, lavar el cerebro.

MIND. ONE TRACK MIND. De mente obsesionda.

MIND. TO BE ON THE EDGE OF ONE´S MIND. Estar al borde de la locura.

MIND. IN ONE´S RIGHT MIND. En su sano juicio, estar cuerdo.

MIND. IT IS ALL IN THE MIND. Imaginarse las cosas. I am depressed. It is all in the mind; you are perfectly all right. Estoy deprimido. Te lo imaginas, estás perfectamente bien.

MIND. TO CALL TO MIND. Recordar, tener presente.

MIND. TO CHANGE ONE´S MIND. Cambiar de opinión, cambiar de parecer.

MIND. TO GIVE SOMEONE A PIECE OF ONE'S MIND. Cantarle a alguien las cuarenta. Echarle a alguien una catilinaria. Echarle a alguien los perros.

MIND. TO HAVE A DIRTY MIND. Ser un mal pensado, malicioso.

MIND TO HAVE A ONE - TRACK MIND. De ideas fijas, de ideas obsesivas.

MIND. TO MIND ONE´S OWN BUSINESS. Ocuparse uno de sus asuntos. What are you doing now? Minding my own business. ¿Qué estás haciendo ahora? Ocupándome de mis asuntos.

MINDER. s. Guardaespaldas, escolta.

MINDLESS BEHAVIOUR. Comportamiento sin sentido.

MINDLESS CRIMINALITY. s. Criminalidad sin sentido. Hell - bent on mindless criminality. Empeñado en llevar a cabo actos de criminalidad sin sentido.

MINDLESS HOOLIGAN. s. Analfabestia,

MINDLESS SCUM. s. Canalla.

MINDLESS SLAUGHTER. Matanza sin sentido.

MINDLESS THUG. s. Matón, animal, bestia, salvaje.

MINDLESS VIOLENCE. Violencia sin sentido, injustificada, innecesaria, gratuita, sin fundamento.

MINICAB TOUT. s. Taxista pirata.

MINOR OFFENCE. s. Contravención. To be charged with a minor motoring offence. Ser inculpado de una contravención de tráfico.

MINT, THE. s. La Casa de la Moneda. I felt my heart fluttering like that of a miser being shown round the Mint. Sentí que el corazón me iba a cien. Lo mismo que al de un avaro a quien le enseñan la casa de La Moneda.

MIRE. TO BE IN THE MIRE. Estar metido en algún lío.

MISCARRIAGE OF JUSTICE, A. s. Injusticia. He specialised in ferreting out truth and bringing to light what seemed to him to be miscarriages of justice. Su especialidad era descubrir la verdad, y sacar a la luz, lo que le parecían ser injusticias.

MISCHIEF. TO KEEP OUT OF MISCHIEF. Portarse bien, no causar ningún daño. To make mischief. Hacer daño.

MISCHIEF - MAKER, A. s. Cizañero.

MISCONDUCT. TO BE CHARGED WITH GROSS CONDUCT. Ser inculpado por conducta indebida.

MISCREANT, A. s. Pícaro.

MISDEED, A. s. Delito.

MISERY. s. Sufrimiento.

MISERY - GUTS, A. s. I. Gruñón, cascarrabias. 2. Cara

larga, cara de pocos amigos. Poner una cara como si le debieran y no le pagaran.

MISERY MEMORIES. s. Género literario, que trata de la vida de los niños que han sufrido toda clase de abusos por sus padres o tutores. También conocido por, Misery Lit.

MISERY. TO PUT SOMEONE OR SOMETHING OUT OF HIS MISERY. 1. Calmar el sufrimiento de alguien al aportarle noticias, acabar con la agonía. 2. Sacrificar a un animal para que deje de sufrir. 1. If you feel you don´t want anything to do with me, then, please say so and put me out of my misery. Si crees que no quieres tener nada conmigo, por favor, dímelo para acabar con mi sufrimiento. 2. The car ran the dog over and broke its legs. The vet put it to sleep, and so out of its misery. El coche atropelló al perro y le rompió las patas. El veterinario le administró una dosis letal para que no sufriera más.

MISFORTUNES NEVER COME SINGLY. Las desgracias son como las cerezas, que unas a otras se llevan.

MISOGYNY. s. Misogenia.

MISSING. Adj. Desaparecido. Missing people. Personas desaparecidas. A missing person. Una persona en paradero desconocido. Missing children. Niños desaparecidos. Missing teenager. Adolescente desaparecido. Missing, presumed dead. Desaparecido, dado por muerto. A missing person´s case. El caso de una persona desaparecida. Police were determined to leave no stone unturned when it came to finding the missing person. La policía estaba empecinada en revolver Roma con Santiago cuando se trataba de encontrar a la persona desaparecida.

MISSING A SLATE. Chiflado.

MITHER, TO. v. Quejarse.

MITIGATING CIRCUMSTANCES. Circunstancias atenuantes.

MIX IT. TO GO MIX IT WITH SOMEONE. Pelearse con alguien.

MIXER, A. s. Faltón, revoltoso, follonero, pendenciero, bravo, valentón, bravucón.

MIZZLE, TO. v. Abrirse uno, largarse, huir, fugarse, afufar.

MOB, A. s. Banda, pandilla. Grupo de personas violentas. A flash mob. Manifestación que se convoca por medio de las redes sociales. A violent mob. Una banda violenta. Unruly mob. Chusma desmadrada.

MOB. AN ANGRY MOB. Una chusma airada.

MOBBING AND RIOTING. Desmadre y disturbios públicos. To be charged with mobbing and rioting. Ser imputado por desmadres y disturbios públicos.

MOB DEATH. Muerte por linchamiento.

MOB MENTALITY. Mentalidad de linchamiento.

MOB RULE. s. Anarquía. El control de la calle por las masas.

MOBILE. s. Teléfono móvil. To nick someone´s mobile. Chorizarle a alguien el teléfono móvil.

MOBILE DUNGHILL. Guarro, marrano.

MOBILE SLASHER, A. s. Persona que raja las ruedas de los coches, de aquellas personas que ha visto conducir, y hablar por el móvil al mismo tiempo.

MOBSTER, A. s. Gánster.

MOCK PEOPLE, TO. Mofarse de la gente. Don't mock me! ¡No te burles de mí!

MODUS OPERANDY OF THE BURGLERS. Procedimiento de los ladrones que roban en las casas.

MOLE. s. Topo, traidor.

MOLEHILL. TO MAKE A MOUNTAIN OUT OF A MOLEHILL. Hacer una montaña de un grano de arena, exagerar.

MOLEY, A. s. Patata a la que se le ha insertado cuchillas de afeitar, y se utiliza como arma arrojadiza. Muy popular entre las bandas de jóvenes hace algunos años.

MOLL, A. s. Mujer que acompaña a un delincuente.

MONEY - GRUBBER, A. s. Avaricioso.

MONEY. HUSH MONEY. s. Soborno para comprar un silencio. To demand hush money with threats. Exigir un soborno con amenazas.

MONEY IS LIKE MUCK, NOT GOOD EXCEPT IT BE SPREAD. El dinero es como el estiércol: no es bueno a no ser que se esparza. Cita de Francis Bacon.

MONEY - LAUNDERING RACKET, A. s. Una estafa de blanqueo de capitales. To be found guilty of theft and money laundering. Declarado culpable de robo y blanqueo de dinero. To be charged with criminal money laundering. Imputar de un delito de blanqueo de dinero. His trial for money laundering starts next month. Su juicio por blanqueo de dinero comienza el próximo mes. To serve a six - year sentence for money laundering. Cumplir una sentencia de seis años por blanqueo de dinero.

MONEY IS MONEY. La pela es la pela.

MONEY ANSWERS ALL THINGS. Todo lo puede el dinero. Poderoso caballero es don dinero.

MONEY BEGETS MONEY. Dinero gana dinero. Dinero llama dinero.

MONEY. HOT MONEY. Dinero especulativo.

MONEY IS A GOOD SERVANT, BUT A BAD MASTER. El dinero es bueno para siervo, pero malo para amo.

MONEY IS ROUND, AND ROLLS AWAY. Como el dinero es redondo, rueda y se va pronto. Dinero de canto se va rodando. El dinero se ha hecho redondo para que ruede.

MONEY IS THE ACE OF TRUMPS. Por mi dinero, Papa le quiero.

MONEY IS THE ONLY MONARCH. El dinero es caballero.

MONEY IS THE ROOT OF ALL EVIL. Por los malditos dineros son todos los pleitos.

MONEY LENDERS. TO THROW THE MONEY LENDERS OUT OF THE TEMPLE. Echar a los mercaderes del templo.

MONEY MAKES THE MAN. El dinero hace al hombre entero.

MONEY MAKES A MAN FREE EVERYWHERE. Por dinero hace el hombre cuanto le place.

MONEY MAKES THE MARE TO GO. Por dinero baila el perro, y hay bautizo, boda y entierro. Por dinero baila el can, y por pan si se lo dan.

MONEY MAKES MONEY. Dinero hace dinero. Dinero llama dinero.

MONEY MAKES THE WORLD GO AROUND. Por dinero baila el perro, y hay bautizo, boda y entierro. Por dinero baila el can, y por pan si se lo dan.

MONEY WILL DO ANYTHING. Dinero en mano, todo es llano.

MONEY WILL DO MORE THAN MY LORD'S LETTER. Más ablanda el dinero que palabras de caballero.

MONEYLESS MAN GOES FAST THROUGH THE MARKET, A. Triste debe estar quien no tiene qué gastar.

MONEY. ON THE MONEY. Dedicarse al juego.

MONEY. SERIOUS MONEY. s. Grandes cantidades de dinero.

MONEY. TO BE PUSHED FOR MONEY. Andar escaso de dinero.

MONEY TALKS. Poderoso caballero es don dinero.

MONIKER. s. Rúbrica, firma.

MONITOR, TO. v. Vigilar.

MONITORING AND CONTROL. Seguimiento. Effective monitoring. Eficacia de los controles.

MONITORING AND SURVEILLANCE. Seguimiento y vigilancia.

MONKEY, A. s. Candado.

MONKEY, A. s. Quinientas libras esterlinas.

MONKEY BUSINESS. s. Negocio poco lícito, tejemanejes.

MONKEY CHANTING. s. Insultos racistas, cánticos simiescos. Gritos que profieren los hinchas de fútbol dirigidos a futbolistas negros. Dichos insultos consisten en gritar como los monos e imitar sus gestos.

MONKEY. TO HAVE A MONKEY ON ONE´S BACK. Ser un drogadicto.

MONKEY. TO MAKE A MONKEY OUT OF SOMEONE. Mofarse de alguien. Ridiculizar a alguien.

MONKEY. TO PUT SOMEONE'S MONKEY UP. Cabrear a alguien.

MONKEY'S. I COULDN'T GIVE A MONKEY'S. Me la trae al fresco, me es indiferente.

MONSTER. s. Corruptor de menores.

MOOCH, TO. v. Mendigar.

MOOCHER, A. s. Gorrón.

MOODY. s. En la jerga policial, afane, algo robado, botín.

MOON, A. s. Un mes de cárcel.

MOONLIGHT FLIT. TO DO A MOONLIGHT FLIT. Desaparecer de un lugar sin previo aviso. Generalmente, amparado por la oscuridad de la noche y la luz de la luna, para no pagar el alquiler, y llevarse los muebles para que el casero no se quede con ellos. Marjorie did a moonlight flit last night and the landlord is hopping mad. Marjorie se las piró anoche sin pagar el alquiler y el casero está que echa chispas.

MOOR, THE. s. Abreviatura de, Dartmoor prison. Cárcel de hombres que se encuentra en Devon.

MOP, A. s. Vocablo que utiliza la policía para referirse al ciudadano de a pie.

MOPED. s. Motocicleta, cabra. Two moped riders are being hunted by police in connection with the murder of a man in a suspected Rolex robbery. La policía busca a dos motociclistas, en relación con el asesinato de un hombre por el robo de un Rolex.

MORAL OF THE STORY. Moraleja.

MORGUE. s. Depósito de cadáveres.

MORNING PRAYERS. En la jerga policial, reunión que se celebra a primera hora de la mañana, para informar a los agentes antes de salir de patrulla.

MOTHERFUCKER. s. Borde.

MOTHER OF PEARL. s. Cocaína de muy buena calidad.

MOTIVE. s. Móvil, razón, motivo. The motive of a crime. El móvil de un crimen. Money is the motive of the crime. El dinero es el móvil del crimen.

MOTIVATION FOR A CRIME, THE. El móvil de un crimen.

MOTORING OFFENCE. TO BE CHARGED WITH A MOTORING OFFENCE. Ser sancionado por una infracción de tráfico.

MOTORISTS DO NOT LEAVE YOUR VALUABLES IN YOUR CARS. Automovilistas: no dejen sus pertenencias en los coches. Aviso en una calle.

MOULD. TO BE CAST IN THE SAME MOULD. Estar cortado por el mismo patrón. De tal palo tal astilla.

MOUNTAIN DEW. s. 'Rocío montañés'. Referencia a las bebidas alcohólicas producidas ilícitamente. Término originario de las montañas escocesas, donde se producían ilícitamente dichas bebidas.

MOUNTED POLICE. s. Policía montada.

MOUNTAINEER'S ICE - AXE. Piqueta de escalador. He sunk a mountaineer's ice - axe into his friend's head mortally wounded him. Le clavó a su amigo una piqueta de escalador en la cabeza hiriéndole mortalmente.

MOUSE. TO BE AS POOR AS A CHURCH MOUSE. Ser más pobre que una rata. To eat mouse pie. Sufrir privaciones, pasar penurias.

MOUSE IN THE PANTRY, A. s. En la jerga del hampa, un ladrón entre ladrones, a quienes roba.

MOUS TRAP, A. s. Ratonera.

MOUTH. s. Boca. To have a dirty mouth. Ser un grosero.

MOUTH ALL MIGHTY, A. Bocazas.

MOUTH. A BIG MOUTH. Bocazas, fanfarrón. Sid says he goes on holidays twice a year, but I don´t believe him. He is a big mouth. Sid dice que va de vacaciones dos veces al año, pero yo no me lo creo. Es un fanfarrón.

MOUTH BREATHER, A. s. Imbécil.

MOUTH IMPRECATIONS, TO. Insultar, jurar. To mouth imprecations like a tramp waving a can of Special Brew. Jurar como un vagabundo agitando una lata de Special Brew. (cerveza muy fuerte, y favorita de los vagabundos)

MOUTH LIKE A TOILET, A. s. Grosero.

MOUTH OFF, TO. v. 1. Gritar. 2. Fanfarronear.

MOUTH AND TROUSERS. TO BE ALL MOUTH AND TROUSERS. Persona que habla mucho y hace poco. De boquilla. Fanfarrón, fantasma.

MOUTH. TO LAUGH ON THE OTHER SIDE OF ONE´S MOUTH. Llevarse un chasco.

MOUTH. TO SHOOT ONE´S MOUTH OFF. Irse del pico, delatar, aventar.

MOUTHPIECE, A. s. En la jerga de la delincuencia, alivio, abogado.

MOUTHY. Fanfarrón, chulillo.

MOUTHY BIRD, A. s. Una tía bocazas.

MOUTHFUL. TO GIVE SOMEONE A MOUTHFUL OF FOUL ABUSE. Insultar. Poner a alguien de vuelta y media, poner a alguien a parir, poner a alguien a caer de un burro, poner de vuelta y media.

MOW DOWN, TO. Aniquilar, segar.

MR BIG. s. En la jerga de la delincuencia, el jefe de una banda. British Mr. Bigs still dominate the underworld despite the recent influx of organised gangs from Eastern Europe. Los jefes de las bandas británicas todavía dominan el hampa. A pesar de las últimas entradas de bandas organizadas de Europa oriental.

MR. CHARLIE WOOD. s. La porra de un guardia.

MR. CLEAN. s. En la jerga de la delincuencia, dícese del policía que no se deja corromper.

MUCKRAKER. s. Periodista carroñero. Periodista que se dedica a destapar escándalos.

MUCKRAKING. Escarbar en el pasado de alguien para encontrar alguna historieta que le pueda perjudicar. The politician accused the media circus of muckraking. El político acusó al circo mediático de escarbar en su pasado.

MUCK AND MONEY GO TOGETHER. No crece el río con agua limpia.

MUD. AS CLEAR AS MUD. Tan claro como la avenida de un río, incomprensible, turbio, difícil de entender. The way Edward explained things it confused everyone, "clear as mud," said Jim. De la manera que Edward explicaba las cosas, confundía a todo el mundo, "no había quien le entendiera," dijo Jim. James has explained to me twice how to do it, but it is still as clear as mud. James me ha explicado dos veces como hacerlo, pero todavía está tan claro como la avenida de un río.

MUD. HIS NAME IS MUD. Haber caído en desgracia, haberse comportado mal. He had left the army and been caught spying. His name was mud. Se había ido del Ejército y lo habían pillado espiando. Había caído en desgracia.

MUD. TO DRAG SOMEONE´S NAME THROUGH THE MUD. Mancillar el nombre de alguien, arrastrar el nombre de alguien por el fango.

MUD. TO SLING MUD AT SOMEONE. Denigrar, insultar, calumniar. If you carry on slinging mud at me, I will report you to the police. Si sigue insultándome lo voy a denunciar a la policía.

MUDSLINGING. s. Difamación.

MUG. s. Cara, mui, careto. To bash someone´s mug in. Romperle la cara a alguien. To rip someone´s mug. Romperle la cara a alguien.

MUG BOOK. s. Album de fotos de delincuentes que tiene la policía en las comisarías.

MUG SOMEONE, TO. Atracar a alguien en la calle, asaltar a alguien. Tom was arrested for mugging an old lady. Detuvieron a Tom por robar a una anciana en la calle. The Bishop of Southwark appeared a bit tipsy, and he was mugged in Crucifix Lane. He staggered to his home in Streatham, bloodied and bruised, minus his briefcase, mobile phone and crucifix. El Obispo de Southwark parecía que iba un poco colocado, le asaltaron en Crucifix Lane. Se fue a casa, en Streatham, haciendo eses, ensangrentado y lleno de cardenales; sin maletín, sin móvil y sin crucifijo. To be accused of street mugging. Imputar a alguien por atracar a alguien en la calle. To mug someone with a broken bottle. Atracar a alguien con una botella rota.

MUGGER, A. s. Atracador, asaltante. Tironero. Ladrón que roba a la gente en lugares públicos. Moped mugger. Tironero que emplea una motocicleta para robar bolsos, etc. y darse a la fuga. To fight a mugger off. Repeler a un ladrón. A mugger´s moped. Motocicleta, tirona, motocicleta que se emplea para robar mediante el tirón. A woman was dragged by a moped mugger who tried to grab her handbag. Una mujer fue arrastrada por un tironero en una motocicleta al intentar arrebatarle el bolso.

MUGGING. A MUGGING GONE WRONG. Atraco que ha salido mal.

MUGGINS, A. s. Víctima, ingenuo, pringado.

MUGSHOT, A. s. Fotografía que hace la policía a un delincuente para añadirla a su historial. His mugshot was splashed all over the local TV news and tabloids. Su fotografía aparecía en todas las noticias de las televisiones locales y periódicos. Mugshots of convicts. Fotografías de reos. To have one´s mugshot taken. Hacerle una foto de la cara a un detenido para el archivo.

MULE, A. s. Mula. Persona que transporta droga.

MULE. TO TRADE GOODS OFF THE BACK OF A MULE. Hacer algo ilícito.

MULLAHEAD SOMEONE, TO. En la jerga taleguera, zurrar a alguien.

MULLIGAN. s. Rancho que se sirve en las prisiones

MULLER, TO. Dar una paliza.

MUMP HOLE, A. s. En la jerga de la delincuencia, establecimiento donde algunos policías comen gratis.

MUMPING. En la jerga de la delincuencia, descuento que tiene la policía en algunos establecimientos, a cambio de la protección de dichos establecimientos.

MULTIMURDER ENQUIRY, A. Asesinato múltiple.

MULTIPLE MURDER. Homicidio múltiple. To accuse someone of multiple murders. Acusar a alguien de homicidios múltiples.

MULTIPLE MURDERER, A. s. Asesino en serie, asesino múltiple.

MULTIPLE STABBINGS. Apuñalamiento múltiple.

MULTIPLE STAB WOUNDS. TO SUFFER MULTIPLE STABS WOUND. Recibir heridas múltiples causadas por arma blanca.

MUMBO JUMBO. s. Sandeces.

MUMP, TO. v. Mendigar.

MUMP HOLE, A. s. En la jerga del hampa, establecimiento donde algunos policías comen gratis.

MUMPER, A. s. Mendigo.

MUM´S THE WORD. Ser una tumba, no decir ni pío, no soltar prenda. Whatever was said about the car, James was going to keep mum; let the others talk. No importaba lo que dijeran acerca del coche, James no iba a soltar prenda; que hablen los otros.

MUPPET, A. s. Madero, policía uniformado.

MURDER. s. Asesinato, crimen. He murdered his wife and then disposed of her body. Mató a su mujer, y después se deshizo del cadáver. To be arrested on suspicion of murder. Ser detenido como sospechoso de asesinato. To appear in court accused of murdering his wife. Comparecer en el juzgado acusado de matar a su mujer. Near - murder has been committed to become a marquess. Se ha llegado casi al asesinato para ser marqués. To admit to incitement to murder. Admitir la incitación al asesinato. The murder could have been a robbery gone wrong. El asesinato pudo haber sido la consecuencia de un robo que salió mal. Are you implying that I have something to do with the murder? ¿Insinúa que tengo algo que ver con el asesinato? An unsolved murder. Asesinato sin resolver.

MURDER. ATTEMPTED MURDER. Asesinato frustrado, intento de asesinato. To be charged with attempted murder. Acusar de asesinato frustrado. To be jailed for attempted murder. Ser encarcelado por asesinato frustrado.

MURDER. TO BE ARRESTED ON SUSPICION OF MURDER. Detener a alguien como sospechoso de asesinato.

MURDER. A BRUTAL MURDER. s. Asesinato salvaje. The man was convicted for several brutal murders. Condenaron al hombre por varios asesinatos crueles.

MURDER. A CALLOUS MURDER. s. Asesinato cruel.

MURDER. A CHILLING MURDER. Asesinato espeluznante.

MURDER. A COLD BLOODY MURDER. s. Asesinato a sangre fría.

MURDER. A GHASTLY MURDER. Un asesinato espantoso.

MURDER. HE DENIED MURDER, CLAIMING SELF - DEFENCE. Negó el asesinato, alegando el derecho de legítima defensa. To deny murder but to admit manslaughter. Negar un asesinato, pero admitir homicidio sin premeditación.

MURDER. A DOUBLE MURDER. Un doble asesinato.

MURDER. THE DAY OF THE ALLEGED MURDER. La fecha del supuesto asesinato.

MURDER. TO GET AWAY WITH MURDER. Actuar en la impunidad. Hacer uno lo que le da la real gana.

MURDER. TO GET AWAY WITH THE PERFECT MURDER. Cometer el crimen perfecto, y salir impune.

MURDER. A GRIPPING MURDER MYSTERY. Asesinato misterioso fascinante.

MURDER. A GRUESOME MURDER. Asesinato horripilante.

MURDER. A HARROWING ACCOUNT OF A MURDER. Testimonio desgarrador de un asesinato.

MURDER BY ASPHYXIATION. Asesinato por asfixia mecánica.

MURDER IN THE FIRST DEGREE. Asesinato premeditado.

MURDER. MURDER ON THE HONEYMOON. Asesinato cometido durante el viaje de novios.

MURDER. TO COMMIT A HORRIFIC MURDER. Cometer un asesinato espantoso.

MURDER. TO LAUNCH A MURDER INQUIRY. Emprender una investigación criminal.

MURDER. TO BE A PARTY TO SOMEONE´S MURDER. Ser cómplice de un asesinato.

MURDER MOST FOUL. s. Asesinato de lo más vil.

MURDER. A MASS MURDER. s. Matanza, asesinato en masa, escabechina, asesinatos en masa, genocidio. Charges of mass murder. Cargos de genocidio.

MURDER AND MUTILATION. Asesinato y mutilación.

MURDER. A PERFECT MURDER. s. Un crimen perfecto.

MURDER. TO BE MIXED UP IN A MURDER. Estar involucrado en un asesinato.

MURDER. TO PLOT SOMEONE´S MURDER. Planear la muerte de alguien.

MURDER. PREMEDITATED MURDER. Asesinato premeditado.

MURDER PROBE. s. Investigación de un asesinato.

MURDER. RITUAL MURDER. s. Asesinato ritual.

MURDER. TO ESCAPE BEING MURDERED. Escapar de ser asesinado.

MURDER. TO MURDER SOMEONE IN A JEALOUS RAGE, TO. Asesinar a alguien en un ataque de ira y celos.

MURDER. A TERRORIST MURDER. Un asesinato terrorista.

MURDER. THE MAN WAS FOUND MURDERED THIS MORNING. El hombre apareció asesinado esta mañana.

MURDER TRIAL. Juicio por asesinato.

MURDER. AN UNSOLVED MURDER. Asesinato sin resolver.

MURDER. A VILE MURDER. s. Asesinato vil.

MURDER WEAPON, THE. s. El arma del crimen. The murder weapon was hidden under the mattress. El arma del crimen estaba escondida debajo del colchón.

MURDER. WHERE WERE YOU AT THE TIME OF THE MURDER? ¿Dónde se encontraba en el momento del asesinato?

MURDER. A WILFUL MURDER. Asesinato premeditado. To be charged with a wilful murder. Ser imputado de asesinato premeditado.

MURDER. TO WITNESS A MURDER. Presenciar un asesinato.

MURDERED. The murdered woman was found in a bag floating down the river. El cadáver de la mujer apareció dentro de un saco, acarreado por la corriente del río.

MURDERED PERSON. WHEN DID YOU LAST SEE THE MURDERED PERSON? ¿Cuándo fue la última vez que vio a la persona asesinada?

MURDERED. THE MAN WAS CRUELLY MURDERED. Asesinaron al hombre cruelmente.

MURDERED. TO BE MURDERED IN MURKY CIRCUMSTANCES. Morir asesinado en circunstancias turbias.

MURDERER, A. s. Asesino, criminal. To confront a murderer. Hacerle frente a un asesino, plantarle cara a un asesino. The murderer tightened an electrical cable around the woman's neck until she was dead. El asesino, le ató a la mujer un cable eléctrico alrededor del cuello, hasta provocarle la muerte. An upper - class murderer. Un asesino que pertenece a las clases altas. Mass murder. Una matanza, una carnicería, una degollina, escabechina. A mass murderer. Genocida, asesino en masa. The murderer chopped up two of his girlfriends before dumping their remains in a canal. El asesino, descuartizó a dos de sus novias, antes de tirar los restos en un canal. A self - confessed murderer. Asesino confeso. A brutal murderer. Asesino cruel. To get involved with a murderer. Mezclarse con un asesino. Involucrarse con un asesino. The murderer was jailed for life. El asesino fue condenado a cadena perpetua. To rub shoulders with murderers. Codearse con asesinos.

MURDERER. POLICE DESCRIBED THE MURDERER AS BEING STOCKY BUILD AND WITH RECEDING HAIR. La policía describió al asesino como bajo y fornido con entradas en el pelo.

MURDERS. OPEN MURDERS. En la jerga policial, casos de asesinatos que no se han resuelto, y que se siguen investigando.

MURDERESS, A. s. Asesina.

MURKY UNDERWORLD. A MURKY UNDERWORLD IN WHICH SORDID THINGS TAKE PLACE. El mundo del hampa, donde cosas sórdidas ocurren.

MURKY WORLD OF CRIME AND INTRIGUE, THE. El hampa, el turbio mundo de la delincuencia e intriga.

MURPHY GAME. s. Práctica que consiste en darle una somanta de palos al cliente de una prostituta, y robarle el dinero.

MURPHY'S LAW. s. En Los Estados Unidos de América. SOD'S LAW. (en Inglaterra) La ley de Murphy. If anything can go wrong, it will. Si algo puede salir mal, saldrá mal. Sod's Law applies to literary conversation as much as to anything else in life. La Ley de Sod se aplica tanto a la conversación literaria, como a cualquier otra cosa en la vida.

MUSCLE MAN, A. s. Guardaespaldas, escolta, abuchara, gorila, portero de discoteca.

MUSH, A. s. Cabrito, cliente de una prostituta.

MUTTON - CHOP WHISKERS. s. Patillas de boca de hacha. He is a majestic figure with mutton - chop whiskers and pince - nez. Las patillas de boca de hacha y los quevedos le dan un aire majestuoso.

MUZZLE LOADER, A. s. Arma de avancarga.

MUZZLE OF A GUN, THE. s. La boca de un arma.

MY PLEASURE IS BEER, AND THIS CREATES URINE. YOUR PLEASURE IS SMOKING, AND THIS CREATES POISONOUS FUMES. DON'T POLLUTE MY AIR SPACE, AND I PROMISE NOT TO PISS ON YOUR DESK. Mi placer es beber cerveza, y esto origina pis. Tu placer es fumar, y esto produce humos tóxicos. No contamines el aire que respiro, y te prometo que no me orinaré en tu escritorio. Pintada en un aseo público.

MYSTERY. s. Misterio. The mystery deepens. El misterio aumenta.

MYSTERY, A. s. Dícese del adolescente, de ambos sexos, que se escapa de casa, y es codiciado por pederastas y chulos de putas.

N

NAB, TO. v. Amanillar, detener.

NAIF. Adj. Ingenuo.

NAIL IN ONE´S OWN SHOE, A. Algo que joroba más que una china en el zapato.

NAIL, TO. v. En la jerga de la delincuencia. 1. Amanillar, detener. 2. Afanar, robar, apandar.

NAIL IN SOMEONE'S COFFIN. TO DRIVE A NAIL INTO ONE´S OWN COFFIN. Cavarse uno su propia tumba. Hacer algo en detrimento propio.

NAILED - UP. Adj. En la jerga del hampa, amanillado, detenido.

NAILS. AS HARD AS NAILS. 1. Tener mucha resistencia. 2. Tener un corazón de piedra. Susie is blond, sharply intelligent and hard as nails. Susie es rubia, muy inteligente y tiene mucha resistencia.

NAIVE. TO BE AS NAIVE AS A CHILD. Ser más inocente que un lirio del valle. Ser más ingenuo que una malba.

NAMBY - PAMBY, A. s. Persona de poco carácter. Un ñoño.

NAME CALLING. Insultar.

NAME. TO CLEAR ONE'S NAME. Limpiar el honor de uno. To clear one´s name in a court of law. Limpiar el honor en un juzgado.

NAME. TO DRAG SOMEONE'S NAME THROUGH THE MAD. v. Denigrar la reputación de alguien. Vituperar. Arrastrar el nombre de alguien por el fago.

NAME. A FALSE NAME. Nombre falso. To get a passport under a false name. Obtener un pasaporte con nombre false.

NAME. TO LIVE UP TO ONE´S NAME. Estar a la altura de su nombre.

NAME NAMES, TO. Dar nombres, delatar. From inside jail, the drug dealer named names. En la cárcel, el traficante de drogas delató a otros.

NAME AND SHAME, TO. Señalar a alguien. Práctica que consiste en señalar a una persona que ha cometido un delito o un acto antisocial. Naming and shaming is one of those naffly slogans adopted as part of the government's plan to beat crime, antisocial behaviour and disrespect. La publicación de los nombres de aquellos que cometen actos antisociales es uno de esos eslóganes de mal gusto que forman parte del plan del gobierno para acabar con la delincuencia, el comportamiento antisocial, y la falta de respeto. There is simply no evidence that naming and shaming the parents of troublemakers would solve anything. Simplemente, no hay pruebas que aseguren, que denunciar públicamente a los padres de los revoltosos solucionarían algo.

NAME - DROPPING. Costumbre que tienen algunos de mencionar en una conversación a personas famosas para impresionar a los presentes.

NAME - DROPPER, A. s. Persona que le gusta mencionar a gente importante para presumir.

NAME. TO GET A BAD NAME FOR ONESELF. Coger mala fama. Adquirir una mala reputación.

NAME. TO GIVE SOMEONE A BAD NAME. Darle a alguien mala fama.

NAME. TO MAKE A NAME FOR ONESELF. Hacerse uno famoso.

NAME. TO PASS BY THE NAME OF. Hacerse pasar por el nombre de.

NAMES. TO CALL SOMEONE NAMES. Insultar a alguien. To call each other names. Insultarse dos personas. To call someone all the names under the sun. Poner a alguien a parir.

NAMES. NO NAMES, NO PACK DRILL. Yo no menciono a nadie. No chivarse. It is the only thing that makes sense. I mean, out on my ear, no names, no pack drill. Es lo único que tiene sentido. Quiero decir, que me pongan de patitas en la calle, yo no doy nombres.

NAMSLOP, A. s. Madero, bofia, policía.

NAMMERSLOP, A. s. Mujer policía.

NARBIS. s. En la jerga de la policía, hachís.

NARCOTICS HAUL, A. s. Alijo de drogas. The Foreign Secretary said: This was the biggest narcotics haul in history. El ministro de Exteriores dijo: éste fue el alijo de drogas más importante de la historia.

NARCO TRAFFICKERS. s. Narcotraficantes.

NARK, A. s. Confite, bocachancla, berreante, chivato, delator, cantante.

NARK, TO. v. Traicionar, berrear, irse de la muy, delatar a los compinches a la policía.

NARBIS. s. En la jerga de la policía, hachís.

NARCOTICS HAUL, A. s. Alijo de drogas. The Foreign Secretary said: This was the biggest narcotics haul in history. El ministro de Exteriores dijo: éste fue el alijo de drogas más importante de la historia.

NARROW ESCAPE. TO HAVE A NARROW ESCAPE. Escapar por los pelos. Alan had a narrow escape when a car going at full speed graced him. Alan escapó por los pelos, cuando un coche que iba a toda marcha le pasó rozando.

NASH, TO. v. Abrirse, escaparse, huir.

NASTY. Adj. Malo, cruel. To be nasty to someone. Ser cruel con alguien.

NASTY, BRUTISH AND SHORT. Según Thomas Hobbes, life is nasty, brutish and short. La vida es horrible, cruel, y corta.

NASTY COMMENT, A. Comentario cruel.

NASTY, LYING BIT OF DIRT, A. s. Un mentiroso asqueroso.

NASTY. TO DO SOMEONE A NASTY. Hacerle a alguien una mala jugada, hacerle a alguien una canallada, hacerle a alguien una mala pasada, hacerle a alguien una putada, hacerle a alguien una cabronada.

NASTY PIECE OF WORK, A. s. Persona de mala catadura, un mal bicho, ser del colmillo retorcido, ser más malo que un divieso en el culo. He was a nasty piece of work and putting the cuffs on him and leading him down the garden path with all the neighbours watching was a pleasure. Era un mal bicho, y el esposarlo, y sacarlo por el jardín con todos los vecinos mirando, fue un placer.

NASTY STREAK. TO HAVE A NASTY STREAK. Tener mal café, ser del colmillo retorcido, estar destetado con leche de avispa, tener mala uva, tener mala catadura, tener mala leche, tener mala baba, ser de

la piel del Diablo, tener mala índole, tener mal yogur.

NASTY TRICK. TO PLAY A NASTY TRICK ON SOMEONE. Hacerle una mala jugada a alguien, hacerle una guarrada a alguien, hacerle una mala pasada a alguien. Sean used to play dirty tricks on me. Sean acostumbraba a hacerme malas jugadas.

NAT. TO USE A HAMMER TO CRACK A NAT. Usar un cañón para matar un gorrión.

NATIONAL FOOTBALL INTELLIGENCE UNIT. s. Unidad de policía que vigila a los grupos de gamberros que crean problemas en el fútbol.

NATURE. AN ACT CONTRIVED AGAINST NATURE. To sin against nature. Un acto contra natura.

NATURE VERSUS NURTURE. Uno es de donde pace, no de donde nace.

NAUGHTIES. Relaciones extramatrimoniales.

NAUGHTY. s. Travieso. En la jerga del hampa, vocablo que se utiliza para referirse a un criminal de mala calaña.

NEANDERTHAL, A. s. Hincha de fútbol, con la cabeza afeitada y lleno de tatuajes. Acompaña a su equipo a dondequiera que vaya, y se dedica a hacer gamberradas.

NEAR. AS NEAR AS DAMMIT. Por un pelín. Andarle por ahí.

NEAR DEATH EXPERIENCE, A. Una experiencia cercana a la muerte.

NEAR - MURDER. Casi asesinato.

NECK. THE REVENUE MAN TURNED UP IN A VAT OF BEER WITH A BROKEN NECK. El inspector de hacienda apareció en una olla de cocción de cerveza con el cuello partido.

NECK. TO HAVE A BRASS NECK. Tener mucha jeta, tener mucha cara, tener más cara que espalda.

NECK. TO RISK ONE'S NECK. Arriesgarse, jugarse el tipo, jugarse el pellejo.

NECK. TO WRING SOMEONE'S NECK. Retorcerle el cuello a alguien.

NECESSITY BREAKS IRON. La necesidad, de las piedras saca pan.

NECESSITY IS THE MOTHER OF INVENTION. La necesidad aguza el ingenio.

NECESSITY IS A POWERFUL WEAPON. La necesidad hace saltar al cojo y saltar al gotoso.

NECESSITY KNOWS NO LAW. A necesidad, no hay ley.

NECK, A. s. Caradura.

NECKLACE. s. Collar. To snatch a woman´s necklace. Arrebatarle a una mujer el collar de un tirón.

NEDDY, A. s. Cachiporra.

NEED SOMETHING LIKE A HOLE IN THE HEAD, TO. Necesitar algo tanto como una patada en los cataplines. Sentar como un tiro. We need nuclear power like a hole in the head. Necesitamos tanto la energía nuclear como una patada en los cataplines.

NEEDFUL, THE. s. El parné. La pasta. La cantidad de dinero de la que dispone uno.

NEEDLE, A. s. En la jerga del mundo de la droga, una bayoneta, un arpón, una aguja hipodérmica.

NEEDLE. ON THE NEEDLE. Inyectarse droga.

NEEDLE, TO. v. Dar la brasa, irritar.

NEEDLE. TO GET THE NEEDLE. Enfadarse, enojarse.

NEEDLE. TO GIVE THE NEEDLE. Dar la brasa.

NEEDLE IN A HAYSTACK. TO LOOK FOR A NEEDLE IN A HAYSTACK. Buscar una aguja en un pajar. Buscar el virgo en un pajar. To look for something in this house is like looking for a needle in a haystack. Buscar algo en esta casa es lo mismo que buscar una aguja en un pajar.

NEEDLE MATCH, A. s. Un combate de boxeo en el que los contrincantes fingen cabrearse para que los que apuestan dinero crean que no son defraudados.

NEEDLE SOMETHING FROM SOMEONE, TO. Sonsacar algo a alguien.

NE ´ER - DO - WELL. Delincuente.

NEGATIVE CAPITAL. s. Deudas.

NEFARIOUS INDIVIDUAL, A. Un mal bicho.

NEFARIOUS LOOKING TYPE, A. Un tipo con pinta de delincuente.

NEIGHBOURHOOD BULLY, THE. El matón del barrio.

NEIGHBOURHOOD WATCH. Organización vecinal, cuyo objetivo es cooperar con la policía en asuntos de seguridad. Neighbourhood watch volunteer. Vigilante voluntario del barrio. Patrullero vecinal.

NEIGHBOURS. DIFFICULT NEIGHBOURS. Vecinos problemáticos.

NEIGHBOURS. GRUMPY NEIGHBOURS. s. Vecinos gruñones.

NEIGHBOURS FROM HELL. s. Vecinos conflictivos, vecinos problemáticos, vecinos infernales. A woman was shot twice in the head after a dispute with a neighbour from hell. Una mujer recibió dos disparos en la cabeza, tras una disputa con un vecino conflictivo.

NEIGHBOURS. NOISY NEIGHBOURS. Vecinos escandalosos.

NEIGHBOURS. NUISANCE NEIGHBOURS. s. Vecinos problemáticos. Vecinos que dan la lata.

NERVES. TO GET ON SOMEONE´S NERVES. Irritar a alguien.

NEST. TO FEATHER ONE´S NEST. Forrarse uno.

NET PORN. Pornografía en la red.

NET. TO SLIP THROUGH THE NET. Evitar ser detenido.

NETHER WORLD, THE. s. El hampa, el afane, los bajos fondos, el submundo.

NEVER ASK PARDON BEFORE YOU ARE ACCUSED. Explicación no pedida, malicia arguye.

NEVER - NEVER. ON THE NEVER - NEVER. A plazos.

NEVER SAY DIE. No te rindas, aunque te veas con las tripas fuera.

NEVERSWEAT, A. s. Holgazán, manta, vago.

NEVER YOU MIND! ¡A ti no te incumbe! ¡A ti qué te importa! What are you talking about? Never you mind! ¿De qué habláis? ¡Y a tí qué te importa!

NEW LORDS, NEW LAWS. A nuevos reyes, nuevas leyes.

NEWS. DREADFUL NEWS. Noticias terribles.

NEXT OF KIN. Familiares más allegados. The police said that the victims had not been identified and that no details would be released until their next of kin had been informed. La policía dijo que las víctimas no habían sido identificadas, y que no se daría ninguna información hasta que se hubieran informado a los familiares más cercanos.

NICE PERSON, A. s. Una buena persona. He is a very nice person. Es muy buena persona.

NICK BENT. En la jerga taleguera, persona, que mientras cumple una condena, practica la homosexualidad con los otros presos.

NICK, THE. s. Cárcel, trullo, talego, angustia, beri, chiringuito. To go to the nick. Ir al trullo. A spell in the nick. Una temporada entre rejas.

NICK, TO. s. Detener. To get nicked. Ser detenido. We were nicked for fighting outside the boozer. Nos detuvieron por reñir fuera del bar. Gary was nicked for football - related offences. Detuvieron a Gary por ofensas relacionadas con el fútbol.

NICK, TO. 1. Afanar, mangar, chorizar. 2. Amanillar, atoligar, hacer el bigote, detener. Terry has been nicked for being drunk and disorderly. A Terry lo han arrestado, por ir borracho, y armar escándalo.

NICKER, A. s. Una moneda de una libra.

NIGERIAN LETTER SCAM, THE. El timo de la carta nigeriana.

NIGHTCAP, A. s. En la jerga taleguera, canuto de cannabis.

NIGHT COURT. s. Juzgado de guardia.

NIGHTHAWK, A. s. Alcantarillero. Ladrón que roba en las casas por la noche.

NIGHT OUT. s. Noche de fiesta, noche de juerga, noche de farra. To be murdered in a night out. Ser asesinado en una noche de juerga.

NIGHT WATCHMAN. s. Vigilante nocturno. Sereno.

NINE PENN'WORTH. En la jerga del hampa, una sentencia de 9 meses.

NIPPER, A. s. Persona a quien se le presta dinero, y se olvida de devolverlo.

NIPPERS, THE. s. Las gafas, las esposas.

NITTO! ¡Chitón! En la jerga de la delincuencia, vocablo que se utiliza para hacer callar a los compinches cuando se aproxima alguien.

NIXIES. s. Todo aquello que se obtiene gratis.

NO ANSWER IS ALSO AN ANSWER. Quien calla otorga.

NOBBLE, TO. v. En la jerga de la delincuencia, 1. Sobornar a un miembro del jurado. The barrister accused me of jury - nobbling. El abogado me acusó de sobornar al jurado. 2. Drogar a un caballo de carreras. Se drogan para que corran más o menos. 3. Hacer trampas jugando a las cartas. 3. To nobble a judge. Sobornar a un juez. The lawyer denied nobbling the witnesses. El abogado negó haber sobornado a los testigos.

NOBBLE SAVAGE, THE. s. El buen salvaje.

NOBODY. TO BE A NOBODY. Ser un donnadie, ser un cero a la izquierda.

NOD. ON THE NOD. En la jerga del mundo de la droga, estado de sopor que se encuentra una persona tras inyectarse droga.

NOD OUT, TO. En el mundo de la droga, quedarse dormido como consecuencia de tomar droga.

NODDING AND SMILING. Ofrecerse para el sexo en un aseo público. En este caso se trata de un varón.

NODDLE, THE. s. La chola.

NODDY, A. s. Madero, bofia, policía uniformado.

NODDY BIKE, A. s. Motocicleta.

NOEL, A. adj. Cobarde.

NO END OF A FUSS. Armar la de San Quintín. Armar una marimorena. Armar una pelotera. Armar la de Dios es Cristo.

NO FIXED ABODE. N F A. Sin domicilio fijo, sin domicilio cierto. Paradero desconocido.

NOGGIN. s. Chola. To get a clout over the noggin. Llevarse un golpe en la cabeza.

NO - HOPER, A. s. En la jerga policial, un caso con pocas posibilidades de resolverse.

NO IDLE JEST. No estar de broma. Hablar en serio. It was a threat not an idle jest. No ha sido una broma, ha sido una amenaza. An idle threat. Amenaza que no se cumple.

NO LAW FOR LYING. Si por mentiras llevaran preso, ¿dónde habría cárcel para tanto embustero?

NOISY - PARKER, A. s. Fisgón, entrometido, inquisidor, alcahuete.

NOISY - PAKERING. TO DO A BIT OF NOISY - PAKERING. Fisgonear, husmear.

NO LOVE LOST. No simpatizar. No hacer migas. No congeniar. No confraternizar. There's no love lost between Peter and Mark. Peter y Mark no hacen buenas migas.

NOMINALS. s. En la jerga policial, reincidentes, agraviadores.

NONCE, A. s. Corruptor de menores.

NONCING. Corrupción de menores.

NONDIE, A. s. Automóvil de policía sin identificación.

NONENTITY, A. s. Un donnadie. Un cero a la izquierda.

NON - HEART - BEATING DONNER, A. Euf. Un cadáver.

NOOSE, THE. s. La horca, la soga. To have an appointment with the noose. Ir a la horca. The hangman noose. La soga del verdugo.

NOSE, A. s. Confite, bucano, soplón. 2. Detective.

NOSE ABOUT. TO NOSE ABOUT. Rebuscar, husmear, fisgonear. Penny has been nosing about among my things again. Penny ha estado husmeando en mis cosas otra vez.

NOSE. TO BITE SOMEONE'S NOSE OFF. Morderle alguien la nariz.

NOSE. TO BLOODY SOMEONE'S NOSE. Herir el orgullo de alguien.

NOSE CANDY. s. Cocaína.

NOSE. TO GET UP SOMEONE'S. Irritar, enojar.

NOSE. IT IS NO SKIN OFF YOUR NOSE. A tí, ni te va, ni te viene. No es asunto tuyo.

NOSE JOB, A. Cirujía estética de nariz.

NOSE - OINTMENT, A. s. Fisgón.

NOSE. TO GET UP SOMEONE'S NOSE. Cabrear a alguien más que a un mono.

NOSE. TO KEEP ONE'S NOSE CLEAN. No meterse en líos, respetar la ley. Ser una persona honrada, ser auténtico, ser legal. Cameron hadn't been in trouble for a long time, he was keeping his nose clean. Cameron hacía mucho tiempo que no se metía en líos, ahora respetaba la ley.

NOSE. TO KEEP ONE'S NOSE OUT. No entrometerse en lo de los demás, no inmiscuirse en lo de los demás. Keep your nose out of my business! ¡No te inmiscuyas en mis asuntos!

NOSE. TO HEAD BUTT SOMEONE ON THE NOSE. Darle a alguien un cabezazo en la nariz.

NOSE. IT IS NO SKIN OFF YOUR NOSE. A tí, ni te va, ni te viene. No es asunto tuyo. A tí no te importa. Why can I put the dustbin in front of my house? It is no skin off your nose, is it? ¿Por qué no puedo poner el cubo de basura delante de mi casa? A tí, ni te va, ni te viene, ¿verdad?

NOSE. TO LEAD BY THE NOSE. Engañar.

NOSE. TO LOOK DOWN ONE'S NOSE AT. Mirar por encima del hombro, despreciar a alguien, creerse superior a los demás. Fay was so full of air and graces she looked down her nose at everyone. Fay tenía tantos aires de grandeza que se creía superior a los demás.

NOSE. TO NOSE AROUND. Fisgar, husmear.

NOSE OUT, TO. Descubrir un secreto.

NOSE. TO POKE ONE'S NOSE INTO. Entrometerse en lo que no le atañe a uno, meterse en lo que no le llaman. No - one got any peace when Dan was about, he poked his nose into everything. Nadie tenía paz cuando Dan estaba allí, se metía en todo.

NOSE. TO PUT SOMEONE'S NOSE OUT OF JOINT. Cabrear a alguien, enojar. Quitarle el sitio a alguien. Deborah put her brother's nose out of joint. She took his car without his permission. Deborah cabreó a su hermano por cogerle le coche sin su permiso.

NOSE. TO STICK YOUR NOSE WHERE YOU SHOULDN´T. Meter la nariz donde no debes.

NOSE. TO THUMB ONE´S NOSE AT SOMEONE. Plantarle cara a alguien, plantar narices. The man thumbed his nose at the gang, and they ran away. El hombre le plantó cara a la banda y echaron a correr.

NOSE. TO SHOVE ONE´S NOSE IN. Entrometerse, inmiscuirse, meterse uno donde no lo llaman.

NOSE. TO TURN UP ONE´S NOSE. Mirar con desprecio, desairar, desdeñar, menospreciar, arrugar el hocico, expresar desagrado. June found something wrong with the meal and turned her nose up at it. June se dio cuenta de que algo estaba mal con la comida y la miró con desprecio. My children always turn their nose up at most things I serve them. Mis niños siempre hacen un desaire a todas las comidas que les doy.

NOSE. WITH YOUR NOSE IN THE AIR. De manera altiva.

NOSE. YOU JUST KEEP YOUR NOSE OUT OF IT! ¡Ocúpate de tus asuntos!

NOSH, TO. v. Robar, chorizar.

NOSTRIL INTRUDER, A. s. Pelma.

NOSY PARKER, A. s. Fisgón, alcahute.

NOTICE, A. s. En la jerga del hampa, contrato para matar a alguien.

NOTORIOUS GANG, A. Una banda tristemente célebre.

NOTORIOUS KILLER, A. s. Asesino tristemente célebre.

NOTORIOUS SERIAL KILLER, A. s. Asesino múltiple notorio.

NOTORIOUS PERSON, A. s. Persona tristemente célebre.

NOTORIOUS. THE MOST NOTORIOUS CASE IN BRITAIN´S CRIMINAL HISTORY. El caso más notorio de la historia delictiva de la Gran Bretaña.

NOW WE ARE SUNK! ¡Ahora sí que estamos arreglados! ¡Ahora sí que estamos apañados! We are sunk! We have run out of petrol in the middle of nowhere! ¡Ahora sí que estamos arreglados! ¡Nos hemos quedado sin gasolina en el quinto pino!

NOW YOU ARE TALKING! ¡Por fin estás siendo razonable! ¡Eso ya es otra cosa!

NUISANCE CALL, A. s. Recibir llamadas telefónicas ofreciendo algo para vender.

NUMBER. TO HAVE SOMEONE´S NUMBER. En la jerga de la delincuencia, conocer el pasado de alguien. La persona en posesión de sus secretos puede chantajearle fácilmente.

NUMBERS. TO BE ON THE NUMBERS. Parte de una cárcel destinada a los perpetradores de delitos sexuales; corruptores de menores, violadores, etc. Con el fin de protegerlos de los otros presos.

NUMBSKULL, A. s. Imbécil.

NUISANCE. TO MAKE A NUISANCE OF ONESELF. Dar la lata. Stop making a nuisance of yourself! You are boring me. ¡Deja de dar la lata! Me estás aburriendo.

NUT AND GUT REPORTS. s. Informes que requiere un juez de una persona, físico y mental, para que pueda ser juzgada.

NUT - CASE, A. s. Chalado.

NUT CRUSHER, A. Sargenta.

NUT DOCTOR, A. s. Psiquiatra. Beverly used to go to the nut doctor twice a month. Beverly solía ir al psiquiatra dos veces al mes.

NUT HOUSE, A. s. Manicomio.

NUT. TO BE A HARD NUT TO CRACK. Un problema peliagudo, ser un hueso duro de roer, ser un tipo duro de pelar.

NUT. TO DO ONE´S NUT. Ponerse como una fiera, ponerse como un basilisco.

NUT OUT, TO. Ponerse majareta.

NUT. TO NUT SOMEONE. Darle un cabezazo a alguien. I nutted the guy and decked him. Le di un cabezazo y lo tumbé. He nutted him for slugging off his sister. Le dio un cabezazo por abofetear a su hermana.

NUTS, THE. s. Los cataplines.

NUTS. TO DO SOMEONE'S NUT. Cabrear a alguien más que a un mono.

NUTS. TO GET SOMEONE'S NUTS INTO A KNOT. Retorcerle a alguien los huevos.

NUTS. TO GO NUTS. Ponerse chiflado.

NUTS WENT. HIS NUTS WENT. En la jerga policial, ponerse nervioso. As soon as we stopped him in the park his nuts went. Tan pronto como le paramos en el parque se puso nervioso.

NUTTER, A. s. Chiflado, chalado. Andrew is a nutter. Andrew está chalado. A raving nutter. Un chalado perdido. A nutter to boot. Un tío más sonado que las maracas de Machín.

O

O. s. Opio.

OAFISH LOUT, AN. s. Analfabestia, burriciego.

OAR. TO STICK ONE´S OAR IN. Meterse donde no le llaman a uno. Meterse uno donde no le va ni le viene. Inmiscuirse en una conversación. Meter el cuezo.

OATH. s. Juramento. To lie on oath. Mentir bajo juramento.

OBBO. En la jerga policial, seguimiento de delincuentes.

OBIE MAN, AN. s. Ladrón que lee las esquelas de los periódicos para enterarse cuando están las casas vacías para ir a saquearlas.

OBEDIENT. ALL THINGS ARE OBEDIENT TO MONEY. No hay hierro mohoso que no pueda dorarse.

OBLIGE SOMEONE, TO. En la jerga del hampa, apiolar, dar betún, arrugar, regar el asfalto, matar, aviar.

OBSCENE LITERATURE. Literatura obscena. Literatura erótica.

OBSCENE MATERIAL. s. Pornografía.

OBSCENITY. s. Obscenidad. To be prosecuted for obscenidad. Ser procesado por obscenidad.

OBSESSION. AN UNHEALTHY OBSESSION. Una obsesión morbosa.

OBSTRUCTION. s. Obstrucción. To be charged with obstruction of justice and racketeering. Ser condenado por obstrucción a la justicia y extorsión.

OCHRE. s. Pasta, parné, dinero, guita.

ODDBALL, AN. s. Un tipo raro. Un tío que va a lo suyo. Excéntrico, extravagante.

ODD - LOT, AN. s. Cerota, coche de policía.

ODD FISH, AN. s. Excéntrico, extravagante. John is an extremely odd fish. In January he goes swimming in the sea, and during the summer keeps all the doors and windows of the house shut. John es tan excéntrico, que en enero se va a nadar al mar, y en verano tiene todas las puertas y ventanas de la casa cerradas.

OF AN EVIL CROW, AN EVIL EGG. Cual el cuervo, tal su huevo.

OF EVIL GRAIN, NO GOOD SEED CAN COME. De tal palo tal astilla.

OFF - COLOUR. Adj. Subido de tono, de mal gusto, verde, picante.

OFFENCE. ORDINARY OFFENCE. Delito común.

OFFENCE. TO COMMIT AN OFFENCE. Perpetrar un delito.

OFFENCES AGAINST CHILDREN. Delitos contra los niños.

OFFENDER, AN. s. Delincuente. A young offender. Delincuente juvenil. First time offender. Delincuente condenado por primera vez. Serial ofender. Delincuente múltiple.

OFF - LIMITS TO SOME PEOPLE. Prohibido el acceso para algunas personas. Zona prohibida, terreno vedado.

OFF WEP, AN. s. En la jerga policial, un arma ofensiva.

OFFER OUT, TO. Desafiar a alguien a salir a la calle para pelearse.

OFFICE, THE. s. En la jerga de la delincuencia, berrido, chivatazo. To give the office. Dar el agua, avisar de algún peligro. Dar el acán, dar el cante.

OFFICER, AN. s. Policía. An undercover officer. Policía secreta. An off - duty policeman. Policía que no está de servicio.

OFFSHORE. A SECRETE OFFSHORE BANK ACCOUNT. Cuenta secreta en un paraíso fiscal.

OIL. TO OIL THE KNOCKER. Sobornar o dar propina al portero de un hotel.

OIL. TO POUR OIL ON TROUBLED WATERS. Calmar, pacificar, apaciguar.

OILED. WELL - OILED. Borracho perdido.

OLD BAILEY, THE. s. Tribunal Central de lo Criminal de Londres. He was jailed for 20 years after he was convicted of murder at the Old Bailey. Tras ser declarado culpable de asesinato, en el Tribunal Central de lo Criminal de Londres, fue condenado a 20 años de cárcel.

OLD BILL, THE. s. La policía. The Old Bill is on the case. La policía investiga el caso. To send the Old Bill on a wild goose chase. Mandar a la policía a la caza de una quimera.

OLD - BOY NETWORK, THE. Amiguismo, enchufe. Sistema que utilizan los ex alumnos de colegios privados, public schools, por lo general, de las clases medias. Mediante este sistema se ayudan los unos a los otros a buscar trabajo, compartir información, etc. Este fenómeno comenzó tras la Segunda Guerra mundial. En la actualidad, dicha práctica ha quebrantado las barreras de las clases medias y se ha extendido a otras clases sociales y profesiones. I made it all by myself, with no old - school network and no trust - fund safety net. Lo conseguí todo yo solo, sin enchufe, y sin el apoyo del fondo fiduciario. Everyone knows that Harrow and Oxford are not the only institutions with old - boy networks. Todo el mundo sabe que Harrow y Oxford no son las únicas instituciones donde existe el amiguismo.

OLD SCHOOL TIE, THE. Corbata que lucen los ex alumnos de colegios privados como distintivo. Dicha corbata les sirve para reconocerse entre ellos.

OLD FRAUD, AN. s. Impostor.

OLD HABITS DIE HARD. Costumbre mala, tarde o nunca es dejada. Las malas costumbres nunca se dejan.

OLD LADY. s. Anciana. Police are investigating the disappearance of an old lady. La policía investiga la desaparición de una anciana.

OLD LAG, AN. s. 1. En la jerga de la delincuencia, agraviador, reincidente. 2. Una sentencia de tres años.

OLD MEN ARE TWICE CHILDREN. Viejo viejiño vuelve a ser niño. La vejez tornó por los días en que nació.

OLD MR. GORY. s. Dinero, pasta, guita, parné.

OLD MR. GRIM. s. La personificación de la muerte. La Parca.

OLD SMOKEY. S. La silla eléctrica.

OLD SWEATS. s. En la jerga policial, dícese de aquellos policías que están a punto de jubilarse, y se creen que conocen todo habido y por haber, en lo tocante a asuntos policiales.

OLDEST PROFESSION, THE. s. La prostitución.

ON CANVAS. Adj. En la jerga taleguera, estar aislado en la bodega de la cárcel como castigo.

ONCER, AN. s. Una moneda de una libra.

ON CONTRACT. En la jerga del hampa un policía sobornado.

ON A PENSION. En la jerga del hampa, policía que se deja sobornar.

ON HOLIDAY. En la jerga de los indigentes, pasar una temporada en la cárcel.

ON ONE. En la jerga del hampa, estar robando.

ON ONE´S WAY. En la jerga del mundo de las drogas, estar drogado.

ON THE ARM. Adj. En la jerga del hampa, y la policía, sobornado, corrompido. Obtener mercancías o alimentos sin pagarlos, especialmente la policía.

ON ONE'S WAY. En la jerga del mundo de la droga, estar drogado.

ON THE BATTER. Dedicarse a la prostitución.

ON THE HOT CROSS BUN. Escapado, fugado.

ON THE HURRY - UP. En la jerga policial, conducir a toda pastilla.

ON THE JOB. Estar cometiendo un delito.

ON THE NEEDLE. Inyectarse drogas.

ON THE TAKE. Persona que se deja sobornar. Policía que recibe sobornos.

ON TO. TO BE ON TO SOMEONE. Estar sobre la pista. The police are on to the fugitive. La policía está sobre la pista del fugitivo.

ON TOP. Adj. En la jerga de la delincuencia, y policial, pillar a alguien con las manos en la masa.

ON TOP. Adj. En la jerga de la delincuencia, ¡Agua! Grito para avisar de algún peligro que se avecina.

ONCE UPON A TIME. Érase una vez.

ONE - ARM BANDIT, A. Máquina tragaperras.

ONE MIGHT AS WELL BE HANGED FOR A SHEEP AS FOR A LAMB. Bien se sabe atrever quien no tiene nada que perder. De perdidos al río. Preso por mil, preso por mil y quinientos.

ONE - NIGHT STAND. Una noche loca. Una única noche de pasión.

ONE - ON - ONE. Un cara a cara. I managed to have a one - one - one with one of their gangs and knocked him off to the ground with one of the best punches I have ever thrown. Me las arreglé para vérmelas cara a cara con uno de los de la banda, y le tumbé de uno de los mejores puñetazos que he dado en mi vida.

ONE SUIT OF LAW BREEDS TWENTY. Un pleito trae consigo ciento.

ONE WAY TICKET. s. Asesinato.

ONION. TO PEEL THE ONION. Investigar a fondo.

OFF. s. Dinero, guita, pasta, parné.

OPEN. TO LAY ONESELF OPEN. Exponerse, arriesgarse.

OPEN UP GROUND AND SWALLOW ME! ¡Trágame tierra!

OPEN UP, TO. Abrir fuego, disparar

OPEN MURDERS. s. En la jerga policial, casos de asesinatos que no se han resuelto, y que se siguen investigando.

OPEN SECRET, AN. s. Un secreto a voces.

OPERATOR. SMOOTH OPERATOR. Un piquito de oro, tener labia, tener carisma. Timador.

OPPO, AN. s. Compañero, tronco.

OPIATE. s. Opiaceo.

OPIUM OF THE POOR, THE. s. Marihuana.

OPPORTUNIST. A CALLOW OPPORTUNIST. Oportunista inexperto.

OPPORTUNITY MAKES THE THIEF. La ocasión hace al ladrón.

ORANGE. TO SQUEEZE THE UNTIL THE PIPS SQUEAK. Interrogar a alguien hasta agotarlo para sacarle información.

ORBITAL RAVE, AN. s. Fiesta donde se toma ácido.

ORCHESTRATE, TO. v. Orquestar, urdir. To orchestrate a plan to kill someone. Urdir un plan para matar a alguien.

ORDER ABOUT, TO. Avasallar, llevar a patadas, ordeno y mando.

ORDER. A RESTRAINING ORDER. Una orden de alejamiento. To be given a restraining order. Imponerle a alguien una orden de alejamiento. To breach a restraining order. Quebrantar una orden de alejamiento.

ORGAN. ILLEGAL ORGAN DONATION. Donación ilícita de órganos.

ORGAN TRAFFICKING. Tráfico de órganos.

ORDEALS. s. Ordalías. Juicios de Dios.

OR ELSE. De lo contrario. The gang sent him a spine - chilling message: shut up or else...La banda le envió un mensaje escalofriante: mantén la boca cerrada de lo contrario.

OSCAR, AN. s. Cariñosa, pistola, fusca, quitapenas, cacharra.

OUTBURST. s. Arrebato.

OUTCAST, AN. s. Proscrito.

OUT - HEROD HEROD, TO. Ser más malo que Caín. Ser más malo que Judas. Ser más malo que un tumor. Ser más malo que un dolor de muelas.

OUT - AND - OUT, AN. Redomado. Charles is an out - and - out liar. Charles es un mentiroso redomado.

OUT - AND - OUT SCOUNDREL, AN. Un sinvergüenza de tomo y lomo.

OUTLINE. s. Silueta. To chalk the outline of the victims´s body on the ground. Dibujar la silueta con tiza de un cadáver en el suelo.

OUT OF BOUNDS TO SOME PEOPLE. Prohibido el acceso para algunas personas. Zona prohibida, terreno vedado, zona de exclusión.

OUT - OF - COURT BODIES. s. Organismos extrajudiciales.

OUT OF IT. TO BE OUT OF IT. 1. Estar eufórico debido a la bebida o las drogas. 2. Estar loco.

OUT OF MY SIGHT! ¡Fuera de mi vista! ¡Out of my sight! I don´t want to see you here again! ¡Fuera de aquí! ¡No te quiero ver por aquí otra vez!

OUT OF ONE´S HEAD. Estar más desajustado que una moto vieja.

OUT - OF ORDER. Adj. Pasarse de la raya, pasarse de castaño oscuro.

OUTERS. TO BE OUTERS. Tener la entrada prohibida a un bar por follonero.

OUTLAW. s. Proscrito.

OUTRUN THE CONSTABLE, TO. Endeudarse.

OUTSIDE, THE. Así se refieren los presos al mundo exterior.

OUTSIDE MAN, AN. En la jerga de la delincuencia, persona que avisa a los trileros cuando viene la policía.

OUTWIT THE LAW, TO. Burlar la ley.

OUT WITH IT! ¡Di lo que tengas que decir!

OVER - INVOICING PRICE. s. Soborno.

OVER MY DEAD BODY. Por encima de mi cadáver.

OVER THE WALL. TO GO OVER THE WALL. En la jerga de la cárcel, afufarse, hacerse el abierto, escaparse de la cárcel, ganar la bola.

OVERDOSE. A DRUG OVERDOSE. Una sobredosis de droga. To die from a drug overdose. Morir de una sobredosis de droga.

OVERPOWER SOMEONE, TO. Reducir a alguien.

OVERRIDE, TO. No tener en cuenta.

OVERS. En la jerga de la delincuencia, parte del afane (robo) que no se ha repartido todavía.

OWL - EYED. Ebrio, borracho.

OWL. A NIGHT - OWL. s. Persona que hace vida nocturna.

OWN GOAL. s. En la jerga policial, un suicidio.

OWN UP TO SOMETHING, TO. v. Confesarse autor de un delito, berrear, admitir, comerse un vómito, cantar. The man owned up to having robbed the bank. El hombre confesó haber atracado el banco.

OYABUN, AN. s. El padrino de una banda de delincuentes japonesa.

OYSTER, AN. s. Persona que habla menos que un mudo ronco.

OYSTER, AN. s. En la jerga del hampa, mujer de buena reputación, a la cual se emplea para que luzca joyas robadas con la esperanza de que reciba una oferta de compra de un, fence, perista. Debido a su condición social, la policía no sospecha de ella.

OYSTER CARD, AN. s. Tarjeta de transporte, bono de autobús o Metro. A la entrada de autobuses se puede leer; please touch your oyster card flat on the yellow reader. Por favor, pase su tarjeta de autobús por el lector. If you don´t touch in and touch out with your oyster card, you will pay the maximum cash fare for your bus o Tube journey. Si al entrar y salir del Metro, no pasa el bono por el lector, tendrá que pagar la tarifa máxima por el recorrido que hace en el Metro. Anuncio por megafonía en el Metro.

OYSTER. TO AVOID SOMETHING LIKE A BAD OYSTER. Huir de algo como si fuera de la peste.

OYSTER. TO BE THE GRIT IN THE OYSTER. Jorobar más que una china en el zapato, hacer la santísima, ser incordio como grano en el culo. We are the grit in the oyster! he declared. We are here to irritate people - into producing more reforms! ¡Somos los que jorobamos más que una china en un zapato! declaró él. Estamos aquí para dar la brasa - para que se produzcan más reformas!

P

PACK. THE LEADER OF THE PACK. s. El jefe de la banda.

PACK OF LIES, A. s. Una sarta de mentiras. To tell a pack of lies. Contar una sarta de mentiras.

PACK. s. Heroína.

PACK RAT, A. s. En la jerga de la delincuencia, cagarrutero, ladrón de poca monta.

PACK A PISTOL, TO. Portar un arma de fuego.

PACK, TO. Empetar. Esconder droga en el recto.

PACKAGE. s. Paquete. An unattended package. Paquete desatendido.

PACKET, A. s. Una cantidad de dinero. To make a packet. Forrarse de dinero.

PACKET, A. s. Una herida.

PACKING. TO SEND SOMEONE PACKING. Mandar a alguien a hacer gárgaras. Mandar a alguien a freír espárragos. He tried to sell me a stolen car, so I sent him packing. Intentó venderme un coche robado, así que lo mandé a freír espárragos.

PAD, A. s. En la jerga carcelera, cepo, celda donde se encierra a los reclusos violentos.

PAD, A. s. Un piso. Un bujío.

PAD, A. s. En la jerga del hampa, lista de nombres a los que se les pagan sobornos.

PAD. ON THE PAD. En la jerga del hampa, soborno que se paga en una comisaría de policía, semanal o mensualmente, y que se reparten los agentes.

PADDLE SOMEONE, TO. Sacudirle a alguien una buena somanta de palos.

PADDING. Práctica policial que consiste en añadir más drogas a un alijo de drogas decomisadas, para reclasificar una detención.

PADDING. YOU SHOULD LINE YOUR ROOM WITH PADDING. Estás más sonado que las maracas de Machín.

PADLOCK. A BAD PADLOCK INVITES A PICKLOCK. Candado sin tornillo da la hacienda al vecino.

PAEDOPHILE, A. s. Pederasta. He was arrested on paedophile charges. Le arrestaron por un delito de pederastia. Paedophile ring. Una red de pederastia.

PAID PISTOL - WIELDING ASSASSIN, A. s. Sicario.

PAIN IN THE NECK. TO BE A PAIN IN THE NECK. Ser un palizas, cagueras, taladro, cansino.

PAIN. ON PAIN OF CRIMINAL PROSECUTION. So pena de procesamiento criminal.

PAIN. ON PAIN OF DEATH. So pena de muerte. To order someone out of the country on pain of death. Ordenar a alguien que se vaya del país so pena de muerte.

PAIN. TO SPARE SOMEONE´S PAIN. Evitar de hablar de un asunto que pueda herir los sentimientos de alguien. Name not a rope, in his house that hanged himself. No hay que mentar la soga en casa del ahorcado.

PAINTED WOMAN, A. s. Una mujer de la vida.

PALE. TO BE BEYOND THE PALE. Pasarse de la raya, pasarse de castaño oscuro, pasarse de rosca. "I consider you a viper. I look upon you, sir, as a man who has placed himself beyond the pale of society." "Es usted una víbora. Le considero a usted como a alguien que ha transgredido todas las normas decentes de la sociedad." He regards his neighbour as beyond the pale. Tiene a su vecino por un caradura.

PALM. TO GREASE SOMEONE'S PALMS. Sobornar, untar.

PALM OIL. s. Soborno.

PANDA CAR, A. s. Coche de policía.

PANGS. s. Consecuencias dolorosas.

PANHANDLE, TO. v. Mendigar.

PANIC ARTIST, A. s. Cagatis.

PANIC. s. Pánico. He was in a panic. Estaba aterrorizado.

PANIC - STRICKEN. Adj. Muerto de miedo.

PANOCTICAL WATCHING. Videovigilancia. Práctica que consiste en vigilar el exterior de un edificio, mediante cámaras de televisión, por guardas jurados.

PANICKY. TO GET PANICKY. Ponerse nervioso.

PANTS. KEEP YOUR PANTS ON! ¡Ten calma!

PANTS. TO SCARE THE PANTS OFF SOMEONE. Darle a alguien un susto de muerte.

PAPARAZZI. The job of the paparazzi is to obtain off - guard pictures of some celebrity, if possible, in an embarrassing and compromising situation. El trabajo del paparazzi es fotografiar a los famosos, cuando menos se lo esperan, y si es posible, en situaciones comprometidas o embarazosas.

PARADE, A. s. En la jerga policial, reunión que tiene lugar en una comisaría de policía, durante la cual, un superior asigna la misión que deben llevar a cabo los agentes de policía.

PARAFFIN BUDGIE, A. s. Helicóptero.

PARAFFIN TEST. La prueba de la parafina.

PARANOID. Adj. Paranoico. To be paranoid about something. Estar paranoico con algo.

PARAPHERNALIA. s. En la jerga del mundo de la droga, dícese de los utensilios que utilizan los consumidores de drogas; jeringuillas, etc.

PARDON MAKES OFFENDERS. El perdón alienta al homicida y al ladrón.

PARDON ONE OFFENCE AND YOU ENCOURAGE MANY. Un agravio consentido, otro sufrido.

PARDONING THE BAD IS INJURING THE GOOD. Perdonar al malo es dar al bueno un palo. El que perdona a los malos perjudica a los buenos.

PARKING TICKET. TO GET A PARKING TICKET. Recibir una multa por aparcar indebidamente. To slap a parking ticket on someone. Multar a alguien por estacionamiento indebido. To get done for a parking ticket. Ser multado por estacionamieno indebido.

PARLIAMENTARY COMMISSIONER FOR ADMINISTRATION. Comisario parlamentario para la Administración.

PARNTNERSHIP. A ROLLER - COASTER PARTNERSHIP. Relación de amor odio.

PAROLE. TO BE ELIGIBLE FOR PAROLE. Reunir los requisitos para ser puesto en libertad vigilada.

PAROLE. TO BE ON PAROLE. Estar en libertad vigilada.

PAROL. Libertad vigilada. The woman was given a life sentence without parole. Condenaron a la mujer a cadena perpetua sin derecho a libertad vigilada.

PARTIES. THERE´S ABSOLUTE AGREEMENT BETWEEN THE PARTIES. Entre las partes existe un acuerdo total.

PARTNER. s. Novio, novia, pareja. A jealous partner. Un novio celoso.

PARTNER IN CRIME. s. Cómplice. Compañero de aventuras, Compañero de juerga, compinche. It was our partner in crime, Ray, who was the real larger - than - life star of the show. Fue nuestro compañero de juergas, Ray, quien destacó como la verdadera estrella del espectáculo.

PARTY CONCERNED, THE. Las partes afectadas.

PARTY. TO BE PARTY TO A CRIME. Estar involucrado en un crimen. The man was convicted as a party to a murder. El hombre fue condenado por participar en el asesinato.

PASS KEY. s. Llave maestra.

PASSMAN, A. s. En la jerga carcelera, preso a quien se le permite salir de la celda para disfrutar de determinados privilegios.

PASSER, A. s. Persona que pasa dinero falsificado.

PASSPORT. A FAKE PASSPORT. Pasaporte falso.

PASSPORT. TO CONFISCATE A PASSPORT. Confiscar un pasaporte, retener un pasaporte.

PASSPORT. GOING WITHOUT A PASSPORT. Suicidarse.

PASS AWAY, TO. Morir, pasar a mejor vida.

PASS OUT, TO. Desmayarse.

PASTE SOMEONE, TO. Calentarle a alguien la badana, calentarle a alguien las costillas. The gang pasted Gary very badly. La banda le pegó a Gary una soberana paliza.

PASTING. TO TAKE A PASTING. Recibir una somanta de palos.

PATCH. TO GO THROUGH A BAD PATCH. Pasar una mala racha.

PATCHES. s. Distintivos cosidos en el uniforme de un recluso, para identificarlo en caso de fuga.

PATIENCE. TO WEAR SOMEONE'S PATIENCE THIN. Acabar con la paciencia de alguien.

PATSY, A. s. Chivo expiatorio, cabeza de turco.

PATHOLOGIST, A. s. Forense.

PAUL PRY, A. s. Entrometido, inquisidor, preguntón, hurón, fisgón, averiguador.

PAVEMENT ARTIST, A. s. En la jerga de la delincuencia, ladrón que roba los furgones de seguridad, cuando llevan o recogen dinero de los bancos. On the pavement. Atraco que hace el mencionado, pavement artist.

PAVEMENT. ON THE PAVEMENT. En la jerga de la delincuencia, atraco a un furgón de seguridad que se hace en la acera, durante el reparto o recogida de dinero a un banco u otro establecimiento.

PAVEMENT PIZZA, A. s. Una vomitina en la acera. You have just stepped on a pavement pizza. Acabas de pisar en una vomitina.

PAVEMENT PRINCESS, A. s. Prostituta.

PAW. TO PAW A WOMAN. Toquetear a una mujer contra su voluntad. Manoseo no deseado.

PAY DAMAGES AND LEGAL COSTS, TO. Pagar daños y perjuicios, y gastos judiciales.

PAY OFF, A. s. En la jerga del hampa, soborno que se paga a la policía o a los funcionarios de prisiones.

PAY OFF, THE. s. En la jerga de la delincuencia, astillaje o reparto del botín del robo.

PAY OFF A SCORE, TO. Vengarse.

PAY SOMEONE BACK IN HIS OWN COIN, TO. Pagarle a alguien con la misma moneda.

PAY ON THE NAIL, TO. Pagar a toca teja.

PAY ONE'S LAST DEBT, TO. Espicharla, palmarla, diñarla.

PAY A PERSON OUT, TO. Desquitarse de, vengarse de.

PAY THE DEBT OF NATURE, TO. Morir.

PEACE. s. Paz. To break the peace. Perturbar el orden público.

PEACE. TO BE AT PEACE. Estar muerto.

PEACE. PERFECT PEACE IS NOT THIS EARTH. La paz perfecta no es de este mundo.

PEACE. TO KEEP THE PEACE. Mantener el orden.

PEACH, TO. v. En la jerga de la delincuencia, soplar, delatar.

PEADOPHILE. s. Pederasta. A predatory peadophile. Pederasta depredador.

PEARLY GATES. s. L S D.

PEARLY GATES. TO BE AT THE PEARLY GATES. Estar a las puertas del paraíso.

P C, A. s. Police constable. Policía sin rango alguno.

P C HARD. s. En la jerga de la delincuencia, policía que interroga, y por lo tanto tiene mala fama. El poli malo.

PECKER UP. KEEP YOUR PECKER UP! Exclamación de ánimo. ¡Animo! ¡Sé valiente! ¡Venga machote! Though he was mugged - up he managed to keep his pecker up. A pesar de que le asaltaron, no se desanimó. Dicha exclamación es una proposición indecente en EE. UU.

PEDAL. TO PUT THE PEDAL TO THE METAL. Acelerar, meter briza, tumbar la aguja.

PEDIGREE. s. En la jerga de la delincuencia, antecedentes penales.

PEDDLE. TO PEDDLE. Propagar. To peddle lies. Propagar mentiras.

PEDDLING OF INFLUENCES, THE. El tráfico de influencias.

PEDOEPHILE RING, A. s. Una red de pederastia.

PEEK, A. s. En la jerga taleguera, celda de observación.

PEELER, A. s. Policía. En la actualidad no se utiliza.

PEEPER. s. Mirón.

PEEPER, A. s. Detective privado.

PEEPING TOM. s. Mirón.

PEEPS. HE WHO PEEPS THROUGH A WHOLE, MAY SEE WHAT VEX HIM. Quien acecha por agujero, ve su duelo.

PEG OUT, TO. Espicharla, palmarla.

PEN GUN. s. Bolígrafo pistola.

PEN, THE. s. Trena, trullo.

PEN. THE PEN IS MIGHTER THAN THE SWORD. Más daños suele hacer una plumada que una estocada. Leve es la pluma, pero escribiendo abruma.

PEN - GUN. s. Bolígrafo pistola.

PENAL CODE, THE. s. Código Penal. Penal Code reform. Reforma del Código Penal.

PENAL POLICY. s. Política penitenciaria.

PENALTIES INCURRED. Sanciones impuestas.

PENKNIFE. s. Navaja, pincho, corte, achuri.

PENMAN, A. s. Falsificador de dinero, chungolero.

PEOPLE SMUGGLERS. s. Traficantes de seres humanos.

PEOPLE SMUGGLING. Tráfico de personas.

PEP PILL, A. s. Anfeta.

PEPPER SPRAY. SELF DEFENCE PEPPER SPRAY. s. Gas pimienta para defensa personal.

PEPPERY PERSON, A. s. Persona de pocas aguantaderas.

PERCH. TO DROP OFF THE PERCH. Diñarla, espicharla.

PERCHER, A. s. Ladrón que roba en comercios.

PERCHER, A. Pringao. Persona a quien se engaña fácilmente.

PERIWIG. s. Peluca que lucen jueces y abogados.

PERJURER. s. Perjuro. A self - confessed perjurer. Perjuro confeso.

PERJURY. s. Perjurio, falso testimonio. To stand trial for perjury. Someterse a juicio por perjurio. A perjury trial. Juicio por perjurio. A verdict of perjury. Un veredicto de perjurio. To commit perjury. Cometer perjurio.

PERPETRATOR. s. Autor de un crimen. The perpetrator of the crime was at large. El autor del crimen estaba huido.

PERSON. A DESPICABLE PERSON. Un tipo detestable.

PERSON OF INTEREST, A. s. En la jerga policial, un sospechoso, a quien la policía le gustaría interrogar.

PERSONAL BELONGINGS. s. Efectos personales.

PERSONAL VIOLENCE. s. Darle una paliza a alguien.

PERSUADER. s. Pistola,

PERV, A. s. Corruptor de menores.

PETER, A. s. En la jerga carcelera, una celda.

PETER, A. s. Caja fuerte. A peterman. Mariquitero, experto en abrir cajas fuertes.

PETITIONER. s. Demandante.

PETROL BOMB A HOUSE, TO. Pegarle fuego a una casa con gasolina.

PETROL. TO DOUSE SOMEONE IN PETROL. Rociar a alguien con gasolina.

PETTY CRIME. s. Hurtos. Delitos de poca monta. To make a life out of petty crime. Vivir del hurto.

PETTY CRIMINAL, A. Delincuente de poca monta. Cagarrutero.

PETTY THEFTS. s. Robos de poca monta, hurtos. To have a conviction for petty theft. Tener una condena por hurto.

PETTY THIEF, A. s. Cagarrutero, ladrón de poca monta, ratero de tres al cuarto, ladrón de medio pelo, mangante, mangui, mangurrini.

PETTY THIEVING. Hurtos.

PHILANDERER. s. Mujeriego, bragadicto, putero, metesaca. A serial philanderer. Mujeriego depravado.

PHISHING. El robo de contraseñas, cuentas bancarias, suplantación y extorsión en Internet.

PHYSICAL. TO GET PHYSICAL. Ponerse violente, llegar a las manos.

PHONE HACKING. Escuchas telefónicas ilícitas. To be arrested on suspicion of phone hacking. Ser detenido como sospechoso de hacer escuchas telefónicas ilícitas.

PHONE HACKING INVESTIGATION, A. Una investigación de escuchas telefónicas ilícitas.

PHONE HACKING SCANDAL, A. Escándalo de escuchas telefónicas ilícitas.

PHONE HACKING VICTIM, A. s. Víctima de una intervención telefónica ilícita.

PHONE RAGE. s. Insultos que profieren los clientes por teléfono, cuando se quejan a los empleados de un comercio.

PHONE TAPPING. Intervención de teléfonos.

PHONEY. s. Impostor.

PHONEY MONEY. s. Dinero falsificado.

PHOTO. A FAKE PHOTO. Foto falsa.

PHOTO. TO DOCTOR A PHOTO. Retocar una foto.

PHOTOFIT. s. Retrato robot.

PHYSICAL. TO GET PHYSICAL. Ponerse violento, llegar a las manos.

PICK AN ARGUMENT WITH SOMEONE, TO. Querer discutir con alguien.

PICK A FIGHT, TO. Enzarzarse en una pelea.

PICKLOCK KEY. s. Ganzúa, llave falsa, abrelatas, pincho, chuzo.

PICK A LOCK, TO. Descerrajar la puerta de una casa con una ganzúa para entrar a robar.

PICK ON SOMEONE, TO. Meterse con alguien, tenerle manía a alguien, tenerla tomada con alguien. Stop picking on me! Deja de meterte conmigo!

PICKPOCKET. s. Carterista, tomador del dos, persona que hace la pinza. A small - time pickpocket. Carterista de poca monta. Someone pick - pocketed my friend yesterday. Ayer, alguien le birló la cartera a mi amigo. The art of the pickpocket. El arte del carterista. A former pickpocket. Antiguo carterista. Organised bands of pickets were prowling about. Bandas organizadas de carteristas merodeaban por allí. The pickpocket was arrested on the spot. Arrestaron al carterista en el acto.

PICKPOKET GANG, A. s. Banda de carteristas.

PICK POCKETS, TO. Trabajar el dos, robar carteras, picar carteras.

PICKPOCKETING. s. Robo de carteras.

PICK SOMEBODY´S POCKET, TO. Robarle la cartera a alguien. The man was arrested picking a pocket. Detuvieron al hombre robando una cartera.

PICK UP, TO. Robar en los coches que no están vigilados.

PICKLE. TO BE IN A PRETTY PICKLE. Estar en un apuro, estar en un brete.

PICTURES OF QUEEN. s. Billetes de banco.

PIECE. s. Pistola.

PIECE OF WORK, A. Tipejo, tiparraco.

PIECE OUT. TO TAKE A PIECE OUT OF. Echar una bronca, reprender.

PIECES. TO PICK UP THE PIECES. Asumir los gastos, arreglar los desperfectos, tener que pagar los trastos rotos.

PIGGY IN THE MIDDLE. Persona que tiene la desagradable tarea de tener que mediar entre dos personas que están discutiendo o peleándose.

PIG IGNORANT. Ser muy ignorante. Ser uno ignorante de su ignorancia y estar orgulloso de ello.

PIG. TO BUY A PIG IN A POKE. Comprar algo sin verlo primero. Comprar la mula ciega. Ser engañado.

PIGMOBILE, A. s. Coche de policía.

PIGEON. s. En la jerga de la delincuencia, persona u objeto de robo.

PIGEON - HOLE SOMEONE, TO. Encasillar, catalogar. There always seems to be a desire to pigeon - hole people as semi - rational, spiritual fifth columnists. Siempre hay un deseo de clasificar a las personas de semiracionales y quintacolumnistas.

PIGEON. A STOOL PIGEON. s. Chivato, confidente, berreante.

PIGS, THE. s. La policía.

PIGSTY, A. s. Comisaría de policía.

PIKER, A. s. Cagata, estafador de poca monta.

PIKEY, A. s. Calixto, calorro, lolailo, gitano.

PILFER, TO. Hurtar, chorizar. To pilfer someone´s mobile. Chorizarle a alguien el móvil.

PILL. TO BE ON THE POWER PILL. Tomar prozak.

PILL HEAD, A. s. Adicto a las anfetas.

PILL - POPPER, A. s. Persona que toma anfetas o tranquilizantes.

PILL. TO SUGAR THE PILL. Dorar la píldora.

PILLORY. TO PILLORY SOMEONE. Ridiculizar a alguien.

PIMP, A. s. Proxeneta, alcahuete, chulo de putas, rufián, macarra.

PIMP, TO. v. Alcahuetear

PIMP DUST. s. En la jerga del mundo de la droga, cocaína.

PIMPING. TO STAND TRIAL FOR PIMPING. Ser juzgado por proxenetismo agravado.

PIN AGAINST, TO. Sujetar contra. The man was pinned against a fence by his throat, dragged to the floor by his hair and booted as he lay on the ground. Sujetaron al hombre por la garganta contra una valla, lo arrastraron al suelo por el pelo, y le dieron patadas mientras se encontraba en el suelo.

PIN DOWN, TO. v. Sujetar, inmovilizar. To pin to the floor. Inmovilizar en el suelo. Two policemen pinned the man to the ground. Dos plicías inmovilizaron al hombre en el suelo.

PIN. TO PIN SOMETHING ON SOMEONE. Colgarle a alguien un marrón, colgarle a alguien el muerto, colgarle a alguien el Sambenito, cargarle a alguien las culpas. Condenado al Sambenito.

PINCE - NEZ. s. Quevedos. The coroner was a thin, elderly man in pince - nez. El juez pesquisidor, era delgado, viejo, y usaba quevedos. The eyes seemed almost wild behind the gold - rimmed pince - nez. Detrás de los Quevedos, con montura de oro, los ojos parecían casi desorbitados.

PINCH, THE. s. Robo que consiste en acercarse a alguien que está sacando dinero de un cajero. En el momento que está a punto de salir el dinero, arroja 5 libras al suelo, le toca en la espalda para advertirle que se le ha caído dinero, se vuelve y el ladrón arrampla con el dinero y sale pitando.

PINCH SOMEONE, TO. v. Detener a alguien.

PINCHING. Sisar.

PINE OVERCOAT, A. s. Traje de madera, ataúd, caja, féretro.

PING, TO. v. Disparar. To ping someone. Pegarle un tiro a alguien.

PINK AND FLUFFY. Término despectivo que utiliza la policía para describir la política liberal, según la cual, los delincuentes deben ser tratados bien.

PINK POUND, THE. El poder adquisitivo de los homosexuales. Norman is well connected with the gay mafia. He is a direct route to the pink pound. Norman está bien relacionado con la mafia del mundo homosexual. Es una via directa con el poder adquisitivo de los homosexuales.

PINNED - UP. Adj. En la jerga del mundo de las drogas, encontrarse bajo los efectos de la heroína.

PIPSQUEAK, A. s. Un donnadie, un cero a la izquierda.

PIRATED FILM, A. Película pirateada.

PIRELLIOLOGY. s. El arte de identificar las ruedas de una bici por los rediles que deja.

PISS ARTIST, A. s. Borrachín, persona más borracha que los mosquitos.

PISS AROUND, TO. Hacer el ganso. Perder el tiempo. Jorobar la marrana.

PISS IT UP THE WALL or TO PISS MONEY AGAINST THE WALL. Malgastar el dinero en borracheras, drogas o en el juego. Bill is skint because he pisses all his money up the wall. Bill está sin blanca porque malgasta todo su dinero en borracheras.

PISS ON SOMEONE'S CHIPS, TO. Hacerle la santísima a alguien, incordiar.

PISS. TO BE FULL OF PISS AND WIND. Ser un fanfarrón.

PISS. TO GO ON THE PISS. Ir de borrachera. We made for a pub and went for on the piss. Nos dirigimos a un bar y entramos para encastañarnos. I have been out all night on the piss. Llevo toda la noche de borrachera.

PISS. TO HAVE PISSED ON A NETTLE. Tener un genio de mil demonios.

PISS - HEAD, A. s. Borrachín. Un tío más borracho que los mosquitos.

PISSHOLE, A. s. Una pocilga. Un antro, un tugurio.

PISS. TO IRRITATE THE PISS OUT OF SOMEONE. Cabrear a alguien más que a un mono.

PISS IT OUT THE WINDOW, TO. En la jerga de los delincuentes, derrochar el dinero a troche y moche.

PISS OFF! ¡Vete a cascarla! ¡Vete a hacer hostias!

PISS. HE WOULDN'T PISS IF HIS PANT'S WERE ON FIRE. Es tan tonto que le mean por encima y dice que llueve.

PISS ON. I WOULDN'T PISS ON YOU EVEN IF YOU WERE ON FIRE. No te ayudaría, aunque te viera tirado en la calle con las tripas fuera. When asked his opinion of the man; he said: 'I wouldn't piss on him if he was on fire.' Cuando le preguntaron que pensaba del hombre; dijo: no le ayudaría, aunque le viera en la calle con las tripas fuera.'

PISS ON ONESELF, TO. Mearse uno en los pantalones.

PISS. TO PISS ONE'S LIFE AWAY. Arruinarse la vida bebiendo.

PISS ONESELF LAUGHING AT SOMEONE, TO. Mearse uno de risa riéndose de alguien.

PISS SOMEBODY OFF, TO. Hacerle a alguien la santísima, dar la brasa, incordiar, irritar, dar por donde se crían las almorranas. Dar por el tarro. Don't piss me off! ¡No me vengas dando por el tarro! Blaming it on the government's misguided education policies. It's not the first time he is pissed everybody off like this. Culpar a la insensata política de educación del gobierno. No es la primera vez que ha irritado a todo el mundo de esta manera.

PISS. TO TAKE THE PISS OUT OF SOMEONE. Cachondearse de alguien. Even if you are drunk, you would think twice about taking the piss out of a well - built police officer armed with an automatic pistol. Aunque estuvieras borracho, te lo pensarías dos veces, antes de cachondearte de un policía con buenos músculos y armado con una pistola automática. I want to take the piss, but I don't know where to start. Quiero cachondearme, pero no sé por dónde empezar.

PISS UP, A. s. Juerga donde se bebe mucho alcohol.

PISSED. Estar borracho perdido. Estar ciego perdido. Pissed and unable to control himself, he got into a fight with his friend. Borracho, e incapaz de controlarse, se peleó con su amigo. By that point, I was too pissed and freezing cold to worry about falling and breaking my leg. En aquel momento, ya estaba demasiado borracho, y helado de frío, como para preocuparme de no caerme y romperme una pierna.

PISSED AS ARSEHOLES. Estar borracho perdido.

PISSED AS A FART. TO BE AS PISSED AS A FART. Llevar un pedo de abrigo. Llevar una tajada de abrigo.

PISSED AS A NEWT. TO BE AS PISSED AS A NEWT. Llevar una castaña como un general.

PISSED. TO BE AS PISSED AS PUDDINGS. Llevar una cogorza monumental. Yesterday I saw Percy and Derek coming out of the pub; they were as pissed as puddings. Ayer vi a Percy y a Derek saliendo del bar; llevaban una cogorza monumental.

PISSED. TO BE PISSED OFF. Estar hasta las narices, estar hasta las pelotas. Apparently, she was a bit pissed off that he lost her mobile after a drunken night out. Aparentemente, ella estaba un poco hasta las narices, porque él le había perdido el móvil, tras una noche de borrachera.

PISSED OUT OF ONE'S BRAINS, TO BE. Ir ciego, ir bien bebido. We boarded the train to Paddington, pissed out of our brains, and arrived in London at 11.00 A. M. Cogimos el tren para Paddington, bien bebidos, y llegamos a Londres a las 11 de la mañana.

PISSED UNCLE, A. Persona que nunca cumple lo que promete. That's one pissed uncle talking some seriously pissed shit about taking you to the zoo and stuff. Ese es el que habla y promete solemnemente algo que no va a cumplir ni por el forro, de llevarte al zoológico y demás.

PISS - TAKER, A. s. Guasón.

PISSED. TO BE PISSED OUT OF ONE'S HEAD. Llevar una cogorza de mil demonios.

PISTOL. s. Pistola, fierro, charrasca, chunga. The pistol was loaded but it had its safety catch was on. La pistola estaba cargada, pero tenía el seguro puesto. The pistol was wrapped in a glove. It was loaded and the safety catch was off. La pistola estaba envuelta en un guante. Estaba cargada y no tenía el seguro puesto. A muzzle - loading pistol. Pistola de avancarga. Muzzle - loading pistol shooting. El tiro con pistola de avancarga. Pistols at dawn. Duelo al amanecer. To hold a pistol to someone's head. Amenazar poniéndole una pistola a alguien en la cabeza.

PISTOL WHIPPED. Golpeado con la culata de una pistola.

PITCHFORK. s. Horca. To attack someone with a pitchfork. Agredir a alguien con una horca.

PLACE. s. Sitio, lugar. A dangerous place. Lugar peligroso.

PLACE. TO KNOW A PLACE LIKE THE BACK OF ONE'S HAND. Conocer un lugar como la palma de la mano.

PLACE. TO PUT SOMEONE IN HIS PLACE. Poner a alguien en su sitio.

PLACER, A. s. Perista, jaleador, poleo, rosero. Persona que trata con objetos robados.

PLAN. TO HATCH A PLAN. Urdir un plan

PLANNED HIT, A. Asesinato planeado.

PLANT, A. s. Alijo de drogas.

PLANT, TO. v. En la jerga del hampa, embolar a alguien con algo robado para incriminarle.

PLANT ONE ON SOMEONE, TO. Sacudirle un hostión a alguien.

PLASTIC. DO YOU TAKE PLASTIC? ¿Se puede pagar con tarjeta de crédito?

PLASTIC. ON THE PLASTIC. Utilizar tarjetas robadas.

PLASTIC POLICEMEN. s. Plastic policemen or community police support. Patrulla de seguridad ciudadana.

PLASTIC RESTRAINTS. s. Bridas. Pulseras de plástico.

PLAY. TO PLAY A PERSON OFF AGAINST ANOTHER. Enfrentar a dos personas entre sí.

PLAY A MATINEE, TO. En la jerga de la delincuencia, robar a la misma persona dos veces en un mismo día.

PLAY FAST AND LOOSE, TO. Aprovecharse de los demás, aprovecharse de algo, no tener miramientos. Playing fast and loose with free books for all seems to me akin to mucking about with the state education system. Para mí, el no tener miramientos con los libros gratis para todos, es como meterse con el sistema de educación. The paper is deriving at least some of its commercial and political success precisely from the fact that it can play fast and loose with the facts and frequently have no fear of the consequences. El éxito político y comercial del periódico, se debe, en parte, precisamente, al hecho de no tener miramientos por los hechos, y a menudo no temen las consecuencias.

PLAY HIGH STAKES, TO. Apostar mucho, jugarse mucho, arriesgar mucho. The judge told the prisoner: you have played for high stakes, now comes the punishment. You will go to prison for 25 years. El juez le dijo al reo: has arriesgado mucho, ahora llega el castigo. Irás a la cárcel 25 años.

PLAY SOMEONE OFF AGAINST SOMEONE, TO. Pone en contra a dos personas. Enfrentarlas.

PLAY SOMETHING DOWN, TO. Quitar hierro a un asunto, quitar importancia.

PLAY UP TO SOMEONE, TO. Adular, hacer la pelota.

PLAY, WOMEN, AND WINE UNDO MEN LAUGHING. La mujer y el vino sacan al hombre de tino.

PLAYER, A. s. Picaflor.

PLAYER, A. s. En la jerga de la delincuencia, persona que forma parte de una banda de estafadores.

PLEA. s. Alegato. The man changed his plea to guilty of murdering his wife. El hombre cambió el alegato de inocente a culpable.

PLEAD GUILTY, TO. Declararse culpable. To plead not guilty. Declararse inocente. To plead guilty to murder. Declararse culpable de asesinato. To plead culpable homicide. Declararse culpable de homicidio.

PLEAT, A. s. Cicatriz en la cara.

PLOD, THE. s. La policía. The local plod. La policía local.

PLODDES, A. s. Mujer policía.

PLONK. s. Vino barato, vino peleón. To be off the plonk. No beber.

PLONKER. TO PULL SOMBODY´S PLONKER. Cachondearse de alguien.

PLOP. A COMPLEX MURDER PLOT. Un caso de asesinato complicado.

PLOT. A JAIL BREAK PLOT. Un complot para fugarse de la cárcel.

PLOT. TO LOSE ONE´S PLOT. Estar totalmente desorientado. Perder el norte. Andar descarriado.

PLOT OF A NOVEL, THE. s. El argumento de una novela, la trama de una novela, el tema de una novela.

PLOT. A FULLY FLEDGED PLOT. Un complot bien preparado.

PLOT. TO FOIL A PLOT. Frustrar una trama.

PLOT THICKENS, THE. El caso se complica. Unexpectedly, however, his father turned up - not dead but only wounded, and the plot thickened. Sin embargo, su padre apareció inesperadamente - y no muerto, sino herido, y el caso se complicó.

PLOT. TO HATCH AN ASSESSINATION PLOT. Urdir una conspiración para matar a alguien.

PLOT TO KILL SOMEONE, TO. Conspirar para matar a alguien.

PLOTTING. Conspiración.

PLOY, A. s. Estratagema, artimaña, argucia. The ploy eventually paid off. A la larga, la estratagema surtió efecto.

PLUCK UP ONE´S COURAGE, TO. Hacer de tripas corazón.

PLUG SOMEONE, TO. En la jerga del hampa, pegarle a alguien un bellotazo, un tiro. When we get out of the nick, we will go and plug the guy who grassed you up to the police. Cuando salgamos del trullo, iremos a pegarle un bellotazo al que te delató a la policía.

PLUG. TO PULL THE PLUG. Suicidarse. He couldn´t cope with all the problems he had, and he pulled the plug. No podía arreglárselas con todos los problemas que tenía, así que se suicidio.

POACHER. s. Cazador furtivo. A poacher turned gamekeeper. De ladrón a policía, diablo metido a predicador.

POCKET KIFE. s. Navaja, achuri, corte.

POCKET SOMETHING, TO. Quedarse uno con algo que no le pertenece. He pocketed millions of pounds for himself and ended up in jail. Se quedó con millones de libras que no le pertenecían y acabó en el trullo.

POCKETS. TO LINE ONE´S POCKETS. Forrarse de dinero. The employee was sacked when the company discovered he had been lining his pockets. Despidieron al empleado cuando la empresa descubrió que había estado forrándose de dinero.

POETIC JUSTICE. Premio o castigo bien merecido.

POINT - BLANK. Adj. A quemarropa, a bocajarro. To shoot someone at point - blank range. Descerrajarle un tiro a uno a quemarropa.

POINT BLANK RANGE. AT POINT BLANK RANGE. / TO ASK SOMETHING AT POINT BLANK RANGE. 1. A quemarropa, a boca jarro. 2. Decir en la cara. 1. The policeman shot the man at point blank range. El policía le pegó un tiro al hombre a quemarropa. 2. I told Peter point blank the answer was no. Le dije a Peter, en la cara, que la respuesta era que no.

POINT. TO POINT FINGERS. Señalar, delatar.

POISON, A. s. En la jerga policial, policía que hace alegaciones falsas de otros policías.

POISON. s. Veneno.

POISON, TO. Envenenar. To poison someone. Envenenar a alguien. Poisoning has been a popular method of murder throughout History. El envenenamiento ha sido un método popular de matar a la gente a lo largo de la Historia.

POISON. TO ADMINISTER A POSISON. Envenenar.

POISON. TO LOOK LIKE POISON AT SOMEONE. Fulminar a alguien con la mirada.

POISONED CHALICE, A. s. Un regalo envenenado, un caramelo envenenado.

POISONED. TO BE POISONED BY A PUDDING. Ser envenenado por un pudín.

POISONED. HE TOOK A POISONED MEAL AND TWO HOURS LATER PASSED AWAY. Comió una comida envenenada y dos horas después falleció.

POISONING. FATAL POISONING. Envenenamiento mortal.

POKE, A. s. Araña, cartera.

POKE. TO TAKE A POKE AT SOMEONE. 1. Sacudirle un puñetazo a alguien. 2. Criticar, vituperar.

POKER FACE. Rostro impasible, cara de póquer.

POKEY, THE. s. Trena, talego, beri, trullo, cárcel.

POLAC. s. Accidente de circulación en el que se encuentra involucrado un coche policial.

POLE. TO SEND SOMEONE UP THE POLE. Volver a alguien majareta.

POLICE BASHING. Despotricar contra la policía.

POLICE CAR. Vehículo policial. An unmarked police car. Vehículo sin distintivos policiales.

POLICE CORPS. Cuerpo policial.

POLICE INQUIRY, A. s. Investigación policial.

POLICE INVESTIGATION, A. s. Investigación policial. To shelve a police investigation. Archivar una investigación policial. To reopen a police investigation. Reabrir una investigación policial.

POLICE, THE. s. La policía. The police turned up very promptly each time I reported a break in. Cada vez que denunciaba un allanamiento de morada a la policía, se presentaban inmediatamente.

POLICE CLOSED IN ON HIM, THE. La policía le estrechó el cerco.

POLICE DOG, A. s. Perro policía.

POLICE FORCE, THE. s. El Cuerpo de Policía. To be thrown out of the Police Force. Ser expulsado del Cuerpo de Policía.

POLICE. HEAVILY ARMED POLICE. Policía bien armada.

POLICE HELICOPTER, A. s. Helicóptero policial.

POLICE INSPECTOR. s. Comisario de policía. Chapa. An inspector calls. La visita del comisario de policía.

POLICEMAN. A LOW - RANKING POLICEMAN. Policía de poco rango.

POLICEMAN. A SECRETE POLICEMAN. s. Policía secreta.

POLICE OFFICER, A. s. Agente de policía.

POLICE ON FOOT. s. Policía de a pie.

POLICE OPERATION. Dispositivo policial.

POLICE RAID, A. s. Redada policial, copo. A dawn raid. Redada al amanecer.

POLICE REPORT. s. Atestado policial.

POLICE SHOOTINGS. Tiroteo de la policía.

POLICE SPOKESMAN, A. s. Portavoz de la policía.

POLICE STATION. s. Comisaría, casa grande. To be taken to the police station for questioning. Llevar a la comisaría para ser interrogado.

POLICE. TO BATTLE WITH POLICE. Enfrentarse a la policía.

POLICE SWOOP. Redada policial.

POLICE. TO SING TO THE POLICE. Delatar a alguien a la policía, chivarse de alguien a la policía, informar a la policía.

POLICEWOMAN. s. Mujer policía. A policewoman was shot in the head at a train station after a man grabbed her pistol and opened fire, injuring two bystanders. Una mujer policía recibió un disparo en la cabeza en una estación de tren, tras que un hombre arrebatara su arma y disparara, hiriendo a dos personas que se encontraban allí.

POLICING. VISIBLE POLICING. Policía de patrulla, las unidades policiales de primera línea.

POLIS, THE. s. La pasma, los maderos. En Escocia.

POLISH OFF, TO. Matar.

POLISHER, A. s. Lameculos, pelotillero, cobista, adulador.

POLL TOPPER, A. Peluca.

POMP. ALL OUR POMP THE EARTH COVERS. Hoy figura, mañana sepultura.

POMPOUS. Adj. Pedante, redicho.

PONCE. s. Proxeneta, barbó, chulo de putas, macarra. To be convicted as a ponce. Ser condenado por proxeneta.

PONCE - OFF SOMEONE, TO. Aprovecharse de alguien.

PONIARD. s. Puñal.

PONIARD, TO. v. Apuñalar.

PONTOON, A. s. En la jerga del hampa, una sentencia de 21 meses.

PONY, A. s. Veinticinco libras esterlinas.

PONY UP, TO. En la jerga de la delincuencia, apoquinar, soltar la pasta, soltar la mosca.

POODLE, A. s. Caniche. To be somebody's poodle. Ser el perro faldero de alguien.

POOL BALL, A. s. Bola de billar. He was jailed for an attack with a pool ball in a sock. Lo encarcelaron por una agresión con una bola de billar metida en un calcetín.

POOL CUE, A. s. Taco de billar. I got hammered over my head with a pool cue and went down on my knees. Me sacudieron con un taco de billar en la cabeza, y caí de rodillas.

POOR MAN'S COCAINE. s. Speed.

POOR SUFFER ALL THE WRONG, THE. Para los desgraciados se hizo la horca.

POP IT, TO. v. Espicharla, diñarla.

POP ONE'S CLOGS, TO. Palmarla, diñarla, espicharla, estirar la pata, pasar a mejor vida.

POP ONESELF, TO. Inyectarse droga, meterse un pico, darse un chute.

POP A WINDOW, TO. Práctica que consiste en romper una ventana, robar lo que sea y echarse a correr.

POP. TO TAKE A POP AT SOMEONE. 1. Sacudirle un puñetazo a alguien. 2. Insultar a alguien.

POPPY. s. Dinero, guita.

POPULAR. TO BE AS POPULAR AS A WHEEL CLAMP. Ser tan reputado como un inmovilizador de coches. Ser tan reputado como un banquero en un desahucio.

PORKIES. s. Mentiras. To tell porkies. Contar mentiras.

PORKY - PIE, A. s. Mentira, trola.

PORN. s. Pornografía. Hard core porn. Pornografía en estado puro.

PORNOGRAPHY ONLINE. s. Pornografía en Internet.

PORRIDGE. TO DO A PORRIDGE. Cumplir una sentencia en el talego. Harry is doing a porridge for fraud. Harry está cumpliendo una condena por fraude. Or do one's porridge. Cumplir condena.

POSER, A. s. Fantasmón.

POST - MORTEM, A. s. Autopsia. To carry out a postmortem. Hacer una autopsia. To do the post - mortem on somebody. Hacerle la autopsy a alguien. The post - mortem examination revealed that Joan had been strangled. La autopsia reveló que Joan había sido estrangulada. A post - mortem examination will take place to determine the cause of death. Se va a hacer la autopsia para determinar la causa de la muerte. A post - mortem examination revealed that the man died from multiple stab wounds. La autopsia reveló que el hombre había muerto de las numerosas heridas que le había causado el apuñalamiento.

POSTER. s. Cartel. A poster appealing for information about someone pinned to a tree. Cartel sujetado a un árbol con un alfiler en el que se pide información acerca de alguien.

POT. s. Marihuana. The minister is dying to say that he smoked pot in the sixties but didn´t like it and is now wholly anti - drugs. El ministro, se moría por decir, que en la década de los años sesenta, fumó marihuana, pero no le gustó, y ahora está completamente contra las drogas.

POT HEAD, A. s. Fumador de cannabis.

POTSHOT. TO TAKE A POTSHOT AT SOMEONE. Pegarle de pronto un tiro a alguien.

POTTY MOUTH. TO HAVE A POTTY MOUTH. Ser un malhablado, grosero, deslenguado, desvergonzado.

POT VALOUR. Valentía inducida por la bebida.

POUND OF FLESH. TO HAVE ONE´S POUND OF FLESH. Exigir que le paguen a uno lo que le deben, sin perdonar ni un céntimo.

POVERTY. s. Pobreza. The criminalization of poverty. La criminilización de la pobreza.

POWDER FLAKES. s. En la jerga del mundo de la droga, cocaína.

POWDER ONE´S NOSE, TO. Meterse una raya de cocaína. Rose popped off to the toilets to powder her nose. Rose se fue al aseo a meterse una raya de cocaína.

POUND. TO DO A POUND. Cumplir una sentencia de cinco años.

POVERTY - STRICKEN DUMP FULL OF HARLOTS, A. Un lugar muy desagradable donde pululan las rameras.

POWDER COCAINE USE. Uso de cocaína en polvo.

POWDER OF DIAMONDS. s. Antiguamente, vidrio molido muy fino, que se mezclaba con veneno para que la víctima sufriera más.

POWER DRESSING. Vestir elegante para impresionar o para sentirse superior a los demás.

PRACTICES. HARMFUL PRACTICES. Prácticas nocivas.

PRACTICE WHAT ONE PREACHES, TO. Predicar con el ejemplo.

PRANK PHONE CALL, A. Una broma pesada por teléfono, una quintada por teléfono.

PRECAUTIONARY MEASURE. Medida cautelar.

PREDATOR. A PREDATOR PAEDOPHILE. Pederasta depredador.

PREDATOR. A SEX PREDATOR. Depredador sexual. A high-profile sex predator. Depredador sexual destacado.

PREDATORY ANIMAL. s. Depredador. To behave like a predatory animal. Comportarse como un depredador.

PREDATORY SEX ATTACKER, A. s. Depredador sexual.

PREMONITION. s. Presentimiento.

PREROGATIVE OF MERCY. s. Prerrogativa de indulto.

PRESIDENT OF THE QUEEN´S BENCH DIVISION, THE. Presidente de la Sala Civil.

PRESS. s. Prensa. To be dogged by the press. Ser acosado por la prensa.

PRESS GANG SOMEONE, TO. Forzar a alguien a hacer algo.

PREVARICATION. s. Evasivas.

PREVIOUS. TO HAVE A PREVIOUS. Tener antecedentes penales.

PRICE. s. Precio. Una recompensa por alguien.

PRICE. TO PAY THE ULTIMATE PRICE. Dar la vida.

PRIDE GOES BEFORE A FALL. Antes del quebrantamiento es la soberbia. Y antes de la caída la altivez de espíritu.

PRIME, TO. v. Cebar. To prime a gun. Cebar un arma.

PRIME SNIFF. s. En la jerga del mundo de la droga, cocaína de muy buena calidad.

PRINCE OF DARKNESS, THE. s. El príncipe de las tinieblas.

PRINCIPAL. s. Autor. The principal of a crime. El autor de un delito.

PRINCIPAL SUSPECT. s. Sospechoso principal.

PRIES. HE THAT PRIES INTO EVERY CLOUD, MAY BE STRICKEN WITH THUNDERBOLT. Muchas veces, el que escarba, lo que no quiere halla. Escarbó el gallo y descubrió el cuchillo para matarlo.

PRIORITY SHOUT, A. Llamada por radio que hace un coche de policía para solicitar ayuda urgente

PRISON. Cárcel, trullo, trena, abanico, talego, beri. To chuck someone in prison. Meter a alguien en la cárcel. To end up in prison. Acabar entre rajas, acabar con los huesos en la cárcel. To rot in prison. Pudrirse en la trena. To languish in prison. Pudrirse en la cárcel. A notorious prison. Una cárcel tristemente célebre. The killer will spend the rest of his life in prison. El asesino pasará el resto de su vida en la cárcel. An open prison regime. Cárcel en régimen abierto. To be released from prison. Poner en libertad.

PRISON BREAK. Fuga de prisión.

PRISON FODDER. s. Carne de presidio.

PRISON GOVERNOR, A. s. Director de una prisión.

PRISON. A HIGH SECURITY PRISON. Cárcel de máxima seguridad.

PRISON LINGO. s. La jerga de las prisiones, la jerga taleguera.

PRISON SLANG. s. El argot de las prisiones.

PRISON. A SPELL IN PRISON. Una temporada en chirona.

PRISON SYSTEM, THE. s. El Sistema penitenciario.

PRISON. A TOP SECURITY PRISON. Cárcel de máxima seguridad.

PRISON. Cárcel. To die in prison. Morir en la cárcel.

PRISON. TO SERVE PRISON FOR DRUGS OFFENCES. Cumplir sentencia por delitos de drogas.

PRISONER OF CONSCIENCE, A. s. Preso de conciencia.

PRISONER. AN UNCONVICTED PRISONER. Preso en espera de juicio.

PRIVACY. s. Intimidad. To breach somebody´s privacy. Vulnerar la intimidad de alguien. The right to privacy. El derecho a la intimidad.

PRIVATE DICK. s. Detective privado.

PRIVATE EYE. s. Detective privado.

PRIVATE INVESTIGATOR, A. s. Detective privado.

PRIVY. TO BE PRIVY TO. Estar en el secreto, tener conocimiento de. I am privy to top - secret information, I know more than I can say. Tengo conocimiento de información sumamente secreta - sé más de lo que puedo revelar.

PRO. s. Dícese de la gente que apoya a la policía.

PROBATION OFFICER, A. s. Oficial probatorio.

PROBATION. ON PROBATION. Estar en libertad condicional a prueba. Statistics show that people on probation were convicted of 98 murders in the last two years. Las estadísticas muestran, que las personas que se encontraban en libertad condicional a prueba fueron condenadas en los dos últimos años por los 98 asesinatos que cometieron. Dan is working in the kitchen under the terms of his probation and needs to keep his nose clean to stay out of jail. Dan trabaja en la cocina, de conformidad con los términos que estipulan la libertad condicional a prueba, y tiene que portarse bien para no volver otra vez a la trena.

PROBE, A. s. Investigación. A police probe. Investigación policial.

PROBITY. s. Integridad, honradez.

PROBLEM, A. s. En el mundo del hampa, persona que crea problemas a una banda de malhechores.

PROCEEDS OF A BANK ROBBERY, THE. El botín de un atraco, lo bailado.

PROCEEDS OF CRIME ACTS, THE. s. Bienes mal adquiridos. Bienes adquiridos ilícitamente. The proceeds of organised crime. Los bienes adquiridos ilícitamente por la delincuencia organizada.

PROCURE. TO PROCURE UNDER AGE GIRLS. Proveer chicas menores de edad para fines sexuales.

PROCURER. s. Proxeneta, chulo, tratante de blancas. A procurer of young women for gentlemen in high places. Proxeneta que provee jovencitas para altos cargos del Gobierno.

PROCURESS. s. Madame, Celestina.

PROFESSIONAL AND LEGAL ADVICE. Asesoramiento profesional y juridico.

PROFITEER. s. Especulador.

PROFITEERING. Especulación.

PROFILE. TO KEEP A LOW PROFILE. Adoptar una actitud discreta. Tratar de pasar desapercibido.

PROFILING TECHNIQUE. Técnicas descriptivas.

PROMISE. A HOLLOW PROMISE. Promesa que no se cumple.

PROMISE. ON A PROMISE. En la jerga del hampa, esperar dinero a cambio de información.

PROOF. s. Prueba. The burden of proof. La carga de la prueba.

PROPERTY CRIME. s. Delitos contra la propiedad.

PROPERTY DEVELOPER. Promotor inmobiliario. A shady property developer. Promotor inmobiliario de poco fiar.

PROPHET OF DOOM. Profeta del apocalipsis

PROSECUTION. A PRIVATE PROSECUTION. Querella.

PROSECUTING MAGISTRATE, A. s. Fiscal.

PROSTITUTE. s. Prostituta, trabajadora del gremio del chichi, mujer que se gana la vida entre sábanas. Prostitutes used to do nightly sentry duty on the street corners of the city. Las prostitutas solían hacer guardia en las esquinas de las calles de la ciudad.

PROSTITUTION. TO LIVE ON THE EARNINGS OF PROSTITUTION. Vivir de la prostitución. Vivir de ingresos inmorales.

PROSTITUTION. PERVASIVE PROSTITUTION. Prostitución generalizada.

PROTECTION. s. Protección. High level of protection. Nivel de protección elevado. To ask for police protection. Solicitar protección policial.

PROTECTION MONEY. TO PAY PROTECTION MONEY. Pagar impuesto de protección.

PROTECTION. PAYMENT OF PROTECTION. Impuesto de protección.

PROTECTION RACKET, A. s. Una extorsión de dinero. Chantaje que hace una banda a alguien.

PROWLER. s. Maleante, transgresor.

PRY, TO. v. Fisgonear, indagar, husmear, entrometerse.

P's and Q's. To mind one's P's and Q's. Tener cuidado con lo que se dice o hace uno.

PSYCHOTIC EPISODE, A. s. Un brote psicótico.

PUB GOSSIP. Rumores de café.

PUB CRAWLER, A. s. Borrachín, un tío más borracho que los mosquitos.

PUB CRAWLING. TO GO PUB CRAWLING. Ir de borrachera de bar en bar. Hacer la ruta etílica. To go on a pub crawl. Ir de borrachera de bar en bar. We are going pub crawling, are you coming? Nos vamos de borrachera, ¿te vienes? A well lubricated pub - crawl. Ir de bar en bar y ponerse ciego de beber.

PUBLIC DISORDER. Disturbios, alteración del orden público. To get an on the spot fine for a public disorder offence. Ser multado en el acto por alterar el orden público. Alcohol fuelled disorder. Alteración del orden público inducido por el alcohol.

PUBLIC DRUNKENNES. Embriaguez en un lugar público. En la vía pública. To give someone on - the spot fine for public drunkenness. Multar a alguien en el acto por embriaguez en la vía pública.

PUBLIC NUISANCE. s. Alteración del orden público. Delito contra la salud pública. To be held on suspicion of conspiring to cause a public nuisance. Ser detenido como sospechoso de conspirar para provocar un delito contra la salud pública.

PUBLIC ORDER ACT, THE. s. La Ley de Orden Público.

PUBLIC ORDER OFFENCES. TO BE CHARGED WITH PUBLIC ORDER OFFENCES. Ser acusado de alterar el orden público.

PUBLIC PROSECUTOR. Fiscal.

PUBLIC REVENUE. s. Erario Público, Hacienda. To cheat the Public Revenue. Evadir impuestos.

PUBLICITY. THERE IS NOT SUCH A THING AS BAD PUBLICITY. La publicidad nunca es mala.

PUFF. s. Cannabis.

PUFF, TO. v. Fumar cannabis.

PULL A STROKE, TO. Llevar a cabo con éxito un acto delictivo.

PULL IN, TO. Detener.

PULL TO PULL ONESELF TOGETHER. Tranquilizarse.

PULL OVER. HE GOT PULLED OVER BY THE POLICE ON THE MOTORWAY FOR SPEEDING. La policía le paró en la autopista por exceso de velocidad.

PULL SOMEONE, TO. v. Detener a alguien.

PULL UP THE MANHOLE COVER AND HAVE A DRAINS UP. Investigar a fondo.

PULL THE OTHER ONE! (It got bells on) ¡Que te lo crees tú! ¡A otro perro con ese hueso! I am getting married to Sarah! Pull the other one! I don´t believe she is that mad! ¡Me voy a casar con Sarah! ¡Eso no te lo crees ni tú! ¡No creo que Sarah esté tan loca! On the way to the meeting point, I passed a movie poster and convinced myself that I looked not unlike Catherine Zeta Jones. Now pull the other one! De camino hacia el lugar de la reunión, pasé por un cartel de cine, y me convencí de que me parecía a, Catherine Zeta Jones. ¡Y qué más!

PULP FICTION. Literatura barata, literatura de poca monta.

PULP. TO BEAT SOMEONE TO A PULP. Moler a alguien a palos. It is very hard to watch a friend being beaten up to a pulp. Es muy penoso ver como muelen a un amigo a palos.

PULSE. TO KEEP ONE'S FINGER ON THE PULSE. Estar al tanto, estar informado.

PUMMEL THE LIVING DAYLIGHTS OUT OF SOMEONE, TO. Sacudirle una soberana paliza a alguien.

PUMP. TO PUMP FOR INFORMATION. Sonsacar información.

PUNCH. s. Puñetazo. To throw a punch at someone. Propinarle un puñetazo a alguien. To trade punches. Intercambiar puñetazos. I took a punch in the side of the head followed by a few more for good measure. Encajé un puñetazó en un lado de la cabeza, seguido de algunos más, para que no me fuera cojo. To be killed by a single punch. Morir como consecuencia de un puñetazo. To swing punches. Sacudir puñetazos a diestro y siniestro.

PUNCH THE LIGHTS OUT OF SOMEONE, TO. Tumbar a alguien de un puñetazo.

PUNCH - UP, A. s. Pelea. To get involved in a punch - up. Mezclarse en una pelea. A bare - knuckle punch - up. Una pelea a puñetazo limpio. There was a bare - knuckle punch - up outside the pub last night. Anoche, hubo una pelea a puñetazo limpio en la puerta del bar. Heavy drinking and punch - ups. Borracheras y peleas.

PUNCH UP MERCHAT, A. s. Matón, valentón, matasiete, bravucón.

PUNCHES. A VOLLEY OF PUNCHES. Una Lluvia de puñetazos.

PUNCHED. THE MAN PUNCHED HIS FRIEND A RIGHT TO HIS LEFT JAW SO HARD HE FLEW OUT THROUGH THE PUB DOOR. El hombre le sacudió un derechazo a su amigo tan fuerte en la mejilla izquierda, que salió volando por la puerta a la calle

PUNCHES. TO PULL ONE´S PUNCHES. Actuar con moderación.

PUNISH SEVERELY, TO. Castigar con severidad.

PUNISHMENT. s. Pena, castigo. An exceptional punishment. Una pena excepcional.

PUNISHMENT FITS THE CRIME, THE. El castigo proporcional al delito. El castigo a de estar a la altura del delito.

PUNISHMENT POSTING. En la jerga policial, traslado de un policía a otra comisaría, por haber hecho alguna trastada.

PUNTER, A. s. Cabrito, el cliente de una prostituta.

PUNTING. En la jerga policial, dedicarse a la prostitución.

PUP. TO SELL SOMEONE A PUP. Timar a alguien, engañar, estafar, dar gato por liebre, pegársela a alguien, dar la castaña. Venderle la mula ciega a alguien, dar el pego. To be sold a pup. Ser estafado.

PUPPET MASTER. s. Maestro titiritero.

PURPLE HEARTS. s. Pastillas de anfetaminas.

PURSE. s. Monedero. He stole money out of his wife´s purse. Le robó a su mujer dinero del monedero.

PUSH COMES TO SHOVE. WHEN PUSH COMES TO SHOVE. Si la cosa se pone fea, si la cosa se tercia mal. If push comes to shove, we will have to sell the car. En último recurso, tendremos que vender el coche.

PUSH OFF! ¡Vete a freír espárragos! Push off, will you - and leave me in peace! ¿Por qué no te vas a freír espárragos y me dejas en paz?

PUSH THE ENVELOPE, TO. Arriesgarse a hacer algo.

PUSH, TO. s. En la jerga del mundo de la droga, vender droga.

PUSH ABOUT, TO. v. Hacer circular rumores.

PUSH IT, TO. Propasarse.

PUSH OFF! ¡Largo de aquí!

PUSH - OVER. TO BE A PUSH - OVER. 1. Persona que es fácil de manipular. Incauto, inocente y falto de malicia, pichón, pringao, crédulo, iluso, ingenuo, panoli. 2. Algo fácil de hacer, ser pan comido. The gang thought the robbery would be a push - over. La banda pensó que el atraco sería pan comido.

PUSH ONE´S LUCK, TO. Tentar a la suerte.

PUSH THE ENVELOPE, TO. Arriesgarse a hacer algo.

PUSHER, A. s. Camello, vendedor de droga.

PUSSY - WHIPPED. Adj. Dominado por la mujer. Calzonazos.

PUT AWAY, TO. v. 1. Encarcelar. To be put away for quite some time. Recibir una severa sentencia. 2. Liquidar a alguien.

PUT SOMEONE DOWN, TO. Atacar verbalmente, difamar, vituperar, censurar, criticar, tirar por los suelos, desacreditar, cubrir de fango, arrastrar por el fango.

PUT ONE ON SOMEONE, TO. Sacudirle una guantada a alguien.

PUT ONE´S HANDS UP, TO. En la jerga de la delincuencia, confesarse como el autor de un delito.

PUT SALT ON SOMEBODY´S TAIL, TO. Atrapar a alguien, detener a alguien. The police put salt on the robber´s tail. La policía atrapó al ladrón.

PUT SOMEONE AWAY, TO. 1. En la jerga del hampa, liquidar a alguien. 2. Encarcelar a alguien. The hit man put the politician away. El sicario se cargó al político. The police put the burglar away in a cell. La policía metió al ladrón en una celda.

PUT THE BLACK ON SOMEONE, TO. Chantajear a alguien.

PUT THE BOOT IN, TO. Patear a alguien cuando ya está en el suelo.

PUT UP. TO HAVE TO PUT UP WITH SOMEONE. Tener que aguantar a alguien.

PUT UP OR SHUT UP. Demostrar algo con hechos o quedarse callado.

PUT SOMEONE WISE, TO. Poner a alguien al corriente. Informar.

PYROMANIAC. s. Pirómano.

Q

QUARREL. s. Pelea, discusión. A violent quarrel. Una discusión violenta.

QUARRELSOME. Montalíos, buscapleitos.

QUEEN OF CRIME, THE. s. Agatha Christie, (1891 - 1976). La reina de la novela negra.

QUEEN OF SPADES, A. s. Mujer que ha enviudado varias veces. Mujer que ha enterrado a muchos maridos.

QUEEN'S EVIDENCE. TO TURN QUEEN'S EVIDENCE. Inculpado que delata a sus cómplices, a cambio de una condena más corta o la absolución total. He would not be bullied into turning Queen's evidence and incriminating others. No se dejaría intimidar para incriminar a otros.

QUEER - BASHING. Despotricar contra homosexuales.

QUEER STREET. TO BE IN QUEER STREET. Andar peor de dinero que de rodillas, estar más tieso que una birla, estar más tieso que la mojama, pasar penurias. Estar en un aprieto, tener algún problema, estar entre la espada y la pared. I have been in queer street since las week. Estoy sin blanca desde la semana pasada.

QUESTION. s. Pregunta. A policeman has been asking questions about you. Ha estado un policía aquí haciendo preguntas acerca de tí.

QUESTION A SUSPECT, TO. Interrogar a un sospechoso.

QUESTION. ASK ME NO QUESTIONS AND I WILL TELL YOU NO LIES. No seas preguntón.

QUESTIONED. TO BE QUESTIONED AS A WITNESS. Ser interrogado como testigo.

QUESTION. TO BE QUESTIONED BY THE POLICE. Ser interrogado por la policía.

QUEUE. TO JUMP THE QUEUE. Colarse en la fila.

QUIET. ON THE QUIET. En secreto.

QUITTER. s. Rajado, blando, que tira la toalla en seguida, desertor, cobarde, persona que es fácil de amedrantar.

QUICK. TO BE ON THE QUICK. Robar.

QUITS. TO CALL IT QUITS. Desistir de un empeño. Abandonar.

QUIZ SOMEONE, TO. v. Interrogar. To be quizzed by the police. Ser interrogado por la policía.

QUOD, THE. s. Trena, beri, angustia, talego, trullo. He is in the quod for armed robbery. Está entre rajas por robo a mano armada.

R

RABBIT. TO BE AS JUMPY AS A RABBIT. Estar muerto de miedo. Estar muy nervioso.

RABBIT. TO DO A RABBIT. Poner tierra de por medio, poner pies en polvorosa, pirárselas, abrirse, desaparecer, escurrir el bulto, coger las de Villadiego.

RACE HATE CRIMES. Delitos de odio racistas.

RACES. TO BE AT THE RACES. Hacer la calle, ejercer la prostitución.

RACIAL DISCRIMINATION IS ENDEMIC. La discriminación racial es endémica.

RACIAL REMARK, A. Comentario racista.

RACIAL SLUR, A. Insulto racista.

RACIALLY MOTIVATED ATTACK, A. Ataque motivado por el racismo. To be found guilty of racially abusing someone. Ser declarado culpable de proferir insultos raciales a alguien.

RACIALLY MOTIVATED CRIMES. Delitos motivados por el racismo.

RACISM. TO PANDER TO RACISM. Consentir el racismo.

RACISM. VIOLENT RACISM. Racismo violento. Institutionalized racism. Racismo isntitucionalizado.

RACISM AND HATE CRIME. Racismo y delitos de odio. A rise of racism and hate crime. Aumento del racismo y delitos de odio.

RACIST. AN OUT - AND - OUT RACIST. Un racista de tomo y lomo.

RACIST CHANTING. Insultos racistas.

RACIST GANG, A. s. Banda racista.

RACIST GRAFFITI. s. Pintadas racistas.

RACIST KILLING. Asesinato racista.

RACIST LANGUAGE. TO USE ABUSIVE RACIST LANGUAGE. Proferir insultos racistas. To use racist and offensive language. Utilizar un lenguaje racista y ofensivo.

RACIST OFFENCE, A. Una ofensa racista.

RACIST. A RACIST THUG. Matón racista.

RACIST SCOURGE, THE. El azote del racismo.

RACK. TO PUT SOMEONE ON THE RACK. Torturar.

RACKED BY. Conmocionado por.

RACKET, A. s. Organización delictiva, delincuencia organizada. A protection racket. Extorsión.

RACKETEER, A. s. Delincuente, extorsionista, malhechor.

RACKETEERING. s. Bandolerismo, bandidaje, extorsión. To be convicted of racketeering and fraud. Ser condenado por extorsión y fraude. To go to prison for racketeering. Ir la cárcel por bandidaje.

RACKETY LIFE, A. Vida delictiva.

RADS, THE. s. Policía, bofia, maderos, pasma.

RAG, A. s. Periodicucho, periódico despreciable. A gutter rag. Periódico carroñero.

RAG. TO LOSE ONE´S RAG. Perder los estribos.

RAGE. AEROPLANE RAGE. Gamberrismo y violencia que tiene lugar en los aviones de pasajeros. Generalmente, lo provocan personas que van bebidas.

RAGE. BUS - STOP QUEUE RAGE. Violencia en la parada del autobús.

RAGE. SUPERMARKET - TROLLEY RAGE. Trifulca que montan los compradores por causa de los carritos.

RAGE. TO GO INTO A BLACK RAGE. Ponerse como una fiera.

RAGTAG AND BOBTAIL. s. La chusma, las masas.

RAID. A DAWN RAID. s. Redada al amanecer.

RAID. A POLICE RAID. s. Redada policial.

RAID. TO RAID A BANK. Atracar un banco, hacer un coba, hacerse un banco

RAID A SHOP, TO. Atracar una tienda. An attempted raid. Atraco frustrado.

RAID. A POLICE RAID AGAINST ORGANIZED CRIME. Redada policial contra la delincuencia organizada.

RAIDER. s. Atracador. A knife - wielding raider. Atracador empuñando un cuchillo.

RAILS. TO GO OFF THE RAILS. 1. Ponerse ligeramente majareta. 2. Desmadrarse. He has gone off the rails and ended up in prison. Se ha desmadrado y acabado en chirona.

RAISE CAIN, TO. Armar las de Caín.

RAMBOID, A. s. Persona violenta.

RAM RAID, A. s. Alunizaje. Práctica que consiste en romper el escaparate de un comercio con un coche para robar. A bunch of arseholes stole a bulldozer from a building site and tried a ram - raid on a cash machine. Brought half the fucking bank down on themselves and were killed on the spot. Una cuadrilla de cipotes robó una excavadora de una obra, y la empotraron en un cajero automático. Se les vino la mitad del jodido banco encima matándolos en el acto. The jewellery store in central London was left littered with glass after being ram - raided. Una joyería, en el centro de Londres, quedó llena de casquetes de vidrio tras utilizar el método del alunizaje para atracarla.

RAM RAIDER, A. s. Alunicero. Persona que utiliza un vehículo para romper el escaparate de un comercio para entrar a robar.

RAMMING. Adj. Acción de alucinar.

RAMP, A. s. 1. Un registro. 2. Una estafa.

R 18 FILMS. s. Películas para mayores de 18 años.

RAMPAGE KILLING. Recorrer un lugar matando a todos que pillan por delante.

RAMPAGE. TO GO ON THE RAMPAGE. Desmadrarse. The fans went on the rampage through the town, breaking windows and scuffling with the police. Los hinchas se desmadraron por la ciudad, rompiendo ventanas y enfrentándose a la policía.

RAMPAGE. GUNMAN GOES ON RAMPAGE THEN TAKES HIS OWN LIFE. Un pistolero hace una matanza, y después se quita la vida.

RAMPAGE. A SHOTGUN RAMPAGE. Provocar una matanza con una escopeta de caza.

RAMPAGE. THE THUGS WENT ON THE RAMPAGE. Los gamberros se desmadraron.

RANDOM ATTACK, A. Una agresión al azar.

RANK, TO. v. Traicionar.

RANK AND FILE, THE. s. En la jerga policial, la policía que va de patrulla por las calles.

RANSACK, TO. v. 1. Poner un sitio patas arriba, registrar de arriba abajo. The spy ransacked the flat looking for documents. El espía puso el piso patas arriba buscando ducumentos. 2. Saquear. The burglars ransacked the house. They took all the jewels. Los ladrones saquearon la casa. Se llevaron todas las joyas.

RANSOM. TO HOLD SOMEONE TO RANSOM. Tener a alguien secuestrado, y pedir dinero por su liberación.

RANT AT, TO. Despotricar, echar pestes. James has been arrested after a drunken rant at police. Han detenido a James por despotricar contra la policía estando ebrio.

RAP. s. Acusación. To be done on a robbery rap. Encarcelado por una acusación de robo.

RAP. A BUM RAP. Acusación falsa.

RAP SHEET. s. Antecedentes penales.

RAP. TO BEAT THE RAP. Ser absuelto.

RAP. TO GIVE SOMEONE A RAP ON THE KNUCKLES. Echarle a alguien una buena bronca.

RAP. TO TAKE THE RAP FOR SOMETHING. Llevarse las culpas, comerse un marrón.

RAPE, A. s. Violación. Allegation of rape. Denuncia de violo. He is accused of rape. Está acusado de violación. To be convicted of rape. Declarado culpable de violación. To be accused of raping one woman and sexually molesting and coercing another. Ser imputado de violar a una mujer y abusar sexualmente y forzar a otra. She was raped and strangled. La violaron y después la estrangularon. Gang - rape. Violación en grupo.

RAPE. A WOMAN WHO CRIED RAPE AGAINST HER EX - BOYFRIEND ESCAPED JAIL YESTERDAY. SHE WAS GIVEN A 12 - WEEK SUSPENDED JAIL TERM AND TOLD TO PAY 95 POUNDS FOR WASTING

POLICE TIME. Ayer, una mujer quien acusó a su ex novio de violarla se libró de la cárcel. Le impusieron una sentencia condicional de 12 semanas, y una multa de 95 libras por hacer perder el tiempo a la policía.

RAPE. TO BE CHARGED WITH ATTEMPTED RAPE. Ser acusado de violación frustrada.

RAPE. TO DROP RAPE CHARGES. Retirar cargos de violo.

RAPE. TO FORCIBLY RAPE A WOMAN. Violar a una mujer por la fuerza.

RAPED. TO GET RAPED. Ser violada.

RAPIST, A. s. A serial rapist. Violador en serie. A child rapist. Violador de niños. A self - confessed rapist. Violador confeso.

RASCAL. s. Granuja, pícaro, bribón, tunante.

RASH. TO BE OVER SOMEONE LIKE A GHASTLY RASH. No dejar a alguien un instante en paz. Estar encima de alguien constantemente. No dejar a alguien ni a sol ni sombra.

RAT. s. Defraudador. Rat on a rat. Delata a un defraudador.

RAT, A. s. Traidor, soplón, chivato.

RATHOLE, A. s. Lugar inmundo. Tugurio.

RAT, TO. v. Revelar información comprometida.

RAT ON SOMEONE, TO. Delatar, chivarse de alguien. My friend rat on the police that my driving licence had expired. Mi amigo le contó a la policía que mi permiso de conducción estaba caducado.

RAT OUT, TO. v. Traicionar, abandonar.

RAT RACE, THE. Competencia encarnizada entre humanos para disputarse el trabajo, la riqueza, etc. a fin de triunfar en la vida. In the company where I work it is just a rat race, with everyone working his head off, trying to get ahead of everyone else. En la empresa donde trabajo, no hay más que una lucha, entre uno contra todos y todos contra uno. Todo quisque trabaja como un loco para tratar de adelantarse a los demás.

RAT. TO SMELL A RAT. Haber gato encerrado, oler a chamusquina. Sospechar.

RAT - STINKING BASTARD, A. s. Un borde de mierda.

RATTLING. En la jerga del mundo de la droga, bajonazo, síndrome de abstinencia.

RAVE. AN ILLEGAL RAVE. Fiesta ilegal donde se le pega a todo

RAZOR, A. s. Navaja de afeitar. To carve somebody´s face with a razor. Rajarle a alguien la cara con una navaja de afeitar. En el pasado era costumbre de saldar cuentas de esta manera.

RAZOR WIRE CONCERTINA. Alambre con cuchillas en forma de acordeón. Concertinas.

READY - EYE, A. s. En la jerga de la delincuencia, cuando la policía sabe que se va a cometer un atraco, y está esperando ya a los atracadores en el lugar donde se va a cometer dicho atraco.

READY, TO v. Sobornar.

REASONABLE CERTAINTY. Con bastante exactitud, con cierta exactitud.

RECANT. TO. v. Retractarse, desdecirse, echarse atrás.

RECEEIVER. RECEIVER OF STOLEN GOODS. Perista, jalador, poleo, rosero.

RECEIVER. THE RECEIVER IS AS BAD AS THE THIEF. Tan ladrón es el que roba, como el que apara.

RECIDIVIST. s. Reincidente, agraviador.

RECOIL. s. Retroceso. The recoil of a gun. El retroceso de una pistola.

RECOILESS GUN, A. Una pistola sin retroceso.

RECKLESS CYCLING. Andar en bicicleta por la acera, y llevarse a todo el mundo por delante.

RECKLESS HOMICIDE. Homicidio imprudente.

RECORD. A SQUEAKY-CLEAN RECORD. Informe limpísimo.

RECORD. FOR THE RECORD. Que conste.

TO BE ON THE RECORD. Constar.

RECORD. TO SET THE RECORD STRAIGHT. Poner las cosas en su sitio.

RECORDS. POLICE RECORDS. s. Informes policiales.

RECORDS. SINCE RECORDS BEGAN. Desde que hay registros.

RED - HANDED. TO BE CAUGHT RED - HANDED. Pillar a alguien con las manos en la masa.

RED HERRING, A. s. Pista falsa. The chief of police has been suspended after a massive murder hunt proved to be a red herring. El comisario jefe de policía ha sido apartado temporalmente del cargo, al descubrirse que una investigación descomunal de un asesinato ha resultado ser una pista falsa.

RED IN TOOTH AND CLAW. s. Sanguinario, despiadado.

RED LIGHT DISTRICT, THE. s. El barrio chino. To live on the fringes of the town's red - light district. Vivir en la periferia del barrio chino de la ciudad.

RED LIGHT. TO RUN A RED LIGHT. Saltarse un semáforo en rojo.

RED LIGHT. TO JUMP A RED LIGHT. Saltarse un semáforo en rojo.

RED. TO SEE RED. Enojarse, cabrearse. Ponerse como una fiera.

REDRESS, TO. v. Reparar, remediar, compensar. To air one's grievances. Manifestar uno sus agravios. To redress grievances. Reparar agravios.

REEDIMING FEATURE, A. Algo que compensa por algo que está mal.

REEFER. s. Marihuana.

REFRESH SOMEBODY'S MEMORY, TO. Refrescarle la memoria a alguien. Amenazar a alguien si no responde a las preguntas que se le hacen.

REGINA, A. s. Vocablo que se utiliza cuando la víctima de un delito es la Corona.

REIN. TO KEEP A TIGHT REIN ON SOME-ONE/SOMETHING. Controlar a alguien/algo. Atar corto, limitar la libertad de acción de alguien.

RELATIONSHIP. A LONG-TERM RELATIONSHIP. Estar casado por detrás de la Iglesia, estar amancebado.

RELATIONSHIP. AN ON - AND - OFF RELATIONSHIP. Una relación amor - odio.

RELATIVE. Pariente. To lose a relative to violence. Perder a un pariente debido a la violencia.

RELIEVE SOMEONE OF SOMETHING, TO. Encontrarse uno algo antes de que lo pierda el amo. Robar a alguien.

RELIGIOUS HATRED. Odio e intolerancia religiosa.

RELIGIOUS HATE CRIMES. Delitos de odio por razón de religión y de creencias.

REMAINS. s. Restos. Police found a woman's remains in the attic of an empty house. La policía encontró los restos de una mujer en la buhardilla de una casa deshabitada.

REMAND INMATE. s. Preso preventivo.

REMANDED. TO BE REMANDED IN CUSTODY. En prisión preventiva. To be on remand for drug dealing. Estar en prisión preventiva por tráfico de drogas.

REMARK. s. Comentario. To make a string of homophobic and racist remarks. Hacer una serie de comentarios homófobos y racistas. To make a sneering and snobbish remark. Hacer un comentario pijo. To make injudicious remarks. Hacer comentarios imprudentes.

REMOVE SOMEONE, TO. Eliminar a alguien, liquidar a alguien, limpiarle el forro a alguien.

RENDEZVOUS. s. Encuentro. A secret rendezvous under the cover of darkness. Un encuentro secreto amparado en la oscuridad de la noche.

RENEGADE, A. s. Renegado.

RENTACOP. s. Guarda jurado de alquiler.

RE - OFFEND, TO. v. Reincidir.

REPORT, TO. v. Denunciar. To report someone to the police. Denunciar a alguien a la policía.

REPORTER. UNDERCOVER REPORTER. Reportero encubierto.

REPRIEVE SOMEONE, TO. v. Indultar a alguien.

REPROVE. TO. v. Reprender.

REPTILE, A. s. Un tipo de poco fiar.

REPTILE, A. s. Ratero que roba en las playas, aprovechando cuando los enamorados están muy ocupados. Su momento preferido suele ser al atardecer. Se arrastran hasta llegar donde está el botín.

REPUTATION DAMAGE. Daños a la reputación de uno.

REPUTATION. TO HAVE A BAD REPUTATION. Tener mala fama.

REPUTATION. TO LIVE UP TO ONE'S REPUTATION. Estar a la altura de la reputación que tiene uno.

REPUTATION. A TATTERED REPUTATION. Una reputación en ruinas.

RESIST ARREST, TO. Resistirse a ser detenido.

RESPONSIBILITY. TO PLEAD DIMINISHED RESPONSIBILITY. Alegar responsabilidad atenuada.

RETAIL THEFT. Hurtos en comercios.

REVENGE. s. Venganza. To be bent on revenge. Estar empeñado en vengarse. To take revenge on someone. Vengarse de alguien. Revenge is a strong motive. La venganza es un motivo poderoso.

REVENGE IS A DISH BEST SERVED COLD. La venganza es un plato que se sirve frío.

REVENGE IS SWEET. La venganza es sabrosa.

REVOLVER. s. Revólver, el defensor del pueblo. Sam took out his revolver and cocked it. Sam, sacó el revólver y lo montó. To come to someone with a loaded revolver. Irle a uno con un revólver cargado.

REVOLVER. s. Revólver. To break a revólver. Abrir un revólver.

REWARD, A. s. Recompensa. A £10,000 reward was being offered for information leading to the arrest of the killer. Se ofrecía una recompensa, de 10.000 libras, a quien aportara información que diera con la detención del asesino.

RHINO. s. Pasta, guita, dinero, parné.

RIB. s. Costilla. The attacker broke the victim's ribs with punches and kicks. El agresor le rompió las costillas a la víctima a puñetazos y patadas. To kick someone's ribs in. Romperle a alguien las costillas a patadas.

RICH. A GET - RICH - FAST SCHEME. Un pelotazo. Get rich quick. Dar un pelotazo.

RICH. TO BE STINKING RICH. Estar podrido de dinero.

RICH. HE THAT WILL BE RICH BEFORE NIGHT, MAY BE HUNGED BEFORE NOON. Quien en un año quiere ser rico, al medio lo ahorcan.

RICHARD. TO BE IN THE RICHARD. Estar metido en la mierda.

RICK, A. s. En el juego de trileros, miembro del grupo que apuesta para animar a los espectadores.

RIDDLE. A CAR RIDDLED WITH BULLETS. Un coche acribillado a balazos.

RIDE FOR FALL, TO. Buscarse uno la ruina, actuar de manera peligrosa. Hacer algo en detrimento propio.

RIDE HELL FOR LEATHER, TO. Ir lanzado, ir embalado, conducir como un loco, conducir como un desenfrenado, ir a toda pastilla. Mavis worried whenever her son went out on his motorbike because he would ride hell for leather most times. Mavis se preocupaba siempre que su hijo cogía la moto, porque solía ir casi siempre a toda pastilla.

RIDE ROUGHSHOD OVER SOMEONE, TO. Tratar a alguien sin ninguna consideración, pisotear.

RIDE. TO TAKE SOMEONE FOR A RIDE. 1. Darle a alguien el paseo. 2. Estafar, engañar. 3. Cachondearse de alguien, tomar a alguien por el pito del sereno, chotearse.

RIFLE. s. Rifle. Recoilless rifle. Rifle sin retroceso. Muzzle - loading rifle. Rifle de avancarga. Assault rifle. Fusil de asalto. Precision rifle. Rifle de precisión. High velocity rifle. Fusil de gran velocidad. High power rifle. Rifle de alta potencia.

RIFLE RANGE, A. s. Campo de tiro.

RIFLE. A REPEATING RIFLE. Rifle de repetición.

RIFFLING OF A GUN, THE. La estría de un arma.

RIFF RAFF, THE. s. La chusma, la turba.

RIG, TO. v. Trucar, amañar.

RIGHT. THE RIGHT TO BE FORGOTTEN. El derecho al olvido en la red. El derecho al borrado en la red.

RIGHT. TO SERVE SOMEONE RIGHT. Llevarse uno su merecido.

RIGHT SIDE OF LEGALITY, THE. Legalidad.

RIGHT A WRONG, TO. Corregir un daño.

RIGHTFUL OWNER, THE. El dueño legítimo.

RIGHTS. TO EXERCISE ONE'S RIGHTS. Violar a la mujer. Término utilizado en Edwardian English.

RIGHTEOUS MAN SINS BEFORE AN OPEN CHEST, THE. En arca abierta, el justo peca.

RIGID. TO FRIGHTEN SOMEONE RIGID. Dejar a alguien petrificado de un susto.

RINGER, A. s. Persona que altera el estado de un coche, antigüedades, etc. con el fin de engañar.

RINGER. s. Sosia.

RINGER. TO PUT SOMEONE THROUGH THE RINGER. Hacer pasar a alguien las de Caín, hacérselas pasar a alguien canutas.

RINGLEADER, A. s. Cabecilla. The ringleader of a gang. El cabecilla de una banda.

RINGS. TO RUN RINGS ROUND SOMEONE. Darle a alguien cien mil vueltas, dar sopas con honda.

RIOT ACT. TO READ THE RIOT ACT. Cantarle a uno la cartilla. He read her the Riot Act and she took it to heart. Le cantó la cartilla y se lo tomó a pecho. The Riot Act entró en vigor en 1715. De conformidad con dicha ley, estaba prohibido reunirse más de doce personas en la calle con la intención de provocar disturbios públicos. A los manifestantes se les leía dicha ley, dándoles una hora para que se dispersaran o se atuvieran a las consecuencias. Esta ley fue sustituida, en 1986, por the Public Order Act. La Ley de Orden Público.

RIOT. To be charged with riot. Inculpar por causar disturbios públicos.

RIOT IN JAIL, A. s. Un motín en la cárcel.

RIOT POLICE. s. Policía antidisturbios.

RIOT. TO RUN RIOT. Desmadrarse, provocar disturbios. The fans ran riot in the centre of the city. Los hinchas provocaron disturbios en el centro de la ciudad.

RIOT VAN. s. Furgón antidisturbios.

RIOTER. s. Camorrista. alborotador, exaltado, sublevado, desmadrado. Crowds of rioters rampaged through the streets. Grupos de exaltados se desmadraron por las calles.

RIOTS. s. Disturbios.

RIP - OFF, A. s. Una estafa.

RIOTOUS LIVING. Vivir a lo loco.

RIP - OFF, A. Una estafa. To rip people off at every turn. Estafar a manos llenas.

Labour MPs accused energy companies of ripping - off its customers yesterday after they announced yet more price hikes and job cuts. Diputados laboristas, acusaron ayer, a las compañías energéticas de estafar a los clientes, tras anunciar una nueva subida de los recibos y más despidos.

RIP - OFF, A. En la jerga del mundo de la droga, delincuente que roba a los traficantes de droga.

RIP - OFF. A BRAZEN RIP - OFF. Un timo descarado.

RIP - OFF ARTIST, A. Estafador, timador.

RIP - OFF MERCHANT, A. Estafador.

RIP - OFF OPERATION, A. Operación de estafas.

RIP SOMEBODY'S LIVER OFF, TO. Sacarle a alguien el mondongo.

RIPP OFF, TO. Plagiar.

RIPPED OFF. TO BE RIPPED OFF. Ser timado, ser estafado.

RISE. TO TAKE A RISE OUT OF SOMEONE. Provocar a alguien.

RIVER. TO SELL SOMEONE DOWN THE RIVER. Vender a alguien. Delatar, chivarse, traicionar.

ROACH, A. s. La colilla de un perro.

ROAD RAGE. s. Violencia vial, delito vial, violencia al volante, pelea de tráfico, incidente de tráfico, agresividad en la carretera. He assaulted an elderly car driver in a road - rage incident. Agredió a un conductor anciano en un altercado en la carretera. The man was attacked with a hammer in a road rage incident. Atacaron al hombre con un martillo, en un incidente de circulación.

ROAD RAGE VICTIM, A. s. Víctima de la violencia vial.

ROAD - HOG, A. 1. Automovilista que conduce muy despacio por el medio de la carretera. 2. Automovilista que conduce como un loco sin tener ninguna cosideración por los demás.

ROAD TRADER, A. s. Vendedor top manta. Mantero.

ROASTING. TO GIVE A ROASTING. Interrogar.

ROB SOMEONE BLIND, TO. Estafar a alguien. I bought a second-hand car, and they robbed me blind. Compré un coche de segunda mano y me estafaron.

ROB. TO ROB PETER TO PAY PAUL. Desnudar a un santo para vestir a otro es cosa de tontos.

ROBBER, A. s. Ladrón, caco, atracador. The robbers grabbed handfuls of rings, necklaces, pendants, earrings and diamonds before leaving the store. Los atracadores, agarraron puñados de anillos, collares, colgantes, pendientes y diamantes, antes de salir de la joyería.

ROBBER. A KNIFE - WIELDING ROBBER. Un ladrón empuñando un cuchillo.

ROBBERS JUMPED INTO THE CAR AND SPED AWAY. Los ladrones montaron en el coche y se dieron a la fuga a toda pastilla.

ROBBERY. AN ARMED ROBBERY. s. Atraco a mano armada. To be locked up for armed robbery. Encarcelar a alguien por robo a mano armada. An attempted armed robbery. Un atraco a mano armada frustrado. To get involved in an armed robbery. Involucrase en un atraco a mano armada. Conspiracy to commit armed robbery and murder. Complot para cometer atraco a mano armada y asesinato.

ROBBERY. A BOTCHED ROBBERY. Una chapuza de atraco. He was shot in the back by thieves in a botched robbery. Recibió un disparo en la espalda por unos ladrones en una chapuza de robo.

ROBBERY. A SMASH AND GRAB ROBBERY. Robo que se comete rompiendo un escaparate, agarrando lo que se pueda y echarse a correr.

ROBBERY. A ROBBERY GONE WRONG. Robo que salió mal.

ROBBERY. TO PULL OFF A ROBBERY. Hacer un atraco.

ROCK, A. s. Brillante, challa, piedra preciosa.

ROCKER. TO BE OFF ONE´S ROCKER. Estar chalado. Pet has gone off his rocker. Pet se ha puesto chiflado.

ROCKETING. TO GIVE SOMEONE A ROCKETING. Echar una bronca a alguien.

ROCKS. TO BE ON THE ROCKS. Tener problemas financieros, o de otras clases, hacer agua. If I tried to deny that my marriage is on the rocks, I would have made a fool of myself. Si hubiera negado, que mi matrimonio iba a la deriva, habría hecho el ridículo.

ROD. TO HAVE A ROD IN PICKLE FOR SOMEONE. Guardarle a alguien una sorpresa desagradable.

ROD. TO KISS THE ROD. Aceptar un castigo sin rechistar. I kiss the rod of those who weren´t so kind - especially those who were good enough to point out errors which are here corrected. Acepto las críticas de aquellos que no fueron tan amables - en particular, aquellos que fueron lo suficiente generosos de señalar los errores que aquí están corregidos.

ROD. TO MAKE A ROD FOR ONE´S OWN BACK. Hacer algo en detrimento propio.

ROFE, A. s. Una sentencia de cuatro años.

ROGUE, A. s. Pícaro.

ROGUE´S GALLERY, A. s. En la jerga policial, colección de fotografías que tiene la policía de conocidos delincuentes. Galería de malvados. To have one´s portrait in the rogue´s gallery. Formar parte de la galería de malvados.

ROLAND FOR AN OLIVER, A. Devolver golpe por golpe. Donde las dan las toman.

ROLL AROUND, TO. En la jerga policial, pelearse, pegarse.

ROLL SOMEONE, TO. Robar a alguien.

ROLL UP, TO. En la jerga policial, llegar al lugar de un accidente.

ROLLER, A. s. Rolls - Royce.

ROLLER - COASTER RELATIONSHIP, A. Una relación amor - odio.

ROLLER - RAGER, A. s. Dícese de aquellos que van lanzados en patinetas por aceras, calles, parques, etc. sin ninguna clase de miramientos por los peatones.

ROLLICK. TO GIVE SOMEONE A ROLLICK. Echarle a alguien una bronca.

ROLLING IN IT. Tener mucho dinero. Estar podrido de dinero. Tener la pasta gansa.

ROOF. TO HAVE A ROOF OVER ONE´S HEAD. Tener una casa donde vivir.

ROOF. TO HIT THE ROOF. Subirse por las paredes, ponerse como una fiera, ponerse como un basilisco.

ROOF. TO RAISE THE ROOF. Armar una algarabía.

ROOST. TO RULE THE ROOST. Dirigir el cotarro, ser quien parte el bacalao, ser quien tiene la sartén por el mango. The toughest gang rules the roost. La banda más despiadada, es la que dirige el cotarro.

ROOSTER, A. s. En la jerga carcelera, homosexual que abusa de jóvenes en la trena.

ROOT SOMETHING OUT, TO. Arrancar algo de cuajo, arrancar algo de raíz, acabar con algo. The government said that it was going to root out violent gangs. El Gobierno declaró que iba a acabar con las bandas violentas.

ROPE. s. Soga. Condemned to the rope. Condenado a la horca.

ROPE. s. Soga. To give someone enough rope to hang himself. Dejar que se pille alguien los dedos, dejar que se queme solo, dejar que se meta en la boca del lobo.

ROPE. TO END AT THE END OF THE ROPE. Aca-bar en la horca.

ROPE. TO WALK A TIGHT ROPE. Estar en la cuerda floja.

ROTTER, A. s. Un tipo despreciable. Un sinvergüenza.

ROWDY. TO GET ROWDY. Armar follón.

ROUGH, A. s. Matón, tío bestia.

ROUGH IT, TO. Vivir como mejor se puede, vivir sin las comodidades de la vida.

ROUGHNECK, A. s. Analfabestia, burriciego.

ROUGH PLACE, A. s. Un lugar peligroso.

ROUGH SOMEONE UP, TO. Calentarle a alguien la badana.

ROUGH TIME. TO HAVE A ROUGH TIME. Pasarlas mal.

ROUGH SLEEPER, A. s. Persona que duerme a la intemperie. Sarah used to sleep rough on the streets of London. Sarah solía dormir a la intemperie en las callas de Londres. To sleep rough under a bridge. Dormir debajo de un puente.

ROUGH. TO LIVE ROUGH. Vivir a la intemperie.

ROUGH. TO SLEEP ROUGH. Dormir al raso, dormir a la luna de Valencia. Many winos sleep rough in the park. Muchos borrachines duermen al raso en el parque.

ROUGH TREATMENT. Trato violento.

ROUGH TONGUE, A. s. Grosero.

ROUGH - AND - TUMBLE, A. s. Pelea. A group of piss artists were having a rough - and - tumble outside the pub. Una cuadrilla de borrachines se estaba zurrando fuera del bar.

ROUGHSHOD. TO RIDE ROUGHSHOD OVER SOMEONE. Tratar a alguien sin ninguna clase de miramientos, tratar a alguien de malas maneras, tratar a alguien sin ninguna clase de consideración, pisotear.

ROUGH SOMEONE UP, TO. Calentarle las costillas a alguien.

ROUGH STUFF. Peleas, violencia.

ROUGH. TO PLAY ROUGH. Actuar de una manera implacable.

ROUGH UP, TO. 1. En la jerga policial, hacer uso de la fuerza para reducir a alguien. Dissenters in this country are roughed up and locked up. En este país, a los disidentes, se les acosa y enchiquera. 2. Darle una somanta de palos a alguien.

ROUND, A. s. Cartucho, disparo. To shoot a round. Hacer un disparo. He shot a couple of rounds off. Hizo dos disparos. To use live rounds. Disparar con fuego real.

ROUND THE BEND. TO BE ROUND THE BEND. Estar más sonado que las maracas de Machín, estar loco de atar. You are so far round the bend; you can see your own arse. Estás tan loco, que sabes que estás loco.

ROUND THE BEND. TO DRIVE SOMEBODY ROUND THE BEND. Sacar a alguien de sus casillas, volver a alguien loco, sacar a uno de quicio. My old clapped - out banger is driving me round the bend! I am going to take it for scrapping and buy a new one. Este coche viejo, y destartalado, ¡me está sacando de quicio! Lo voy a llevar para la chatarra, y me voy a comprar uno nuevo.

ROUND. TO COME ROUND. Volver en sí.

ROUND - DODGER, A. s. Gorrón. Persona que nunca paga una ronda en el bar.

ROUND ON SOMEONE, TO. Atacar a alguien de palabra u obra.

ROUND SOMEONE UP, TO. Detener a alguien.

ROUND UP THE USUAL SUSPECTS, TO. Detener a los sospechosos habituales. Detener a los de siempre. Detener a todos los sospechosos.

ROW. s. Trifulca, riña, pelea. A heck of a row. Una zapatiesta de mil demonios. Two people were having a row in the street. Dos personas estaban discutiendo en la calle. To start a row in an empty room. Cabrearse por nada.

ROW, TO. v. Discutir, pelearse.

ROWDY BEHAVIOUR. Comportamiento escandaloso.

ROZZER, A. s. Policía, madero.

ROYAL. A ROYAL DO. En la jerga del hampa, declarar uno en contra de sus compinches, a cambio de una condena menor.

RUB A PERSON UP THE WRONG WAY, TO. Enojar, irritar, enfadar, disgustar. Jean turned to George. Why do you always have to rub him up the wrong way? Jean miró a George. ¿Por qué tienes que enojarle siempre?

RUB ALONG WITH SOMEONE, TO. Llevarse bien con alguien, entenderse bien con alguien, hacer buenas migas. He said to him that they could be friends. Maybe not friends. But people who could rub along together. Le dijo que podrían ser amigos. Quizá no amigos. Sino personas que se llevan bien.

RUB SALT INTO A WOUND, TO. A do te duele, ¡ahí te daré! Hurgar en la herida.

RUB IT IN, TO. Restregar por las narices.

RUB OUT, TO. Borrar de la faz de la tierra, limpiar el forro.

RUB SOMEONE OUT, TO. v. Borrar a alguien de la faz de la tierra, borrar del mapa, matar, regar el asfalto, dar mulé.

RUBBER, A. s. Sicario, asesino a sueldo.

RUBBER CHEQUE, A. s. Cheque sin fondos.

RUBBISH. THE DUMPING OF RUBBISH IS PROHIBITED. Prohibido verter basuras.

RUBBISH SOMEONE, TO. Poner por los suelos, denigrar.

RUCK, A. s. 1. Discusión acalorada. 2. Pelea entre bandas de jóvenes. To meet up for a ruck. Encontrarse para pelearse. Two bands of hooligans met up for a ruck. Dos pandillas de gamberros se citaron para zurrarse. To get into a ruck with someone. Pelearse con alguien.

RUCK, TO. s. Reñir, pelear. To ruck with someone. Reñir con alguien, zurrarse.

RUCKING, A. Una reprimenda.

RUDE. Adj. Grosero, ordinario, descortés. To be very rude to someone. Comportarse de manera grosera con alguien.

RUDE GESTER. HE HELD SEVERAL TIMES HIS FINGER AT THE CAMERA IN A RUDE GESTER. Le hizo varios cortes de mangas a la cámara.

RUDE. A RUDE MAGAZINE. s. Revista pornográfica.

RUG, A. s. Peluca.

RUG. TO PULL THE RUG OUT FROM UNDER SOMEONE. Dejar a alguien en la estacada.

RUGS. TO KEEP ONE'S VIEWS UNDER RUGS. Guardarse las opiniones para sí mismo.

RUG. TO PULL THE RUG OUT FROM UNDER SOMEONE. Mod. Dejar a alguien en la estacada.

RUINED. Adj. Ebrio, borracho, pedo.

RULE 43. Norma que ampara a un corruptor de menores, o a un chivato en la cárcel, a estar separado de los otros presos, por su propia seguridad.

RULE BOOK. Reglamento. To tear up the rule book. Pasarse el reglamento por el forro.

RULE OF LAW, THE. s. El imperio de la ley. El poder del derecho. To uphold the rule of law. Defender el imperio de la ley. The authorities are duty - bound to uphold the rule of law. Las autoridades tienen la obligación de defender el imperio de la ley.

RULE, TO. v. Fallar, resolver. The Court ruled that. El Tribunal falló que.

RULES. TO BEND THE RULES. Saltarse las normas. Retorcer las normas para la conveniencia propia.

RULES OF PROCEDURE OF THE COURT OF JUSTICE, THE. El Reglamento de Procedimiento del Tribunal de Justicia.

RULES. TO BEND, BREAK AND BUTTER THE RULES. Pasarse las Normas por el arco del triunfo.

RULES. TO FLOUT THE RULES. No observar las normas.

RULES. TO OBEY THE RULES OF THE ROAD. Respetar las normas de la circulación.

RULES. TO PLAY BY THE RULES. Cumplir las reglas a rajatabla.

RULING. s. Sentencia. To uphold a ruling. Confirmar una sentencia. The court upheld the ruling. El tribunal confirmó la sentencia.

RULING OF THE COURT. Fallo del tribunal.

RUMBLE, TO. v. Reñir, pelearse.

RUMOUR. s. Rumor. To spread malign rumours about someone. Divulgar rumores difamatorios acerca de alguien.

RUMPUS. TO KICK UP A RUMPUS. Armar un revuelo, montar un pollo, armar un zipizape, armar un pitote, armar un escándalo.

RUN - AROUND. TO GIVE SOMEONE THE RUN - AROUND. Engañar a alguien.

RUN AWAY, TO. Escapar. To run away from a cruel husband. Escapar de un marido cruel.

RUNAWAY FROM FAMILY HOME, A. s. Adolescente que se escapa de casa.

RUN. TO BE ON THE RUN. Estar fugado, andar huido. To be on the run from prison. Estar fugado de la cárcel.

RUN. THE MAN WENT ON THE RUN FOLLOWING A SEX ATTACK. El hombre se fugó tras una agresión sexual.

RUN. TO GO ON THE RUN. Fugarse, huir, afufar.

RUN DOWN, TO. v. Criticar.

RUN DOWN A PERSON, TO. Atropellar a una persona, arrollar a una persona.

RUN FOR IT! ¡Corre! ¡Run for it! ¡They are following us! ¡Corre, que nos van a pillar!

RUN. TO HAVE A RUN WITH SOMEONE. Discutir con alguien.

RUN IN, A. s. Comisaría de policía.

RUN IN, A. s. Bujío. En la jerga de la delincuencia, lugar donde se esconde el botín o afane de un robo.

RUN IN, A. s. Pelea, trifulca. To have a run in with someone. Pelearse con alguien.

RUN OFF, TO. Irse corriendo. He was frightened and ran off. Estaba asustado y se fue corriendo.

RUN OUT ON SOMEONE, TO. Abandonar a alguien.

RUN SOMEONE IN, TO. Detener a alguien.

RUN RIOT, TO. v. Desmadrarse. For several days, the mobs ran riot through the streets of the city. El populacho se desmadró durante varios días por las calles de la ciudad.

RUN SOMEONE OVER, TO. Arrollar a alguien, atropellar. A driver who deliberately ran over a stranger and tried to run him over a second time has been jailed for 10 years. Un conductor ha sido encarcelado 10 años por atropellar, intencionadamente, a un desconocido, e intentar volver a atropellarlo por segunda vez.

RUN. TO GO ON THE RUN. Escaparse, fugarse. A criminal on the run. Un delincuente fugado.

RUN WILD, TO. Desmadrarse.

RUNNER, A. s. En la jerga policial, persona que acarrea drogas de un lugar a otro para un traficante.

RUNNER. TO DO A RUNNER. Escapar, hacerse el abierto, darse a la fuga, afufarse, darse el zuri. The driver did a runner after he hit and killed a teenager on a motorbike. El conductor se dio a la fuga, tras arrollar, y matar a un adolescente que iba en una moto.

RUNNER. TO DO A RUNNER FROM A RESTAURANT. Hacer un simpa.

RUNNING BATTLE, A, s. Batalla campal. One officer suffered a broken jaw as running battles took place throughout the city centre all day. A un policía le rompieron una mandíbula, durante las batallas campales que tuvieron lugar todo el día en el centro de la ciudad.

RUB A PERSON UP THE WRONG WAY, TO. Enojar, irritar, enfadar, disgustar, molestar. Jean turned to George. Why do you always have to rub him up the wrong way? Jean miró a George. ¿Por qué tienes que enojarle siempre? If you rub up my wife the wrong way, she will get mad. Si irritas a mi mujer, se pondrá como una fiera.

RUBBER. TO RUBBER - NECK. Curiosear, fisgonear.

RUSH, THE. s. En la jerga del mundo de la droga, sensación que se experimenta nada más de tomarla.

RUSH UPON. Abalanzarse sobre, arremeter contra, echarse encima, lanzarse sobre. Police rushed upon demonstrators and dealt out unmerciful blows with truncheons on heads and arms. La policía arremetió contra los manifestantes, arreando despiadados porrazos en cabezas y brazos.

RUSH, TO. v. Cobrar más de la cuenta, estafar.

RUSSIAN ROULETTE. s. Machada. To play Russian roulette with a bowl of pimientos de Padrón. Hacer una machada con un cuenco de pimientos de Padrón.

RUST - BUCKET, A. s. Un coche viejo y destartalado.

RUSTLER. s. Cuatrero.

RUTHLESS STREAK. TO HAVE A RUTHLESS STREAK. Tender a ser cruel.

RUTHLESS MEDIA, A. Medios de comunicación de masas despiadados.

S

SABRE. s. Sable. Sabre rattling. Amenazas. Las espadas están en alto. Ruido de espadas.

SABBING. Sabotaje. Término utilizado por las asociaciones de defensa de los animales. Su táctica consiste en impedir la caza del zorro o los experimentos que se hacen en los laboratorios que utilizan animales.

SCARE. TO BE SCARED SHITLESS. Estar cagado de miedo.

SCARE. TO RUN SCARE. Entrarle el pánico a uno.

SADNESS. s. Pena. To die of sadness. Morirse de tristeza.

SAFE. s. Caja fuerte. A safe job. Reventar una caja fuerte.

SAFE, THE. s. En la jerga de los contrabandistas de drogas, la vagina de la mujer donde se acarrean drogas.

SAFE HAVEN, A. s. Piso franco, burladero, escondite secreto de delincuentes. To give safe haven. Ocultar a alguien. Ofrecer amparo a un prófugo. Dar árnica. Acogerse a sagrado.

SAFE HOUSE, A. s. Escondite, bujío, burladero.

SAFE. TO PLAY IT SAFE. No arriesgarse.

SAFETY AND SECURITY. Seguridad y protección.

SAFETY. STRINGENT SAFETY REGULATIONS. Estrictas medidas de seguridad.

SAIL CLOSE TO THE WIND, TO. 1. Arriesgarse. 2. Llegar al límite de lo permitido. Hacer algo al límite o bordeando la ilegalidad. Moverse al filo de la ley. Hacer algo al borde de la legalidad.

SAIL. TO SAIL INTO SOMEONE. Atacar a alguien. The drunk sailed into the man. El borrachín atacó al hombre.

SALT AWAY, TO. v. Esconder, ocultar.

SALT. TO PUT SALT ON SOMEBOBY´S TAIL. Atrapar a alguien, detener a alguien. The police put salt on the bank robber´s tail. La policía atrapó al atracador del banco.

SALT. TO RUB SALT INTO A WOUND. A do te duele, ¡ahí te daré! Hurgar en la herida. Due to my illness, I couldn't go on holidays with my friends, and they kept rubbing salt into the wound by telling me how much they enjoyed them. Debido a mi enfermedad no pude ir de vacaciones con mis amigos, y ellos seguían hurgando en la herida

SANCTUARY. s. Refugio, escondite. To seek sanctuary. Refugiarse en una iglesia, acogerse a sagrado. To seek sanctuary at the Abbey. Refugiarse en la Abadía.

SAND. TO PUT SAND IN SOMEBODY´S TANK. Sabotear los planes de alguien, poner palos en las ruedas.

SAND. TO RUN INTO THE SAND. Estancarse, no tener éxito. The search for the tittle boy ran into the sand and remains unsolved to this day. La búsqueda del niño no tuvo éxito, y hasta hoy sigue sin resolverse. The case ran quickly into the sand. El caso se estancó inmediatamente.

SATAN FINDS SOME MISCHIEF FOR IDLE HANDS. La pereza es madre de todos los vicios.

SATAN REBUKING SIN. Dijo la sartén a la caldera: quítate allá culinegra.

SAUCE. DON'T GIVE ME ANY OF YOUR SAUCE! ¡No me vengas con tus insolencias!

SAUCE. TO SERVE THE SAME SAUCE. Devolver golpe por golpe.

SAUCY. Adj. Descarado, insolente, fresco.

SAVAGE. KEEP YOUR HANDS OFF ME, YOU SAVAGE! ¡Quita las manos de encima, pedazo de animal!

SAWN - OFF SHOTGUN, A. s. La chata, escopeta de caños recortados. A man shot three people dead with a sawn - off shotgun. Un hombre mató a tiros a tres personas con una escopeta de caños recortados.

Say. Por jemplo.

SAY. THEY SAY. Se dice, se comenta.

SCAFFOLD, THE. s. Patíbulo, cadalso. To die on the scaffold. Morir en el patíbulo.

SCAREMONGER. s. Alarmista.

SCARE SOMEBODY STIFF, TO. Darle a alguien un susto de muerte.

SCARE SOMONE OFF, TO. Ahuyentar a alguien.

SCARCE. TO MAKE ONESELF SCARCE. Poner pies en polvorosa, pirárselas, desaparecer, abrirse, poner tierra de por medio. The police are coming this way. Make yourselves scarce! La policía viene por aquí. ¡Desapareced!

SCARPER, TO. v. Abrirse, darse el piro.

SCARY. Adj. De terror.

SCATHING ATTACK. TO LAUNCH A SCATHING ATTACK ON SOMEBODY. Lanzar un ataque mordaz contra alguien.

SCHTUM. TO KEEP SCHTUM. No decir nada, no soltar prenda.

SCALLY, A. s. Chorizo, ladrón. He left his bike outside the shop and some scally made off with it. Dejó la bici fuera de la tienda, y algún chorizo se la mangó.

SCALLYWAG, A. s. Persona poco respetuosa con la ley. Bribón, pícaro, rufián, granuja, barriobajero. An inner - city scallywag. Bribón de los barrios bajos.

SCALPEL, A. s. Bisturí.

SCALPING. Hacer un buen negocio revendiendo entradas de fútbol, cine u otros espectáculos.

SCAM. s. Fraude, timo, estafa. An epic scam. Una estafa como una catedral, una estafa de proporciones mastodónticas. A phone scam. Un timo por teléfono. To pull a scam. Timar a alguien, estafar. Andrew managed to pull off a scam in which he advised people what to do with their money while taking a large chunk of it off them. Andrew se las ingenió para hacer una estafa, asesorando a la gente de como debían administrar el dinero, al mismo tiempo que él se quedaba con un buen pellizco del dinero. A profitable scam. Una estafa rentable. A scam victim. La víctima de un timo. A scam artist. Estafador. Scam awareness campaign. Campaña de sensibilización contra los timos. Online scams and fraud. Estafas y fraude Online. To fall victim of a scam. Ser víctima de un timo.

SCAMMER. s. Estafador, defraudador, timador, burrero. To protect people from scammers. Proteger a las personas de los timadores. To be the target of scammers. Ser el objetivo de defraudadores.

SCAM MERCHANT. s. Timador, estafador.

SCAN, TO. v. Vigilar, estar al loro.

SCANDAL MONGER. A LYING SCANDAL MONGER. Mentiroso chismoso.

SCANDAL SPREADER. Murmurador, chismoso, chinchorrero, maldiciente, cizañero.

SCAR. s. Cicatriz. An old scar. Una cicatriz vieja.

SCARE AWAY, TO. Ahuyentar.

SCARE OFF, TO. Ahuyentar.

SCARE. TO SCARE SOMEONE TO DEATH. Darle a alguien un susto de muerte. To be scared to death. Estar muerto de miedo. To tell a scare story. Contar algo que causa alarma.

SCARPER, TO. v. Poner pies en polvorosa. Coger las de Villadiego.

SCENE. s. Lugar de los hechos. The man was pronounced dead at the scene. Declararon al hombre muerto en el lugar de los hechos. The woman shot dead at the scene. La mujer tiroteada murió en el lugar de los hechos. Despite efforts of the paramedics the woman was pronounced dead at the scene. A pesar de los esfuerzos de los paramédicos, la mujer falleció en el lugar de los hechos.

SCENE. s. Numerito. To create a scene in public. Montar un numerito, montar un pollo, montar un pitote.

SCENE. A SCENE OF SLAUGHTER. Lugar de una matanza.

SCENT. TO BE ON THE SCENT. Estar sobre la pista.

SCENT. TO THROW OFF THE SCENT. Despistar.

SCHEME. s. Plan. To concoct a scheme. Urdir un plan.

SCHEMER, A. Maquinador, intrigante, maniobrero, vivo, listo. An ambitious schemer. Intrigante ambicioso.

SCHEMING. TO HAVE A FINGER IN SCHEMING. Estar metido en asuntos turbios.

SCHEMING TART, A. s. Lagarta, mala puta.

SCHIZO, A. s. Esquizofrénico. A schizophrenic killer. Asesino esquizofrénico.

SCHOOL. THE SCHOOL OF HARD KNOCKS. La escuela de la vida. To come from the school of hard knocks. Haberse educado en la escuela de la vida.

SCOLD. TO SCOLD SOMEONE SEVERELY. Echarle a alguien una buena bronca.

SCOOBY, A. s. En la jerga carcelera, boqueras, cerrajero, funcionario de prisiones.

SCOOP. s. Exclusiva.

SCOOT OFF, TO. s. Poner tierra de por media, poner pies en polvorosa.

SCORE, A. 1. Una veintena. 2. Veinte libras.

SCORE. TO EVEN THE SCORE. Vengarse, desquitarse.

SCORE. TO HAVE A SCORE TO SETTLE. Tener una cuenta pendiente.

SCORES. TO SETTLE OLD SCORES. Ajustar cuentas.

SCORN. TO POUR SCORN ON SOMEONE. Menospreciar a alguien.

SCOT - FREE. TO GET SCOT - FREE. Irse sin castigo, irse de rositas, salir absuelto, impune. He was arrested for breaking the window - shop but got scot - free. Le detuvieron por romper un escaparate, pero se fue de rositas.

SCOUR AROUND, TO. Dar una batida.

SCOURGE OF FOOTBALL HOOLIGANISM, THE. El azote del gamberrismo en el fútbol.

SCRAG, TO. v. Estrangular.

SCRAP, A. s. Riña, pelea. They had the odd scrap amongst themselves. Tenían alguna pelea que otra entre ellos.

SCRAP IRON. s. Monedas, calderilla, chatarra.

SCRAPE. TO GET INTO A SCRAPE. Meterse uno en un fregado, en un lío, estar en un apuro.

SCRAPPER. s. Pendenciero, bravo, valentón, provocador, camorrista, bravucón.

SCRATCH. s. Dinero en metálico.

SCRATCHER, A. s. En la jerga taleguera, cerilla.

SCREEVE, A. s. Documento falsificado.

SCREEVER, A. s. Falsificador de documentos.

SCREW, A. s. Bocanegra, boqueras, funcionario de prisiones. Carcelero.

SCREW AROUND, TO. Hacer la santísima, jorobar la marrana.

SCREWDRIVER. s. Director de una prisión.

SCREWDRIVER. s. Destornillador. To stab someone in the neck with a screwdriver. Meterle a alguien una punzada en el cuello con un destornillador. A man assaulted a pensioner with a screwdriver. A man agredió a un pensionista con un destornillador.

SCREWBALL. Adj. Loco, chalado. Excéntrico.

SCREWMAN, A. s. Caco, ladrón, escalador.

SCREW MONEY OUT OF SOMEONE, TO. Sacarle la pasta a alguien.

SCREW, TO. v. Robar.

SCREW, TO. s. Timar, estafar.

SCREW LOOSE. TO HAVE A SCREW LOOSE. Tener un tornillo flojo, estar pirado. Don't drive that fast! You must have a screw loose. ¡No conduzcas tan rápido! Debes estar chalado.

SCREW SOMETHING UP, TO. Jorobar algo.

SCREW UP ONE'S COURAGE. Hacer de tripas corazón. Bob screwed up his courage and jumped out of the plane. Bob hizo de tripas corazón y se lanzó en paracaídas.

SCREWS. TO PUT THE SCREWS ON. En la jerga de la delincuencia, obtener información mediante intimidación y amenazas.

SCREWS. TO PUT THE SCREWS ON SOMEONE. Apretar las clavijas, apretar las tuercas, apretar los cordeles, apretar los tornillos. If you don't pay us tomorrow, we will have to put the screws on you.

Como no nos pagues mañana, te vamos a apretar los cordeles. The first half ended with the locals putting the screws. El primer tiempo terminó con el conjunto local aumentando la presión. Another turn of the screw. Una nueva vuelta de tuerca.

SCREWED. TO GET SCREWED UNWILLINGLY. Ser violada.

SCREWS. TO TIGHTEN THE SCREWS. Apretar más la tenaza, dar otra vuelta de tuerca, afinar.

SCROTE, A. s. Un tipo indeseable.

SCRUBS, THE. s. Así es como se conoce popularmente, Wormwood Scrubs, cárcel que se encuentra ubicada en el noroeste de Londres.

SCRUFF OF THE NECK. TO TAKE SOMEONE BY THE SCRUFF OF THE NECK. Agarrar a alguien por el pescuezo.

SCRUMP, TO. s. Robar manzanas en la huerta.

SCRUMPING. TO GO SCRUMPING. Ir a robar manzanas a los huertos.

SCRUNCHIE. s. Coletero. The killer kept a hair scrunchie as a macabre souvenir. El asesino se guardó un coletero del pelo como recuerdo macabro.

SCUFFER. s. Policía.

SCUFFLE, A. s. Pelea, riña. To have a scuffle with someone. Pelearse con alguien.

SCUFFLE, TO. v. Pelearse.

SCUM. s. Gentuza, chusma, canalla. The scum of the earth. La escoria de la tierra.

SCUMBAG, A. s. Cerdo, un tipo indeseable.

SEAMY SIDE OF A CITY, THE. El lado sórdido de una ciudad.

SEAMY SIDE OF LIFE, THE. El lado sórdido de la vida.

SEARCH A PLACE, TO. Registrar un lugar. Police carried searches of the suspect's home. La policía hizo registros de la casa del sospechoso.

SEARCH SOMEONE, TO. Registrar a alguien, cachear. We were searched before being charged and then locked up. Nos cachearon antes de inculparnos, y a continuación nos encerraron. To stop and search. Parar a alguien y registrarle.

SEARCHING. AN AD HOC SEARCHING. Cacheo especial.

SECONDED POLICEMEN. Policías en comisión de servicio.

SECRECY. TO SHROUD SOMETHING IN SECRECY. Ocultar un secreto.

SECRET. HE THAT TELLS A SECRET, IS ANOTHER'S SERVANT. A quien dices tu secreto, das tu libertad y estás sujeto.

SECRET OPERATION. Operación secreta.

SECTION SOMEONE, TO. Internar en un siquiátrico. Ray has been arrested and sectioned under the Mental Health Act. Han arrestado a Ray y lo han metido en un siquiátrico, de conformidad con la Ley de Salud Mental.

SECURITY AND LIBERTY UNDER LAW. Seguridad y libertad bajo la ley.

SECURITY. A PRIVATE SECURITY FIRM. s. Empresa de seguridad privada. A raid on a security firm. Atraco a una empresa de seguridad.

SECURITY GUARD, A. s. Guarda jurado, segurata, gorila, portero de discoteca. A security guard on the door of a disco. Gorila a la puerta de una discoteca.

SECURITY LAPSE. Fallo de seguridad.

SECURITY PASS HOLDER, A. Titular de un pase de seguridad.

SECURITY. RANDOM SECURITY CHECKS. Inspección de seguridad al azar.

SECURITY STAFF. s. Personal de seguridad.

SEEDS. TO SOW THE SEEDS OF DOUBT. Sembrar las semillas de la duda en alguien.

SEEDY BAR, A. s. Bar mísero, bar de mala muerte, bar sórdido, tugurio.

SEEDY HOTEL, A. s. Hotel mísero, hotel sórdido. Hotel de mala muerte.

SEEDY JOINT, A. s. Tugurio, antro, lugar poco saludable.

SEEDY PLACE, A. Un lugar de mala nota.

SEEDY PUBLIC TOILET, A. s. Aseo público sórdido.

SEEDY SIDE OF A CITY, THE. La parte mísera de una ciudad, la parte sórdida de una ciudad.

SEEDY SPECULATOR, A. Especulador usurero.

SEEING - TO, A. Una somanta de palos, paliza, tunda.

SEIZE HOLD OF SOMEONE, TO. Agarrar a alguien. The man seized hold of her and clamped a hand over her mouth to silence her cries. El hombre la agarró, y le puso una mano sobre la boca para que no gritara.

SELF - DEFENCE. LEGITIMATE SELF - DEFENCE. Legítima defensa. To carry a knife in self - defence. Portar un cuchillo para defenderse. The jury accepted the plead of self-defence. El jurado aceptó el alegato de legítima defensa. The killer claimed at the trial that he had been acting in self - defence and was armed because he feared being attacked by a local gang. Durante el juicio, el asesino alegó que había actuado en legítima defensa, e iba armado porque temía que una banda local le agrediera.

SELF - HATING PERSON, A. Persona que se odia a sí misma.

SELF - INCRIMINATING STATEMENT, A. Declaración autoincriminatoria.

SELF - INFLECTED DEATH. Suicidio.

SELF - INTERESTED MAN, A. Un interesado.

SELF - SERVING LITTLE TOAD, A. Un tipo despreciable e interesado.

SELFY. A LEWD SELFY. Selfy lujurioso.

SELL OUT, A. s. Traición.

SEND A FOOL TO FRANCE AND HE WILL RETURN A FOOL. Quien bestia va a Roma, bestia retorna.

SEND SOMEONE DOWN, TO. Encarcelar, condenar a prisión, entrullar, mandar para arriba, enchiquerar, enchironar, abrazar a alguien. He was sent down on a manslaughter charge. Lo encarcelaron por un cargo de homicidio sin

premeditación. To get sent down for murder. Encarcelar por asesinato.

SENSES. TO TAKE LEAVE OF ONE´S SENSES. Sa-lirse de quicio, perder el juicio, perder el seso, volverse loco, írsele la olla, perder la noción de la realidad.

SENSELESS. Adj. Inconsciente. To knock someone senseless. Dejar a alguien inconsciente de un golpe. To beat someone senseless. Dejar a alguien sin sentido de una paliza.

SENSES. TO TAKE LEAVE OF ONE'S SENSES. Perder la razón.

SENTENCE, A. s. Condena. To hand down a sentence. Dictar una condena. To give someone a sentence. Dictar una condena. A suspended sentence. Sentencia condicional. Life sentence. Cadena perpetua. A lenient sentence. Una condena poco severa. A stiff sentence. Una sentencia severa. To serve a sentence. Cumplir condena. Final sentence. Sentencia firme. A swingeing sentence for drug trafficking. Una sentencia severa por contrabando de drogas. Mandatory life sentence. Condena mandatoria. To face a lengthy prison sentence. Enfrentarse a una larga condena de cárcel. An indeterminate sentence. Sentencia que no se ha determinado todavía la fecha que será puesta en libertad una persona.

SENTENCE, TO. v. Condenar. To impose a sentence on someone. Condenar a alguien. To sentence someone to an indefinite jail term. Condenar a alguien a un período de cárcel indefinido. To dish out a sentence. Dictar una condena.

SENTENCE. A SUSPENDED SENTENCE. Una sentencia condicional.

SEPARATE AN OBJECT FROM ITS FORMER OWNER, TO. Encontrar algo antes de que lo pierda el amo.

SERIAL CRIMINAL, A. s. Asesino en serie.

SERIAL KILLER, A. s. Asesino en serie, asesino múltiple. A notorious serial killer. Un tristemente célebre asesino en serie.

SERIAL LIAR, A. s. Un mentiroso crónico, un mentiroso compulsivo.

SERIOUS CRIMES. s. Delitos graves.

SERIOUS FRAUD OFFICE, THE. s. Oficina para los Grandes Fraudes. S E O.

SERIOUS HEADACHE, A. En la jerga de la delincuencia, herida de bala en la cabeza.

SERIOUS ORGANISED CRIME AGENCY. Unidad para Combatir la Delincuencia Organizada.

SERVE TIME, TO. Cumplir sentencia.

SESSION. s. Sesión. Closed session. Sesión a puerta cerrada.

SET A BEGGAR ON HORSEBACK, AND HE WILL RIDE TO THE DEVIL. Cuando los descamisados llevan camisas y calzones, se vuelven Nerones.

SETBACK, A. Revés, contratiempo. A temporary setback. Revés temporal.

SET ON SOMEONE, TO. Atacar a alguien. Agredir. He was set on by a gang of hooligans. Le atacaron una banda de gamberros.

SET SOMEONE UP, TO. Tenderle una trampa a alguien, tenderle una encerrona a alguien.

SETTLE. TO SETTLE THE DIFFERENCES OVER A CUP OF COFFEE. Resolver las diferencias tomando un café.

SETTLE UP, TO. Arreglar cuentas.

SETTLEMENT. AN OUT OF COURT SETTLEMENT. Un acuerdo extrajudicial.

SEVEN BELLS. TO KNOCK SEVEN BELLS OUT OF SOMEONE. Darle una tremenda somanta de palos a alguien, calentarle las costillas a alguien, darle una soberana paliza a alguien, darle una paliza de película a alguien.

SEVEN BELLS. TO SCARE SEVEN BELLS OUT OF SOMEONE. Aterrorizar a alguien.

SEVER, TO. v. Cercenar. The man was found with his hands severed. Se encontró al hombre con las manos cercenadas.

SEX AND GORE FILM, A. s. Película donde hay sexo a manta, y corre la sangre a raudales.

SEX ASSAULT. s. Agresión sexual. A violent sex assault. Una agresión sexual violenta. To be wanted for sex assault. Estar en busca y captura por agresión sexual.

SEX ATTACK, A. s. Agresión sexual. A sex attack victim. Víctima de una agresión sexual. To be responsible for a string of sex attacks. Ser responsable de una serie de agresiones sexuales.

SEX ATTACKER. Agresor sexual. A prolific sex attacker. Agresor sexual prolífico.

SEX. CONSENSUAL SEX. Sexo consentido.

SEX CRIMES. s. Delitos contra la honestidad. To face sex crimes allegations. Enfrentarse a denuncias de delitos contra la honestidad.

SEX INDUSTRY. s. Prostitución. To turn to the sex industry to survive. Dedicarse a la prostitución para sobrevivir.

SEX MAD. Maníaco sexual.

SEX OFFENDER, A. s. Agresor sexual. Ofensor sexual. A serial sex offender. Agresor sexual en serie.

SEX OFFENDERS REGISTER. Registro de personas agresores sexuales.

SEX PEST, A. Tocón, sobón, persona que no puede tener las manos quietas.

SEX. A PROLIFIC SEX OFFENDER. s. Agresor sexual prolífico.

SEX SLAVERY. s. Esclavitud sexual.

SEX TOURISM. s. Turismo sexual.

SEX TRADE. s. Prostitución. A sex trade ring. Red de prostitución.

SEX TRAFFICKING. s. Trata de blancas. The evil of sex trafficking. La maldad de la trata de blancas.

SEX WORKER, A. s. Prostituta, trabajadora del gremio del chichi.

SEXIST JOKES. s. Chistes machistas.

SEXIST LANGUAGE. Lenguaje machista.

SEXIST REMARK. s. Comentario machista. To make sexist comments. Hacer comentarios machistas.

SEXT. SEXUAL TEXTING. Enviar mensajes lujuriosos.

SEXUAL ABUSE. s. Abusos deshonestos. Sexual abuse by high profile figures. Abusos deshonestos cometidos por personas ilustres.

SEXUAL ABUSE SCANDAL, A. s. Escándalo de abusos deshonestos.

SEXUAL. A PROLIFIC SEXUAL ABUSER. Abusador sexual prolífico.

SEXUAL ADVANCES. s. Insinuaciones sexuales. Pedir sesión de carne. Unwanted sexual advances. Insinuaciones sexuales no deseadas.

SEXUAL ASSAULT. Agresión deshonesta.

SEXUAL BULLYING. s. Acoso sexual.

SEXUAL CRIME, A. Delito sexual.

SEXUAL DEVIANCY. Perversión sexual.

SEXUAL EXPLOTATION OF WOMEN. Explotación sexual de mujeres.

SEXUAL HARASSMENT. s. Acoso sexual.

SEXUAL INNUENDO. s. Insinuaciones sexuales. The e - mail is full of sexual innuendo. El correo electrónico contiene muchas insinuaciones sexuales.

SEXUAL MISCONDUCT. Conducta sexual indebida.

SEXUAL MOLESTATION. s. Abusos deshonestos.

SEXUAL OFFENCE, A. s. Delito contra la honestidad. He appeared at a magistrate court to face 10 charges of sexual offences. Se le puso a disposición judicial, para que respondiera a las diez acusaciones de delitos contra la honestidad que se le imputan. To report a sexual offence. Denunciar un delito contra la honestidad.

SEXUAL ORIENTATION HATE CRIMES. Delitos de odio contra las personas por su orientación sexual.

SEXUAL PERVERT, A. s. Pervertido sexual.

SEXUAL PREDATOR. Depredador sexual.

SEXUAL TITTLE - TATTLE. Cotilleo de alcoba.

SEXUALLY AGGRESSIVE BEHAVIOUR. Comportamiento sexual agresivo.

SEXUALLY. TO GET SEXUALLY MANHANDLED. Ser violada.

SEXUALLY. TO ASSAULT SEXUALLY. Agredir sexualmente.

SHACK UP, TO. Estar amancebado, mojar el churro, estar casado por detrás de la Iglesia.

SHACKLES. IN SHACKLES. Con grilletes.

SHADOW. s. Sombra. He had almost reached the lighted pavement when a shadow peeled itself off the wall. Casi había llegado a la acera alumbrada, cuando una sombra se separó de la pared.

SHADOW SOMEONE, TO. v. Seguir a alguien.

SHADY CHARACTER, A. s. Un tipo sospechoso.

SHADY DEALER, A. s. Persona de poco fiar.

SHADY DEALING. TO BE INVOLVED IN SHADY DEALING. Estar involucrado en asuntos turbios.

SHAKEDOWN, A. s. Cacheo, registro.

SHAKES. TO HAVE THE SHAKES. Tener unas manos como para robar panderetas. Temblarle a uno las manos tras una noche de beber mucho o tomar drogas.

SHAM WEDDING. s. Boda de conveniencia, boda falsa, boda ilícita, un fraude de boda, una boda de pega. Boda de conveniencia para conseguir la nacionalidad. Fake weddings scams. Timo de las bodas de conveniencia.

SHAM WEDDING FIXER, A. s. Persona que amaña bodas de conveniencia. A sham wedding fixer has been jailed for 3 years for arranging bogus nuptials. Una persona que se dedica a amañar nupcias de conveniencia ha sido condenada a tres años de cárcel.

SHAME. TO PUT SOMEONE TO SHAME. Avergonzar a alguien.

SHAME. HE WHO IS WITHOUT SHAME ALL WORLD IS HIS. Quien no tiene vergüenza, toda la calle es suya.

SHAME ON YOU! Excl. ¡Debería darte vergüenza! Shame on you, James, for behaving like that! ¡James, debería darte vergüenza por haberte comportado de la forma que te has comportado!

SHANK, A. s. Pincho, cuchillo u otro instrumento cortante que hacen los presos.

SHARK, A. s. Usurero.

SHARP PRACTICE. Artimañas, zorrerías, argucias, engaños.

SHAVEN - HEADED FOOTBALL HOOLIGAN, A. s. Hincha de fútbol violento con la cabeza rapada.

SHEEP. LIKE BEING SAVAGED BY A DEAD SHEEP. Una bronca que le entra a uno por un oído y le sale por el otro.

SHEEP - SHAGGING BASTARD, A. s. Analfabestia, paleto de mierda, tipo indecente, cerdo, indeseable.

SHEKELS. TO RAKE THE SHEKELS. Hacer dinero rápidamente. Dar un pelotazo.

SHELL, A. s. Vaina de bala.

SHELL GAME, A. s. Tríler, juego de los cubiletes y las bolitas.

SHELL OUT, TO. Pagar, soltar el dinero, aflojar la mosca, soltar la pasta, apoquinar.

SHELTA. s. Antiguo lenguaje secreto que utilizaban, quincalleros irlandeses, galeses y gitanos. Basado en la alteración de palabras irlandesas y gaélicas.

SHERIFF, A. s. Una moneda de cincuenta peniques.

SHERIFF'S COLLAR, THE. s. La horca. To dance with the sheriff's collar on. Ser ahorcado, pernear en la soga, bailar en el extremo de la soga.

SHIFT. Turno. Police night shift. Turno policial de noche.

SHIFTY - LOOKING BLOKE, A. s. Un tipo de poco fiar.

SHIELD. s. Escudo. Anti - riot shields. Escudos antidisturbios.

SHILL, A. s. El acompañante de un estafador.

SHINER, A. Ojo morado, ojo a la virulé.

SHIRT. KEEP YOUR SHIRT ON! ¡Cálmate! ¡No te sulfures! ¡No te pongas así!¡No te acalores!

SHIRT. TO TAKE THE SHIRT OFF SOMEBODY'S BACK. Dejar a uno con una mano delante y la otra detrás, dejar a uno como el día en que nació, dejar a uno en cueros. Godfrey went to a casino, and they took the shirt off his back. Godfrey fue a un casino, y salió con una mano delante y la otra detrás

SHIRTY. TO GET SHIRTY. Ponerse chulillo, buscar camorra, ponerse pincho, ponerse agresivo. The gang were getting shirty when they weren't allowed into the club. La panda empezaba a ponerse chulilla cuando no la dejaban entrar en el club. As soon as he has a drink, he gets shirty. Tan pronto como se toma una copa ya está armando camorra.

SHIT. s. Caca, mierda.

SHIT. s. Mentiras. Chorradas.

SHIT, A. s. Un tío despreciable.

SHIT, TO. v. Engañar.

SHIT. AS THICK AS SHIT. Más tonto que mear a barlovento.

SHITBAG, A. s. Comemierda. My shitbag husband ran off with that silicon - tit whore. El comemierda de mi marido, se las piró con esa puta de tetas de silicona.

SHIT. TO BE FULL OF SHIT. Ser un mentiroso. Decir chorradas o falsedades.

SHIT - FOR - BRAINS. TO HAVE SHIT - FOR - BRAINS. Ser un ablandabrevas, bobo, zoquete, cazurro, tener la cabeza llena de serrín. Jeffrey did stupid things all the time, that's why his mates said that he had shit for brains. Jeffrey siempre estaba haciendo tonterías, por eso, sus compañeros decían que era un ablandabrevas.

SHIT. TO BE IN THE SHIT. Estar metido en la mierda. Now, that's what I call really being in the shit, Tom. Tom, eso sí que es estar bien metido en la mierda.

SHIT. TO BE IN DEEP SHIT. Estar metido en la mierda hasta el cuello. Alice had mucked all the rota's up. So, she was going to be in deep shit when her boss saw them. Alice había estropeado todas las listas. Así que se iba a meter de mierda hasta el cuello cuando las viera su jefe.

SHIT BRICKS, TO. Cagarse uno de miedo.

SHIT. TO SHIT ONESELF. Cagarse de miedo.

SHIT OR GET OFF THE POT! Que viene a ser lo mismo que, 'What you need is a rocket up your arse.' Lo que necesitas es una buena patada en el trasero. Harry up or I will get someone else to do whatever. Menéate o buscaré a otra persona para que lo haga.

SHIT. TO KNOW SHIT ABOUT SOMETHING. No tener ni zorra idea de un asunto, no tener ni puta idea. He knows shit about fishing. No tiene ni puta idea de pesca.

SHIT. TO BEAT THE SHIT OUT OF SOMEONE. Darle una somanta a alguien hasta que se cague garras abajo.

SHITHEAD, A. s. Adicto a la marihuana o hachís.

SHITHEAD. s. Individuo despreciable. Borde.

SHIT - HOLE, A. s. Tugurio.

SHIT - HOT. Adj. Excelente. Cojonudo, de puta madre.

SHIT OUT, TO. Acobardarse, rajarse.

SHIT PARCEL DUTY. En la jerga taleguera, limpieza del patio de la cárcel de todos los paquetes de caca que arrojan los internos durante la noche. Debido a la falta de aseos en la celda. Véase, slopping out.

SHIT ON ONE'S OWN DOORSTEP, TO. Hacer algo en detrimento propio.

SHIT. NOT TO GIVE A SHIT. No importarle a uno una mierda, importarle a uno un carajo, sudársela a uno. I don't give a shit about international politics. Me importa una mierda la política internacional.

SHIT KICKER, A. s. Destripaterrones, zafio.

SHIT LIST, A. s. Lista negra.

SHIT - SCARED. Adj. Estar acojonado.

SHIT STREET. TO BE IN SHIT STREET. Estar metido en la mierda.

SHITLESS. TO BE SCARED SHITLESS. Estar cagado de miedo. Cagar natillas. We are coming to get you and you are scared shitless. Vamos a agarrarte, y estás cagado de miedo.

SHIT - STIRRER. Metemierda.

SHIT. THE SHIT IS GOING TO HIT THE FAN. Se va a liar parda.

SHIT. TO TREAT SOMEONE LIKE SHIT. Tratar a alguien como a la mierda.

SHITS. s. En la jerga policial, delincuentes.

SHIV, A. s. Cuchillo.

SHIV SOMEONE, TO. Rajar a alguien. To get shivved. Llevarse una cuchillada.

SHIVERS. TO GET THE SHIVERS. Ponerse nervioso, temblar.

SHIVERS. TO SEND SHIVERS DOWN/UP ONE'S SPINE. Dar escalofríos, poner carne de gallina, estremecer. Horror films send shivers down my spine. Las películas de terror me dan escalofríos. Whenever I drive past the house now, a shudder goes through me, as though someone were walking over my grave. Cada vez que paso ahora por delante de la casa, me estremezco, me da repelús.

SHOCK. s. Susto. White with shock. Pálido de un susto.

SHOCK. TO BE IN FOR A NASTY SHOCK. Esperarle a uno una sorpresa muy desagradable.

SHOCK. TO BE IN SHOCK. Estar conmocionado.

SHOE. TO KNOW WHERE THE SHOE PINCHES. Saber dónde le aprieta a uno el zapato, saber dónde la abarca le mata, saber lo que le conviene a uno.

SHOES. TO BE SHAKING IN ONE'S SHOES. Temblar de miedo. When the man saw the police, he was shaking in his shoes. Cuando vio a la policía se puso a temblar.

SHOES. TO BE IN SOOMEBODY'S SHOES. Ponerse en el lugar de alguien, estar en el pellejo de alguien. I wouldn't like to be in your shoes when the police find out what you have done. No me gustaría estar en tu pellejo cuando la policía descubra lo que has hecho.

SHONKY. Tacaño.

SHOOT, TO. v. Disparar.

SHOOT, TO. v. Tener que marcharse.

SHOOT. TO SHOOT A LINE. Tirarse un farol.

SHOOT AT SOMEONE, TO. Dispararle a alguien. Police shot a man six times in less than a minute. La policía le disparó a un hombre seis veces en menos de un minuto. The man was shot twice in the head, he was taken to hospital where he died. Le pegaron dos tiros al hombre en la cabeza, lo llevaron al hospital, y allí murió.

SHOOT. TO SHOOT DOWN. Matar a tiros.

SHOOT FIRST ASK QUESTIONS LATER. Dispara y pregunta después. The policeman was inclined to shoot first and ask questions later. El policía acostumbraba a disparar primero y a hacer preguntas después.

SHOOT FROM THE HIP, TO. Hablar de manera impulsiva.

SHOOT THE CROW, TO. Hacer un simpa. Salir pitando de un lugar sin pagar la cuenta. Expresión escocesa.

SHOOT SOMEONE DEAD, TO. Matar a alguien a tiros.

SHOOT SOMEONE IN THE BACK, TO. Pegarle a alguien un tiro por la espalda.

SHOOT SOMEONE IN THE BACK OF THE HEAD, TO. Pagarle a alguien un tiro en la nuca.

SHOOT ONESELF IN THE FOOT, TO. Hacer algo en detrimento propio.

SHOOT SOMEONE THROUGH THE HEAD, TO. Atravesarle a alguien la cabeza de un tiro.

SHOOT ONESELF IN THE HEAD, TO. Pegarse un tiro en la cabeza. Volarse uno la tapa de los sesos. Descerrajarse un tiro en la cabeza.

SHOOT TO KILL POLICY. Política de tirar a matar.

SHOOT A LINE, TO. 1. Tirarse un farol. 2. Meterse una raya.

SHOOT HOME, TO. Hacer diana, acertar.

SHOOT IT OUT, TO. Solucionar una disputa a tiros.

SHOOT SOMEONE SEVERAL TIMES, TO. Dispararle a alguien varias veces.

SHOOT THE LINES, TO. Pasarse todos los semáforos en rojo.

SHOOT UP, TO. En la jerga de los drogadictos, meterse un pico.

SHOOTER, A. s. Arma de fuego. Fierro, pistola, cacharra, fusca.

SHOOTER. s. Tirador. The shooter was killed by the police at the scene. La policía mató al tirador en el lugar de los hechos.

SHOOTING, A. s. Tiroteo. A fatal shooting. Un tiroteo mortal. The victim of a shooting. La víctima de un tiroteo. The shooting left a policeman dead. El tiroteo se cobró la vida de un policía.

SHOOTING GALLERY, A. s. Galería de tiro.

SHOOTING GALLERY, A. s. Lugar donde se reúnen los drogadictos para meterse un pico.

SHOOTING RAMPAGE, A. s. Una matanza a tiros.

SHOOTING STICK, A. s. Bastón pistola.

SHOPKEEPER. s. Comerciante. The shopkeeper was provided with round - the - clock protection. La policía proveyó al comerciante con protección las 24 horas al día.

SHOP SOMEONE, TO. v. Delatar a los compinches a la policía, denunciar. Traicionar.

SHOPLIFTER. s. Ratero, ladrón. Shoplifters will be prosecuted. Se demandará a los rateros. Aviso en un supermercado. A well - known shoplifter. Un ratero famoso. A brazen shoplifter. Un ratero descarado. A known convicted shoplifter. Un conocido convicto ratero.

SHOPLIFTING. s. Trabajar la mecha. Bichear. Hurtar en comercios. He went on his usual shoplifting trip and got collared by a store detective. Fue a robar en los comercios como tenía por costumbre, y lo detuvo un segurata. To be convicted of shoplifting. Ser condenado por hurtar en comercios.

SHORT AND CURLIES. TO HAVE SOMEONE BY THE SHORT AND CURLIES. Tener a alguien dominado.

SHORT AND CURLY, TO. Calentarle las costillas a alguien.

SHORTARSE WITH A SHORT FUSE, A. s. Un culibajo de pocas aguantaderas.

SHORT - CHANGED. TO GET SHORT - CHANGED. Ser engañado cuando te devuelven el cambio. This supermarket short - changes its customers. Este supermercado engaña a sus clientes cuando les devuelven los cambios.

SHORT EYES, A. s. Corruptor de menores.

SHORT FOLK ARE SOON ANGRY. En chimenea pequeña cabe poco humo, tener pocas aguantaderas.

SHORT RANGE. TO FIRE AT SHORT RANGE. Tirar a corta distancia.

SHORT, SHARP SHOCK, A. Castigo severo impuesto a jóvenes delincuentes. De estilo cuasi militar, basado en una disciplina estricta, ejercicio físico vigoroso y trabajo de poca importancia. Esto serviría de escarmiento a posibles delincuentes.

SHOT. s. Disparo. To fire a fatal shot. Disparar un disparo mortífero. A shot rang out. Sonó un disparo. The man was probably dead with the first shot, the other two shots were for good measure. Probablemente, el hombre murió con el primer tiro, los otros dos disparos fueron por si acaso. The shot went stray. La bala se perdió.

SHOT AT. TO BE SHOT AT. Ser tiroteado.

SHOT DEATH. THE ATTACKER WAS SHOT DEATH BY POLICE. La policía abatió a tiros al atacante.

SHOT. TO BE SHOT AND KILLED. Morir a tiros.

SHOT. TO BE SHOT DEATH. Matar a tiros.

SHOT. TO BE SHOT FATALLY. Ser tiroteado de muerte.

SHOTGUN. s. Escopeta de caza. Stay away from my wife or I will come back with a shotgun. No te acerques a mi mujer o volveré con una escopeta de caza. To point a shotgun straight at someone. Encañonar a alguien con una escopeta de caza. A nine - barrel shotgun controlled by mobile phone. Escopeta de caza de nueve caños controlada por un teléfono móvil.

SHOTGUN CERTIFICATE. s. Licencia de escopeta de caza.

SHOTGUN RAMPAGE, A. Matanza con una escopeta de caza.

SHOTGUN WEDDING. To have a shotgun wedding. Casarse de penalti, casarse a la fuerza.

SHOTGUN. TO BREAK A SHOTGUN. Abrir una escopeta.

SHOT. A SHOT ACROSS THE BOWS. Una advertencia.

SHOT IN DE DARK, A. Dé donde diere, dar palos de ciego, a tientas y a ciegas, tirar a ciegas, tirar al tuntún, tirar al aire.

SHOT. TO BE A GOOD SHOT. Tener la puntería bien afinada, tener buen tino.

SHOT. TO BE A PISS - POOR SHOT. Ser un mal tirador, no pegarle ni a un carro cruzado, fallar más que una escopeta de ferias.

SHOT. TO GET SHOT OF SOMEONE. Deshacerse de alguien.

SHOTS. AN EXCHANGE OF SHOTS. Un intecambio de disparos. Tiroteo.

SHOTS. THE MAN WAS STRUCK BY TWO SHOTS. El hombre recibió dos impactos de bala.

SHOTS. TO CALL THE SHOTS. Ser quien parte el bacalao, ser quien tiene la sartén por el mango, ser quien maneja la tralla.

SHOULDER. TO GIVE IT TO SOMEONE STRAIGHT FROM THE SHOULDER. Decirle algo a alguien sin miramientos o consideración.

SHOULDER SURFING. Práctica que consiste en colocarse detrás de alguien que está sacando dinero de un cajero automático, y robarle la tarjeta.

SHOUT IMPRECATIONS, TO. Maldecir. He was shouting imprecations, like a drunk with a can of Special Brew. Maldecía, como un borracho con una lata en la mano de Special Brew. (Cerveza muy fuerte que acostumbran a beber los indigentes.

SHOUT LIKE A FISHWIFE, TO. Gritar como una rabanera.

SHOW. TO BE ALL SHOW AND NO SUBSTANCE. Ser todo fachada.

SHOW TRIAL, A. s. Un juicio farsa, juicio opereta, juicio paripé, una pantomima de juicio. A parody of a trial. Una parodia de juicio.

SHOW UP, TO. Aparecer, hacer acto de presencia, ir a un lugar.

SHREDS. TO RIP SOMEONE TO SHREDS. Hacer girones de uno a cuchilladas. Hacer tajadas de alguien. Acribillar de heridas con arma blanca.

SHUDDER. TO MAKE SOMEONE SHUDDER. Hacer que alguien se estremezca.

SHUFFLE OFF, TO. Espicharla, diñarla, palmarla.

SHUFFLE ONE´S MORTAL COIL, TO. Espicharla, palmarla, doblar la servilleta, diñarla.

SHUT SOMEONE UP, TO. Hacer callar a alguien.

SHYLOCK, A. s. Usurero.

SHYSTER, A. s. Abogado corrompido. Sinvergüenza. Persona poco escrupulosa.

SICILIAN NECKTIE, A. s. Alambre que se utiliza para estrangular a alguien.

SICKO, A. s. Pervertido.

SIDE. TO SELL ON THE SIDE. Vender bajo mano, vender ilegalmente

SIDES. TO TAKE SIDES. Ponerse de la parte de alguien.

SIEGE OF SIDNEY STREET, THE. El 3 de enero de 1911, Winston Churchill, siendo ministro del Interior, atracaron un banco en Londres. Alguien le comunicó que los atracadores eran anarquistas, los cuales se habían refugiado en una casa en Sidney street. Churchill, en cuanto se percató de que aquel asunto tenía tintes políticos, el mismo dirigió las operaciones. Puro en ristre, luciendo abrigo con cuello de astracán y sombrero de copa, ordenó a un batallón de soldados escoceses, y dos cañones de artillería, para apresar a los atracadores. En la refriega la casa quedó destrozada, y no está muy claro que se encontró allí.

SIGHT OF A GUN. Mira de una pistola. Telescopic sight. Mira telescópica.

SIGNATURE. s. Firma. To forge a signature. Falsificar una firma.

SILK. s. Abogado de rango superior.

SILENCE. TO BUY SOMEONE SILENCE. Comprar el silencio de alguien.

SILENCE GIVES CONSENT. Quien calla otorga.

SILENCE IS GOLDEN. El silencio es oro.

SILVER CRIME. Dícese de los actos delictivos cometidos por los viejos.

SILVER KEY CAN OPEN AN IRON LOCK, A. No hay cerradura segura, si de oro es la ganzúa.

SILVER SNUB - NOSED, A. s. El defensor del pueblo, revólver.

SIN - BIN, THE. s. Trena, angustia, trullo, cárcel, beri, talego.

SING LIKE A CANARY, TO. Cantar de plano.

SINISTER AGENT, A. s. Un agente siniestro.

SINISTER FIGURE, A. Personaje siniestro.

SIPHON OFF COMPANY MONEY, TO. Desfalcar a una empresa.

SIX - CYLINDER JOB, A. Asesinato por encargo.

SIX - SHOOTER, A. s. El defensor del pueblo, revólver de seis tiros.

SIXER, A. s. Una condena de seis años en la trena.

SIZE SOMEONE UP, TO. Medir a alguien, estudiar a alguien.

SIZE. TO CUT SOMEONE DOWN TO SIZE. Poner a alguien en su sitio.

SKAG. s. Heroína.

SKAG - HEAD, A. s. Heroímano.

SKEAN DHU. s. Daga escocesa. La llevan los escoceses metida en el calcetín. Forma parte del uniforme folclórico escocés.

SKEDADDLE, TO. v. Poner pies en polvorosa.

SKELETON. TO HAVE A SKELETON IN THE CUP-BOARD. Un secreto vergonzante en la familia. Dondequiera hay pulgas, y en mi casa son rabudas. En todas las partes cuecen habas, y en la mía a calderadas. En todas las familias hay trapos rotos. Todos tenemos miserias escondidas en el armario.

SKELETON KEY. s. Llave maestra.

SKINHEAD YOB, A. s. Gamberro de mala sombra, un cabeza rapada de mala catadura.

SKIN - MAG, A. s. Revista pornográfica.

SKIN. TO ESCAPE BY THE SKIN OF ONE'S TEETH. Escapar por los pelos.

SKIN. TO ESCAPE WITH A WHOLE SKIN. Salir ileso. Escapar sin un rasguño.

SKIN. TO HAVE THE SKIN OFF SOMEBODY'S BACK. Despellejar a alguien vivo. If you do that again I will have the skin off your back! ¡Si haces eso otra vez, te despellejo vivo! ¡Te voy a arrancar el pellejo, y voy a hacer con él zambombas para las Navidades!

SKIN. TO JUMP OUT OF ONE'S SKIN. Llevarse un susto de muerte, llevarse un susto tremendo. He crept behind me and nearly made jump out of my skin. Se acercó sigilosamente por detrás de mí, y me dio un susto de muerte.

SKIN. TO SKIN SOMEONE ALIVE. Despellejar a alguien vivo.

SKIN. TO MAKE SOMEONE'S SKIN CRAWL. Ponerle a alguien carne de gallina, dar repelús.

SKIN. TO SAVE ONE'S SKIN. Salvar el pellejo.

SKIN UP, TO. Liar un porro.

SKIN WORKER, A. s. Ladrón que se dedica a robar pieles.

SKIN. YOU COULDN'T KNOCK THE SKIN OFF A RICE PUDDING. No tener ni media hostia.

SKINNED. I GOT SKINNED IN THAT SHOP. Me desplumaron en ese comercio. Me timaron en ese comercio.

SKINT. TO BE SKINT. Estar sin blanca. Andar peor de dinero que de rodillas. Estar más tieso que la mojama. Estar más tieso que una birla. Estar más estirado que un tambor. Estar a la cuarta pregunta. Andar cani.

SKIVER. s. Vago, gandul.

SKULL. s. Cráneo. To beat someone's skull in. Machacarle el cráneo a alguien. A blow on the skull. Un golpe en el cráneo.

SKULLCRACKER, THE. s. El machacacráneos.

SKULDUGGERY. s. Argucia, artimaña, truco, treta.

SKUNK. s. Varidad de marihuana muy fuerte. Cogollos.

SKY IS REALLY FALLING, THE. No quedar títere con cabeza.

SKYJAKING. s. Piratería aérea.

SKY - PILOT, A. s. En la jerga del Ejército, y prisiones, capellán.

SLAG, A. s. Delincuente de poca monta, cagarrutero, delincuente de tres al cuarto, aguilinó.

SLAM. s. Barrio marginal.

SLAM, TO. v. Poner a parir, poner a caer de un burro, poner de vuelta y media, poner a escurrir, poner a caldo.

SLAM SOMEONE ONE, TO. Sacudirle una hostia a alguien.

SLAMMER. s. Trena, trullo, cárcel, talego.

SLANDER. s. Calumnia. To take someone before a magistrate for slander. Llevar a alguien a los tribunales por calumnia.

SLANDER, TO. v. Calumniar.

SLANGING MATCH. TO HAVE A SLANGING MATCH. Cruzar insultos.

SLANG OF CRIMINALS, THE. s. La jerga de los delincuentes. Germanía.

SLAP ON THE FACE, A. Tortazo, bofetón, agalla, hostia.

SLAP SOMEONE HARD ACROSS THE FACE, TO. Cruzarle la cara a alguien bien cruzada. De un guantazo.

SLAPPER, A. s. Libertina, mujer promiscua. Puta. You are fucking slapper! ¡Mala zorra! ¡Putón verbenero! ¡Putón desorejado! A woman who has loads of sexual partners is still seen as a slapper, while guys who hook up constantly are considered studs. Todavía se considera a una mujer que tiene relaciones sexuales con muchos hombres una puta, en cambio, a los hombres que tienen relaciones sexuales constantes con muchas mujeres se les tiene por sementales.

SLAPPING. TO GET A GOOD SLAPPING. Llevarse unas buenas bofetadas, llevarse unas buenas hostias.

SLASH OUT. TO SLASH OUT IN SELF - DEFENCE. Sacudir golpes a diestra y siniestra en defensa propia.

SLASH SOMEONE TO RIBBONS, TO. Hacer girones de uno a cuchilladas.

SLASH SOMEONE WITH A STANLEY KNIFE, TO. Rajar a alguien con un cúter. To slash somebody's neck. Degollar a alguien. To get slashed. Llevarse una cuchillada. To slash someone in the face. Rajarle a alguien la cara. To slash someone open. Rajar a alguien de arriba abajo. A man staggered into a hospital with a slashed throat and multiple stab wounds. Un hombre entró en un hospital tambaleándose, con un corte en la garganta y numerosas heridas de acuchillamiento.

SLASHER, A. s. Navajero, chirlero. Serial slasher. Navajero en serie.

SLASHER FILM, A. s. Película de terror.

SLASHER FILM MAESTRO, A. s. Una persona muy violenta, un navajero fino, un experto con el cuchillo.

SLATE SOMEONE OFF, TO. Poner a alguien a parir, poner de vuelta y media, poner a escurrir.

SLATE. TO WIPE THE SLATE CLEAN. Hacer borrón y cuenta nueva.

SLAUGHTER, A. s. Matanza. The scene of slaughter. El lugar de la matanza.

SLAUGHTER, A. s. En la jerga de la delincuencia, escondite donde se esconde temporalmente el botín de un robo.

SLAUGHTER - HOUSE, A. s. Un burdel de mala muerte.

SLAVE TRADE. s. Trata de esclavos.

SLAY SOMEONE, TO. Asesinar a alguien.

SLEAZE. s. Corrupción, comportamiento inmoral.

SLEAZY CAFÉ, A. s. Un café sórdido. Tugurio.

SLEAZY PERSON, A. s. Un tipo de poco fiar.

SLEAZY SCANDALS. Escándalos de corrupción.

SLEDGEHAMMER. s. Mazo. Lo utiliza la policía para derribar puertas

SLEEP, A. s. Una condena de tres años.

SLEEP IT OFF, TO. Dormir la mona. He went stumbling home to sleep it off. Se fue a casa dando tumbos a dormir la mona.

SLEEPER. A SERIAL ROUGH SLEEPER. s. Indigente que vive en la calle.

SLEEVES. TO ROLL ONE'S SLEEVES UP AND FIGHT. Arremangarse y pelear.

SLEIGHT OF HAND, A. s. Artimaña, truco, argucia. To attempt a sleight of hand. Intentar engañar. It had been a sleight of hand on his part. Fue un engaño por su parte.

SLEUTH, A. s. Detective.

SLICKER, A. s. Timador.

SLIME BALL, A. s. Degenerado, canalla, infame. You are lying slime ball! ¡Pedazo de mentiroso de mierda!

SLIMY BASTARD, A. s. Cabronazo.

SLIMY TOAD, A. s. Arrastrado.

SLINGSHOT, A. s. Tirachinas.

SLIP AWAY, TO. Pirárselas.

SLIP. TO GIVE SOMEONE THE SLIP. Dar esquinazo a alguien, evitar el encuentro con una persona, burlar, librarse de la presencia de una persona. The tenant gave the landlord the slip. El inquilino le dio esquinazo al casero. The burglar gave the police the slip. El ladrón burló a la policía.

SLIP AWAY, TO. Pirárselas sigilosamente, desaparecer como por arte de magia, escurrir el bulto, desaparecer por ensalmo.

SLOB, A. s. Un pringao.

SLOP BUCKET, A. s. Cubos que utilizan los reclusos como orinales. The prisoners were confined three to a cell and expected to urinate and defecate in a single slop bucket. Los presos estaban confinados, tres en cada celda, y tenían que orinar y defecar en un cubo provisto.

SLOPE OFF, TO. Esfumarse, pirárselas, escabullirse.

SLOPPING OUT. En la jerga carcelaria, tarea que se lleva a cabo en algunas prisiones británicas a primera hora de la mañana; ir a vaciar los cubos que utilizan por la noche en las celdas como orinales. En dichas celdas no hay aseos.

SLOT MACHINE. Máquina tragaperras. To bet money on slot machines. Jugar en las máquinas tragaperras.

SLUG, A. s. Sabandija.

SLUG, A. s. Bala, bellota. To put a slug in someone. Pegarle un tiro a a alguien. Pegarle un bellotazo a alguien

SLUG IT OUT, TO. Pelearse.

SLUSH. s. Dinero falsificado.

SLUSH FUND, A. s. Fondos de reptiles, fondos para sobornos.

SLUSHER, A. s. Falsificador de dinero, chungolero.

SLY DOG, A. Un tío astuto. Un zorro.

SLY GRIN, A. Una sonrisa pícara.

SLY. ON THE SLY. A hurtadillas. To do things on the sly. Hacer las cosas a hurtadillas.

SMACK IN THE FACE, A. Un guantazo en la cara, un hostión.

SMACK. TO SMACK SOMEONE´S HEAD. Darle un manotazo a alguien en la cabeza.

SMACKHEAD, A. s. Heroinómano.

SMALL TIME CROOK, A. s. Cagarrutero, delincuente de poca monta. A small-time drug dealer. Trapichero. Persona que se dedica al menudeo de la droga.

SMART ALEC GUY, A. s. Un vivales.

SMART AS A PIN. Pincho como un ajo.

SMASH - AND - GRAB RAIDER, A. s. Ladrón que rompe la ventanilla de un coche, agarra lo que puede, y sale corriendo.

SMASHED OUT OF ONE´S FACE. Estar borracho perdido.

SMASH UP, TO. Destrozar, desarmar, escacharrar. We are not talking about people celebrating and having a beer, we are talking about people who do that and then smash the bar up. No hablamos de aquellos que están celebrando y bebiendo cerveza, hablamos de esos que hacen lo anterior, y a continuación destrozan el bar. The stolen car was abandoned with the Windows smashed in. Hallaron el coche abandonado con las ventanas destrozadas.

SMEAR CAMPAIGN. s. Campaña de calumnias, de difamación. To fuel a smear campaign against someone. Instigar una campaña de calumnias contra alguien. To become the object of a smear campaign. Convertirse en el blanco de una campaña de difamación.

SMEAR SOMEONE, TO. Calumniar a alguien.

SMEARMONGER, A. s. Calumniador.

SMITHEREENS. TO BLOW SOMETHING TO SMITHEREENS. Hacer algo añicos, hacer algo migas.

SMOKE AND MIRRORS. Una cortina de humo.

SMOKE BOMB. s. Bote de humo.

SMOKER, A. s. Buga, un coche viejo y destartalado.

SMOKING BAN. TO BREACH THE SMOKING BAN. Quebrantar la ley antitabaco.

SMOOCHY KISS, A. Un beso apasionado. Un beso lujurioso. A woman severed the first third of her boyfriend´s tongue in "an animal fashion" after asking him for a "smooch kiss." Una mujer, tras haberle pedido un 'beso apasionado,' a su novio, le cortó una tercera parte de la lengua de un mordisco, 'de una manera brutal. `

SMOTHER, TO. v. Sofocar, asfixiar. The man smothered and stabbed the man as he slept. El hombre asfixió y acuchilló a su víctima mientras dormía.

SMUG LOOKING GUY, A. s. Listillo, vivales.

SMUGGLERS BOAT, A. s. Barco de contrabandistas.

SMURFING. En la jerga del hampa, práctica que consiste en ingresar pequeñas cantidades de dinero, procedentes de un atraco, en las cuentas de familiares y amigos. Para no levantar sospechas.

SNAKE IN THE GRASS, A. s. Persona traicionera, persona de poco fiar.

SNAKE IN THE GRASS, A. Untrustworthy. Una persona traicionera, no ser trigo limpio, una persona de poco fiar. Baldwin has been talking about you. He is a snake in the grass. Baldwin va por ahí hablando de ti. Es un tipo de poco fiar.

SNAKE - OIL MERCHANT, A. s. Dícese de alguien que te quiere vender algo que no sirve para nada. Embaucador.

SNAKE. TO BE MORE DANGEROUS THAN THE SNAKE IN THE GARDEN OF EDEN. Ser más peligroso que la serpiente del Paraíso Terrenal.

SNAKE. TO SCOTCH THE SNAKE. Desbaratar un plan, arruinar un plan.

SNARE SOMEONE, TO. v. Atrapar a alguien.

SNATCH SOMEONE, TO. v. Raptar a alguien.

SNATCH - THEFT. Robo que se efectúa dando un tirón de un bolso y a continuación echarse a correr.

SNATCHING. A VIOLENT SNATCHING. Un tirón de bolso violento.

SNEAKY. TO BE SNEAKY. Ser un zorro.

SNEAKY BEAKY. s. Policía encubierto.

SNIDE COMMENTS. s. Comentarios despectivos.

SNIDE GOODS. s. Mercancía de dudosa procedencia.

SNIDE SHOOTER, A. s. Pistola de réplica.

SNIDE TROUSERS. s. Pantalones falsificados.

SNIFF, TO. v. Inhalar cocaína, pegamento, etc.

SNIFFER DOG. s. Perro rastreador.

SNIPER, A. s. Tirador emboscado, francotirador. His life was cut short by a sniper's bullet. El disparo de un tirador emboscado le segó la vida. The sniper shot the man dead. El francotirador abatió al hombre.

SNIPER RIFLE, A. s. Rifle de tirador emboscado, rifle de francotirador.

SNIPER SPOTTER. s. Observador y francotirador.

SNIPER'S WOUND, THE. s. Las partes favoritas del cuerpo donde apunta un francotirador; la cabeza, el cuello y el pecho.

SNIPPING RIFLE, A. s. Rifle de francotirador.

SNITCHER, A. s. Soplón, canario, bucano, delator, chivato.

SNITCH, TO. v. Delatar, aventar, soplar. To snitch on someone. Informar, chivarse, delatar a alguien. To turn snitch. Chivarse.

SNORT A LINE OF COCAINE, TO. Meterse una linea de cocaína. Empolvarse la nariz. After raking up two fat lines on the toilet seat and snorting them both using a rolled note, I started feeling so powerful and euphoric that I just wanted to rip all my clothes off. Tras alinear dos hermosas rayas en el asiento de la taza del aseo, y metérmelas usando un billete enrollado, comencé a sentirme tan potente y eufórico, que sólo quería desnudarme por completo. The actress has admitted to snorting an illicit substance off a politician's chest. La actriz ha reconocido, haberse metido una sustancia ilícita, poniéndola en el pecho de un político.

SNOOP ABOUT, TO. v. Fisgonear, espiar. To be snooped on. Ser espiado.

SNOOPER. s. Fisgón.

SNOTTY TOFF, A. s. Pijo, engreído, niñato.

SNOUT. s. En la jerga taleguera, tabaco.

SNOUT, A. s. Confidente de la policía.

SNOW. s. Cocaína, blanco de Colombia, aranisca.

SNUFF, TO. v. Matar, limpiar el forro.

SNUFF IT, TO. v. Espicharla, diñarla, pasar a mejor vida, morder el polvo, estirar la pata, doblar la servilleta.

SNUFF MOVIE. s. Película pornográfica en la que se abusa de un niño, y después se le asesina.

SOAK, A. s. Borrachín.

SOCIAL CLIMBER. s. Arribista, oportunista, advenedizo, trepa.

SOCIAL DEPRIVATION. Penuria social.

SOCIAL MISFIT, A. s. Inadaptado social.

SOCIAL NETWORKS. s. Redes sociales.

SOCIAL PARIAH, A. s. Un apestado.

SOCIETY. s. The underbelly of society. Los bajos fondos. The lower depths of society. Los bajos fondos de la sociedad.

SOCIETY. THE WALK ON AWAY SOCIETY. La sociedad insolidaria. La Sociedad deshumanizada.

SOCK ON THE JAW, TO. Sacudirle un guantazo a uno en la cara.

SOCK. TO PUT A SOCK IN IT. Achantar la muí, cerrar el pico. Generalmente se abrevia por, ¡sock it! ¡Cierra el pico! Put a sock in it! I am trying to read the book! ¡Cierra la boca! ¡Estoy tratando de leer el libro!

SOD, A. s. Sodomita. Borde, cabrón. A mean, spiteful sod. Un tío de mala leche.

SOD ABOUT, TO. v. Jorobar la marrana, hacer la santísima, hacer la pascua.

SOD. A CLEVER CRAFTY SOD. Un ladino de mucho cuidado.

SOD OFF! ¡Vete a paseo! ¡Vete a freír espárragos!¡ ¡Vete a hacer puñetas! ¡Vete a tomar por donde se crían las almorranas?

SODOMY. s. Sodomía. Acto contra natura.

SOFT TOUCH, A. s. Ingenuo, simple, primo, barbalote, engañadizo, pringao.

SOIL. TO SOIL SOMEONE'S GOOD NAME. Manchar el nombre de alguien.

SOLICITING. Ofrecer una prostituta sus servicios en la calle.

SOLICITOR, A. s. Abogado. A duty solicitor. Abogado de turno de oficio. Letrado de oficio.

SOLITARY CONFINEMENT. Prisión incomunicada. Estar en la celda de aislamiento. Estar en régimen de aislamiento.

SOME. Un puñetazo en la boca. Do you want some? ¿Quieres que te parta los dientes de un puñetazo?

SON OF A BITCH. Hijo de perra. Son of a mongrel bitch. Hijo de la gran puta.

SORE LOSER, A. s. Mal perdedor.

SORES. TO OPEN OLD SORES. Abrir viejas heridas.

SORT SOMEONE OUT, TO. Ajustarle a alguien las cuentas.

SORT. TO SORT SOMEONE OUT. Ajustarle las cuentas a alguien. Darle a alguien una somanta de palos. Aclararle las cosas a alguien. Pegar. Espérate que te vamos a dar lo tuyo. The gang sorted de old man out. La banda le dio una soberana paliza al anciano.

SORT - OUT, A. s. Riña.

SOUP KITCHEN. Comedor social.

SOUP. TO BE IN THE SOUP. Estar en un brete.

SOUPED - UP CAR, A. s. Coche maqueado, coche tuneado.

SOUPER, A. s. Traidor.

SOUR - FACED, A. s. Cara de avinagrado, cara de mal genio, cara de amargado.

SOUVENIR. s. Enfermedad venérea.

SPACE BLANKET. s. En la jerga de los delincuentes, papel de aluminio con el que se envuelven los ladrones, para que las alarmas no detecten la energía del cuerpo y se disparen.

SPADE. TO CALL A SPADE A SPADE. Llamar al pan pan, y al vino, vino. Llamar las cosas por su nombre. Honest to a fault Carol is, she calls a spade a spade. Carol es muy sincera, llama al pan, pan y al vino, vino. I believe in calling a spade a spade. Me gusta llamar las cosas por su nombre.

SPANISH. AN OLD SPANISH CUSTOM. Hacer algo ilícito.

SPANKING. TO HAVE A GOOD SPANKING. Llevarse una buena azotaina.

SPANKING SESSION. Azotaina durante un acto sadomasoquista.

SPAGGERS. s. Espagueti.

SPARE 50p, PLEASE? CAN YOU SPARE 50p PLEASE? ¿Puede darme 50 peniques, por favor? Esto dicen los mendigos cuando piden en la calle.

SPARE, TO. v. To be spared jail. Librar que alguien vaya a la cárcel.

SPARE. TO GO SPARE. Ponerse como una fiera, ponerse como un basilisco.

SPARE. TO SPARE SOMEONE'S LIFE. Perdonarle la vida alguien.

SPARKLER, A. s. Diamante, brilla, challa.

SPAT. s. Pelea, riña, trifulca. To become embroiled in petty spats. Involucrarse en peleas de poca monta.

SPEAR PHISHING. Estafa que consiste en la obtención no autorizada, por medio del correo electrónico, de datos confidenciales.

SPECIAL BRANCHE. s. Departamento de policía que trata con asuntos políticos.

SPECIAL PATROL GROUP. s. Cuerpo de policía que porta armas.

SPECIAL POLICE. s. Cuerpo de policía que se ocupa de las actividades subversivas.

SPECKO. TO DO A ROBBERY ON SPECKO. En la jerga de la delincuencia, hacer un atraco sin preparación. Before we went out, however, I explained to him the dangers of specko and said to him that it was a high - risk enterprise. Sin embargo, antes de salir, le expliqué los peligros de ir a robar sin ninguna preparación, y le dije que era una operación de alto riesgo.

SPEED AWAY, TO. Ir a toda velocidad, ir a todo gas, ir a toda pastilla. The police car followed the vehicle and signalled for it to stop, but it sped out of sight of the officers. El policía seguía al vehículo y le hizo señales para que se detuviera, pero desapareció a toda velocidad de la vista de los oficiales.

SPEEDBALL, A. s. En la jerga del mundo de la droga, una inyección que contiene, mitad de heroína y mitad de cocaína.

SPEEDING. TO BE DONE FOR SPEEDING. Ser multado por exceso de velocidad. To put speeding points on a driving license. Perder puntos del carnet de conducción por exceso de velocidad.

SPEED MERCHANT. s. Un loco del volante.

SPEED. UNSAFE AT ANY SPEED. Peligroso a cualquier velocidad.

SPICE. s. Cannabis sintético.

SPIDER - HOLE, A. s. Zulo.

SPIKE A DRINK, TO. Drogar o cargar mucho una bebida, poner alguna sustancia en una bebida. The most common method of spiking drinks is alcohol. El método más común de alterar una bebida es el alcohol. Dorothy used to spike his drinks to cheat on him with his best friend. Dorothy solía echarle algo en la bebida para engañarle con su mejor amigo. Someone spiked my drink with an ecstasy tablet. Alguien me puso una pastilla de éxtasis en la bebida.

SPIKE SOMEBODY'S GUN, TO. Frustrarle los planes a alguien.

SPILL THE BEANS, TO. Tirar de la manta, descubrir el pastel, levantar la liebre.

SPIN, TO. v. Cachear, registrar.

SPINE CHILLING GHOST STORY. s. Un relato de fantasmas escalofriante.

SPINELESS. Adj. Cobarde. No tener carácter. You spineless shit! ¡Cobarde de mierda! ¡No tienes cojones para nada!

SPIT IT OUT! ¡Desembucha de una vez! ¡Suéltalo ya!

SPITEFUL. Adj. Malo. Rencoroso.

SPIV. s. Timador, mangante, granuja, persona que vive con el sudor del de enfrente, persona que vive del cuento, caballero de industria.

SPY FEVER. Gran interés en el mundo de los espías.

SPY. THERE IS A SPY IN OUR MIDST, A. Hay un espía entre nosotros.

SPY ON SOMEONE, TO. Espiar a alguien.

SPLEEN. s. Ira. To vent one's spleen on someone. Desahogarse con alguien.

SPLIFF, A. s. Canuto de cannabis. A spliff party. Fiesta donde se consumen canutos. To smoke a spliff. Fumarse un canuto. Fancy a spliff? ¿Te apetece un canuto?

SPLIFF ROLLER, A. s. Canutero.

SPLIT. AN AMICABLE SPLIT. Una separación cordial.

SPOIL. s. Botín.

SPONDULICS. s. Pasta, guita, parné. George had spondulics in buckets and wasn't afraid to use them. George tenía mucha pasta, y no tenía miedo a usarla.

SPONGE, A. s. Un tío más borracho que los mosquitos.

SPONGE SOMEONE OFF, TO. Vivir a costillas de alguien. He used to sponge off a very rich man. Solía vivir a costillas de un ricacho.

SPOOK. s. Policía secreta.

SPOOKY. IT IS SPOOKY HERE. Este sitio da miedo, este sitio te pone los pelos de punta.

SPOONS. TO COUNT ONE'S SPOONS. Asegurarse con qué clase de persona trata uno, asegurarse con quien se mezcla uno. When the world's second - richest man gives most of his money to the world's richest man we do well to count our spoons. Cuando el segundo rico del mundo dona la mayor parte de su dinero al hombre más rico del mundo, hacemos bien en asegurarnos con quien nos mezclamos.

SPOT. s. Lugar, sitio. A hairy spot. Lugar peligroso.

SPOT CHECK. Comprobación in situ.

SPOT. IN A TIGHT SPOT. En una situación difícil, complicada.

SPOTLIGHT. TO PUT UNDER THE SPOTLIGHT. Interrogar.

SPOT. TO BE SPOTTED. Ser descubierto.

SPOUT. UP THE SPOUT. Recámara donde se coloca el cartucho para dispararlo.

SPREADEAGLE SOMEONE ON THE FLOOR, TO. Obligar a alguien que se tumbe en el suelo boca abajo, con los brazos y piernas extendidos. In cuffs spreadeagled against the wall. Esposado con las piernas extendidas contra la pared.

SPREAD THE TABLE, AND CONTENTION WILL CEASE. Los duelos con pan son menos. El comer todo lo tapa.

SPREE. A SHOOTING SPREE. Matanza indiscriminada, escabechina. A brutal mass murder spree. Una escabechina salvaje indiscriminada.

SPUR. TO DO SOMETHING ON THE SPUR OF THE MOMENT. Hacer algo sin reflexionar, de repente, en un arrebato, en el furor del momento. To kill someone on the spur of the moment. Matar a alguien en el furor del momento.

SPYHOLD, A. s. Mirilla.

SPYGLASS, A. s. Catalejo.

SQUARE UP TO SOMEONE, TO. Plantarle cara a alguien, hacer frente a alguien, enfrentarse a alguien, encararse. Tom was fined £50 for squaring up to a policeman who had stamped on his foot. A Tom le pusieron una multa de 50 libras, por plantarle cara a un policía que le había dado un pisotón. The man squared up to the intruder. El l hombre se enfrentó al intruso.

SQUARE UP WITH, TO. Saldar una cuenta, arreglar una cuenta.

SQUATTER. Precarista, ocupante ilegal.

SQUEALER, A. s. Soplón, confite, chivato, canario.

SQUEAL, TO. v. Aventar, soplar, delatar.

SQUEEZE. TO SQUEEZE ONE OFF. Abrir fuego, disparar.

SQUEEZE. TO SQUEEZE SOMEONE UNTIL THE PIPS SQUEAK. Chuparle a alguien hasta la última gota de sangre.

SQUEEZE. TO PUT THE SQUEEZE ON SOMEONE. Apretar las clavijas, presionar.

SQUIRREL SOMETHING AWAY, TO. Esconder algo.

SQUIRT. s. Pasta, parné, guita.

SQUIRT, A. s. Un tipo despreciable.

SPURN, TO. v. Despreciar.

STAB, TO. Apuñalar, meterle una mojada a alguien. A man was stabbed to death in south London yesterday. Ayer mataron a un hombre a puñaladas en el sur de Londres. A man was stabbed outside a pub. Apuñalaron a un hombre fuera de un bar. A teenager was hunted down and stabbed to death by a gang. Una banda persiguió a un adolescente, y lo mató a puñaladas. To stab someone in the bollocks. Meterle una cuchillada a alguien en los cataplines. A shopkeeper has been arrested on suspicion of murder after a man was stabbed to death during a robbery at his shop. Un hombre ha sido detenido como sospechoso de asesinato, después de que un ladrón fuera apuñalado de muerte en su tienda. A householder who stabbed a suspected burglar to death was released without charges. El propietario de una casa que mató a un sospechoso ladrón a puñaladas ha sido puesto en libertad sin cargos. A man who was stabbed to death at a bus stop in South London may have been the victim of a random attack. A un hombre, a quien mataron a puñaladas en una marquesina en el sur de Londres, podría haber sido la víctima de una agresión al azar. To stab someone in the neck with a broken bottle. Rajarle a alguien el cuello con un casco de botella. A man was stabbed and died at the scene. Apuñalaron a un hombre y murió en el lugar de los hechos. A fatal stabbing. Una puñalada mortal. A man was stabbed to death when he tried to stop a burglar. Mataron a un hombre a puñaladas cuando trató de parar a un caco. She managed to run away. But he caught up with her and stabbed her in the back. Ella se las ingenió para escapar. Pero él la alcanzó y la apuñaló por la espalda.

STAB IN THE BACK, A. 1. Una traición. 2. Una puñalada por la espalda, una puñalada trapera, una navajada trapera, una cuchillada trapera.

STAB - PROOF VEST, A. Chaleco anti arma blanca.

STAB SOMEONE FROM BEHIND, TO. Acuchillar a alguien por la espalda. Meterle a alguien una puñalada trapera.

STAB SOMEONE IN THE BACK, TO. 1. Traicionar. 2. Apuñalar a alguien por la espalda, darle a alguien una puñalada trapera, una puñalada a traición.

STAB SOMEONE TO DEATH, TO. Matar a alguien a cuchilladas. Acuchillar a alguien hasta matarlo. Acuchillar hasta la muerte. Morir por arma blanca. A man was stabbed to death protecting a teenage friend from knife - wielding attackers. Mataron a un hombre a cuchilladas al tratar de proteger a un amigo adolescente de unos atacantes con cuchillos.

STAB SOMEONE THROUGH THE HEART, TO. Clavarle a alguien un puñal en el corazón. The man

214

lying there dead, stabbed through the heart, is that very Simon. El hombre que está muerto en el suelo, apuñalado en el corazón, es el mismísimo Simón. To stab someone in the heart. Apuñalar a alguien en el corazón. A stab at the heart. Una puñalada en el corazón. A single stab - wound into the heart. Una puñalada mortal en el corazón.

STAB. THE STUDENT'S LIFE SLOWLY EBBED AWAY AFTER HE WAS STABBED IN THE NECK. La vida del estudiante se desvanecía poco a poco tras recibir una cuchillada en el cuello.

STAB WOUNDS. SERIOUS STAB WOUNDS. Heridas graves por apuñalamiento.

STABBED. A MAN WAS ARRESTED AFTER A WOMAN WAS STABBED. Detuvieron a un hombre tras el apuñalamiento de una mujer.

STABBED. A MAN WAS STABBED AT LEAST SEVEN TIMES IN THE CHEST AFTER A BRAWL. Tras una trifulca, apuñalaron a un hombre en el tórax, por lo menos siete veces.

STABBED. TO BE FATALLY STABBED. Ser acuchillado de muerte.

STABBED. TO BE STABBED TO DEATH. Morir acuchillado.

STABBED. THE MAN STABBED THE VICTIM TWICE. El hombre apuñaló a la víctima dos veces.

STABBED. A WOMAN WAS STABBED, THEN BURNED WITH A BLOWTORCH BY HER HUSBAND. Un hombre acuchilló a su mujer, y, a continuación, la quemó con un soplete.

STABBED. THE MAN STABBED HIS VICTIM WITH A KNIFE, PIERCING HIS LUNG AND LIVER AND CUTTING THE MAIN PULMONARY ARTERY. El hombre apuñaló a la víctima con un cuchillo, le atravesó el pulmón e hígado y seccionó la principal arteria pulmonar.

STABBING. s. Apuñalamiento, acuchillamiento. A cold - blooded stabbing in the back. Apuñalamiento a sangre fría por la espalda. A fatal stabbing. Acuchillamiento mortal. Mass stabbing. Acuchillamiento en masa. Stabbing victim. Víctima de un acuchillamiento.

STAG. TO TURN STAG. Informar, delatar, aventar.

STAGGER AWAY. THE MAN STAGGERED AWAY FROM THE PUB. El hombre se marchó del bar haciendo eses.

STAGGERING. A MAN SAW HIS NEIGHBOUR STAGGERING OUT OF HIS HOUSE WITH A BULLET WOUND IN HIS CHEST. Un hombre vio a su vecino saliendo de su casa tambaleándose con una herida de bala en el pecho.

STAIR DANCER, A. s. Ladrón que entra a robar en los edificios abiertos.

STAKE. s. Estaca. A stake was driven to the murderer´s heart to prevent his soul escaping from his body. Le clavaron una estaca al asesino en el corazón para evitar que se escapara el alma del cuerpo.

STAKE. BURNED AT THE STAKE. Muerte en la hoguera.

STAKES. PLAY HIGH STAKES, TO. Apostar mucho, jugarse mucho, arriesgar mucho. The judge told the prisoner: you have played for high stakes, now comes the punishment. You will go to prison for 25 years. El juez le dijo al reo: has arriesgado mucho, ahora llega el castigo. Irás a la cárcel 25 años.

STALKER, A. s. Acechador. Stalker guilty of killing lover. Acechador culpable de asesinar a su amante.

STALK SOMEONE, TO. Acechar a alguien, acosar a alguien. A night stalker. Acechador nocturno. To stalk Online. Acecho cibernético. To stalk the streets. Acechar en las calles.

STALKING CRIME. Delito de acoso.

STALKING HORSE, A. s. Coartada, triquiñuela.

STALKING VICTIM. Víctima de acecho.

STAMP ON SOMEONE´S HEAD, TO. Patearle a alguien la cabeza. The gang were taking it in turns to stamp on some poor guy´s head. Los miembros de la banda se turnaban para patearle al pobre hombre la cabeza.

STAMPING GROUND. S. Lugar que frecuenta uno, lugar predilecto de alguien.

STAN, A. s. Cuchilla.

STAND AND DELIVER! ¡La bolsa o la vida!

STAND. I CAN´T STAND HIM. Lo tengo entre ceja y ceja, le tengo ojeriza, no lo puedo ver ni en pintura, le tengo manía, tenerle antipatía a alguien.

STAND - OFF WITH ARMED POLICE, A. Enfrentamiento armado con la policía. Mantener un pulso armado con la policía.

STAND - OFF. A MAN SHOT BY POLICE DURING A STAND - OFF ON MONDAY HAS DIED. El hombre que mantuvo un tiroteo con la policía el lunes, que resultó herido, ha muerto. A stand - off between the police and a man. Un pulso entre la policía y un hombre.

STAND. s. Banquillo de testigos. To take the stand. Testimoniar.

STAND. TO KNOW WHERE ONE STANDS. Saber a que atenerse.

STAND UP TO SOMEONE, TO. Plantarle cara a alguien.

STANLEY KNIFE, A. s. Cuchilla. Jeremy was slashed so deeply from face to torso with a Stanley knife that he almost died. A Jeremy, le rajaron la cara y el torso con una cuchilla, de tal manera, que casi lo matan.

STAR, A. s. Persona que va a la trena por primera vez.

STARDUST. s. Cocaína, blanco de Colombia.

STARE. s. Mirada. An accusing stare. Una mirada acusadora.

STARE AT SOMEONE, TO. Mirar a alguien fijamente.

STARTLE SOMEONE, TO. Asustar a alguien.

STARVATION WAGES. s. Sueldos de hambre, sueldos de miseria.

STASH, TO. v. Ocultar algo en un lugar secreto.

STATE. TO GET ONESELF INTO A STATE. Inquietarse, estar en ascuas, estar impaciente, ponerse nervioso.

STATE´S EVIDENCE. s. Testigo de cargo.

STATIC ATTACK. RESISTANCE FUTILE. Ataque estático. Toda resistencia inútil. Pintada en un aseo público.

STATIONS. PANIC STATIONS! Estar preparado para lo peor. Alarmado, despavorido. People were at panic stations when the gunman started to shoot. La gente corría despavorida cuando el pistolero comenzó a disparar.

STATUS QUO. El orden establecido, el estado de las cosas.

STAUNCH CRIMINAL, A. s. Dícese del testigo al que se coacciona para que cambie su testimonio, pero él se mantiene en sus trece, y no cede.

STEAL, TO. v. Robar, afanar, agarabar, apandar.

STEALING. TO OWN UP TO STEALING. Confesar haber robado.

STEAM INTO, TO. 1. Comenzar una pelea. 2. Sumarse a una pelea.

STEAM. TO LET OFF STEAM. Desahogarse.

STEAMED UP. TO GET STEAMED UP. Acalorarse, exaltarse. You can't say anything to Martin, he gets steamed - up immediately. No se le puede decir nada a Martín, se acalora enseguida.

STEAMER, A. s. Primo, bueno, incauto, pringao, persona a quien se le engaña fácilmente.

STEAMING. s. En la jerga de la delincuencia, robo que comete una banda de delincuentes. Dicho robo consiste en entrar en un tren, o ir a los mercadillos que hay en las calles, y arramplar con todo lo que pillan. They had been part of a steaming gang that attacked passengers on London's Tube network. Habían formado parte de una banda de ladrones que asaltaba a los pasajeros en el Metro de Londres.

STEER CLEAR OF SOMETHING OR SOMEONE, TO. Huír como de la peste, esquivar, evitar. Try to steer clear of Simon, he is going to con you. Evita a Simón, va a tratar de estafarte.

STENDER, A. s. Delincuente del este de Londres.

STEP OUTSIDE! ¡Sal afuera! What did you say? Step outside and repeat it again! ¿Qué has dicho? ¡Sal afuera y repítelo otra vez? A man asked if I wanted to step outside. When I said I didn´t, he swore at me, kicked the counter, and stormed out. Un hombre me dijo que si me atrevía a salir a la calle. Cuando le dije que no, me insultó, le pegó una patada al mostrador y salió del bar como una centella. If you care to step outside! I thought you would never ask! ¡Sal a la calle si te atreves! ¡Pensaba que no me ibas a pedir que saliera a la calle! Cuando se retan dos personas en un bar para zurrarse en la calle.

STEP. WATCH YOUR STEP! ¡Ándate con mucho cuidado! Ándate con pies de plomo. Watch your step, Jane! Your job is in the firing line! ¡Ándate con mucho cuidado, Jane! ¡Tu trabajo está en peligro!

STERILISE THE STREETS BY THE POLICE, TO. Inspeccionar las calles, verificar objetos abandonados. Esta operación la suele llevar a cabo la policía, cuando alguien importante va a pasar por una calle.

STEROID JABBER. Persona que se inyecta esteroides.

STEW. TO BE IN A RIGHT STEW. Estar metido en un buen lío. Estar metido en un fregado.

STEW IN ONE´S OWN JUICE, TO. Cocerse en su propia salsa, macerarse uno en su propio veneno.

STICK, A. s. En la jerga de la delincuencia, batuta, pata de cabra, hierro, palanca para forzar puertas.

STICK THEM UP! ¡Manos arriba! ¡La bolsa o la vida!

STICK, TO. v. Acuchillar.

STICK. TO GIVE STICK. Dar caña. To give someone a bit of stick. Vapulear a alguien, dar caña. Atacar verbalmente a alguien.

STICK. TO HAND OUT A BIT OF STICK. Repartir leña. Dar caña.

STICK. TO HIT SOMEONE WITH A STICK IN THE HEAD. Propinarle a alguien un golpe en la cabeza con un palo.

STICK. TO STICK IT ON SOMEONE. Darle a alguien un puñetazo.

STICK. TO STICK ONE ON SOMEONE. Sacudirle un guantazo a alguien.

STICK TWO FINGERS UP AT SOMEONE, TO. Hacerle un corte de mangas a alguien. To stick two fingers up to the world. Pasarse la opinión mundial por el forro. The Home Secretary is going to crack down on the irresponsible citizens who stick two fingers up at authority. El ministro del interior va a tomar medidas drásticas contra aquellos ciudadanos que les hacen un corte de mangas a la autoridad.

STICKER, A. s. Cuchillo, corte, arma blanca.

STICKSMAN, A. s. Carterista, bravo, tomador del dos.

STICKSING. s. Práctica que consiste en robar carteras.

STICK UP, A. s. Atraco. Robo con violencia.

STICK - UP ARTIST, A. s. Atracador.

STICK. TO STICK UP FOR SOMEONE. Respaldar a alguien.

STICKY END. TO COME TO A STICKY END. Acabar mal.

STIFF, A. s. 1. Cadáver, fiambre, carroña. 2. Carta que se saca de la cárcel a escondidas.

STIFF. TO BORE SOMEONE STIFF. Matar a alguien de aburrimiento.

STIFF DRINK, A. s. Bebida alcohólica fuerte. I only rarely take anything stronger than a stiff drink. Yo sólo tomo raramente otra cosa que no sea bebida alcohólica fuerte. We sat down and had a couple of stiff drinks. Nos sentamos, y tomamos un par de bebidas bien fuertes. I need a stiff drink to perk myself up. Necesito una bebida fuerte para animarme.

STIFF SOMEONE, TO. v. Cargarse a alguien.

STIFF. TO SCARE SOMEBODY STIFF. Darle a alguien un susto de muerte. Don't do that again, you scared me stiff! ¡No hagas eso otra vez, me has dado un susto de muerte!

STIFFEN SOMEONE UP, TO. v. Estafar a alguien.

STILLBIRTH, A. Nacido muerto.

STILL TONGUE MAKES A WISE HEAD, A. Al buen callar llaman Sancho.

STILETTO, A. s. Estilete. To murder someone with a stiletto. Asesinar a alguien con un estilete. A woman was found with a stiletto buried in her neck up to the hilt. Se ha encontrado a una mujer con un estilete clavado en el cuello hasta las cachas. Hasta el mango. To slide a stiletto into someone's back. Clavarle un estilete a alguien en la espalda.

STING, A. s. Estafa, timo.

STING, TO. v. Estafar, timar. The shopkeeper stung me for £5. El tendero me estafó 5 libras.

STING. A POLICE STING OPERATION. Operación policial secreta bien planeada. The robbers instead of escaping with the diamonds, they were foiled by a police sting. Una operación policial bien planeada, impidió que los atracadores escaparan con los diamantes. Undercover sting. Operación policial encubierta.

STINGERS. s. Cinta de clavos. Las utiliza la policía para evitar que los coches pasen por determinados sitios.

STINK. TO KICK OUT A HELL OF A STINK. Armar la marimorena, montar un pollo, formar un pitote.

STINKER, A. s. Sabandija, un tipo despreciable, cabrito, canalla.

STINT. TO BE SUBJECTED TO A STINT OF HER MAJESTY'S PLEASURE. Pasar una temporada en chirona.

STIPENDIARY MAGISTRATE, AN. s. Magistrado estipendiario.

STIR. s. Trena, trullo, cárcel. To be in stir. Estar en el trullo.

STIR. TO CAUSE A STIR. Armar un revuelo, armar un alboroto, armar un cisco.

STITCH THIS! ¡Tómate esa y vuelve a por otra!

STITCH SOMEONE UP, TO. 1. Timar a alguien, estafar, engañar. 2. Embolar, acusar falsamente, encausar con cargos falsos.

STOCK AND BARREL OF A GUN, THE. La culata y el cañón de un arma.

STOCKHOLM SYNDROME, THE. s. El síndrome de Estocolmo.

STOLEN WATERS ARE SWEET. Fruta prohibida, más apetecida. No hay tal fruta como la que se hurta.

STOLEN GOODS NEVER THRIVE. Lo que es del agua, el agua se lo lleva. Bienes mal adquiridos, a nadie han enriquecido,

STOLEN WATERS ARE SWEET. Fruta prohibida, más apetecida.

STOMACH. TO HAVE NO STOMACH FOR. No tener estómago para.

STOMACH. TO MAKE A STOMACH FLIP. Revolvérsele a uno el estómago.

STOMACH. TO TURN SOMEONE'S STOMACH. Revolverle a alguien el estómago.

STONE - COLD SOBER. Estar perfectamente sobrio. You are drunk! ¡ I am not drunk, I am stone - cold sober! ¡Estas borracho! ¡No estoy borracho, estoy perfectamente sobrio!

STONE. THE STONE IN ONE'S OWN SHOE. La china en el zapato.

STONE. TO LEAVE NO STONE UNTURNED. Revolver Roma con Santiago. We are leaving no stone unturned in our search for the missing person. Vamos a revolver Roma con Santiago, hasta que encontremos a la persona desaparecida. To go missing. Desaparecer.

STONE DEAD. TO SHOOT SOMEONE STONE DEATH. Dejar a alguien seco de un tiro.

STONEFACED. Adj. Cara de palo.

STONK, TO. s. Insultar.

STONY. TO BE STONY BROKE. Estar sin blanca, estar más tieso que la mojama, estar más tieso que una birla.

STONY STARE, A. Una mirada fría.

STOP AND SEARCH POWERS. Detener y cachear. Potestad que tiene la policía para parar a aquellas personas que considera sospechosas y registrarlas.

STORIES. TO MAKE UP STORIES ABOUT SOMEONE. Inventarse historias acerca de alguien.

STORY. A GRIPPING STORY. s. Una historia apasionante.

STORY. A LIKELY STORY. Algo poco probable. Algo que no se lo cree nadie. Un cuento chino. Roger says that he didn't come to work yesterday because he was unwell. A likely story - I bet he was in the pub! Roger dice que no vino a trabajar ayer porque no se encontraba bien! ¡Eso no se lo cree nadie - apuesto a que se fue al bar!

STORY. A MADE-UP STORY. Una historia inventada. Un cuento chino.

STORY. TO MAKE A STORY UP. Inventarse un cuento. Inventarse una historia. A gruesome story. Una historia horripilante. A murky story. Una historia turbia.

STORY. A LIKELY STORY! Una historia poco probable.

STORY. A TALL STORY. Una historia que no se la cree nadie.

STRAIGHT AND NARROW. ON THE STRAIGHT AND NARROW WAY. Llevar una vida ejemplar, ser respetuoso con la ley. Ever since I got a fine for driving too fast, I have been on the straight and narrow. Desde que me multaron por conducir demasiado rápido, soy muy respetuoso con la ley.

STRAIGHT PERSON, A. s. Persona respetuosa con la ley.

STRAIGHT. TO GO STRAIGHT. Enmendarse, abandonar la vida de delincuente.

STRAIGHT TREES HAVE CROOKED ROOTS. Botas y gabán esconden mucho mal.

SRAIGHT UP. Adj. To be straight up. Ser honrado.

STRANGLE, TO. v. Estrangular.

STRANGLED. TO BE STRANGLED TO DEATH. Morir estrangulado. She was strangled by her next-door neighbour. La estranguló su vecino.

STRANGER, A. s. Desconocido.

STRANGER IN OUR MIST, A. s. Un intruso entre nosotros.

STRANGER TO THE TRUTH. TO BE A STRANGER TO THE TRUTH. To be a liar. Ser un mentiroso.

STRANGULATION. s. Estrangulamiento. Manual strangulation. Estrangulamiento manual.

STRAW COMPANY, A. s. Empresa pantalla.

STREAK. TO HAVE A DELINQUENT STREAK. Tener una veta delincuente.

STREET. A RUN DOWN AT HEEL STREET. Calle desfavorecida, calle empobrecida, calle sórdida.

STREET - SMART. Adj. Astuto, avispado, sabérselas todas.

STREETS. TO WALK THE STREETS. Hacer la carrera, prostituirse.

STREETWALKER, A. s. Prostituta callejera, andorrera.

STREETWISE. Adj. Avispado, pícaro, astuto, no tener nada de tonto, llevar muchas horas de vuelo, sabérselas todas. Saber más que Merlín y todos los doctores de la Iglesia.

STRETCH, A. s. Un año de cárcel.

STRETCH. TO FINISH UP WITH A 6 - MONTH STRETCH. Ir a la cárcel por seis meses. To do a ten year stretch. Pasar diez años en el trullo. To do an eight - year stretch for drugs. Pasar ocho años en chirona por posesión de drogas. To do a long stretch in the nick. Pasar una buena temporada en la trena.

STRING SOMEONE UP, TO. Ahorcar a alguien. The mob strung the suspect up. El populacho colgó al sospechoso.

STRING 'EM UP! ¡A la horca con ellos! Así gritaban la turba cuando querían que alguien fuera ajusticiado.

STRING. TO HAVE SOMEONE ON A STRING. Tener a alguien sometido, tener a alguien en un puño.

STRING UP, TO. Colgar.

STRIP SEARCH, TO. Hacer un registro personal. Un cacheo con desnudo integral.

STRIPE. s. Una cicatriz en la cara. Una cuchillada en la cara. He got a stripe across his cheek. Le rajaron la cara de arriba abajo.

STRIPE UP, TO. Timar, estafar.

STRONG ARM. Autoritario.

STRONG ARM OF THE LAW, THE. s. La policía.

STROPPY. TO GET STROPPY. Sulfurarse, subirse a la parra, montar en cólera, ponerse agresivo, cabrearse. Don't get stroppy! ¡No te subas a la parra!

219

STUCK - UP, A. Engreído, pretencioso, presuntuoso, estirado.

STUFF. THE RIGHT STUFF. Lo que hay que tener, tener hígados, tener redaños, tener agallas.

STUFF. TO BE ON THE STUFF. Consumir droga.

STUFF. WHAT THE HELL IS THIS STUFF? ¿Qué demonios es esto?

STUFFER AND SWALLOWER, A. s. En la jerga del mundo de la droga, una culera o culero. Hombre o mujer, que pasan droga en el recto o en la vagina. Vaginera.

STUN GRENADE. s. Granada aturdidora.

STUN GUN, A. s. Pistola eléctrica.

STUN, TO. v. Aturdir. The blow on the head stunned him. El golpe en la cabeza lo dejó aturdido

SUBJECT. TO SKIRT AROUND A SUBJECT. Marear la perdiz.

SUB - MACHINE GUN, A. s. Metralleta, la tartamuda. He was blasted in the neck with a sub - machine gun. Le dispararon una ráfaga de tiros al cuello con una metralleta.

SUBMARINE, A. s. En la trena, sección de la la cárcel donde se aislan a terroristas, ladrones violentos.

SUBPOENA. s. Citación judicial.

SUB-ROSA. En secreto.

SUBSTANCE ABUSE. Toxicomanía.

SUBSTANCES. s. Drogas. To peddle dangerous substances. Trapichear con drogas peligrosas. To turn to substances. Recurrir a las drogas.

SUBTERFUGE. s. Subterfugio, escapatoria, excusa. A subterfuge most foul. A subterfuge most foul. Un subterfugio de lo más sucio.

SUCKER, A. s. Primo, pringao, bueno, incauto.

SUCKER. TO BE A SUCKER. Ser un incauto, ser un pringao, un primo. He is such a sucker. Es tan incauto.

SUCKER. TO MAKE A SUCKER OF SOMEONE. Estafar a alguien, timar a alguien.

SUCK IN, TO. Estafar, timar, engañar.

SUCK UP TO, TO. Hacer la pelota.

SUE SOMEONE, TO. v. Demandar a alguien. To sue at the drop of a hat. Demandar por un quítame allá esas pajas.

SUE FOR LIBEL, TO. v. Demandar por libelo.

SUE FOR DAMAGES, TO. v. Demandar por daños y perjuicios.

SUFFOCATE SOMEONE WITH A PLASTIC BAG, TO. Asfixiar a alguien con una bolsa de plástico. James allegedly suffocated his wife with a plastic bag. James, presuntamente, asfixió a su mujer con una bolsa de plástico.

SUGAR. s. Soborno, mordida.

SUGAR UP, TO. Sobornar.

SUICIDAL. TO BE SUICIDAL. Tener tendencias suicidas.

SUICIDE ATTACK, A. s. Un ataque suicida.

SUICIDE BANKING MENTALITY. Mentalidad bancaria suicida.

SUICIDE. A BOTCHED SUICIDE. Un suicido fallido.

SUICIDE IS A REAL THREAT TO HEALTH IN A MODERN SOCIETY. El suicidio es una verdadera amenaza para la salud en la sociedad moderna. Cita de Virginia Bottomley, exministra de sanidad en 1993. En el Gobieno de John Major.

SUICIDE LETTER. s. Carta de suicidio.

SUICIDE NOTE, A. Nota de suicidio.

SUICIDE PACT, A. s. Suicidio pactado.

SUICIDE. A SUSPECTED SUICIDE. Un posible suicidio.

SUICIDE TOURISM. s. Viajar a un país donde existe el suicidio asistido.

SUICIDE WATCH. Protocolo anti suicidio

SUIT. s. Detective.

SUITCASING. En la jerga del mundo de la droga, esconder droga en la vagina o en el recto.

SUMMONS. s. Orden de comparecencia en un juzgado, citación al juzgado. To summon someone.

Citar ante el juez. To summon a witness. Citar a un testigo.

SUNDAY PAPERS. s. Periódicos dominicales. I want to keep my good name out of the Sunday papers. No quiero que salga mi buena fama en los periódicos dominicales.

SUPERGRASS, A. s. Soplón que pasa información de un gran número de personas, que servirán de pruebas para incriminarlas. A cambio de una pena más leve.

SUPERINTENDENT OF POLICE. s. Comisario de policía.

SURPRISE. CAUGHT BY SURPRISE. Pillado por sorpresa

SURETY. TO STAND SURETY FOR SOMEONE. Avalar a alguien.

SURF, TO. v. Viajar en tren colgado por fuera agarrado de alguna parte, para no pagar.

SURGE. s. Repunte. A surge in the number of stabbings and killings. Un repunto en el número de acuchillamientos y muertes.

SURGEON. s. Cirujano.

SURVEILLANCE. s. Vigilancia. Electronic surveillance. Vigilancia electrónica. The surveillance society. La sociedad vigilante. To be under surveillance. Estar vigilado. Illicit surveillance. Vigilancia ilegal. Mass electronic surveillance. Vigilancia eléctronica de masas. To keep someone under close surveillance. Tener a alguien bien vigilado. To put a place under surveillance. Vigilar un sitio.

SURRENDER, TO. v. Entregar. Rendirse. The criminal refused to surrender his gun and was shot death by the police. El delincuente se negó a entregar el arma y la policía lo mató a tiros.

SUS LAW. (STOP UNDER SUSPICION). Registrar bajo sospecha. Ley muy polémica. Según los críticos, la policía suele parar y registrar más a las minorías étnicas.

SUSPECT, A. s. Sospechoso. Outstanding suspect. Sospechoso importante. The prime suspect. El principal sospechoso. A murder suspect. Persona sospechosa de un asesinato. To swoop on a suspect. Detener a un sospechoso en una redada policial. To eliminate all possible suspects. Descartar el mayor número de sospechosos. The suspect was a thin - faced fellow with bad teeth and a slick of fair hair racked back along his skull. El sospechoso era un tipo de cara estrecha, con los dientes podridos, y elegante pelo rubio liso peinado hacia atrás. The prime suspect in a murder. El sospechoso principal de un asesinato.

SUSPECT. s. Sospechoso. To caution a suspect. Leer los derechos a un sospechoso.

SUSPECT, TO. v. Sospechar.

SUSPECT. TO INTEND TO SUSPECT. Infundir sospecha.

SUSPENDED JAIL SENTENCE, A. Sentencia condicional.

SUSPICION. TO BE ABOVE AND BEYOND SUSPICION. Estar por encima de toda sospecha.

SUSPICION. TO BE ARRESTED ON SUSPICION OF DRUGGING AND INDECENTLY ASSAULTING A GIRL. Ser detenido como sospechoso de drogar y agredir deshonestamente a una chica.

SUSPICION. TO BE ABOVE SUSPICION. Estar por encima de toda sospecha.

SUSPICION. TO BE UNDER SUSPICION. Estar bajo sospecha. To fall under suspicion. Caer bajo sospecha.

SUSPICIOUS. Adj. Sospechoso. Early suspicious were that Mrs. Green killed her children before taken her own life, but this have been ruled out. Las primeras sospechas indicaban que la señora Green mató a sus niños antes de suicidarse, pero esto se ha descartado. To stop suspicious people in the street. Parar a personas sospechosas en la calle. To see something suspicious in the vicinity. Ver algo sospechoso por los alrededores. The man sounded suspicious. El hombre parecía sospechoso.

SUSPICIOUS DEATH, A. s. Una muerte sospechosa.

SUSS, A. s. Sospechoso.

SUSS. s. Astucia.

SUSS OUT SOMEONE, TO. Medir a alguien con la vista.

SUSSED. Adj. Estar en el ajo, estar al corriente.

SUSSED OUT. TO GET SUSSED OUT. Ser descubierto.

SWAG. s. En la jerga de la delincuencia, el afane, el botín de un robo.

SWAG SOMEONE AWAY, TO. En la jerga policial, secuestrar a alguien.

SWAGGER, TO. v. Pavonearse. He swaggered down the high street shouting and attacking everyone. Fue pavoneándose por la calle principal, gritando y agrediendo a todo el mundo.

SWAGGER. TO HAVE A SWAGGER. Ser un fanfarrón.

SWALLOW THE ANCHOR, TO. En la jerga del hampa, entregarse a la policía.

SWANK. s. En la jerga de la delincuencia, artículos robados.

AWORDMAN. s. Perista, jaleador, poleo, rosero. Persona que trata con objetos robados.

SWEAR. TO SWEAR AT SOMEONE. Insultar a alguien, maldecir, imprecar. Don´t swear! ¡No digas tacos!

SWEAR. TO SWEAR AT SOMEONE DOWN THE PHONE. Insultar a alguien por teléfono.

SWEAR. TO SWEAR LIKE A TROOPER. Jurar como un carretero.

SWEAR. TO SWEAR TO LET OFF STEAM. Jurar para desahogarse.

SWEARER. A TERRIBLE SWEARER. Un tipo soez. Blasfemo.

SWEAT, TO. Interrogar con amenazas de violencia.

SWEAT IT OUT, TO. Sudar la gota gorda.

SWEAT. TO BREAK INTO A SWEAT. Ponerse a sudar.

SWEENEY, A. s. Policía que forma parte de una patrulla móvil.

SWEEP OF A HAND. TO KNOCK SOMEONE DOWN WITH ONE SWEEP OF A HAND. Tumbar a alguien de un tortazo.

SWEET TALK, TO. Adular, hacer el cuento.

SWEETENER, A. s. Soborno, mordida.

SEWER MOUTH, A. Deslenguado, malhablado, grosero.

SWIFT, TO. v. Incriminar la policía a alguien con pruebas falsas.

SWIFT. TO PULL A SWIFT ONE. Engañar.

SWIMMING POOL. s. Piscina. A man was found dead in the swimming pool. Apareció un hombre muerto en la piscina.

SWINDLE, A. s. Timo, estafa.

SWINDLE, TO. v. Timar, estafar. Thousands of people are swindled out of millions every year by con artists. Todos los años, los timadores estafan a miles de ciudadanos millones. To swindle people right, left and centre. Estafar a la gente a diestro y siniestro.

SWINDLER, A. s. Timador, estafador. A self - confessed swindler. Timador confeso.

SWINDLING OF RETIRED PEOPLE. Estafas a los jubilados.

SWING, TO. v. Morir ahorcado, pernear en la soga, bailar en el extremo de la soga. To see someone swing. Procurar que alguien vaya a la horca.

SWING ROUND, TO. Girar sobre sí mismo. The body slowly swung round once or twice, and then all was over. El reo giró una o dos veces alrededor de sí mismo, y todo se acabó.

SWING. TO TAKE A SWING AT SOMEONE. Sacudirle un guantazo a alguien.

SWIPE. A VERBAL SWIPE. Críticar.

SWIPE CARD, A. s. Tarjeta de identificación.

SWIPE, TO. v. Robar, afanar.

SWIPE. TO TAKE A ASWIP AT SOMEONE. 1. Criticar a alguien. 2. Atacar verbalmente o pegarle a alguien. The man took a swipe at his neighbour. El hombre le propinó un golpe a su vecino.

SWISS ARMY KNIFE, A. s. Navaja suiza. Navaja multiusos. As useful as a Swiss army knife. Tener tantas aplicaciones como una navaja multiusos.

SWIVEL EYED. Persona de poco fiar.

SWORD. HE WHO LIVES BY THE SWORD, DIES BY THE SWORD. Quien a hierro mata, a hierro muere.

SWORD. A MAN WAS HACKED WITH A SWORD BY A HOODED GANG. Una banda de encapuchados rajó a sablazos a un hombre.

SWORD STICK, A. s. Bastón estoque.

SWORD THRUST, A. Estocada.

SWORD. TO PUT TO THE SWORD. Pasar a cuchillo.

SWORD. TO RUN A SWORD INTO SOMEONE. Atravesar a alguien con una espada.

SWORD WIELDING. ARMED OFFICERS SHOT DEAD A SAMURAI SWORD WIELDING MAN. Policías armados mató a tiros a un hombre que empuñaba una espada de samurai.

SWORDSMAN, A. s. Perista, jaleador, rosero, poleo, persona que recibe objetos robados.

SWORDS. TO BEAT SWORDS INTO PLOUGHSHARES. Hacer rejas de arado de las espadas.

SWORDS. TO CROSS SWORDS WITH SOMEONE. Discutir con alguien, enfrentarse, pleitear.

SWORDS.TO DRAW ONE´S SWORDS AGAINST. Atacar a alguien.

SWORDS. TO MEASURE SWORDS. 1.Enfrentarse en un duelo. 2. Medir las fuerzas con alguien.

SWORN ENEMY, A. s. Enemigo jurado.

SYNDROME. THE SHORT MAN SYNDROME. A LOUDMOUTH, CHEEKY, SHOW - OFF AND PAIN IN THE ARSE. El síndrome del hombre bajito: bocazas, descarado, presumido y coñazo.

SYSTEM. TO WORK THE SYSTEM. Darle la vuelta al sistema. To play the system. Darle la vuelta al sistema.

T

TABLETS. KEEP TAKEN THE TABLETS! ¡No dejes de tomar los medicamentos! Respuesta que se utiliza en respuesta a alguna locada que ha hecho o dicho alguien. I saw Robert yesterday. Henry, Robert has been dead for three months, just keep taking the tablets! Ayer vi a Robert. ¡Henry, Robert se murió hace tres meses, no dejes de tomarte los medicamentos!

TABLOID PRESS, THE. Prensa sensacionalista.

TAGGER, A. s. Grafitero. Dícese del joven que va pintando trenes, paredes, y todo lo que pilla por delante. He boasts of being the best tagger in town. Presume de ser el mejor grafitero de la ciudad.

TAGGING. Escribir el nombre por las paredes. De forma anónima. Generalmente, un garabato.

TAIL SOMEONE, TO. Seguir a alguien. To be tailed by the law. Ser seguido por la policía. My friend was always tailed by the police every time he left the building. A mi amigo le seguía la policía cada vez que salía del edificio.

TAIL. TO BE ON SOMEONE'S TAIL. Pisarle a alguien los talones. Police are on the tail of the robbers. La policía va pisándoles los talones a los ladrones.

TAIL. TO TURN TAIL AND WALK AWAY. Dar media vuelta y pirárselas.

TAIL. TO PUT A TAIL ON SOMEONE. Vigilar a alguien.

TAIL SOMEONE, TO. v. Seguir a alguien.

TAILGATE SOMEONE, TO. v. Colarse en un edificio, siguiendo a un empleado que abre la puerta con una tarjeta de identificación. One individual tailgated someone with a swipe card and was let through. Un individuo se coló detrás de alguien que abrió la puerta con una tarjeta de seguridad, y le dejaron pasar.

TAILGATING. Conducir pegado detrás de otro vehículo. Tailgating is a very dangerous practice, especially on motorways, where it is often the cause of serious accidents. Conducir pegado detrás de otro vehículo es una costumbre muy peligrosa, especialmente, en las autopistas, donde a menudo es la causa de graves accidentes.

TAIL. TO TURN TAIL. Dar media vuelta y volver. Sam turned tail and returned home. Sam dio media vuelta y se volvió a casa.

TAIL. WITH HIS TAIL BETWEEN HIS LEGS. Con el rabo entre las piernas. My tail was so firmly between my legs that I found it rather hard to walk. Llevaba el rabo tan apretado entre las piernas que apenas podía caminar.

TAKE. TO BE ON THE TAKE. Aceptar sobornos.

TAKE A CASE AGAINST SOMEONE, TO. Presentar un recurso contra alguien.

TAKE THE HONOURABLE WAY OUT, TO. Suicidarse.

TAKING AND DRIVING AWAY A MOTOR VEHICLE. Robar un vehículo.

TAKE IN, TO. Engañar, timar.

TAKE IT OUT ON SOMEONE, TO. Desahogarse con alguien. Don't take it out on our staff. No se desahoguen con nuestros empleados.

TAKE ON, A. s. Estafa, timo.

TAKE ON SOMEONE, TO. Enfrentarse a alguien.

TAKE SOMEONE DOWN A PEG OR TWO, TO. Bajarle los humos a alguien.

TAKE SOMEONE IN, TO. 1. Estafar, timar, engañar. To be taken in. Ser engañado. 2. Detener.

TAKE SOMEONE FOR AN AIRING, TO. Darle a alguien el paseo, matar a alguien, limpiarle el forro a alguien.

TAKE SOMEONE OUT, TO. Cargarse a alguien, liquidar a alguien, limpiarle el forro a alguien, regar el asfalto. Jane paid a hit man to take her husband out. Jane pagó a un sicario para que se cargara a su marido.

TAKE THE PIPE, TO. Suicidarse.

TAKE THE WIND OUT OF SOMEONE'S SAILS, TO. Pararle los pies a alguien, bajarle los humos a alguien.

TAKE WALKIES, TO. Desaparecer. Do not leave the books on the table, they can take walkies. No dejes los libros en la mesa, no sea que los birle alguien.

TAKEN WITHOUT CONSENT. En la jerga policial, un objeto robado.

TAKE, A. s. Astilla. Parte del botín que le toca a cada caco.

TAKE A BAND, TO. Consumir droga. Bob is a guy who takes his daily band. Bob es un tipo que se toma su dosis de droga cotidiana.

TALE, A. s. Relato, historia, cuento. A dark tale with a brutal end. Un relato misterioso con un final cruel.

TALE. AN OLD WIFE'S TALE. Un cuento de viejas.

TALES OF DERRING - DO. Hazañas bélicas. Las batallitas del abuelo Cebolleta. I always have to put up with grandfather's tales of derring - do. Siempre tengo que aguantar las batallitas del abuelo Cebolleta. The film is in many respects a run - of the - mill tale of derring - do set in Ed wardian India. La película es, en muchos respectos, una película corriente y moliente ambientada en la India eduardiana.

TALES. TO TELL TALES ON SOMEONE. Chivarse de alguien.

TALK, TO. v. En la jerga de la delincuencia, cantar, confesar.

TALK BACK TO SOMEONE, TO. Contestar de malas maneras.

TALK BEHIND SOMEONE'S BACK, TO. Hablar a espaldas de alguien.

TALK BIG, TO. Fanfarronear, jactarse, presumir.

TALK BOLLOCKS, TO. Hablar gilipolleces.

TALK BULLSHIT, TO. Decir chorradas.

TALK DIRTY, TO. Hablar guarradas.

TALK DOWN TO SOMEONE, TO. Dirigirse a alguien con aires de superioridad.

TALK DRIVEL, TO. Hablar mamarrachadas.

TALK ONE'S HEAD OFF, TO. Hablar más que un papagayo, hablar más que treinta procuradores, hablar más que un sacamuelas, hablar por los codos, hablar hasta debajo del agua.

TALK ONE'S WAY OUT OF SOMETHING, TO. Tener un pico de oro para salir de un apuro.

TALK SOMEONE INTO THEFT, TO. Persuadir a alguien para que robe.

TALK THROUGH ONE'S ARSE, TO. Decir gilipolleces, hablar mamarrachadas.

TALKER. A SMOOTH TALKER. Un piquito de oro.

TALKING TO, A. s. Reprimenda.

TAMPER. TO TAMPER WITH. Entrometerse en lo que no debe. The police tampered with the crime scene before taking photographs. La policía se entrometió con el lugar de los hechos antes de tomar fotos.

TAN SOMEBODY'S HIDE, TO. Calentarle a alguien la badana, calentarle las costillas a alguien.

TANGENT. TO FLY OFF/GO OFF AT A TANGENT. Salirse por la tangente. I wouldn't want to go off at the tangent with a crucial issue like this. No querría salirme por la tangente con un asunto tan importante como este.

TANGO. IT TAKES TWO TO TANGO. Si uno no quiere dos no pelean.

TANK, A. s. Celda, chamizo.

TANK, TO. v. Conducir a toda pastilla, ir a todo gas, ir a todo meter, tumbar la aguja.

TANTRUM. TO THROW A WILD TANTRUM. Darle a uno una pataleta. Ponerse como una fiera.

TAP, A. s. Tiro, bellotazo, balazo. I decided I would run up behind him, fire one shot into the back of his head, then a double - tap into his torso - to make sure. Había decidido acercarme a él por detrás, pegarle un tiro en la nuca, y a continuación, dos balazos en el pecho. Para asegurarme de que no escapaba con vida.

TAP, TO. v. Intervenir teléfonos, correos, internet, etc.

TAP DANCER, A. s. Persona que se las ingenia para salir de cualquier clase de problemas.

TAP A PHONE, TO. s. Intervenir un teléfono.

TAP. TO KEEP TAPS ON SOMEONE. Tener a alguien vigilado, tener a alguien controlado. The police say that there are many criminal organisations out there, and we must keep taps on all of them. La policía afirma que hay muchas bandas de delincuentes, y debe tenerlas a todas vigiladas.

TAPE. BROWN TAPE. s. Cinta the embalaje. To tie someone up with brown tape. Atar a alguien con cinta de embalaje.

TAPED. TO HAVE SOMEONE TAPED. Tener a alguien controlado.

TARGET. AN EASY TARGET. Una presa fácil.

TARGET. SITTING TARGET. Blanco seguro.

TARGET. TO FIRE AT A TARGET. Tirar a un blanco.

TARGET, TO. v. Elegir. To target a vulnerable victim. Elegir a una víctima vulnerable.

TARIFF. s. El mínimo tiempo que debe cumplir un preso antes de solicitar su libertad. A whole life tariff. Cadena perpetua. To give someone the whole life tariff. Condenar a cadena perpetua. To serve the whole tariff. Cumplir una condena completa.

TARNISH, TO. v. Mancillar la buena fama. To tarnish someone's reputation. Mancillar la buena fama de alguien.

TARRED. TO BE TARRED WITH THE SAME BRUSH. Estar cortados por el mismo patrón.

TART. s. 1. Facilona. 2. Prostituta, fulana, una cualquiera. Putón desorejado. Putón de alberca. You tart! ¡Pendón desorejado! ¡Putón verbenero! A common tart. Una puta cualquiera. A true tart. Una auténtica zorra. A loud - mouthed tart. Una bocazas de mierda. To be dressed as a tart. Ir vestida como una fulana.

TART. s. Fulana, puta. You tart! ¡Pendón desorejado!

TASK. TO TAKE SOMEONE TO TASK. Reprender a alguien.

TASER STUN GUN, A. s. Pistola de electrochoque. Non lethal weapon. Considerada como arma no letal. To use a taser to subdue a man with a knife. Hacer uso de una pistola de electrochoque para reducir a un hombre empuñando un cuchillo.

TASER STUN GUN, A. s. Pistola de electrochoque. To fire a taser stun gun at someone. Dispararle a alguien con una pistola de electrochoque. The shock from the taser stun gun addled his brain. El susto que le produjo el disparo de la pistola electromagnética lo aturdió. A man died after being shot with a taser stun gun. Un hombre falleció tras recibir un disparo de una pistola electromagnética. To be tasered. Recibir un disparo de una pistola electromagnética. Shock now, question later. Dispara primero con una pistola electromagnética, pregunta después. A man died at the weekend, four days after police used a taser stun gun on him because he was acting erratically in a shop. Un hombre murió el fin de semana, cuatro días después de recibir un disparo de una pistola electromagnética porque estaba comportándose de manera irregular. Police Tasered the intruder but that didn´t overpower him so they had to shoot him. La policía le disparó al intruso con una pistola de electrochoque, pero no fue lo suficiente para reducirlo, así que, tuvieron que matarlo a tiros.

TATTOO. s. Tatuaje. A full sleeve tattoo. Tatuaje de manga larga; cubre todo el brazo, desde el hombro hasta la muñeca. A half sleeve tattoo. Tatuaje de manga corta; cubre desde el hombro hasta el codo. A quarter sleeve tattoo; cubre desde el codo hasta la muñeca.

TATOOIST. s. Tatuador. An illegal tatooist. Tatuador pirata.

TAUNT SOMEONE, TO. v. Provocar a alguien. Azuzar, hostigar.

TAX AVOIDANCE. Elusión de impuestos. To get involved in a tax avoidance scheme. Involucrarse en un plan de elusión de impuestos. To crack down on tax avoidance. Tomar medidas enérgicas contra la evasión de impuestos. Tax avoidance societies. Empresas dedicadas a la elusión de impuestos. An elaborate overseas tax - avoidance scheme. Un plan elaborado para eludir impuestos al extranjero.

TAX DODGE SCHEME. A MULTIMILLION - POUND TAX DODGE SCHEME. Un plan de evasión de libras multimillonario.

TAX DODGER. s. Evasor de impuestos. High profile tax dodger. Evasor de impuestos prominente.

TAX DODGING. s. Evasión de impuestos. Corporate tax - dodging. Evasión de impuestos empresariales.

TAX DUCKER. s. Persona que no quiere pagar impuestos. Para ello utiliza la elusión o la evasión.

TAX EVASION. Evasión de impuestos. An offence of tax evasion. Delito de evasión de impuesto.

TAX FRAUD. s. Fraude de impuestos. He appeared in court and denied tax fraud. Compareció en el juzgado y negó fraude de impuestos.

TAX HAVEN. s. Paraíso fiscal.

TAX HIKE. s. Subida de impuestos.

TAX INSPECTOR. s. Inspector de Hacienda.

TAX SHIRKER. s. Evasor de impuestos.

TAXI. FOLLOW THAT TAXI. Siga a ese taxi.

TEA. s. Marihuana. A teahead. Persona que consume marihuana.

TEAM, A. s. Banda criminal.

TEAR APART, TO. Moler a palos.

TEARAWAY, A. s. Gamberro, delincuente juvenil.

TEAR INTO, TO. Criticar severamente el comportamiento de alguien.

TEAR UP, A. s. Pelea, riña.

TEETH. TO GNASH ONE'S TEETH. Hacer rechinar los dientes, estar muy enfadado. The thief got away in the police car and the officers were left to gnash their teeth. El ladrón se fugó en el coche de la policía, y ellos se quedaron con un cabreo de mil demonios.

TEETH. TO ESCAPE BY THE SKIN OF ONE'S TEETH. Librarse por los pelos. Escapar por los pelos.

TEETH. TO KICK SOMEONE'S TEETH IN. Partirle a alguien los dientes. Hacerse uno un rosario con los dientes de alguien. If you do that again I will kick your teeth in! ¡Cómo hagas eso otra vez me hago un rosario con tus dientes!

TEETH. TO KNOCK SOMEONE'S TEETH INTO THE BACK OF HIS SKULL. Pegarle un hostión a uno, y ponerle los dientes de peineta. If you do that to me again, I will knock your teeth into the back of your skull. Si me haces eso otra vez, te pego un hostión que te pongo la dentadura de peineta.

T. D. A. Taking and driving away a motor vehicle. Robar un vehículo.

TEETH OUT. STOP SWEARING AT ME. UNLESS YOU WANT SOME TEETH OUT. Deja de insultarme. A no ser que quieras que te parta los dientes.

TEETH. TO SHOW ONE'S TEETH TO. Enseñar los colmillos. The old man saw his teeth to the pickpocket, and he ran away. El anciano le enseñó los colmillos al carterista, y este se echó a correr.

TELEPHONE. A WITHHELD TELEPHONE CALL. Llamada telefónica oculta.

TELEPNONE STALKING. Acoso telefónico.

TELETUBBIES. s. Policías encubiertos.

TELL A LIE AND FIND A TRUE. Di mentira y saca verdad.

TELL.TO TELL SOMEONE OFF. Echarle a alguien un rapapolvo, echarle a alguien una bronca.

TELL - TALE. s. Soplón, chivato. A tell - tale neighbour reported us for chopping our trees, round came the tree officer and threatened a £20,000 fine. Un vecino chivato, nos denunció por talar nuestros árboles, y vino un encargado de medio ambiente y nos amenazó con una multa de 20.000 libras.

TELL TALES, TO. Chivarse, delatar, denunciar.

TEMPER. s. Genio, carácter. To be short - tempered. Tener mal genio, tener pocas aguantaderas. An explosive temper. Un genio de mil demonios.

TEMPTRESS. s. Tentadora. A calculating temptress. Tentadora calculadora.

TENNER, A. s. Un billete de diez libras esterlinas.

TENTRHOOKS. TO BE ON TENTERHOOKS. Estar en ascuas, en vilo, con inquietud y zozobra.

TERRIFIED. TO BE TERRIFIED OF SOMETHING. Estar aterrorizado de algo.

TESTIFY, TO. v. Dar testimonio.

TESTIMONY. s. Testimonio. To give testimony. Testificar. Discredited testimony. Testimonio desacreditado.

THEATRE. A COUP THE THEATRE. Un golpe de efecto.

THEFT, A. s. Robo. To arrest someone on suspicion of theft. Detener a alguien como sospechoso de robo. Theft from motor vehicles. Robo de objetos de los vehículos. A victim of theft. Víctima de un robo.

THEFT. PROPERTY THEFT. Robo de propiedad.

THERE IS NO SMOKE WITHOUT FIRE. Cuando el río suena, agua lleva. Donde fuego se hace, humo sale. Cuando el ruido suena, riada que te pego.

THERMAL IMAGING CAMERA. Cámara de visión termal.

THEY SAY. Se dice, se comenta.

THICK AND THIN. TO STICK THROUGH THICK AND THIN. En los momentos buenos y los malos, contra viento y marea, pase lo que pase, estar a las crudas y a las maduras.

THICK. TO BE IN THE THICK OF IT. Estar en el ojo del huracán, en el punto de mira, estar metido en el medio del fregado, estar en el recio de. Whatever happened, good or bad, Lawrence was always in the thick of it. Pasara lo que pasase, bueno o malo, Lawrence siempre estaba metido en el medio del fregado. I do enjoy being in the thick of it. Me divierte mucho estar en el medio del fregado.

THICK. TO BE AS THICK AS THIEVES. Ser uña y carne, hacer buenas migas, llevarse bien. They were as thick as thieves at one time, they say. Dicen, que, en cierta época, hacían buenas migas.

THICK. TO BE THICK WITH SOMEBODY. Ser buenos amigos, hacer buenas migas.

THIEF, A. s. Ladrón, chori. Amigo de lo ajeno. A thief who stole 23 mobile phones in a nightclub and stuffed them into his pants, socks and pockets was caught when they started ringing as he tried to escape. Un ladrón que robó 23 teléfonos móviles en un club de noche, y se los metió entre los calzoncillos, bolsillos y calcetines, fue atrapado en el momento que los teléfonos empezaron a sonar cuando intentaba escapar. A cunning thief. Un ladrón astuto. A petty thief. Un ratero, cagarrutero, ladrón de poca monta. The thief hid out in the house for three days. El ladrón se escondido en la casa tres días.

THIEF. AN OPPORTUNIST THIEF. s. Ladrón que entra a robar a edificios, aprovechando la oportunidad cuando un empleado entra a dicho edificio, y se cuela detrás de él. Suele robar; carteras, monederos, y teléfonos móviles de bolsos y bolsillos o de encima de los escritorios.

THIEF PASSES FOR A GENTLEMAN WHEN STEALING HAS MADE HIM RICH, A. Llegan a ser ricos los osados y los ladrones, y en llegando, ya son nobles.

THIEF KNOWS A THIEF AS A WOLF KNOWS A WOLF, A. El ladrón conoce al ladrón, como el lobo al lobo.

THIEF. THERE IS A FILTHY LITTLE THIEF IN OUR MIDST. Hay un ratero de mierda entre nosotros.

THIEF. s. Ladrón. The thief who stole my bike has a scar on his lip thought to be a hare lip. El ladrón que me robó la bici tiene una cicatriz en el labio, parece ser que tiene labio leporino

THIEF. TO SET A THIEF TO CATCH A THIEF. Nada mejor que un ladrón para atrapar a otro ladrón. Set a thief to catch a thief does not apply when the thief in question is still a member of a criminal gang. La táctica de usar a un ladrón para atrapar a otro ladrón no sirve, cuando el ladrón en cuestión todavía forma parte de una banda de delincuentes.

THIEVE, TO. v. Robar, chorizar.

THIEVERY. s. Robo. To make one´s money out of thievery. Hacer dinero robando.

THIEVING LOT, A. s. Un ladrón de siete suelas.

THIEVING SCUM, A. s. Un ladrón de mierda.

THIEVES´ CANT. s. La jerga de los cacos.

THIEVES. NO HONOUR AMONG THIEVES. Los delincuentes no reparan en denunciar a otros delincuentes si ello les favorece.

THIMBLERING. s. Trile. Some people would set up fold - out tables on street corners and rip off people with the thimble ring game, enticing them to bet on which of the three upturned cups or walnut shells hid a pea or a small plastic ball.

Algunas personas montaban mesas plegables en las esquinas de las calles, y timaban a la gente con el juego del trile, animándolos a que apostaran por uno de los vasos invertidos, o cáscara de nuez, para descubrir en cual se encontraba oculto un guisante o una bola de plástico.

THIN AIR. TO VANISH INTO THIN AIR. Desaparecer como por arte de magia, escurrir el bulto, desaparecer por ensalmo, esfumarse, desaparecer sin dejar rastro. The man fled in his car and vanished into thin air. El hombre huyó en su coche sin dejar rastro.

THIN BLUE LINE, THE. s. La policía.

THIN TIME. TO HAVE A THIN TIME. Pasarlas negras. Tiempos difíciles.

THINGS GOT A BIT OUT OF HAND AND WE HAD HAD A FEW DRINKS. WE SMASHED THE PLACE UP AND JEREMY SET FIRE TO THE TOILETS. Habíamos bebido unas copas y la cosa se había ido un poco de las manos. Desarmamos el establecimiento y Jeremy prendió fuego a los aseos.

THINK. TO THINK HARD. Devanarse los sesos.

THIRD DEGREE. s. Interrogatorio acompañado de malos tratos.

THRALL. TO KEEP IN THRALL. Mantener fascinado.

THREADBARE LIE, A. s. Una mentira muy gastada.

THREAT. AN IDLE THREAT. Amenaza que no se va a cumplir.

THREAT. TO BE A THREAT TO PUBLIC ORDER. Ser una amenaza para el orden público.

THREAT. TO BE UNDER THREAT. Estar amenazado.

THREAT. TO MAKE A THREAT. Amenazar.

THREAT. TO MAKE GOOD A THREAT. Cumplir una amenaza.

THREATENING BEHAVIOUR. s. Comportamiento intimidador. Conducta amenazadora. Police arrested six people for threatening behaviour and refusing to follow police orders. La policía detuvo a seis personas por comportamiento intimidador, y negarse a cumplir las instrucciones de la policía.

THREATENING PHONE CALL, A. s. Amenaza telefónica.

THREATS OF VIOLENCE. Amenazas de violencia. To plead guilty to threats to kill someone. Declararse culpable de amenazas de querer matar a alguien. A man was arrested for making threats to kill. Detuvieron a un hombre por hacer amenazas de muerte.

THREATS. TO RESORT TO THREATS. Recurrir a las amenazas.

THREE - CARD TRICKSTER, A. s. Trilero.

THRILLER. s. Novela negra.

THRILLER. A CRIME THRILLER s. Novela de crimen y misterio. Some readers enjoy crime thrillers because they offer guaranteed comeuppance for the villains. Algunos lectores disfrutan leyendo novelas de crimen y misterio porque ofrecen un castigo seguro para los delincuentes.

THROAT - CUTTER. s. Asesino.

THROAT. SHE WAS FOUND DEAD. HER THROAT WAS CUT FROM EAR TO EAR. La encontraron muerta. La habían rajado de oreja a oreja.

THROAT. TO SLIT SOMEBODY'S THROAT. Degollar a alguien. The killer slit his victim's throat to stop him screaming. El asesino degolló a la víctima para que no gritara.

THROAT - SLITTING. TO MAKE A THROAT - SLITTING GESTURE AT SOMEONE. Hacer un gesto de degüello.

THROAT. THE MAN PLANNED TO CUT HIS OWN THROAT. El hombre planeó degollarse.

THROAT. TO BE AT EACH OTHER'S THROAT. Estar a matarse. George and James are always at each other's throats. George y James siempre están a matarse.

THROAT. TO CUT ONE'S OWN THROAT. Hacer algo en detrimento propio, buscarse la ruina. I think you will cut your own throat if you take your neighbour to court. Creo que te vas a buscar la ruina si demandas a tu vecino.

THROAT. TO JUMP DOWN SOMEBODY'S THROAT. Ponerse como un basilisco. Atacar a alguien verbalmente. I trod on his foot, and he jumped down my throat before I had a chance to apologize. Le pisé el pie, y empezó a insultarme antes de darme tiempo para disculparme.

THROTTLE, TO. v. Estrangular.

THUG. s. Matón. Una persona muy violenta. An all - round thug. Un matón de tomo y lomo. Thuggish behaviour. Comportamiento criminal. A hired - thug. Un matón a sueldo. The thug stubbed out the cigar in his face. El matón apagó el puro en su cara. An act of thuggery. Un acto criminal.

THUGSPEAK. Jerga de los matones.

THUMB IT, TO. Hacer autostop, a dedo.

THUMB. TO STICK OUT LIKE A SORE THUMB. Saltar a la vista, sobresaltar, ser muy vistoso, ser evidente.

THUMB. TO BE UNDER SOMEONE´S THUMB. Estar dominado por alguien.

THUMP. TO THUMP SEVEN SHADES OF SHIT OUT OF SOMEONE. Zurrar violentamente a alguien, darle una soberana paliza a alguien, darle una paliza de película a alguien.

THUMP UP, TO. v. Zurrar a alguien, aporrear. To give someone a good thumping. Darle a alguien un buen porrazo. To give someone a hefty thump. Pegarle a alguien un guantazo.

THRUST A KNIFE INTO THE HEART OF SOMEONE, TO. Una cuchillada en el corazón. An upward thrust into the lungs. Una puñalada ascendente en los pulmones.

TICK OFF, TO. Reprender.

TICKET. s. Billete. An inspector climbed up stairs and shouted, tickets please! Un inspector subió, y gritó, ¡billetes por favor!

TICKET. A TRAFFIC TICKET. s. Una multa de tráfico.

TICKET TOUT, A. s. Revendedor de entradas. To be ripped off by a ticket tout. Ser timado por un revendedor de entradas. Online ticket touts. Revendedores de billetes online. Illegal ticket sales. Venta ilícita de entradas.

TIE OFF, TO. En la jerga del mundo de la droga, atarse alrededor del brazo una goma o una cuerda para inyectarse droga.

TIGER KIDNAPPING, A. s. Secuestro que consiste en secuestrar a la familia de una persona con un cargo importante, en un banco u otra entidad importante, para obligarle a que coopere a robar la entidad donde él es jefe. On Tuesday, a gang abducted the manager´s wife and eight - year - old son and threatened their murder unless he cooperated in the raid of his bank, which netted up to £50 million. El martes, una banda secuestró a la mujer, y al hijo de 8 años del director de un banco. Le amenazaron con matarlos sino cooperaba en el robo del banco donde trabaja, atraco que les aportó 50 millones de libras esterlinas.

TIGER. TO RIDE THE TIGER. Descubrir que a la persona a quien trata de dar órdenes, resulta ser su jefe.

TIGHT - LIPPED. Sin decir ni pío. Ser una tumba.

TILL. TO HAVE A HAND IN THE TILL. Meter la mano en la caja.

TILL. TO HAVE ONE´S FINGERS IN THE TILL. Meter la mano en la caja.

TIME. I HAVE NO TIME FOR THE LIKE OF YOU. No tengo tiempo para los tipos como tu.

TIME. IF YOU CAN´T DO THE TIME, DON´T DO THE CRIME. Quien cometa un delito debe ir a la cárcel, y, sino que no lo cometa.

TIME. TO DO TIME. Estar en la trena. If you can´t do the time, don´t do the crime. Si no quieres ir a la cárcel, no cometas el delito.

TIME. TO SERVE ONE´S TIME. Cumplir condena, cumplir con la justicia. Saldar una deuda con la Justicia.

TIME. TO SPEND TIME AT HER MAJESTY´S PLEASURE. Estar en la trena.

TIMESHARE SWINDLE, A. s. Estafa de multipropiedad.

TIN. s. Pasta, dinero, guita, parné.

TINGLE. s. Hormigueo. A tingle ran down her spine. Un hormigueo le recorrió la espalda.

TIP - OFF, A. s. Chivatazo. Armed police raided his home after receiving a tip - top he was living in the city. La policía irrumpió en su casa, tras recibir un chivatazo de que vivía en la ciudad.

TIP SOMEONE THE WINK, TO. Informar a alguien secretamente.

TIPPLER, A. s. Borrachín.

TIRADE. s. Andanada. A foul - mouthed tirade. Una andanada de insultos. Una retahíla de improperios.

TISSUE OF LIES, A. s. Una sarta de mentiras.

TIT. s. Casco de policía.

TIT FOR TAT IS FAIR PLAY. Donde las dan las toman, pagar con la misma moneda, devolver golpe por golpe, devolver la pelota.

TITAN. s. Titán. I walked away from this hulking titan of a man before things got physical. Me alejé de este gigantón antes de que la cosa se pusiera fea.

TITAN PRISON, A. s. Macrocárcel.

TITS UP. TO GO TITS UP. Espicharla, diñarla, estirar la pata, palmarla, doblar la servilleta.

TITS UP. TO GO TITS UP. Fracasar, salir algo mal, salir algo torcido. All went tits up for the criminal and ended up in a police cell. Todo le salió mal al delincuente, y acabó en una celda de la comisaría.

TOAD, A. s. Sabandija, un tipo despreciable.

TOADY. s. Adulador, pelotillero, cobista.

TOAST. TO HAVE SOMEONE ON TOAST. Dominar a alguien.

TOBACCO BARON, A. s. En la jerga de la trena, preso que controla el suministro del tabaco.

TODAY A MAN, TOMORROW NONE. Hoy figura, mañana sepultura.

TOE IT, TO. v. Acelerar el coche, dar briza, tumbar la aguja, ir a todo gas, ir a todo meter.

TOE THE LINE, TO. Cumplir órdenes a rajatabla.

TOERAG, A. s. Canalla, sinvergüenza. You toerag! ¡Canalla! A cocky toerag. Un chulo sinvergüenza. A lying toerag. Un canalla mentiroso.

TOES. TO GIVE IT TOES. Poner tierra de por medio.

TOES. TO HAVE IT AWAY ON ONE´S TOES. Abrirse, escapar, huir, pirárselas, poner tierra de por medio.

TOES. TO TURN ONE´S TOES UP. Espicharla, diñarla, pasar a mejor vida, morder el polvo.

TOLERANCE. TO BUILD UP THE TOLERANCE. En la jerga del mundo de la droga, ir aumentando poco a poco la dosis que se toma.

TOM CAT, A. s. Mujeriego, putero, bragadicto. To go tom catting around. Ir en busca de pareja con fines sexuales.

TOM PEPPER. Embustero.

TOMMERS, A. s. Joyería.

TONGUE. HOLD YOUR TONGUE! ¡Cállate! ¡Cierra el pico!

TONGUE LASHING. s. Una buena reprimenda.

TONGUE. THE ROUGH EDGE OF THE TONGUE. Reprimenda.

TONGUE. THE TONGUE IS NOT STEEL YET IT CUTS. Lengua malvada corta más que espada.

TONGUE. TO AIR ONE'S TONGUE. Delatar, informar, chivarse, chismorrear.

TONGUE. TO SET TONGUES WAGGING. Dar que hablar. Dar pie.

TONGUE. TO WAG ONE´S TONGUE. Cotillear, chismorrear. Hablar a espaldas de alguien

TONY MARTIN. TO GO TONY MARTIN. Pegarle un tiro a alguien por espalda cuando huye. Famoso caso, en su día, cuando alguien entró a robar en casa de Tony Martin, el ladrón al verse descubierto echó a correr, y en ese momento, T. M le disparó causándole la muerte. El suceso levantó una gran polvareda.

TOOL. s. Pistola, cuchillo, garrote.

TOOL, TO. v. Rajar a alguien.

TOOLED UP. TO BE TOOLED UP. Ir armado. Ir cargado.

TOOT. s. Pasta, dinero, guita, parné.

TOOT A LINE, TO. Inhalar una raya de cocaína por la nariz. Meterse una raya de cocaína.

TOOTHPICK. s. Navaja, achuri, corte, chaira.

TOP. TO BLOW ONE´S TOP. Ponerse como una fiera, ponerse como un basilisco.

TOP ONESELF, TO. Suicidarse. Nick went to the loo and topped himself up with a handgun. Nick fue al aseo y se pegó un tiro con una pistola.

TOP SOMEONE, TO. Apiolar a alguien, arrugar, liquidar, regar el asfalto, limpiar el forro.

TOP WEIGHT. La máxima sentencia que permite la justicia.

TOPSY - TURVY WORLD, A. El mundo al revés.

TORCH, A. s. Persona que le pega fuego al negocio para cobrar el seguro. Incendiario.

TORCH, A. s. Incediario a quien se le paga para incendiar edificios, a fin de cobrar el seguro de incendios.

TORCH A HOUSE, TO. Incendiar una casa.

TORCH JOB, A. s. Incendio provocado.

TORCH. TO CARRY A TORCH FOR SOMEONE. Un amor no correspondido. Estar enamorado de alguien que no le hace caso.

TORNADO TEAM. s. Unidad de seguridad en las cárceles que se encarga de sofocar motines.

TORTURE CHAMBER. s. Cámara de tortura.

TORTURE. TO EXTRACT IMFORMATION BY TORTURE. Obtener información mediante la tortura.

TOSH. s. Pasta, parné, guita.

TOSSER, A. s. Zángano.

TOSSPOT, A. s. Borrachín.

TOUCH UP A WOMAN, TO. Meterle mano a una mujer.

TOUCHING. INAPROPIATE TOUCHING. Tocamiento inapropiado. Tocamiento no deseado. Unwanted touching. Toqueteo no deseado.

TOUGH, A. s. Matón, bravucón, pincho, violento, matasiete. A street tough. Matón callejero.

TOUGH GUY TALK. Fanfarronería, bravuconería, provocación, chulería.

TOUGH IT OUT, TO. Aguantar, apechugar.

TOUGH NUT TO CRACK, A. Ser duro de pelar, un hueso duro de roer, un tío duro de pelar.

TOUGH SHIT! ¡Puta suerte! ¡Perra suerte!

TOUGH. TO MAKE IT TOUGH FOR SOMEONE. Ponérselo difícil a alguien.

TOUT, A. s. Revendedor.

TOUT, TO. v. Revender. Ticket - touting. Revender entradas. Two people were detained for ticket - touting outside the football ground. Detuvieron a dos personas por revender entradas fuera del estadio. Touting racket. Estafa de reventa de entradas.

TOWEL. s. Toalla. To toss the towel. Tirar la toalla, abandonar. Rendirse.

TRACE. s. Rastro. The witness vanished without a trace. El testigo desapareció sin dejar rastro. The murderer has never been traced. El asesino nunca ha sido localizado. The thief disappeared without a trace. El ladrón desapareció sin dejar rastro.

TRACK A KILLER. TO. Seguir la pista de un asesino.

TRACK DOWN, TO. Localizar. The police tracked down the stolen picture. La policía localizó el cuadro robado.

TRACK DOWN A SUSPECT, TO. Localizar a un sospechoso. To track down a fugitive. Localizar a un fujitivo.

TRACK. TO BE HARD TO TRACK. Ser difícil de descubrir.

TRACK. TO BE ON SOMEONE'S TRACK. Seguir la pista de alguien.

TRACK. TO BE ON THE WRONG TRACK. Andar descarriado. Progresar poco en un asunto, avanzar poco. The police have been on the wrong track in their hunt for the thief. La policía no avanza en la búsqueda del ladrón.

TRACK. TO HAVE SOMEONE ON ONE´S TRACK. Ser seguido.

TRACK. TO KEEP TRACK OF. Seguir la pista de alguien.

TRACK. TO LOSE SOMEONE'S TRACK. Perder la pista de alguien.

TRACK RECORD. s. Antecedentes, historial. To have a dubious track record. Tener unos antecedentes sospechosos. To have a track record of confronting people. Tener un historial de conflictividad.

TRACK. TO TRACK SOMEONE DOWN. Localizar.

TRACKER DOG. s. Perro rastreador.

TRACKS. s. En la jerga del mundo de las drogas, marcas que dejan las jeringuillas en los brazos.

TRACKS. THE WRONG SIDE OF THE TRACKS. Las partes más desfavorecidas de una ciudad, los barrios bajos, los barrios pobres.

TRACKS. TO COVER ONE´S TRACKS. No dejar rastro. The jeweller´s shop robbers covered their tracks. Los atracadores de la joyería no dejaron rastro.

TRACKS. TO MAKE TRACKS. Irse.

TRADE, A. s. Cabrito, cliente de una prostituta. To ply one's trade. Prostituirse.

TRAFFIC COP, A. s. Policía de tráfico.

TRAFFICKING IN DRUGS AND PERSONS. Tráfico de drogas y personas.

TRAFFIC LIGHTS. s. Semáforos. To shoot the traffic lights. Saltarse los semáforos.

TRAFFIC OFFENCE. s. Infracción de tráfico.

TRAIL. s. Pista. To be on the trail of a missing child. Seguir la pista de u niño desaparecido.

TRAIN SPOTTING GENERATION. Generación que consumía heroína en la década de 1980, y ahora han alcanzado la cuarentena, mueren como consecuencia de haber consumido droga entonces.

TRAITOR. THERE IS A TRAITOR IN OUR MIDST WHO IS LEAKING INFORMATION. Hay un traidor entre nosotros que está filtrando información.

TRAMP ON A SNAIL, AND SHE WILL SHOOT OUT HER HORNS. Cada renacuajo tiene su cuajo.

TRAMP´S LAGGING, A. s. Condena de tres meses.

TRANSGENDER HATE CRIMES. Delitos por odio contra personas LGBT.

TRANSGRESSOR, A. s. Transgresor.

TRANSIT VAN. s. Furgón. The thieves fled in a transit van. Los ladrones escaparon en un furgón.

TRAP. s. Trampa. To set up a trap. Tender una trampa. To fall into a trap. Caer en una trampa. The killer escaped the police trap. El asesino no cayó en la trampa que le tendió la policía.

TRAP. s. Boca, alcantarilla, muy. Shut your trap! ¡Achanta la muy!

TRAVESTY OF JUSTICE, A. s. Farsa judicial. The trial was a travesty of justice. El juicio fue una farsa judicial.

TREASURE TROVE, A. s. Tesoro escondido.

TREE. TO BE OUT OF ONE´S TREE. Estar como una cabra. Are you out out of your fucking tree, you brain - dead little turd. ¿Te has puesto como una puta cabra? Inútil de mierda.

TREMBLE, TO. v. Temblar. Her lower lip was trembling, and she seemed on the point of tears. A ella le temblaba el labio inferior y parecía estar al borde de las lágrimas.

TREMBLER, A. s. Alarma de una casa. Somatén.

TRESPASS. s. Transgresión, vulneración. To conspire to commit aggravated trespass. Conspirar para perpetrar una transgresión intimidatoria.

TRESPASS, TO. v. Transgredir. To be arrested for trespassing. Ser detenido por transgresión.

TRESPASSER. s. Intruso, transgresor. Trespassers will be prosecuted. Se demandará a los intrusos.

TRIAL, A. s. Juicio. To put someone on trial for a killing. Juzgar a alguien por asesinato.

TRIAL BY JURY. Juicio por jurado.

TRIAL BY MEDIA. Juicio paralelo. Juicio mediático.

TRIAL BY TWITTER. Juicio por twitter.

TRIAL. A CONVICTION WITHOUT TRIAL. Una condena sin juicio.

TRIAL. DETENTION WITHOUT TRIAL. Detención sin juicio.

TRIAL. A FAIR TRIAL. s. Un juicio justo. An unfair trial. Un juicio injusto. The right to a fair trial. El derecho a un juicio justo.

TRIAL. MAXI TRIAL. s. Macrojuicio.

TRIAL PROCCEDINGS. Procedimiento de un juicio.

TRIAL. A RIGGED TRIAL. Juicio amañado. Opereta judicial.

TRIAL. A SECRET TRIAL. Juicio secreto.

TRIAL. THE TRIAL COLLAPSED, AND HUNDREDS OF THOUSANDS OF POUNDS WERE PAID OUT IN COMPENSATION. El juicio se desmoronó y hubo que pagar cientos de miles de libras de compensaciones.

TRIAL. TO GO TO TRIAL. Sentarse en el banquillo.

TRIAL. TO COMMIT FOR TRIAL. Enjuiciar.

TRIAL. TO PUT SOMEONE ON TRIAL. Procesar a alguien.

TRIAL. TO STAND TRIAL. Someterse a juicio.

TRIAL. TO THROW A TRIAL OUT. Desestimar un caso. The judge threw the trial out. El juez desestimó el caso.

TRIALS AND TRIBULATIONS. TO GO THROUGH TRIALS AND TRIBULATIONS. Sufrir adversidades.

TRICK. TO DO A VANISHING TRICK. Desaparecer como por arte de magia. Desaparecer por ensalmo, escurrir el bulto.

TRICK. THE OLDEST TRICK IN THE BOOK. El truco más usado.

TRICK. TO USE EVERY TRICK IN THE BOOK. Intentar todas las artimañas habidas y por haber.

TRICK. NEVER MISS A TRICK. No perderse detalle, estar alerta, estar ojo avizor, no perderse nada, no perder ripio. Alastair had eyes in the back of his head. He never missed a trick. No sé cómo se las arreglaba Alastair para no perderse detalle, como si tuviera ojos en la nuca.

TRICKS. TO BE UP TO ONE´S OLD TRICKS. Volver a las andadas, hacer de las suyas. Glenn is up to his old tricks again; he has been collecting money for the homeless and keeping it for himself. Glenn ha vuelto a las andadas otra vez, ha estado colectando dinero para los sin hogar y quedándoselo.

TRICKS. TO BE UP TO SOMEONE´S TRICKS. Conocer los planes de alguien.

TRICKS OF THE TRADE, THE. Los trucos del oficio, artimañas, argucias. Come over tomorrow and I will teach you a few tricks of the trade. Ven mañana, y te enseñaré unos cantos trucos del oficio.

TRICKS. YOU CAN´T TEACH AN OLD DOG NEW TRICKS. Loro viejo no aprende a hablar.

TRICKSTER. THE TRICKSTER TRICKED. El burlador burlado. El alguacil algualcilado.

TRIGGER. Gatillo. The man said he wasn´t the person behind the trigger. El hombre negó que fuera la persona que disparó.

TRIGGER HAPPY. Adj. De gatillo fácil. Quick on the trigger. Impulsivo.

TRIGGER - MAN. s. Asesino, pistolero, sicario.

TRIGGER. TO PULL THE TRIGGER. Disparar, apretar el gatillo.

TRIP. AN ACID TRIP. s. Alucinaciones producidas por el consumo de ácido lisérgico. Dar un viaje, hacer un viaje. Experiencia sicodélica.

TRIPPED - OUT. TO BE TRIPPED - OUT. Estar bajo los efectos de la droga.

TRIPPER, A. s. Persona que consume ácido lisérgico.

TRIPPING. adj. Estar bajo los efectos del LSD.

TROUBLE. Problema. To instigate trouble. Crear problemas. To cause trouble. Armar camorra. There is going to be trouble. Se va a liar parda.

TROUBLE. TO ASK FOR TROUBLE. Buscársela. To go out looking for trouble. Andar buscando problemas. Andar buscando líos. Andar buscando camorra.

TROUBLE. TO BE IN TROUBLE. Estar metido en problemas.

TROUBLE. TO KEEP OUT OF TROUBLE. No meterse en líos.

TROUBLE. TO LAND IN TROUBLE WITH THE LAW. Acabar teniendo problemas con la justicia.

TROUBLEMAKER, A. s. Revoltoso, camorrista, follonero, montalíos. A troublemaker by nature. Revoltoso por naturaleza.

TROUSERS. TO BE CAUGHT WITH ONE'S TROUSERS DOWN. Pillar a alguien con los pantalones en las rodillas.

TROUSERS. TO KEEP IT IN ONE'S TROUSERS. Serle fiel a la mujer o novia, ser honesto de la cintura para abajo.

TRUE. TO RING TRUE. Parecer verdad. John's testimony rings true. El testimonio de John parece cierto.

TRUMP - UP CHARGES. Acusación falsa. Robert ended up in prison for a week on some trumped - up charges. Robert fue sentenciado a una semana de cárcel con una acusación falsa. To lock someone up on trumped - up charges. Encarcelar a alguien con acusaciones falsas.

TRUNCHEON, A. s. Cachiporra, porra. To hit someone over the head with a truncheon. Darle a alguien un porrazo en la cabeza. To whack someone with a truncheon. Pegarle a alguien un porrazo.

TRUNCHEON, A. Cachiporra. In the past police used to walk about and carry concealed truncheons in special pockets. En el pasado, la policía, acostumbraba a patrullar las calles a pie, y llevaban cachiporras escondidas en bolsillos para el propósito.

TRUTH. TO BE ECONOMICAL WITH THE TRUTH. Faltar a la verdad. Maquillar la verdad.

TRUTH. TO FACE UP TO THE TRUTH. Hacer frente a la verdad.

TRUTH GETTER, A. s. Torturador.

TRUTH. TO MASSAGE THE TRUTH. Faltar a la verdad.

TRUTH. THE NAKED TRUTH. La pura verdad.

TRUTH. TO SPEAK IN HALF TRUTHS. Contar la verdad a medias.

TRUTH. TO TWIST THE TRUTH. Retorcer la verdad.

TRUTH WILL OUT, THE. A la larga o a la corta, la verdad siempre se sabe. La verdad siempre sale a la luz, la verdad acaba sabiéndose, al final se sabrá la verdad.

TRY IT ON, TO. En la jerga de la delincuencia, tratar de estafar a alguien.

TSAR, A. s. Dícese de la persona que pone el gobierno al cargo de dirigir las operaciones de la lucha contra la droga, u otra misión especial. The minister renationalised "strategic rail" and then created an elite of regional rail tsars to cut red tape and ensure trains run on time. El ministro volvió a nacionalizar "el ferrocarril estratégico" y a continuación, puso a una élite de cuadros al cargo del ferrocarril regional, para reducir la burocracia, y, asegurar que los trenes lleguen a tiempo. Ian was reappointed for another stint as drug tsar. A Ian lo volvieron a poner al cargo otra temporada para combatir la droga.

TUBS. TO WORK THE TUBS. Robar carteras en las paradas de los autobuses.

TUCK UP, TO. Estafar a alguien.

TUCKED UP. Adj. Angustiado, en chirona, entre rejas.

TUG, TO. v. Detener.

TUG - OF - LOVE. La pelea de un matrimonio divorciado por la custodia de los hijos.

TUNE SOMEONE UP, TO. Sacudirle a alguien el polvo, calentarle a alguien la badana, sacudirle a alguien la badana.

TUNNING. TO GET A GOOD TUNNING. Llevarse una buena somanta, llevarse una buena tunda.

TURF, A. s. Zona que considera una banda de delincuentes suya. The criminals were linked to a series of turf disputes which resulted in up to twenty murders. A los delincuentes, se les acusaba de una serie de pendencias para controlar sus zonas de influencia, las cuales habían costado veinte vidas. A rivals'gang territory. El territorio de una banda rival.

TURF. TO TURF OUT. Echar a alguien de un establecimiento. Poner de patitas en la calle. The waiter turfed the drunkard out. El camarero puso al borrachín de patitas en la calle.

TURKEY. TO GO COLD TURKEY. Estar con el mono. Síndrome de abstinencia de la droga.

TURN A PLACE OVER, TO. 1. Rober. 2.Poner una habitación patas arriba, revolverlo todo. The police turned the room over looking for arms. La policía puso la habitación patas arriba buscando armas.

TURN INSIDE OUT, TO. Interrogar.

TURNKEY. s. Carcelero, cerrajero.

TURN ON, A. s. Droga.

TURN ON THE HEAT, TO. Apretarle a alguien las clavijas.

TURN ONESELF IN, TO. Entregarse. The killer turned himself in to the police. El asesino se entregó a la policía.

TURN SOMEONE IN, TO. Delatar a alguien. To turn a criminal in. Delatar a un delincuente.

TURN SOMEONE OVER, TO. Engañar a alguien, estafar, timar.

TURTLE. TO TURN TURTLE. Volcar, dar una vuelta de campana. Zozobrar. The car turned turtle and the driver got killed. El coche dio una vuelta de campana y el conductor murió.

TWAT. s. Cretino.

TWAT, TO. v. Zurrar a alguien, calentar a alguien.

TWIDDLE. s. Joyas.

TWIRL, A. s. En la jerga carcelera, boquera, funcionario de prisiones.

TWIRLS. s. En la jerga de la delincuencia, el alfabeto, un manojo de llaves falsas.

TWIST. ROUND THE TWIST. Loco de atar.

TWIST. TO TWIST SOMEONE'S ARM. Forzar, presionar.

TWISTED INDIVIDUAL, A. Un retorcido.

TWISTED MIND. De mente retorcida. Ser más retorcido que el gancho del fuego. Ser más retorcido que un sacacorchos.

TWISTER, A. s. Llave de casa.

TWISTER, A. s. Estafador, timador.

TWO CAN PLAY AT THE GAME. Yo también sé hacer eso, yo también sé jugar sucio, donde las dan las toman.

TWO IN DISTRESS MAKES SORROW LESS. Mal de muchos, consuelo de tontos.

TWO FACED, A. Hipócrita.

TWO OF A KIND. Tal para cual.

T W O C. Taken without the owner's consent. Un coche robado.

TWOCCER, A. s. Ladrón de coches.

TWO SPARROWS ON ONE EAR OF CORN MAKE AN ILL AGREEMENT. Dos gorriones en una espiga hacen mala miga.

TWO STRETCH, A. Una sentencia de dos años.

TWO - TIME SOMEONE TO. Hacer doblete. Tener una relación con dos personas al mismo tiempo. Sarah didn't believe Alan was two - timing her until she saw him with Sandra. Sarah no se creía que Alan hacía doblete, hasta que lo vio con Sandra.

TYBURN. TO SEND SOMEONE TO TYBURN. Mandar a alguien a la horca.

TYPEWRITER, A. s. En la jerga del hampa, la tartamuda, la chicharra, metralleta, la pedorra.

TYPICAL OF SOMEONE. Propio de alguien.

TYRE. s. Neumático. To slash someone's tyres. Rajarle a alguien los neumáticos del coche.

U

UMBRAGE. TO TAKE UMBRAGE AT. Ofenderse por algo. If you don´t lend John 10 quid, he will take umbrage at it. Si no le prestas 10 libras a John se ofenderá.

UNACCOUNTED FOR. Desaparecido.

UNCLE, AN. s. Perista, jaleador, rosero, poleo. Persona que recibe artículos robados.

UNCOUTH CHAUVINIST LOUT, AN. s. Un analfabestia de tomo y lomo. Un gañán de taberna, un burriciego.

UNDER A CLOUD. TO BE UNDER A CLOUD. Estar bajo sospecha.

UNDER AGE GIRLS. A SORDID TASTE FOR UNDER AGE GIRLS. Un gusto vergonzoso por chicas menores de edad.

UNDERBELLY OF LONDON, THE. El inframundo de Londres, las sórdidas tripas de Londres. The seedy underbelly of a city. Los bajos fondos de una ciudad.

UNDERBELLY. THE UNDERBELLY OF THE CELEBRITY WORLD. La parte oscura del mundo de los famosos.

UNDERCLASS. s. Marginados sociales.

UNDERCOVER OF DARKNESS. Amparado en la oscuridad de la noche, oculto en las sombras de la noche, escondiéndose en las tinieblas de la noche, resguardándose en las sombras de la noche.

UNDERCOVER AGENT. s. Agente secreto.

UNDERCOVER POLICE INFILTRATION. Infiltración policial secreta.

UNDERCOVER POLICE OPERATION. s. Operación policial secreta.

UNDERCOVER POLICEMAN, AN. s. Policía secreta. Policía encubierto. Undercover copper. Policía encubierto.

UNDERCOVER. TO GO UNDERCOVER. Ir de incognito. Encubierto.

UNDERDOG. s. Desvalido, débil. To stand up for the underdog. Salir en defensa del débil.

UNDER DURESS. Coaccionado.

UNDERHAND TACTICS. TO USE UNDERHAND TACTICS. Jugar poco limpio.

UNDER - HANDED. TO BE UNDER - HANDED. Ser injusto.

UNDER GLASS. TO BE UNDER GLASS. Estar en la trena.

UNDER OATH. Bajo juramento. To tell lies under oath. Mentir bajo juramento. Perjurar.

UNDER THE COUNTER. Bajo mano.

UNDER THE TABLE. 1. Borracho. 2. Bajo mano, bajo cuerda.

UNDER THE TONGUE. En la jerga carcelaria, la práctica de pasar droga la novia de un preso bajo la lengua a su novio.

UNDERWEAR. s. Ropa interior. The man was caught stealing ladies´ underwear from a shop. Detuvieron al hombre robando ropa interior de señora en una tienda. The killer had a fascination with pink underwear. El asesino tenía una fascinación con la ropa interior de color rosa de señora.

UNDERWORLD. s. El hampa, el submundo, los bajos fondos, el crimen organizado, el afane. The murky underworld. El turbio mundo del hampa. Life in the underworld. La vida en el mundo del hampa.

UNDOCUMENTED IMMIGRANT. Inmigrante indocumentado.

UNDOING. TO BE THE UNDOING OF SOMEONE. Ser la perdición de alguien.

UNEXPLAINED. HIS DEATH HAS BEEN TREATED AS UNEXPLAINED. Su muerte ha sido considerada un misterio.

UNFAIRLY. TO BE TREATED UNFAIRLY. Ser tratado injustamente.

UNFAITHFUL. TO BE UNFAITHFUL. Se infiel.

UNLAWFUL COERCION. Coacción ilícita.

UNLAWFUL KILLING. Asesinato, homicidio.

UNLAWFULLY. TO BE UNLAWFULLY DETAINEED. Detenido ilegalmente.

UNMASK, TO. Desenmascarar, descubrir. To unmask someone´s intentions. Desenmascarar las intenciones de alguien.

UNNERVED. TO BE UNNERVED. Estar nervioso.

UNTOUCHABLE. Adj. 1. Insobornable, incorruptible. 2. Intocable.

UNTRUTH. s. Falsedad. To peddle untruths. Propagar falsedades.

UP A GUM TREE. TO BE UP A GUM TREE. Estar en un brete, estar en un apuro.

UPBRAID SOMEONE, TO. Reprender a alguien.

UPHILL GARDENING. En la jerga taleguera, sodomizar.

UP IN ARMS. Que está que hecha chispas.

UPCHUCK, TO. v. Vomitar, echar la pota.

UP ONE´S OWN ARSEHOLE. Un engreído, persona que se da aires.

UP ONESELF. TO BE UP ONESELF. Ser un engreído, ser un arrogante.

UPROAR, AN. s. Rifirrafe. The remark caused uproar on the Labour benches. El comentario provocó un rifirrafe en la bancada del partido Laborista.

UP SHIT CREEK. TO BE UP SHIT CREEK. Estar metido en la puta mierda. Anyone wrongly arrested at football is, up shit creek. A cualquiera que detengan en el fútbol, sin motivo, está en la puta mierda.

UP SHIT. TO BE UP SHIT CREEK WITHOUT A PADDLE. Estar metido en la puta mierda. Tener un problema gordo.

UP TO HERE. Estar hasta las narices.

UPPER - CUT, AN. s. Gancho. To smash a left hand upper - cut into somebody´s face. Meterle un gancho izquierdo a alguien en la cara.

UPPERS. s. Anfetas.

UPPERS. ON ONE´S UPPERS. Estar sin blanca, estar más tieso que la mojama, andar peor de dinero que de rodillas, estar más tieso que una birla, estar más tieso que un tambor.

UPPITY. TO GET UPPITY. Darse ínfulas.

UPTIGHT. TO GET SOMEONE UPTIGHT. Poner a alguien nervioso.

URBAN CAMPING. Vivir a la intemperie en una ciudad.

URBAN SURFING. Ir colgado del autobús para no pagar.

USEFUL IDIOT. s. Tonto útil.

USE, TO. v. Consumir droga.

USER, A. s. En la jerga del mundo de la droga, persona que consume droga.

USURY. s. Usura.

UXURICIDIO. s. Muerte causada a la mujer por su marido.

⬚

V

VACUUM. A LEGAL VACUUM. Vacío legal.

VALUABLES. s. To relieve someone of his valuables. Robarle a alguien los objetos de valor.

VAMPIRE. s. Usurero, explotador.

VAMPIRE. s. Vampiro. To descend on someone like anaemic vampires on a blood bank. Lanzarse sobre alguien como vampiros anémicos a un banco de sangre.

VAN. s. Furgoneta. A man drove a van into passers - by killing four people. Un conductor subió por la acera con la furgoneta matando a cuatro transeúntes.

VANDALISM ON LONDON BUSES IS A CRIMINAL OFFENSE. OFFENDERS WILL BE PROSECUTED. Los actos vandálicos en los autobuses de Londres son un delito. Se procesará a los delincuentes. Aviso en el autobús.

VANISHING ACT. TO DO A VANISHING ACT. Esfumarse, desaparecer como por arte de magia, desparecer por ensalmo, escurrir el bulto.

VANISH, TO. v. Desaparecer. The girl vanished and didn't go of her own free will. La chica desapareció, y no desapareció por voluntad propia.

VEGETABLE PATCH, THE. s. En la jerga carcelera, sala donde los presos privilegiados; chivatos, pelotas, etc, según los otros presos, pueden ver la tele.

VEHICLE. s. Vehículo. Illegal vehicle trafficking. El tráfico ilegal de vehículos.

VEIL. TO DRAW A VEIL OVER SOMETHING. Ocultar un suceso.

VERBAL ABUSE. s. Insultos.

VERBAL AGGRESSIVENESS. Agresividad verbal.

VERBAL ALTERCATION. Intercambio de insultos. Pelotera.

VERBAL ATTACK, A. s. Una ofensa de palabra.

VERBAL BLOWS. TO EXCHANGE VERBAL BLOWS. Insultarse.

VERBAL BULLYING. Acoso verbal.

VERBAL. TO DISH OUT A VERBAL. Insultar a diestro y siniestro.

VERBAL. TO HAVE VERBAL DIARRHOEA. Tener diarrea mental.

VERBAL FISTICUFF, A. Una lluvia de insultos.

VERBAL HANDBAGGING, A. Una buena bronca.

VERBAL SOMEONE UP, TO. En la jerga policial, incriminar a alguien.

VERBALSWIPE, A. Agresión verbal.

VERBAL. TO GIVE IT THE VERBAL. Insultar.

VERBAL VITRIOLAGE. Vitriolo verbal.

VERBALS. TO GIVE SOMEONE THE VERBALS. Insultar a alguien, faltarle al respeto a alguien.

VERDICT. s. Veredicto. The verdict was a foregone conclusion. El veredicto estaba decidido de antemano.

VERDICT. s. Veredicto. A guilty verdict. Veredicto de culpabilidad.

VERDICT OF MISADENTURE. Veredicto accidente.

VERDICT. TO DELIVER A DAMNING VERDICT. Dictar un veredicto condenatorio.

VERDICT. A NOT - GUILTY VERDICT. Veredicto de inocencia.

VERDICT. A HUNG VERDICT. Veredicto sin acuerdo. The jury was divided on a rape case and gave a hung verdict. El jurado no se puso de acuerdo sobre un caso de violo y no emitieron veredicto.

VERDICT OF SUICIDE, A. s. Veredicto de suicidio. The coroner recorded a verdict of suicide at an inquest into the man's death. El magistrado que investigó la muerte del hombre hizo constar en el acta, un veredicto de suicidio. The jury delivered a suicide verdict on his death. El jurado pronunció un veredicto de suicidio de su muerte.

VERDICT. AN OPEN VERDICT. Veredicto en el que no se han establecido las causas de la muerte.

VERDICT. A FAIR VERDICT. Un veredicto justo.

VERDICT. AN UNFAIR VERDICT. Un veredicto injusto.

VERDICT. MANSLAUGHTER VERDICT. Veredicto de homicidio sin premeditación.

VERDICT. TO QUASH A VERDICT ON TECHNICAL GROUNDS. Anular un veredicto por motivos técnicos.

VERMINATOR, THE. s. Vocablo que se forma con la yustaposición de las palabras, vermin, alimañas, y terminator, Empleado de un ayuntamiento que se dedica a exterminar roedores, y, en particular, la ardilla gris.

VEST. s. Chaleco. Anti - stab vest. Chaleco a prueba de cuchilladas.

VETTING. Investigar.

VEX, TO. Irritir, molestar.

VICE, THE. s. Prostitución. To keep vice off the streets. Prohibir la prostitución callejera.

VICE GIRL, A. s. Prostituta.

VICIOUS ARTS, THE. s. Las perversas artes.

VICTM. s. Víctima. The killer dissolved the victim´s body in a bath of acid. El asesino disolvió el cadáver de la víctima en un baño de ácido.

VICTIM OF CRIME, A. s. Víctima de un acto delictivo. To smear a victim. Difamar a una víctima.

VIDEO FOOTAGE. s. Imágenes de vídeo.

VIDEO NASTY. s. Video de terror.

VIDEO. TO GIVE EVIDENCE BY VIDEO. Testimoniar por enlace de video.

VIDEOSURVEILLANCE. s. Videovigilancia.

VIEW. s. Opinión. A disgusting view. Una opinión repugnante.

VILE ACCUSATIONS. Acusaciones viles.

VILE PERSON, A. Un vil individuo.

VILEST. THE VILEST OF THE VILE. Los seres más repugnantes que existen.

VILLAGE. DO NOT LEAVE THE VILLAGE ANY TIME SOON. De momento, no se vaya del pueblo.

VILLAGE IDIOT, THE. s. El tonto del pueblo.

VILLAGE WISE WOMAN, THE. s. En la década de 1920, mujer que hacía abortos ilícitos en las zonas rurales.

VILLAIN, A. s. Delincuente, maleante. The crafty villain got away. El astuto delincuente se fugó. A villain of the deepest dye. Un delincuente de la peor calaña. To bring a villain to justice. Detener a un delincuente. A villain´s lair. La guarida de un delincuente. The biggest villain of our age. El mayor delincuente de nuestra época. A machinating villain. Un delincuente maquinador.

VILLE, THE. Así es como se conoce popularmente la prisión, Pentonville, ubicada en Londres.

VIOLENCE. A MINDLESS OUTBREAK OF VIOLENCE. Un brote de violencia sin sentido.

VIOLENCE BREEDS VIOLENCE. La violencia engendra violencia.

VIOLENCE. APPALLING GRATUITOUS VIOLENCE. Violencia atroz sin fundamento.

VIOLENCE FOR VIOLENCE´S SAKE. La violencia por la violencia.

VIOLENCE. INCITEMENT TO VIOLENCE IS A CRIMINAL OFFENCE. La incitation a la violencia es un delito penal.

VIOLENCE. INTERNAL, DRUG RELATED VIOLENCE. Violencia interna relacionada con la droga.

VIOLENCE. IRRATIONAL VIOLENCE. Violencia irracional.

VIOLENCE. PHYSICAL VIOLENCE IS ALIEN TO ME. La violencia física es ajena a mí.

VIOLENCE. AN OUTBREAK OF VIOLENCE. Un brote de violencia.

VIOLENCE. STYLISED VIOLENCE. Violencia refinada.

VIOLENCE. I ABHOR VIOLENCE. Detesto la violencia.

VIOLENCE. THE FUTILITY OF VIOLENCE. La inutilidad de la violencia.

VIOLENT AND POSSESSIVE MAN, A. s. Hombre violento y posesivo.

VIOLENT BEHAVIOUR. s. Conducta violenta. To be charged with violent behaviour. Inculpar por conducta violenta.

VIOLENT CRIME. s. Delincuencia violenta.

VIOLENT CRIMINAL, A. s. Delincuente violento.

VIOLENT DISORDER. s. Desorden violento.

VIOLENT FIGHT, A. s. Pelea violenta.

VIOLENT THUG, A. s. Matón de mala catadura.

V I P E R. VIDEO IDENTIFICATION PARADE. Rueda de Identificación. Consiste en mostrarle a un testigo un video, para ver si reconoce a algún sospechoso que ha cometido un delito.

VITRIOLIC COMMENT, A. Comentario virulento.

VITRIOLIC LANGUAGE. Lengua viperina. Lengua serpentina. Persona maldiciente. Lengua mordaz.

VOICE. s. Voz. Don´t raise your voice to me! ¡No me levantes la voz!

VOICEMAIL. s. Buzón de voz. Criminal interception

of voicemails. Intercepción ilícita de buzones de voz.

VOLUNTEER, A. s. Joven que se dedica a la prostitución. Puto.

VOUCH FOR SOMEONE, TO. Responder de alguien.

VOYEURISM. s. El placer de ver por el ver.

?

W

WACKY BACCY. s. Cannabis.

WAD, A. s. Chito, fajo de billetes.

WADE INTO SOMEBODY, TO. Meterse con alguien, atacar a alguien.

WAKE, A. s. Velatorio.

WALKABOUT. TO HAVE GONE WALKABOUT. Haber sido robado.

WALK ALL OVER SOMEONE, TO. Tratar de malas maneras a los demás, no tener ninguna consideración por los demás, llevar a uno a rajatabla.

WALK AWAY WITH SOMETHING, TO. Robar algo.

WALK IN, A. Topo.

WALK IN THEFT, A. Robo que se comete en un edificio por alguien que entra en él, arrampla con todo lo que puede, bolsos, monederos, etc, y sale sin que nadie se dé cuenta.

WALK OFF WITH SOMETHING, TO. Robar algo.

WALK ON AWAY SOCIETY, THE. La sociedad insolidaria, la sociedad deshumanizada. La sociedad del, sálvese quien pueda. ¡Comido yo, comido todo el mundo! ¡Yo harto, to el mundo harto; quita la mesa muchacho!

WALK ON EGGSHELLS, TO. Andar con pies de plomo.

WALK OUT ON SOMEONE, TO. Abandonar, dejar plantado.

WALK OVER. TO GIVE SOMEONE A WALK OVER. Matar a alguien a tiros.

WALK TALL, TO. Sentirse orgulloso, sacar pecho.

WALK THE PLANK, TO 1. En el siglo XVII, práctica entre piratas, que consistía en lanzar por la borda a todo aquel que les sentaba mal. 2. Persona que está a punto de estirar la pata. There is no option for one more peaceful year with the Prime Minister at the helm. MPs increasingly believe he must walk the plank. No hay opción para que haya otro año de paz con el Primer ministro en el poder. Cada vez más, los diputados creen que tiene que marcharse.

WALKING DEAD, A. Muerto viviente. Cadáver andando. Zombi.

WALL. TO GO OVER THE WALL. Fugarse de una cárcel, ganar la bola.

WALL. TO HAVE ONE´S BACK TO THE WALL. Estar entre la espada y la pared. Andrew had exhausted all his options; he was now with his back to the wall. Andrew había agotado todas sus opciones, ahora se encontraba entre la espada y la pared.

WALL. TO URINATE AGAINST THE WALL. Orinar contra la pared.

WALLET. s. Cartera, araña. How did you come by this wallet? ¿Cómo conseguiste este monedero? ¿Cómo ha llegado este monedero a tus manos?

WALLET. TO LIFT SOMEBODY´S WALLET. Birlarle a alguien la cartera. The Duck restaurant has a problem of patrons having their pockets picked. A person had his wallet lifted this lunch time, credit cards cleaned out and then 'returned' by a person as if it had just been found by accident. El restaurante, el 'Duck,' tiene el siguiente problema; les birlan a los clientes la cartera. Hoy, a un cliente, le robaron la cartera a la hora de la comida, le limpiaron las tarjetas de crédito y después devolvieron la cartera, como si la hubieran encontrado por casualidad.

WALLOP, A. s. Un puñetazo. Un hostión.

WALLOPING. TO GET A HELL OF A WALLOPING. Llevarse una soberana paliza.

WALLS HAVE EARS. La paredes oyen.

WALLS. WITHIN THESE FOUR WALLS. Entre nosotros. En confianza.

WANDER AROUND, TO. Deambular, errar, vagar. He was wandering about in a daze, not knowing what to do. Deambulaba aturdido sin saber que hacer.

WANDERING HAND, A. s. Una mano tocona.

WANTED LIST. s. Lista de delincuentes en busca y captura. To appear on a wanted list. Figurar en una lista de delincuentes en busca y captura.

WANTED MAN, A. s. Delincuente en busca y captura por la policía. The most wanted man in Britain. El hombre más buscado de Gran Bretaña. To be wanted for murder. Estar en busca y captura por asesinato. A wanted criminal. Delincuente en busca y captura.

WANTON BLOODSHED. Matar sin sentido.

WANTON KILLING OF SOMEONE, A. Asesinato sin sentido de alguien.

WANTON VANDALISM. Vandalismo sin sentido.

WAR ON TERROR. Guerra contra el terror.

WAR MAKES THIEVES AND PEACE HANGS THEM. La guerra hace los ladrones y la paz los ahorca.

WAREHOUSE, THE. s. Trena, cárcel, beri, trullo, angustia, talego.

WARPATH. TO BE ON THE WARPATH. Estar en pie de guerra.

WORMS. TO CHEAT THE WORMS. Recuperarse de un accidente grave o enfermedad.

WARN SOMEON OFF, TO. Aconsejar en contra de.

WARRANT. AN EUROPEAN ARREST WARRANT. Orden de detención europea. Orden de búsqueda y captura europea.

WARRANT CARD. s. Placa de policía.

WARRANT. ARREST WARRNT. s. Orden judicial de detención. To issue a warrant of arrest. Dictar una orden judicial de detención.

WARTS AND All. Con pelos y señales. Con todos les defectos, sin excluir nada.

WASH. THAT WON'T WASH. Eso no se lo va a creer nadie.

WASP, A. s. Pitufo, guindilla.

WASP. TO PUT A FOOT IN A WASP'S NEST. Meterse en un buen lío.

WASTE SOMEONE, TO. v. Matar.

WASTING POLICE TIME IS A CRIMINAL OFFENCE. Hacer perder el tiempo a la policía es delito.

WATCH. TO BE ON THE WATCH FOR SOMETHING. Estar alerta, estar al loro, estar ojo avizor.

WATCH. TO KEEP A CLOSE WATCH ON SOMEONE. Tener a alguien bien vigilado.

WATCH. WHO WATCHES THE WATCHMEN? ¿Quis custodient ipsos custodies? ¿Quién vigila a los vigilantes?

WATCH YOUR STEP! ¡Ándate con cuidado!

WATCHERS. WHO WATCHES THE WATCHERS? ¿Quién vigila a los vigilantes? ¿Quién custodia al custodio?

WATERBOARDING. Asfixia simulada. Forma de tortura.

WATER CANNON. s. Cañón de agua antidisturbios.

WATERS. TO FISH IN TROUBLED WATERS. Pescar en río revuelto.

WAY OF ALL FLESH. TO GO THE WAY OF ALL FLESH. Morir, desaparecer.

WAY OF THE WORLD, THE. Como son las cosas, lo que hace la gente.

WAY. TO HAVE ONE'S WAY. Conseguir lo que se propone uno, salirse con la suya.

WAYS. TO CHANGE ONE'S WAYS. Enmendarse.

WAYS. TO GO BACK TO ONE'S OLD WAYS. Volver a las andanzas.

WAYS. TO GO ONE'S OWN WAYS. Llevar uno su vida. Llevar uno su camino.

WEAKER GOES TO THE WALL. Siempre quiebra la cuerda por lo más delgado.

WEAPON, A. s. Arma. An offensive weapon. Un arma ofensiva. A light weapon. Un arma ligera. To turn one's weapon on oneself. Pegarse uno un tiro. To smuggle weapons. Pasar armas de contrabando. A lethal weapon. Un arma mortífera. To discharge a weapon. Disparar un arma. To surrounder a weapon. Entregar un arma. The police didn´t find any weapons on the suspect. La policía no le encontró ningún arma al sospechoso. A lethal weapon. Un arma letal. Possession of offensive weapons. Posesión de armas ofensivas. To carry weapons in full view. Portar armas a plena vista. To charge someone with possession of an offensive weapon. Imputar a alguien por portar un arma ofensiva. Deadly weapon. Arma letal. A makeshift weapon. Arma improvisada.

WEAPONRY. A TROVE OF WEAPONRY. Un alijo de armas.

WEASEL, A. s. Dícese de la persona que no tiene ninguna clase de principios.

WEASEL. SNEAKY AS A WEASEL. Ser más astuto que un zorro.

WEASEL WORDS. s. Palabras evasivas. Palabras engañosas.

WEASELLY LANGUAGE. s. Lenguaje engañoso.

WEATHER EYE. TO KEEP A WEATHER EYE OPEN. Estar alerta, estar ojo avizor, estar al loro. Keep a weather eye open for pickpockets. Ten cuidado con los carteristas.

WEDGE. s. Parné, pasta, guita.

WEDGE, A. s. Un fajo de billetes.

WEDGE. TO DRIVE A WEDGE BETWEEN TWO PERSONS. Enfrentar a dos personas entre sí.

WEED. s. Marihuana, hierba. To spend one´s money on weed. Gastarse el dinero en hierba. To smoke weed. Fumar marihuana. He smokes so much weed that his brain has got mangled. Consume tanta hierba que tiene la cabeza hecha polvo. The legal weed. Tabaco.

WEEDHEAD, A. Marihuano, aficionado a la marihuana.

WEEDING. Robarle al patrono.

WEENER. Cobarde.

WEIGHT. TO CARRY A WEIGHT AROUND. Tener mala fama.

WEIGHT. TO THROW ONE'S WEIGHT ABOUT. Mostrar uno su autoridad, dar órdenes a diestro y siniestro, comportarse de forma autoritaria.

WEIGHTED OFF. Adj. Sentenciado.

WELL AWAY. Adj. Ebrio, mamado, borracho.

WELL - BUILT MAN. Hombre corpulento, un tío fornido, un cachas.

WELL - FURNISHED. Adj. Bien equipado.

WELL - LOADED. Adj. Bien equipado.

WELL - STACKED GUY, A. Un cachas.

WELT, TO. v. Zurrar.

WENCHING. TO GO WENCHING. Ir de putas.

WET, A. s. Cerveza.

WET WORK. s. Operaciones llevadas a cabo por los servicios secretos, en las que implican algún asesinato.

WHACK, TO. v. Golpear. There is no justification for whacking someone. No hay justificación para golpear a alguien. To whack someone in the eye. Ponerle a alguien un ojo morado de un puñetazo.

WHACK. TO PAY ONE´S WHACK. Pagar lo que le corresponde a uno.

WHALE INTO, TO. Dar una soberana paliza.

WHAMMY. A DOUBLE WHAMMY. Propinar dos puñetazos, uno tras otro.

WHAT ARE YOU IN FOR? ¿Por qué estás en la cárcel?

WHAT FOR. TO GIVE SOMEONE WHAT FOR. Echar a alguien una buena bronca, castigar a alguien, darle para el pelo.

WHAT GOES AROUND COMES AROUND. Aquellos polvos traen estos lodos. Lo que se siembra se recoge.

WHAT´S IT TO YOU! ¡A tí que te importa!

WHAT´S WHAT. TO KNOW WHAT´S WHAT. Saber lo que es bueno.

WHEELER - DEALER, A. s. Hombre de negocios poco honrado. Intrigante, vivo, maquinador, maniobrero.

WHEELMAN, A. s. En la jerga de la delincuencia, dícese de la persona que conduce un vehículo para escapar, tras cometer un atraco.

WHEELS. s. Coche, buga.

WHEELS. TO OIL THE WHEELS. Untar, sobornar.

WHEN A MAN IS DOWN DON'T KICK HIM. A quien has callado, no le hagas llorar. Cuando tengas a uno bajo la lanza, usa la templanza.

WHERE WERE YOU LAST NIGHT BETWEEN 10 O'CLOCK AND 11 O' CLOCK? AT HOME. CAN ANYONE CORROBORATE IT? I WAS ALONE. ¿Dónde se encontraba anoche entre las 10 y las 11? En casa. ¿Puede alguien corroborarlo? Estaba solo. Where were you between 7 o´clock and 8 o´clock yesterday evening? I was at the local pub. Can anyone confirm it? The waiter. ¿Dónde estaba ayer por la tarde entre las 7 y las 8? En el bar del barrio. ¿Puede alguien confirmarlo? El camarero. Where did you go when you left the pub last night? I went home. ¿A dónde fue anoche cuando se fue del bar? A casa. Where were you last night when Rose was killed? ¿At home? Dónde estaba usted cuando mataron a Rosa? En casa. Can somebody vouch for you? My partner. ¿Puede atestiguar alguien por usted? Mi pareja.

WHEREABOUTS UNKNOWN. Paradero desconocido.

WHIPLASH TONGUE, A. s. Una lengua viperina. Una lengua como una dalla.

WHIP. TO BE AS SMART AS A WHIP. Ser más chulo que un ocho, ser más pincho que un ajo, ser más chulo que la pana.

WHIP UP, TO. Fomentar. To whip up hatred and incite violence. Fomentar el odio e incitar a la violencia.

WHIPPING - BOY, A. s. Chivo expiatorio.

WHISPERING CAMPAING, A. s. Campaña de desprestigio. Campaña de murmuraciones.

WHISTLE. TO BLOW THE WHISTLE. Chivarse, informar, delatar. To blow the whistle on someone. Chivarse de alguien.

WHISTLEBLOWER. s. Soplón, informante. A tip - off from a whistleblower. Chivatazo de un informante.

WHISTLE AND LECH AFTER SOMEONE, TO. Silbar y echar piropos verdes a alguien.

WHITE BALL. s. Crack derivado de la cocaína.

WHITE COLLAR CRIME. s. Delito de guante blanco.

WHITE - KNUCKLE EXPERIENCE, A. s. Una experiencia como para cagarse de miedo.

WHITE POWDER. s. Droga en polvo. A man sitting next to me takes out a small vial of white powder, lays out a line on of it, on the back of his hand, and snorts it. Un hombre sentado a mi lado saca una pequeña ampolla de droga en polvo. Hace una raya con ella en la palma de la mano, y la inhala.

WHITE SLAVERY. s. Trata de blancas.

WHITEWASH A CRIME, TO. Encubrir un delito.

WHITED SEPULCHRE, A. s. Hipócrita, ser un sepulcro blanqueado.

WHITER THAN WHITE. TO BE WHITER THAN WHITE. Ser más puro que la virgen, que alumbró y permaneció virgen.

WHODUNIT. s. Novela policiaca.

WHOEVER SAID THAT THE PEN WAS MIGHTER THAN THE SWORD HE MUST HAVE HAD A PRETTY CRAPPY SWORD. Quienquiera que fuera el que dijo, que la pluma era más peligrosa que la espada, la espada que tenía debía estar oxidada.

WHOPPER, A. s. Una gran mentira.

WICK. TO GET ON SOMEBODY´S WICK. Irritar a alguien, cabrear a alguien.

WICKED. Adj. Malvado, malévolo.

WIDE BOY, A. s. Cagarrutero, delincuente de poca monta, raterillo.

WIFE. TO KNOCK THE WIFE ABOUT. Maltratar a la esposa.

WIFE BEATER, A. s. Maltratador de mujeres.

WIFE - BEATING. s. Maltrato de mujeres.

WIG. TO FLIP ONE´S WIG. Volverse loco.

WILD. TO RUN WILDE. Desmadrarse.

WILDLIFE. Especies silvestres. Illegal trade in wildlife. Comercio ilícito de especies silvestres.

WILDING. Un violo cometido por una banda. Violación grupal.

WILFUL MISREPRESENTATION. Declaración falsa deliberada.

WILFULLY LYING. Mentir intencionadamente.

WILLING FOOL, A. s. Necio que se presta para todo.

WILLIES. TO GIVE SOMEONE THE WILLIES. Poner a alguien nervioso, poner los pelos de punta. Infundir miedo. This place always gave me de willies. Este lugar siempre me ponía los pelos de punta.

WILY FOX, A. Astuto como un zorro.

WIMP, A. s. Cobarde, blanducho.

WIMP - GUTS. s. Cobarde.

WIN A GOOD REPUTATION AND SLEEP AT EASE. Cobra buena fama y échate a dormir, cóbrala mala y échate a morir.

WIN. NO WIN, NO FEE. Solo cobramos si usted cobra.

WIN YOUR LAWSUIT AND LOSE YOUR MONEY. Gané mis pleitos, pero, aun así, mírame en cueros. El litigio sólo beneficia a los que no litigan.

WINDBAG, A. s. Charlatán. A colourful windbag. Charlatán ostentoso.

WIND DOWN WITH A GLASS OF WINE, TO. Relajarse con un vaso de vino.

WINDSCREEN. s. Parabrisas. He smashed Brian's car windscreen in a mistaken act of retribution after he found a pig's head wrapped in his clothes. Le rompió a Brian el parabrisas del coche, equivocadamente, como represalia, tras haber encontrado la cabeza de un cerdo envuelta en su ropa.

WIND. s. Viento. You are sailing very close to the wind. You know, you can only flout convention so far you start to get a reputation. Estas llegando al límite de lo permitido. Sabes, solo puedes burlar las convenciones hasta que empiezas a ganarte una reputación.

WIND - UP, A. s. Una tomadura de pelo, cachondeo, guasa, burla, mofa, pitorreo. Tocar las narices. Don't wind me up! ¡No me toques las narices! A hilarious wind - up. Un cachondeo que te trochas de risa.

WIND - UP ARTIST, A. s. Rollista, liante, guasón, cizañero

WIND - UP. TO BE ON THE WIND - UP. Estar de cachondeo.

WIND - UP CALL, A. s. Novatada por teléfono.

WIND UP. TO GET THE WIND UP. Entrarle canguelo a uno.

WIND - UP MERCHANT, A. s. Liante, rollista, guasón cizañero.

WIND. TO PUT THE WIND UP SOME-ONE. Asustar a alguien, atemorizar a alguien, amedrentar a alguien, infundir miedo. Aterrorizar a alguien.

WIND - UP. TO WIND SOMEONE UP. Liar a alguien. Tocar las narices. Don't wind me up! ¡No me toques las narices!

WINE MAKES ALL SORT OF CREATURES AT TABLE. La alegría del vino hace rey al mendigo.

WINGS. TO CLIP SOMEONE'S WINGS. Refrenar a alguien, bajarle los humos a alguien, recortarle las alas a alguien.

WINK. TO TIP SOMEONE THE WINK. Informar a alguien secretamente.

WINO, A. Alcohólico. Vagabundo.

WIPE OUT. s. Asesinato.

WIPE SOMEONE OUT, TO. v. En la jerga del hampa, hacer desaparecer a alguien, deshacerse de alguien, aniquilar a alguien, limpiarle el forro a alguien. The hit man wiped the woman out. El sicario asesinó a la mujer.

WISDOM OF THE CROWDS, THE. La sabiduría de las multitudes. Homespun wisdom. La sabiduría popular.

WISE ARSE, A. s. Espabilado, listillo.

WISE GUY, A. s. Sabelotodo, vivo.

WISED - UP. TO BE WISED - UP. Estar en el ajo, saber de qué va el asunto, estar al corriente de algo, estar al tanto.

WISER. TO BE WISER AFTER THE EVENT. A toro pasado todo es más fácil. A pitón pasado.

WISH. THE LAST WISH. La última voluntad.

WISH YOU AN EARLY DEATH, I. ¡Ojalá te mueras de una vez!

WISHFUL THINKING. Ilusiones.

WITCH HUNT. s. Caza de brujas.

WITNESS. s. Testigo. A credible witness. Testigo digno de crédito. A protected witness. Testigo protegido.

WITNESS. s. Testigo. To appear as a witness. Comparecer en calidad de testigo. To bear witness. Testimoniar.

WITNESS BOX. s. El banquillo de testigos. Estrado. To take the witness box. Testimoniar. The accuse admitted his crime in the witness box. El acusado admitió el delito en el estrado.

WITNESS. A CRUCIAL WITNESS. s. Testigo crucial.

WITNESS FOR THE PROSECUTION. s. Testigo de cargo. He was cleared by the court of murdering Andrew, after the prosecution witness failed to turn up for his trial. Al no presentarse al juicio el testigo de cargo, el tribunal lo declaró inocente de asesinar a Andrew. The main witness for the prosecution. El principal testigo de cargo.

WITNESS. A KEY WITNESS. s. Testigo clave.

WITNESS. s. Testigo. Unreliable witness. Testigo poco seguro.

WITNESS STATEMENT. Declaración de testigo.

WITS. TO DRIVE SOMEONE TO HIS WITS END. Enfadar a alguien.

WITS. TO LIVE BY/ON ONE'S WITS. 1. Vivir del talento de uno. 2. Ser maestro en el ir tirando. Vivir del cuento. A life living by one's wits. Una vida viviendo del cuento. Richard have been living on his wits since he arrived in Italy two years ago. Richard lleva viviendo del cuento, desde que llegó a Italia hace dos años.

WOLF, A. s. Mujeriego, bragadicto, putero.

WOLF. TO HAVE THE WOLF AT THE DOOR. Ser pobre.

WOLF. THE WOLF MAY LOSE HIS TEETH, BUT NEVER HIS NATURE. El lobo muda su pelo, mas no de celo. La zorra mudará los dientes, mas no las mientes. El pelo muda la raposa, mas el natural no despoja.

WOLF. THE WOLF MUST DIE IN HIS OWN SKIN. Genio y figura, hasta la sepultura.

WOLF IN SHEEP'S CLOTHING, A. Lobo con piel de cordero.

WOLF. TO KEEP THE WOLF FROM THE DOOR. No pasar hambre, ir viviendo, evitar la penuria. It makes a lot of difference to one's family if the wolf is kept from the door. Es muy importante para una familia no pasar penuria. Many people admit that they now rely on credit to keep the wolf from the door. Muchas personas admiten que ahora dependen de créditos para no caer en la pobreza.

WOLF.TO PUT THE WOLF IN CHARGE OF THE SHEEP. Poner al lobo al cargo del redil.

WOLF. TO TAKE THE WOLF BY THE EARS. Encontrarse en una situación precaria. It was hard times, but Joan held the wolf by the ears and did the best she could Eran tiempos difíciles, pero Joan arrostró la situación como mejor pudo.

WOLF'S LAIR, THE. s. La guarida del lobo.

WOLLY, A. s. Policía uniformado, madero

WOLVES. TO THROW SOMEONE TO THE WOLVES. Echar a alguien a los pies de los caballos. Dejar en la estacada, dejar en las astas del toro. He threw his friend to the wolves to save his skin. Echó a su amigo a los pies de los caballos para salvar el pellejo.

WOLVES. WHEN YOU LIVE AMONG WOLVES YOU MUST HOWL LIKE THEM SO THEY WON'T DEVOUR YOU. Cuando se vive entre lobos, hay que aullar como ellos, para que no le devoren a uno.

FALLEN WOMAN, A. s. Mujer caída.

WOMAN OF BAD CHARACTER, A. Prostituta.

WOMAN OF LOOSE MORALS, A. s. Mujer de conducta más que ligera.

WOMAN OF NEGOTIABLE AFFECTION, A. Prostituta, mujer de buena voluntad, cobriza, chorba, trabajadora del gremio del chichi.

WOMAN POLICE CONSTABLE. W P C. Mujer policía.

WOMEN. TO BEHAVE IMPROPERLY WITH WOMEN. Comportarse indebidamente con las mujeres.

WOMEN. TO LIVE OFF WOMEN. Vivir de la prostitución.

WONDER DRUG, THE. s. Prozac.

WONGA. s. Pasta, guita, parné.

WONK. TO BE ON THE WONK. Ser un delincuente.

WOODEN OVERCOAT. s. Traje de madera, ataúd, caja, féretro. To put in a wooden overcoat. Limpiarle el forro a alguien.

WOODEN SUIT, A. s. Un traje de madera.

WOODEN TOP, A. s. Madero, policía.

WOODS. s. Bosque. The murderer buried the victim in the woods. El asesino enterró a la víctima en el bosque.

WOODS. TO BE OUT OF THE WOODS. Estar fuera de peligro, estar a salvo.

WORD. A WORD IS ENOUGH TO THE WISE. A buen entendedor, pocas palabras bastan.

WORD SPLITTING. Rizar el rizo, hilar muy fino.

WORD. THE HARD WORD. s. Repulsa, condenación.

WORD. TO BE AS GOOD AS ONE'S WORD. Cumplir lo prometido.

WORD. TO BE TRUE TO ONE'S WORD. Ser fiel a su palabra.

WORD. TO BREAK ONE'S WORD. No cumplir lo prometido, faltar a una promesa.

WORD. TO GET A WORD EDGEWAYS. Meter baza en una conversación. Let me get a word edgeways. Déjame meter baza.

WORD. TO GIVE ONE'S WORD. Prometer algo.

WORD. TO GO BACK ON ONE'S WORD. Retractarse, desdecirse.

WORD. TO HAVE A WORD WITH SOMEONE. Hablar con alguien.

WORD. TO KEEP ONE'S WORD. Cumplir lo prometido.

WORD. TO LEAVE WORD. Dejar recado.

WORD. TO PUT THE WORD OUT ABOUT SOMONE'S SEX CRIMES. Informar al público de los delitos de alguien contra la honestidad.

WORD. TO SEND WORD. Mandar recado.

WORD. TO STAND BY ONE'S WORD. Cumplir lo prometido.

WORD. TO TAKE SOMEONE AT HIS WORD. Creer en la palabra de alguien.

WORDS. EMPTY WORDS. Palabrería.

WORDS. HEAVY WORDS ARE OFTEN LIGHTLY THROWN. Bromeando, bromeando, amargas palabras se van soltando.

WORDS. MARK MY WORDS. Presta atención a lo que te digo.

WORDS. THERE IS MANY A TRUE WORD SPOKEN IN JEST. Bromeando, bromeando, amargas verdades se van soltando.

WORDS. TO EAT ONE'S WORDS. Tragarse uno sus palabras.

WORDS. TO HAVE WORDS WITH SOMEONE. Discutir con alguien. You didn't have words, with Jude, did you? No discutiste con Jude, ¿verdad?

WORDS. TO PUT WORDS INTO SOMEBODY'S MOUTH. Atribuir a alguien algo que no ha dicho. Ethelbert didn't give Luke time to explain what the problem was, he just ranted on and put words in Luke's mouth. Ethelbert no le dio tiempo a Luke para que explicara cual era el problema, seguía con su perorata y le achacaba a Luke lo que no había dicho.

WORDS. TO TAKE THE WORDS OUT OF SOMEONE'S MOUTH. Quitarle a uno las palabras de la boca.

WORDS. TO TALK IN OTHER PEOPLE'S WORDS. Hablar por boca de ganso.

WORDS. NOT TO MINCE ONE'S WORDS. No tener pelos en la lengua. No andarse con chiquitas.

Llamar las cosas por su nombre, no andarse por las ramas, llamar al pan, pan, y al vino, vino. When Tom spoke, he was very direct and didn't mince matters. Cuando hablaba Tom, no se andaba con chiquitas, y llamaba las cosas por su nombre.

WORDS. SCATHING WORDS. Palabras mordaces.

WORDS. SHARP WORDS. s. Palabras mordaces.

WORDS. TO EAT ONE'S WORDS. Retractarse, desdecirse.

WORKED - UP. TO BE WORKED - UP. Ponerse nervioso, exaltarse.

WORKS. TO GIVE SOMEONE THE WHOLE WORKS. 1. Contarle a alguien todo, cantar de plano. 2. Tratar a alguien con violencia.

WORLD. NOT LONG FOR THIS WORLD. Quedarle a uno tres telediarios.

WORLD OF CRIME, THE. El hampa, el afane, el crimen organizado, delincuencia, los bajos fondos.

WORM, A. s. Un mal bicho, un pájaro de mucho cuidado, un gusarrapo. Un tipo despreciable.

WORMBAIT. s. Cadáver, fiambre, carroña.

WORM. EVEN A WORM WILL TURN. Hasta el perro más manso muerde. Cada hormiga tiene su ira. The worm has finally turned. Se han rebelado.

WORM. THE WORM OF CONSCIENCE. La voz de la conciencia.

WORM OUT INFORMATION, TO. Sonsacar información.

WORMS TO CHEAT THE WORMS. Recuperarse de una grave enfermedad.

WORMS. TO FEED THE WORMS. Morir.

WORMS. TO OPEN A CAN OF WORMS. Abrir la caja de los truenos. Abrir la caja de Pandora.

WORRY, TO. v. Preocuparse, inquietarse.

WORST OFFENDER, THE. El principal culpable.

WOUND. s. Herida. A deep wound. Una herida profunda.

WOUND. A FATAL WOUND. s. Una herida mortal. To be fatally wounded. Estar herido de muerte.

WOUND. TO INFLICT A MORTAL WOUND. Herir de muerte.

WOUND WITH INTENT, TO. Herir intencionadamente.

WOUNDED. TO BE WOUNDED IN THE CHEST. Recibir una herida en el tórax.

WOUNDS. TO LICK ONE'S WOUNDS. Lamerse las heridas.

WRAP UP, A. s. Robo en el que se atan a las víctimas

WRAPS. TO KEEP SOMETHING UNDER WRAPS. Guardarse uno un secreto. Edward does not know about the book, so keep it under wraps. Edward no sabe nada del libro, así que guarda el secreto.

WRATH. s. Ira. To vent one's wrath. Descargar la ira. To suffer somebody's wrath. Ser el blanco de la ira de alguien.

WREAK HAVOC, TO. Sembrar la confusión y el caos.

WRESTLE SOMEONE TO THE GROUND, TO. Derribar a alguien al suelo luchando. To wrestle with someone. Pelear con alguien, forcejear con alguien.

WRIGGLE FREE, TO. Soltarse, zafarse. The man gripped the robber in a headlock until he wriggled free and escaped on a bike. El hombre sujetó al ladrón, haciéndole una llave en el cuello, hasta que éste logró soltarse retorciéndose y huir en una bici.

WRIGGLE OUT OF, TO. Escabullirse.

WRING SOMEONE'S NECK, TO. Retorcerle el cuello a alguien

WRINGER. TO PUT SOMEONE THROUGH THE WRINGER. Hacer pasar a alguien las de Caín. Hacerle sufrir a alguien el martirio chino. Interrogar utilizando métodos que se acercan a la tortura.

WRIST. A SLAP ON THE WRIST. Una reprimenda. To let someone off with a slap on the wrist. Castigar con una reprimenda.

WRIT. s. Auto. Defamation writ. Auto de difamación.

WRITING ON THE WALL, THE. Una clara advertencia.

WRONGDOER, A. s. Canalla, malvado, malhechor.

WRONGDOING. s. Delito, fechoría, canallada. Guilty of wrongdoing. Culpable de una fechoría. To punish wrongdoing. Castigar el delito. To deny any wrongdoing. Negar toda fechoría.

WRONGDOING. SERIOUS ALLEGATIONS ABOUT WRONGDOING. Alegaciones graves de delito.

WRONGDOING. THE DEFENDER DENIED ALL WRONGDOING. El acusado negó todo delito.

WRONGDOING. THE MAN ACKNOWLEDGED HIS WRONGDOING. El hombre reconoció el delito.

WRONG SIDE OF LEGALITY, THE. Ilegalidad.

WRONG. TO BE IN THE WRONG. Estar equivocado.

WRONG 'UN, A. s. Una persona de poco fiar. Delincuente.

X

X - OUT. v. Liquidar a alguien.

X - RATED. Adj. Pornográfico.

XENOPHOBIA. s. Xenofobia. Rampant xenophobia. Xenofobia desenfrenada. An outbreak of xenophobia. Un brote de xenofobia.

XENOPHOBIC. Adj. Xenófobo. A xenophobic outbreak. Un brote xenófobo.

X - ERS. s. Pasotas. Todos aquellos nacidos entre, 1958 y 1971, que pasan de todo.

Y

YARDS. THE WHOLE NINE YARDS OF A CONFESSION. Cantar de plano.

YARDS. THE WHOLE NINE YARDS. Todo, el completo, sin faltar nada. With Dan leading the way we burst into the house, armed to the hilt. Helmets, flak jackets, machine guns, combat boots, the whole nine yards. Con Dan dirigiéndonos, irrumpimos en la casa armados hasta los dientes; cascos, chalecos antibalas, metralletas, botas de combate; el completo.

YARN. Historia. To spin a yarn. Inventar una historia. A ripping yarn. Una historia emocionante.

YEAR. A YEAR AND A DAY. Un año y un día.

YELLOWBELLY. s. Cobarde.

YELLOW PRESS, THE. Prensa sensacionalista.

YELLOW STREAK. TO SHOW A YELLOW STREAK. Mostrar cobardía.

YES MAN, A. s. Cobista, adulador, lisonjero, persona que dice sí a todo que dicen sus jefes.

YIELD! Yield! ¡Ríndete!

YOB. s. Gamberro. Yob culture. Gamberrismo. Yob nation. Una nación de gamberros. A mindless yob hell - bent on trouble. Analfabestia empeñado en causar problemas. The police refused to follow some yobs who'd stolen a moped because they weren't wearing helmets. They were worried they might crash and hurt themselves. La policía se negó a perseguir a unos gamberros que habían robado una motocicleta porque no llevaban casco. Les preocupaba que se estrellaran y se hicieran daño.

YOU AIN'T SEEN NOTHING YET. Esto acaba de empezar.

YOU ARE A CREATURE! ¡Eres un mal bicho! ¡Eres un gusarrapo!

YOUNG OFFENDERS' INSTITUTION. s. Reformatorio.

Z

ZAP SOMEONE, TO. s. Matar a alguien.

ZIPCUFFS. s. Bridas de plástico, esposas de plástico. The policeman put his knee on his back, pulled his hands behind him and zipcuffed him. El policía le hincó la rodilla en la espalda, le colocó las manos detrás, y le puso las bridas de plástico

ZIP YOUR LIP! ¡Cierra el pico!

ZOMBIE KNIFE. s. Cuchillo que le pone a uno los pelos de punta nada más de verlo. Muy popular entre las bandas londinenses. Tambiém conocido como, large head - splitter. Abrecabezas en canal. Tiene las cachas decoradas.

ZONK SOMEONE, TO. Darle un golpe a alguien en la cabeza. Zonked out. Inconsciente como consecuencia de un golpe en la cabeza

BIBLIOGRAFÍA

Anderson. Geraint. City boy. Headline. 2009.

Black. Benjamin. Even the Dead. Penguin Books. 2016.

Brookmeyer. C. The Secrete Art of Stealing. Abacus. 2002.

Christie. Agatha. The Big Four. Fontana books. 1965.

Why didn´t they ask Evans? Fontana books. 1967.

Murder in the mews. Fontana books. 1967.

Death on the Nile. Penguin books.

Concise Oxford Dictionary. Tenth Edition, revised. Oxford University Press.

Copperfield. David. Wasting Police Time. Monday Books. 2006.

Corripio. Fernando. Diccionario de Ideas Afines. Editorial Herder. 1991.

Du Maurier. Daphne. Rebecca. Virago. 2007.

DUNKLING. LESLIE. Dictionary of Curious Phrases. Collins. 1998.

FAULKS. SEBASTIAN. Birdsong. Vintage. 1994.

FIST. STEVE. with BADDIEL. IVOR. Bottle. Mainstream Publishing. 2005

FOLLETT. KEN. The man from St Petersburg. Pan books. 1982.

A place called freedom. Pan books. 1996.

HADDON. MARK. The curious incident of the dog in the night - time. Vintage. 2004.

Jackson. Lee. A Metropolitan Murder. Arrow Books. 2004.

Larousse. Spanish - English / English - Spanish. 1996.

Long. James and LongONG Ben. The Plot Against Pepys. Faber and Faber. 2008.

Le Carre. John. Absolute Friends. Coronet. 2003.

The Constant Gardener. Hodder. 2005.

Orwell. George. Decline of the English Murder and other Essays. Penguin 1953.

Partridge. Eric. A Dictionary of the Underworld. Wordsworth Editions. 1989.

Roget´s Thesaurus of English Words and Phrases. Longman. 1990.

Ruiz. Ciriaco. Diccionario Ejemplificado de Argot. Diccionarios Universidad de Salamanca.

Península. 2001.

Smith. Terry. The Art of Arm Robbery. John Blake Publishers. 2005.

The Oxford Spanish Dictionary. Spanish - English / English - Spanish. Oxford University Press. 1994.

Wright. Peter. Spy Catcher. Viking. 1987.

Prensa Sensacionalista Inglesa.

Televisión.

Radio.

Printed in Great Britain
by Amazon

11495222R00145